工商管理经典译丛
市场营销系列

Business Administration
Classics·marketing

营销调研

—Marketing Research—

第 9 版

Ninth Edition

[美] 阿尔文·伯恩斯（Alvin C. Burns）
安·维克（Ann Veeck）
——著

于洪彦　金　钰
——译

中国人民大学出版社
·北　京·

图书在版编目（CIP）数据

营销调研：第9版 /（美）阿尔文·伯恩斯，（美）安·维克著；于洪彦，金钰译. -- 北京：中国人民大学出版社，2021.11

（工商管理经典译丛. 市场营销系列）

ISBN 978-7-300-29691-3

Ⅰ. ①营… Ⅱ. ①阿… ②安… ③于… ④金… Ⅲ. ①市场调查 Ⅳ. ① F713.52

中国版本图书馆 CIP 数据核字（2021）第 220538 号

工商管理经典译丛·市场营销系列

营销调研（第9版）

［美］ 阿尔文·伯恩斯
安·维克 著

于洪彦 金 钰 译

Yingxiao Diaoyan

出版发行	中国人民大学出版社		
社 址	北京中关村大街31号	邮政编码	100080
电 话	010－62511242（总编室）		010－62511770（质管部）
	010－82501766（邮购部）		010－62514148（门市部）
	010－62515195（发行公司）		010－62515275（盗版举报）
网 址	http://www.crup.com.cn		
经 销	新华书店		
印 刷	北京七色印务有限公司		
规 格	185 mm×260 mm 16开本	版 次	2021年11月第1版
印 张	23.75 插页1	印 次	2025年3月第3次印刷
字 数	560 000	定 价	75.00元

工商管理经典译丛·市场营销系列

出版说明

随着我国市场经济的不断深化，市场营销在企业中的地位日益突出，高素质的市场营销人才也成为企业的迫切需要。中国人民大学出版社早在1998年就开始组织策划“工商管理经典译丛·市场营销系列”丛书，这是国内第一套引进版市场营销类丛书，一经推出，便受到国内营销学界和企业界的普遍欢迎。

本丛书站在当代营销学教育的前沿，总结国际上营销学的最新理论和实践发展的成果，所选图书均为营销学界有影响的专家学者所著，被世界各国（地区）的高校师生和企业界人士所广泛使用。在内容上，涵盖了营销管理的各个重要领域，既注意与国内营销学相关课程配套，又兼顾企业营销的实际需要。

市场营销学是实践性很强的应用学科，随着我国企业营销实践的日渐深入和营销学教育的快速发展，本丛书也不断更新版本，增加新的内容，形成了今天呈现在读者面前的这一较为完善的体系。今后，随着营销学的发展和实践的积累，本丛书还将进行补充和更新。

在本丛书选择和论证过程中，我们得到了国内营销学界著名专家学者的大力支持和帮助，原我社策划编辑闻洁女士在早期的总体策划中付出了大量的心血，谨在此致以崇高的敬意和衷心的感谢。最后，还要特别感谢为本丛书提供版权的培生教育出版集团、约翰威立公司、麦格劳-希尔教育出版公司、圣智学习出版公司等国际著名出版公司。

希望本丛书对推动我国营销人才的培养和企业营销能力的提升持续发挥应有的作用。

中国人民大学出版社

译者序

接到《营销调研》第9版的翻译邀请，兴奋之余，分外感慨。自2000年开始，有缘接触此书（第4版）并与作者相识、相交、相知，至今已有20余载。岁月沧桑，此书第5～9版相继问世，与时俱进地补充、丰富和完善营销调研理论、方法与实务，体现了作者孜孜不倦的学者风范与责任，为读者认识与解决营销问题提供了方法与利器。

第9版的字里行间融入了作者在营销调研理论与实务领域的深度思考、探索和开拓，其新版的特点读者可在前言中细细品味。译者在翻译过程中感触颇多，在此仅述两点。

1. 信息技术高度融入。众所周知，互联网和社交媒体提供的大量信息资源使营销调研的数据收集与数据分析面临巨大挑战。作者基于大数据和现代信息技术，对研究设计、数据来源、数据收集、固定样本组、问卷设计与数据分析等都有所涉及，并做了一些具有操作性的讲解。其中有些还是营销调研实务的新潮流，如移动民族志、在线焦点小组、谷歌技术使用、在线固定样本组以及固定样本组社区等。建议读者在了解这些新技术、新方法的时候仔细阅读参考文献，以便全面理解与掌握。

2. 实务操作讲解细腻。营销调研是应用研究，其过程却涉及设计、收集、分析以及报告调研发现等方方面面的问题。两位作者虽是大学教授，但营销调研的实施介绍朴实细腻，富有操作性。书中介绍的所有内容，如调研问题的确定、计划书的撰写、数据收集、问卷设计等，犹如一位资深经理在指导调研新手，娓娓道来。其中一些细节和警示皆源于作者对营销调研经历的感悟。译至此处，我们深为感叹。

新版内容丰富，但未全译，原因有二。一是书厚价高，会令学子望而却步；二是有些内容因中美文化、经济与社会背景差异较大，读者难有共鸣。所以，在翻译过程中略作删减。为使读者他日寻求原书风采，特将删除部分加以说明。

1. 原书每章开篇导引皆基于美国背景，中国读者理解困难，故未翻译。

2. 原书第2章为“营销调研行业”，介绍美国营销调研行业、行业操守和业务分类。该内容与调研操作关联甚弱，故未翻译。

译者与作者相识多年，共同在中国城市与农村做过多次家庭食品消费模式的调研，对作者的研究态度、务实精神以及专业的调研技术十分熟悉。我们期望在翻译过程中能够体现出作者的学者风范与调研功底。尽管几易译稿，但由于文化差异，水平有限，仍有许多遗憾之处，只待他日完善。

本书由于洪彦（第 1 ～ 10 章、第 15 章）和金钰（第 11 ～ 14 章）翻译。不当之处，欢迎读者批评指正。

于洪彦　金　钰

前言

第9版的创新

《营销调研》（第9版）在前8版的基础上增添了许多“经过改进、切合实际”的特色和元素，更加关注营销调研行业的重大革新趋势。这些革新包括：信息图表的广泛采用，仪表板和数据可视化技术的使用，强大的定性研究方法的出现，向移动营销调研的明显转变，标准化（“一揽子”）研究的广泛应用，社交媒体数据的使用，大数据的影响，许多调研程序的自动化，以及在报告调研结果时对叙事性的强调。

在为第9版的撰写做准备的过程中，我们对第8版的读者进行了调查，确定了他们期望对第8版做出的更改（补充、不变、缩减、删除）。因此，我们在保留本书许多优点的同时，对第9版做了以下改进：

- 通过两个新的案例扩展了对打包数据的介绍，这两个案例都涉及对尼尔森数据的分析：其中一个涉及消费者面板数据（第3章），另一个涉及销售点（扫描仪）数据（第4章）。
- 更加重视大数据的影响，包括数据的来源、用途、分析方法，以及收集、存储和使用数据方面的重大责任（第4章）。
- 扩展了对定性研究方法的介绍，包括营销调研在线社区（MROC）和移动应用程序（第5章）。
- 编写了一个关于使用社交媒体数据进行定性数据分析的新章节（第5章）。
- 修订了关于抽样方法的章节，介绍一些出售消费者面板数据的公司（第8章）。
- 着重介绍了调研结果的报告方法，包括信息图表、视频和沉浸式技术（第15章）。
- 增加了关于在整个公司范围内交流调研结果的讨论，包括仪表板、数据可视化技术和关键绩效指标（KPI）的使用方法（第15章）。
- 更新了附有数据集的综合案例，本书在介绍新技能时将使用该数据集。
- 50%以上的章末案例是全新的和/或经过改编的。
- 更新了全书“调研洞察”专栏的内容，包括以下专题：
  - 实践应用；
  - 数字营销调研；
  - 全球应用；

  - 伦理思考。
- 改写了自主学习练习。
- 改进了章末复习题与应用题。
- 改写了“综合学习”专栏中的问题，以将几章的内容整合在一起。
- 在各章章末增加了一个全新的“本章就业技能”专栏，说明如何将每章介绍的内容应用于工作场所。

解决教学和学习难题

《营销调研》(第9版) 沿袭了先前各版在深度、见解和写作风格上的成功模式。具体而言，本书针对的是本科生，因此在介绍营销调研时用概念性的语言，而不是理论或统计上的术语。本书侧重于营销调研方法的实践应用，目的是使学生学会使用并解释这些方法。由于 IBM SPSS 是营销调研行业的基本工具，本书在介绍各种统计分析时大量使用了带有注释的 SPSS 点击流程和输出结果的屏幕截图。此外，本书还提供了一个关于“汽车研发中心”调查的综合案例，并在全书中多次使用其 SPSS 数据集。

本书的主要特色包括：

- 整合了行业标准工具 IBM SPSS，以使学生掌握相关的工作技能。
- 提供了带有注释的 SPSS 点击流程和输出结果的截图，学生只需具备较少的计算机技能就可以进行各种分析并解释结果。
- 提供了汽车研发中心综合案例及其数据集，学生能够关注并参与一个完整的营销调研项目。
- 提供了多种实用的营销调研技术的示例，包括数字/移动应用、全球应用、伦理思考和案例分析等。
- 讨论了当代营销调研实践中的新兴趋势和技术，包括面板数据调研公司、数据可视化技术、信息图表、仪表板、定性研究和移动营销的发展，以及“洞见”的概念。

开发职业技能

本书作者充分意识到，当今的学生非常注重工作技能。将教育作为传授工作技能的手段，可以使教师激励学生关注并掌握他们认为对实现职业目标有价值的主题。在《营销调研》(第9版) 中，我们在各章章末增加了一个全新的“本章就业技能”专栏，总结各章介绍的具体技能。这些技能包括：沟通技能、合作技能、批判性思维技能、知识应用和分析技能、信息技术应用和计算技能、数据处理技能及职业伦理和社会责任等。

目 录

第1章

营销调研导论

学习目标

在本章你将学习：

» 营销调研与营销、营销理念和营销战略之间的关系。
» 营销调研的定义。
» 营销调研的功能和作用。
» 营销调研的工作技能。

在我们所生活的世界中，经济、社会和商业正在迅速变化。新技术继续以惊人的速度改变着竞争格局。数字媒体飞速扩张，移动设备和应用程序每天 24 小时为消费者提供信息。越来越多的用户通过创建物联网（IoT）收集和传递信息。互联网创新让消费者强力且实时地发出自己的声音。这真是个令人兴奋的营销调研时代！

大数据和数字媒体要求管理者跟上时代的步伐，理解和应对不断变化的世界经济。政治变革已经重组了世界格局，持续动荡预示着更多的变化即将到来。[1] 企业必须预测这些变化并知晓这些变化对它们的意义，以便充分利用经济增长所带来的机会。面对这些不确定性，管理者必须做出决策。他们需要知道应当向消费者提供什么样的产品或服务，市场中哪种广告方式最有效，哪种价格有助于公司实现既定投资回报率（ROI），以及哪种分销系统将为供应链增加最大的价值。

在这样一个快速变化的世界里，要做出明智的决策依赖于准确的信息。这正是营销调研如此具有价值的原因！营销调研是收集信息以帮助企业管理者做出更好决策的过程。本书将帮助你学习营销调研，以便你能更好地理解如何使用营销调研获得可行的营销洞察，因为你的目标是管理一个前所未有的变化的世界。

1.1 营销调研是营销的组成部分

为充分了解营销调研的角色，知晓营销调研在营销中的作用，了解营销调研与营销之间的关系是非常必要的。什么是**营销**（marketing）？最简单的定义是“满足顾客需要以使企业获利”。[2] 苹果公司设计的 iPad 满足了人们对便捷计算机的需求，亚马逊则使用 Kindle 成功地创造了第一代在线电子书。[3] LG 开发了其标志性的 W 系列“墙纸”电视，使其完美地融入消费者的客厅。

美国营销协会（American Marketing Association，AMA）给营销下了一个详细的定义：

> 营销是为顾客、客户、合作伙伴和整个社会创造、沟通、传递、交换具有价值的提供物的一系列活动、组织、制度和过程。[4]

近年来，营销理念正在由商品主导逻辑向服务主导逻辑转变。服务主导逻辑的观点包括：（1）识别核心竞争力；（2）识别能够从这些竞争优势中获得利益的潜在顾客；（3）通过创造满足顾客具体要求的产品或服务来培育企业与这些顾客之间的关系；（4）获得顾客信息，研究与分析顾客信息，从而改进产品与服务，为顾客提供价值。注意，基于服务主导逻辑的新营销理念的第一个含义是企业应当更加重视顾客导向（生产与销售顾客所需的产品与服务）。另外，企业还必须与顾客合作，了解顾客需求的变化，以改进产品，满足顾客的需求。第二个含义是企业不要将产品与服务分开，产品与服务是一个不可分割的整体。例如，“通用汽车公司营销的是一种称为汽车的服务吗？服务是汽车的副产品吗？”[5]

就营销实务来讲，营销决策者需要制定许多决策。例如，企业的核心竞争力是什么？企业如何使用自己的核心竞争力为顾客创造价值？谁是企业产品的消费者？企业怎样与消费者合作？管理者永远需要信息来制定更好的决策。因此，要在今天的环境下做好营销，就需要获得更多更好的信息。正如你将要学到的，营销调研可以向决策制定者提供信息来改进营销决策。

技术的进步增加了营销人员倾听消费者的声音的机会。社交媒体为营销人员倾听消费者的声音提供了重要手段，以便营销人员能够决定如何创造价值、沟通价值和传递价值，如何与客户建立长期的关系。数字媒体已经创造了一种鼓励消费者合作、共同创造价值的文化。一种重要的合作方式是众包。**众包**（crowdsourcing）是指公司或机构通过在线社区向众多志愿者寻求帮助以获得服务或创意的一种做法。借助于社交媒体的众包只是许多营销调研新工具之一。

企业制定了正确的决策，为目标市场提供的产品或服务就具有价值。具有价值的产品或服务就可以转换成企业的销售额、利润和投资回报。然而，我们在市场中也能看到许多失败的案例。咨询师琼·施奈德（Joan Schneider）和茱莉·霍尔（Julie Hall）称，自己经常会接触一些自以为是的企业家和品牌经理，他们通常自认为所提供的产品是最新的。但是琼·施奈德和茱莉·霍尔说，这些企业家在开发新产品之前几乎从来不做调研。[6] 例如，Cell Zones公司认为它所提供的手机消音装置解决了在图书馆、饭店等地方使用手机通话时的隐私问题。如果这家公司做了正确的市场调研，就会发现人们在图书馆使用智能手机时会发短信，而不是语音通话。这样，管理者也许会意识到发生在图书馆的个人语音通话对于消费者来讲并不是个大问题。

我们可以举出许多不做营销调研而导致产品和服务失败的例子。如果管理者实施了正确的营销调研，就可以避免一些损失。许多产品延伸——在一个成功的品牌下增加一款不同的产品——失败了。例如，麦当劳推出的McPizza，高露洁推出的食品，BIC生产的内衣，Coors生产的泉水和哈雷－戴维森（Harley-Davidson）生产的香水。Ken娃娃的淡出和Burger King Satisfries退出市场都与消费者的负面反应有关。[7, 8] 如果拥有更充足的营销信息，这些失败能够避免吗？

指导管理者制定决策的营销理念

哲学是人们生活的系统价值观或原则。价值观与原则对于人们来说非常重要，因为哲学思想是人们的行为准则。这就是哲学如此重要的原因所在。你的价值观会影响你每天的决策。例如，你可能会有这样一种价值观："我相信高等教育是非常重要的，因为它提供了我所需要的知识和能力，使我能够达到所期望的生活水平。"假设这是你关于高等教育的价值观（哲学），你就会很享受你每天需要做的事情。你会去学校听教授讲课，记笔记，读书。如果没有这种价值观，你的行为可能与上述行动完全不同。

对于企业管理者来说，价值观与其所采取的行动之间的关系同样如此。管理者拥有的最重要的价值观之一是企业如何向市场提供产品与服务。有些管理者的价值观是"生产和销售某产品"。营销史将这种价值观称为"产品导向"。另一种被称为销售导向的价值观可用下面的陈述来说明："要想成功，我们必须提高销售配额，然后去卖，卖，卖！"[9] 以这种价值观来引领企业的管理者会使企业步入歧途。一种较好的企业经营哲学被称为"营销理念"。著名的营销学教授菲利普·科特勒将营销理念定义为：

营销理念（marketing concept）是一种企业经营理念，这种理念认为实现组织目标的关键是企业要比竞争对手更有效率、更有效果地为目标市场中的顾客创造价值、传递价值和沟通价值。[10]

营销理念经常与其他一些概念，如“顾客导向”“市场驱动”等交替使用，但最关键的是营销理念将消费者放在第一位。[11]

拥有正确的经营理念只是企业成功的第一步。仅仅认识到满足消费者的需要与欲望非常重要只是企业经营的第一步，企业还必须考虑执行“正确”的营销战略。

开发“正确”的营销战略

战略是规划的另一个提法。企业并非只在营销领域拥有战略，在其他领域也有战略，如财务战略、生产战略和技术战略都是公司总体规划的组成部分。然而，在这里我们主要侧重于营销战略。如何定义营销战略呢？

营销战略（marketing strategy）主要包括对市场进行细分，选择某个细分市场作为目标市场，设计与目标市场相匹配的产品或服务、价格、促销和分销渠道的组合，以满足目标市场中消费者的欲望和需求。

企业采纳了营销理念，就不能草率地推出战略。企业需要制定“正确”的战略，即让企业真正地满足目标市场中消费者的欲望与需求。思考一下我们现在必须回答的问题：什么是市场？如何细分市场？每个细分市场中消费者的欲望与需求是什么？每个细分市场有多大的规模？谁是企业的竞争对手？这些竞争对手是如何满足消费者的欲望与需求的？哪一个细分市场是企业的目标市场？什么产品或服务适合目标市场的需求？什么是最优定价？哪一种促销方法更有效？企业如何分销产品或服务？要制定正确的战略，就必须回答这些问题，而要制定正确的决策，管理者就必须拥有客观、准确和及时的信息。

同样重要的是，我们必须意识到，今天的战略在明天并不一定奏效，这是因为商业环境经常会发生一些不可预见的事件，这一点在本章开篇已经提到。明天需要什么新战略呢？企业必须根据环境的变化一次次修改决策，以制定正确的战略。

总之，要开展营销活动，执行营销理念，制定正确的营销战略，管理者就需要信息来进行决策。至此，应当看到营销调研是营销的一个组成部分，营销调研可以为管理者提供信息以帮助他们制定决策。

1.2 什么是营销调研

由于管理者需要信息来制定决策以更好地执行营销计划，因此，我们需要知道什么是营销调研。

营销调研（marketing research）是设计、收集、分析和报告信息，从而解决某一具体营销问题的过程。

可见，营销调研是一个提供信息以解决营销问题的过程，如确定合适的价格、选择有效的广告媒介等。过程的重点就是通过营销调研获得信息来制定决策。应当注意，这个定义强调了营销调研获得信息的目的是解决具体的营销问题。关于信息的重要性会在本章的后面部分加以解释。

营销调研的定义不止一个，几年前美国营销协会（AMA）的一个委员会给出了另一个定义：

> 营销调研是通过信息使消费者、顾客、公众与营销人员之间进行沟通的桥梁。营销人员使用信息来识别和定义营销机会和问题，产生、完善和评估营销活动，监控营销绩效，促进人们对营销理论的理解。[12]

营销调研的这两个定义都是正确的。本书提出的定义比较简短和直观，能够说明营销调研的过程。美国营销协会的定义稍长一些，因为它既描述了营销调研的功能，也阐述了营销调研的作用。接下来，我们会介绍营销调研的功能和作用。

营销调研与市场调研

营销调研和市场调研是不同的。本书和美国营销协会已经给出了营销调研的定义。有些学者将市场调研看成营销调研的一部分，将市场调研看成营销调研在某个具体市场领域的应用。调研协会（The Insights Association）将**市场调研**（market research）定义为“获得目标市场或顾客信息的任何有组织的活动”。[13] 虽然我们知道营销调研与市场调研的区别，但许多管理者、出版商、调研机构和学者还是经常将这两个词混用。

营销调研的功能

美国营销协会对营销调研的定义阐述了营销调研的功能，即营销调研是通过提供用于制定营销决策的信息来将消费者和生产者连接的桥梁。注意，美国营销协会的定义对消费者和顾客做了区分，倾向于将零售消费者（B2C）和企业顾客（B2B）区分开来。有些人认为与以前相比，现在通过营销调研将消费者与生产者连接起来更为重要。如果公司要在市场上提供有价值的产品，这种与消费者的连接就更为关键。随着全球化趋势的深化、在线购物和社交媒体的飞速发展，与以往任何时候相比，今天的消费者有更多的选择、更多的信息以及更多的方式与更强的能力和他人沟通。

1.3 营销调研的作用

美国营销协会对营销调研的定义还阐明了营销调研的不同作用。主要的作用有：（1）识别市场机会与营销问题；（2）设计、完善和评估潜在的营销活动；（3）监控营销绩效；（4）促进营销理论的发展。接下来我们来讨论这些作用。

识别市场机会与营销问题

营销调研的第一个作用就是识别市场机会与营销问题。识别市场中有哪些机会并不是一件容易的事情。虽然我们拥有了新产品或新服务的创意，但是哪一个创意更具可行性呢？哪一个创意具有执行性呢？哪一个创意可能产生理想的投资回报呢？经常出现这样一种情况：有人已经发现成功地开发一种新产品或新服务的机会，管理者会问“为什么我们没有看到它的市场机会”。有些营销调研的目的是找出消费者的问题是什么，并对解决这些问题的不同方法的适用性进行评估。对高油价和尾气排放的担忧困扰着消费者，因此日本丰田汽车公司开发出了普锐斯混合动力车。消费者对壁挂式大屏幕电视机的需求日益增加，于是三星开发出了超薄 LED 大屏幕电视机。没有有线电视的消费者想要看

HBO 的电视节目，所以 HBO 就开发了 HBO Now。

你可能会认为管理者对他们所面临的问题应当有所了解。为什么通过营销调研能够识别营销问题呢？因为营销问题并不容易识别。管理者更可能知道的是管理症状（如销售额下降、市场份额流失），但确定产生这些症状的原因有时需要借助调研。我们将在第 3 章讨论市场机会与营销问题的识别。

设计、完善和评估潜在的营销活动

营销调研也可用来设计、完善和评价潜在的营销活动。这里提到的“活动”可以是营销战略、营销方案或营销战术。通用磨坊（General Mills）于 2014 年收购了 Annie's Homegrown 有机食品公司，以满足消费者对有机食品和天然食品日益增长的需求。通用磨坊的“活动”包括制定基本战略，以满足消费者对有机食品日益增长的需求；通过推广已有产品和开发与品牌文化相一致的新产品来完善 Annie's 品牌，以及评估销售和提升品牌的计划。管理层能够利用营销调研提供的信息来对这些营销活动制定更好的决策。

我们可以将这些营销活动看成战略，战略会涉及选择目标市场以及设计能够满足目标市场的欲望与需求的营销组合。营销调研可以用于不同的领域，包括确定目标市场，进行产品开发调研、定价调研、促销调研和分销调研。

选择目标市场 大量的营销调研用于确定细分市场的规模。管理者不仅需要知道所有对电动车有需要的细分市场的需求规模，还要知道电动车细分市场是一个上升的市场还是一个趋于下降的市场，竞争对手如何满足细分市场中顾客的欲望与需求。如果调研结果表明这个细分市场具有显著的可识别需求，市场具有稳定的增长趋势，竞争对手所提供的产品并没有满足这个市场的需求，或者没有很好地满足市场需求，这个细分市场就是公司目标市场的理想备选。现在公司必须确定其核心竞争力如何更好地满足目标市场的需求。日产公司依据一天行驶里程数确定了具有前景的汽车目标市场。日产公司发现有一部分消费者不经常远距离驾驶，因此，行驶里程有限的电动汽车就能够满足他们的需求。

产品开发调研 成功的企业要不断地开发新产品和新服务。由产品寿命周期理论可知，产品最终会消亡。因此，企业必须将确定与测试新产品的任务提上议事日程。新产品测试可以从产品创意产生之时开始，然后进行概念测试。通过概念测试，企业能以较低的成本快速得到消费者对新产品概念的反应。产品开发调研也可以用于新产品商业化之前的品牌命名和包装设计。例如，2016 年，温迪快餐连锁集团（Wendy's）在马萨诸塞州和田纳西州的商店里测试了松露培根芝士汉堡包和松露培根薯条，以了解消费者是否对新口味感兴趣。[14]

定价调研 新产品面世之后，营销人员要通过调研来确定新产品在消费者心目中的感知“价值”。当有线电视进入家庭时，早期的有线电视运营商通过调研来了解消费者是否愿意为清晰的接收信号和增加的电视频道支付费用。当手机进入市场时，企业开展调研以确定什么人愿意付更高的价格购买新的“便捷”手机。营销调研也可以用于确定消费者对不同的定价策略的反应，如“买一赠一”与“半价销售”哪个效果更好。一种称为“购买故事研究”的定性研究方法就是使用一系列开放式问题去访问一些潜在购买者。调研人员发现企业现有的产品分类方法会对 B2B 购买者的购买产生负面影响。重新进行产品分类，销量就会上升。[15]

促销调研 当公司投入巨资进行促销时，它想知道这些资金用于广告、销售人员、公共关系、产品促销后产生的效果如何。公司还需要对不同媒体的效果进行调研。在线广告会比传统媒体（如电视、广播、报纸、杂志）广告更有效吗？企业怎样更有效地使用社交媒体去倾听消费者对于企业的品牌和竞争对手的品牌的看法？举一个促销调研的例子。为了提高 Chobani Flip 酸奶的知名度，乔巴尼（Chobani）发起了一项名为“你的突破”（The Break You Make）的促销活动。研究表明，这次促销活动非常成功，乔巴尼的销售额比前一年增加了 300%。因此，乔巴尼扩大了这一活动的范围并加大力度。[16]

分销调研 将公司的产品送到消费者手中的最佳渠道是什么？企业产品的最优秀的经销商在哪里？如何评价经销商所提供的服务？经销商对企业的满意度如何？经销商有动机销售某企业的产品吗？企业应当使用多渠道进行分销吗？企业应当使用多少家分销商？通过营销调研，管理者可以回答这些关键的问题。为了解决上市前的技术难题，亚马逊在西雅图的一家无人超市 Amazon Go 对其员工进行了测试。

监控营销绩效

控制是管理的一个基本职能。营销调研通常使用许多指标来评估绩效。例如，企业通过杂货店、大型商场和便利店扫描快速消费品的 POS 机所收集的动态数据，来追踪单品销售额和各种渠道的销售额。扫描的数据可以帮助管理者监控自己品牌的销售额，也可以监控竞争对手的销售额，还可以监控自己与竞争对手的市场份额。企业也可以通过营销调研监控其他指标，如员工满意度和顾客满意度。诸如尼尔森和 IRI 等调研公司主要监测超市和其他零售店里某类产品的销售绩效。这些公司跟踪产品销售数量、销售渠道、销售价格等方面的表现。在第 5 章你会了解跟踪研究的相关内容。跟踪世界范围内飞速发展的社交媒体是监控市场绩效的另一种手段。许多调研公司开发了自动监控服务业务，用来监控人们对公司、品牌和竞争对手的评论。

促进营销理论的发展

营销调研旨在促进与拓展人们对营销的理解，因而有些营销调研的目的是扩展人们有关营销的基础知识。这类基础研究试图对营销现象进行定义和分类，提出一些能够用来描述、解释和预测营销现象的理论。**基础研究**（basic research）就是对“研究的研究”，或者称为用于在研究中建立最佳实践的研究。[17]

这类研究大多是由大学教授和一些非营利的专业组织，如营销科学研究所（Marketing Science Institute）来完成。研究的成果通常发表在一些学术期刊上，如《营销研究》（*Journal of Marketing Research*）或《营销》（*Journal of Marketing*）。例如，一篇发表在《营销研究》上的论文研究了消费者为获得服务而决定等待多长时间的心理过程。这项基础研究并不是为了解决具体的企业管理问题，而是为了增进我们对如何满足消费者的理解。[18] 然而，如果美国电话电报公司（AT&T）正在分析消费者对其商店中不同等待时间的反应，这可能是公司面临的一个实际问题，这项基础研究就很有价值。

为解决具体的营销问题而进行的研究称为**应用研究**（applied research），它代表了绝大多数营销研究。大多数情况下，营销调研公司进行的研究是为了解决公司面临的具体问题。我们稍后再讨论营销调研解决具体问题的思路。

营销调研有时也会出错

营销调研向管理者提供的答案并不总是正确的。例如，通用汽车公司曾对家用厢式旅行车实施市场调研，调研结果显示汽车制造商对此并无信心。然而不久，克莱斯勒公司（Chrysler）推出了道奇商务型汽车和普利茅斯小型厢式旅行车捷龙（Voyager），因在美国汽车发展史上创造了一种全新的车型并大获成功。[19] 安海斯 – 布希公司（Anheuser-Busch）实施了一组焦点小组访谈来决定是否要在英国推出一种新啤酒。结果表明，在消费者倾向于喝常温、低碳酸啤酒的国家，“鲜”啤酒不会受到欢迎。尽管如此，百威（Budweiser）还是在英国上市并成功销售。电视剧《宋飞正传》（Seinfeld）的前期营销调研表明其收视率会很低，然而六个月后，一位经理对调研结果的准确性提出质疑，并决定试播一下，结果《宋飞正传》成为史上最成功的电视剧之一。[20] 当邓肯·海因斯（Duncan Hines）在市场上推出软曲奇产品时，营销调研结果显示 80% 的顾客表示会购买，实际上并没有购买。[21]

有些企业在市场上推出了新产品或服务，随后因为没有达到预期目标而退出。有些失败是因为没有做任何营销调研，不做营销调研会增加失败的可能性。然而，正如我们所知，营销调研可以增加产品获得成功的可能性，但并不是所有的营销调研的结果都有用。请注意，大多数营销调研试图理解和预测消费者行为，然而这是一项非常艰巨的任务。营销调研行业已存在多年并仍在发展，这意味着该行业已经通过了严格的考验，证明了其价值，即检测市场的价值。如果该行业不能提供价值，它就不会存在。虽然有一些失败的例子，但我们可以找到成千上万个成功的例子来证明营销调研的价值。

1.4 营销调研所需就业技能

营销调研课程结束后，你可能会对营销调研这一职业感兴趣。即使你不想从事营销调研工作，本书的内容也会提高你的就业技能，它将使你在就业市场上更具竞争力。无论如何，本书的内容对于你的职业生涯是很有价值的。

本书的每一章都将以“就业技能”结尾，以便强调每一章所介绍的技能。就业技能分为七类，每类技能都是在职场取得成功的关键。以下是营销调研工作必备的七种技能：

- 批判性思维技能；
- 合作技能；
- 知识应用和分析技能；
- 职业伦理和社会责任；
- 信息技术应用和计算技能；
- 数据处理技能；
- 沟通技能。

除了传授重要的就业技能，本书还会介绍日常生活中的重要知识。在当今数据社会中，统计知识对于公民来说是必不可少的。人们每天都会接收很多信息，并需要利用这些信息做出正确的决定。你在营销调研课程中学到的知识可以帮助你每天做出更明智的决策。

本章就业技能

通过学习本章内容，你已经掌握了：

批判性思维技能

- 确定何时进行营销调研。
- 确定需要进行哪种类型的营销调研。

知识应用和分析技能

- 明确营销调研与市场营销的关系。

小 结

全球化和数字化极大地加快了商业世界发展的步伐。然而，管理者仍必须制定决策，而营销调研的作用就是提供信息，帮助管理者制定更好的决策。营销调研是营销的一个组成部分，因此，要理解营销调研，就必须理解营销调研在营销中的作用。美国营销协会将营销描述为顾客、客户、合作伙伴和整个社会创造、沟通、传递、交换具有价值的提供物的一系列活动、组织、制度和过程。

要理解营销，可采用新的框架。社交媒体的发展促使营销人员倾听消费者的心声，甚至要求企业与消费者合作。营销人员必须倾听消费者的心声以确定怎样创造、沟通和传递价值以便与消费者建立长期关系。有些公司倾听消费者的心声，获得了成功；有些公司对消费者漠不关心，遭遇了失败。有许多失败的例子，如Life-Saveers苏打水、高露洁食品以及菲多利柠檬水，在这些案例中，管理者都没有获得更好的信息。

哲学指导我们的日常决策，所以营销人员应当遵循众人熟知的营销理念。营销理念是企业成功的关键，拥有这种理念会使企业针对所选择的目标市场，在创造价值、传递价值和沟通价值方面做得比竞争对手更有效率。持有产品导向或销售导向经营理念的公司则难以持续经营。如果一个公司的管理遵循营销理念，就会制定正确的战略或计划以向消费者提供价值。简言之，要想做好营销，管理者需要信息来识别目标市场中顾客的需求与欲望，从而设计满足顾客需要的营销战略。进一步讲，环境变化意味着营销人员需要经常收集信息，监测顾客、市场和竞争对手的情况。

本书将营销调研定义为设计、收集、分析与报告信息以解决具体营销问题的过程。美国营销协会则将营销调研定义为通过信息将消费者、顾客、公众与营销人员之间联系起来的桥梁，营销人员可以通过这些信息识别和确认营销机会与营销问题，设计、完善和评估潜在的营销活动，监控营销绩效，促进营销理论的发展。营销调研与市场调研并不相同。营销调研是一个更加宽泛的术语，它是为制定决策而收集、分析和报告信息的过程。市场调研则是指将营销调研应用到某一具体的市场。然而，在实际工作中，这两个词经常混用。

通过提供可以用于营销决策的信息，将消费者与营销人员联系起来是营销调研的目的。营销调研的作用有：（1）识别市场机会与营销问题；（2）设计、完善和评估潜在的营销活动；（3）监控营销绩效；（4）促进营销理论的发展。大多数营销调研是应用研究，主要解决具体的营销问题。只有少数营销调研属于基础研究，旨在扩展营销知识。

你在营销调研课程中学到的技能对你在营销行业中取得成功非常重要。此外，本书介绍的内容可以帮助你在日常生活中做出更好的决策。在当今以信息为基础的社会中，了解如何通过收集和使用数据来帮助制定决策是很重要的。

复习题与应用题

1. 什么是营销？营销调研与营销之间的关系是怎样的？
2. 为什么拥有经营理念对于决策制定者很重要？什么是营销理念？营销理念与营销调研的关系是什么？
3. 制定“正确”的营销战略需要哪些因素？随着时间的推移，“正确”的营销战略会如何改变？
4. 什么是营销调研？营销调研与市场调研的区别是什么？
5. 消费者和顾客的区别是什么？为什么当下与消费者的联系会更重要呢？
6. 试给出几个例子，说明在企业新产品开发过程中如何利用营销调研来识别市场机会或问题。
7. 举例说明营销调研的四个作用。
8. 你在所工作的电子公司负责推出一个新产品。描述一下你通过下列营销调研类型所要回答的问题：（1）产品开发调研；（2）定价调研；（3）促销调研；（4）分销调研。
9. 列出产品失败的三个原因，并解释最重要的原因。如果有更好的调研信息，可以避免失败吗？
10. 你能举出一个企业使用众包开发产品的例子吗？众包可以用于广告创意吗？如果可以，请给出一个例子。
11. 在商业期刊中找到企业使用营销调研的三篇文章。这些商业期刊如《华尔街日报》、《广告时代》(*Advertising Age*)、《商业周刊》(*Business Week*)、《财富》和《福布斯》。你可以在一些期刊的网站上找到以前发表的文章。

案例 1－1

星巴克和茶的销售

茶是世界上仅次于水的第二大饮品，但是星巴克很难让消费者为茶支付和咖啡一样的高价。当星巴克收购总部位于亚特兰大的 Teavana Holdings 茶叶公司时，该公司 2012 年的市场价值就高达 6.2 亿美元。星巴克执行主席霍华德·舒尔茨（Howard Schultz）信誓旦旦地说：“我们要让喝茶就像喝咖啡一样。”[22] 然而这一目标至今尚未实现。

1999 年，星巴克以 810 万美元的价格收购了 Tazo 茶品牌，开始认真经营茶饮。2017 年，星巴克将 Tazo 品牌以 3.84 亿美元的价格卖给了联合利华，自己专注于 Teavana 品牌。[23] 然而，由于销量低迷，星巴克 2017 年宣布计划关闭大部分 Teavana 品牌店，但仍然希望在其咖啡店中创造一种“茶文化”。

美国人钟情于喝咖啡而不是茶的原因有以下几个。[24] 首先，咖啡是一种复合的优质饮料，它混合了各种口味、乳品或乳品替代品以及甜味剂。其次，用茶包制作的茶饮通常很难带来溢价。最后，咖啡行业将咖啡作为一种优质饮料的营销做得很专业。

茶行业已经制定了一些策略，希望能提高茶的声誉。其中包括制作难以在家中烹制的茶饮料；开发一些新的口味茶，特别是有利于身体健康的茶；加大对员工进行正确烹茶培训的投入；强调茶悠久而丰富的历史。也许这些策略可以帮助星巴克提升优质茶饮的销量。

1. 根据营销调研的定义，你认为营销调研可以帮助星巴克提升茶的销量吗？解释一下。

2. 美国营销协会对营销调研的定义阐述了营销调研的几种作用，哪一种作用会有助于星巴克提高茶的销量？为什么？

3. 营销调研应用于营销组合的所有领域，包括确定目标市场，产品、定价、促销和分销研究。对于星巴克来说，你认为在哪个领域进行营销调研对提升茶的销量最有用？为什么？

案例 1-2

汽车研发中心

尼克·托马斯（Nick Thomas）是汽车研发中心（Auto Concepts）的首席执行官，该中心是美国一家大型汽车制造商的一个部门，该制造商拥有多个事业部，分别主营几个汽车和卡车品牌。这家汽车制造商的市场份额正逐渐被竞争对手抢走。成立汽车研发中心的目的是开发出适应当今汽车市场变化的全新车型。新车型开发工作的一个主要考虑因素是美国能源部能源办公室所涉及的能源效率及可再生能源，该部门提倡使用丙烷、天然气、氢、乙醇、电力等替代燃料。报告指出了节约燃料的主要好处，包括节省资金、减少对石油的依赖、减缓气候变暖以及提高能源的可持续性。与此同时，人们相信，凭借安全移动连接、自动或辅助驾驶、信息娱乐、车载诊断等功能，物联网将成为未来汽车的重要组成部分。

尼克·托马斯意识到，他必须在汽车设计和工程再造方面进行一些创新，但是他不能确定他的部门应当朝哪个方向走。尼克意识到他需要了解消费者对地球变暖的态度和个人责任感，还有对燃料价格的态度。这些信息将帮助他确定公司汽车设计的走向。尼克还需要更多有关消费者偏好的数据。他要知道消费者会继续使用现在的标准汽油小型车、全电动或混合动力的车型，还是对能够从根本上解决燃油经济问题的新车型感兴趣。

1. 在开发新车型时，尼克应该首先关注以下哪一项，为什么？

a. 工程和生产的可行性

b. 该部门的美国母公司的品牌形象

c. 技术创新

d. 消费者偏好

2. 尼克·托马斯是否应该进行营销调研？

注释

| 第2章 |

营销调研过程和界定调研内容

学习目标

在本章你将学习：

- 营销调研过程的各个步骤。
- 界定营销问题的重要性和过程。
- 如何构建调研内容。
- 行动标准及其用途。
- 营销调研计划书及其构成。

| 本章位置 |

- 1. 确定营销调研需求
- 2. 界定营销问题
- 3. 明确调研内容
- 4. 确定调研设计
- 5. 识别信息类型和来源
- 6. 确定获取数据的方法
- 7. 设计调查问卷
- 8. 确定抽样方案和样本容量
- 9. 收集数据
- 10. 分析数据
- 11. 撰写和展示调研报告

营销调研有不同的表现形式和类型，因此，调研人员也有不同的选择：新产品销售额的预测模型、顾客满意度的测量、发现消费者关注点的在线社区、捕捉消费者行为的移动调查、确定最吸引人的包装设计的实验，等等。调研人员从许多似乎没有顺序的调研方法中进行选择以实施调研项目。幸运的是，任何调研都会遵循一个过程，理解和遵循这个过程可以为调研人员提供一个方向。

本章会介绍调研过程的各个步骤，然后重点介绍调研过程的前三个步骤，即确定营销调研的必要性，界定营销问题，撰写调研内容。本章最后讨论营销调研计划书，它是在确定问题陈述和调研内容之后需要准备的文件。

2.1 营销调研过程

营销调研过程的 11 个步骤

营销调研过程是由一系列步骤构成的。这些步骤为调研项目的规划提供了路线图。依据这些环环相扣的步骤，你可以充分理解调研项目。首先，这些步骤会使调研人员和非调研人员对整个调研过程形成一个大体的印象。其次，这些步骤会为调研人员提供一个操作流程。调研人员可以据此来考虑每一步的内容和执行的顺序。通过介绍这些步骤，能让你大致了解本书的内容。

图 2-1 展示了**营销调研的 11 个步骤**（11 steps in the marketing research process）。[1] 这些步骤是：（1）确定营销调研需求；（2）界定营销问题；（3）明确调研内容；（4）确定调研设计；（5）识别信息类型和来源；（6）确定获取数据的方法；（7）设计调查问卷；（8）确定抽样方案和样本容量；（9）收集数据；（10）分析数据；（11）撰写和展示调研报告。

下面我们逐一讨论这些步骤。在总结每一步时，我们将简要介绍与本书内容相关的词汇。我们在后面的章节中会更详细地介绍。在介绍这些步骤之前，要提醒读者关注一下营销调研的使用警示，这些警示与营销调研的实施步骤相关。

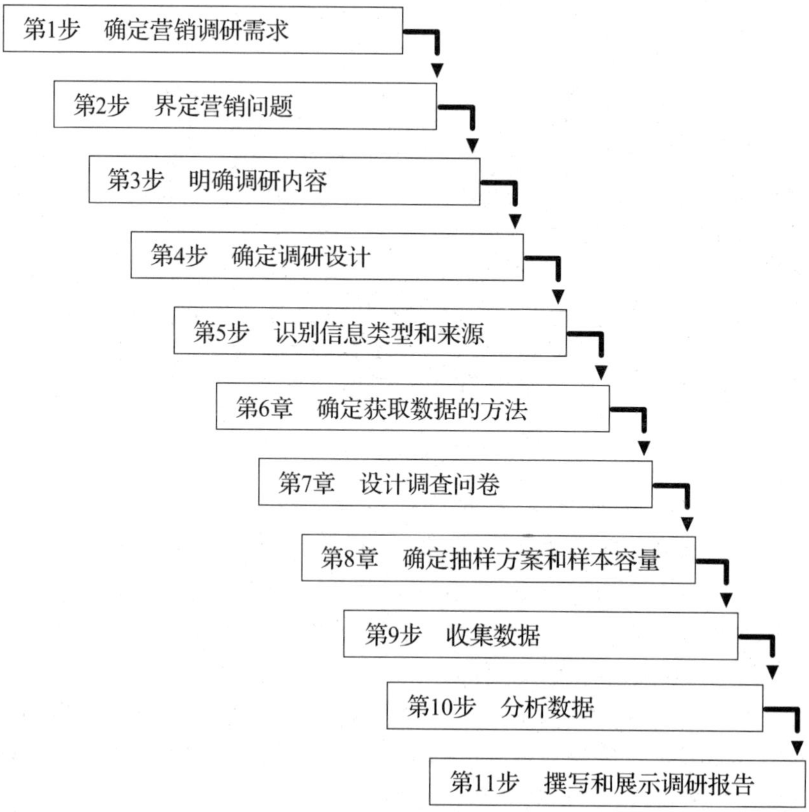

图 2－1 营销调研的 11 个步骤

实施营销调研的警示

营销调研为何有 11 个步骤 11 个步骤看起来有些吓人。我们将营销调研过程概括为 11 个步骤，但也许有人会将整个调研过程合并为更少的步骤或者扩展为更多的步骤。11 个步骤并非一成不变。例如，我们可以选择“界定营销问题、收集和分析数据、展示调研报告”这三个步骤去实施调研。如果认为这样的调研过程过于简单，也可以增加到 20 个步骤。依我之见，20 个步骤过于烦琐，实在没有必要。11 个步骤可以恰当而清楚地描述营销调研的全过程。但现实中并非每个人都使用相同的调研过程去实施调研。

并非所有调研都需 11 个步骤 第二个警示是并非每项调研都要遵循 11 个步骤。例如，有时只对二手数据进行分析就能达到调研人员的目的。调研的 11 个步骤是假定虽然已经拥有二手数据，但仍需要继续收集一手数据去完成调研过程。

每个步骤的顺序并非一成不变 最后一个警示是大多数调研项目并不一定要按上述步骤依次进行。事实上，各个步骤间都是相互关联的。有时，调研人员在收集数据后确定调研内容。因此，调研人员不会像机器人一样只能从第 1 步走到第 2 步。随着调研的逐步深入，调研人员会考虑下一步如何进行，也许会重复前面的步骤。

告知“本章位置”

理解营销调研过程的具体步骤为你更好地实施营销调研打下了基础。对于这些步骤及其内容的理解有助于营销调研人员处理调研中出现的复杂问题。在本章，我们要讨论这些复杂问题中的一些内容。为了帮助你更好地学习本书的其他内容，我们会从第 2 章起在每一章的开始部分告诉你“本章位置”，即该章内容是整个营销调研过程中的哪一个步骤。当你阅读营销调研的具体内容时，“本章位置”会显示你正在阅读的内容在整个营销调研框架中的位置。

现在，让我们来看营销调研的第 1 步。

第 1 步：确定营销调研需求

当管理者必须制定决策而手头又无充足信息时，这便是需要实施营销调研的信号。并不是所有的决策都需要营销调研。营销调研需要时间和费用，因此管理者必须在手头已有信息与获得新信息所需成本之间进行权衡，以判断是否值得实施营销调研。幸运的是，大多数情况下都不需要调研，因为如果管理人员要做调研，一定会花费人力与时间，就不能及时地制定决策。

企业对营销调研的理解决定了企业使用营销调研的策略。管理者必须对营销调研在企业运营中发挥的作用予以肯定。有些管理者并不认可在营销调研上投入时间与费用，因此他们的策略便是不实施营销调研。然而，没有信息的支撑，即使是经验丰富的决策制定者也难以制定出正确的决策。在当今飞速发展、变化莫测的市场中，仅靠主观判断来经营会令企业面临极大的风险。

企业关于营销调研的策略也可能显示出管理者对调研类型的偏好。有些管理者经常使用焦点小组，有些管理者则喜欢使用在线社区，还有一些管理者喜欢使用基于大样本的定量研究。有些管理者则偏好室内调研，还有一些管理者偏好雇用营销调研公司来为企业实施营销调研。

有时候，营销调研并不是最佳的解决方案。下面的章节描述了营销调研不是最佳选择的三种情况（也可见表 2－1）。

表 2－1　营销调研并不总是解决问题的最佳方案

不用实施营销调研的情况	需要考虑的情况
已有信息	我们能从过去的研究中获得信息吗？ 我们能从营销情报系统和内部报告中得到信息吗？
时间不足	我们需要立即采取行动来保持竞争力吗？ 产品是否已经到了生命周期的终点？
成本大于价值	我们是否进行了成本效益分析？ 营销调研项目投资的市场回报是多少？

已有信息　管理者要制定许多决策。大多数管理者不需要任何其他信息便可对日常事务进行决策。记住，在比较成熟的公司，管理者已在市场摸爬滚打多年，拥有丰富的经验。很多情况下，管理者只需要基于现有的知识与经验就可以做出决策。当决策制定需要一些额外信息时，公司也已准备好。

在实施营销调研之前，管理者应该经常问：企业是否已经拥有相关信息？营销情报系统能够提供这些信息吗？是否可以从内部报告系统或决策支持系统获得所需信息？所有的这些信息系统都是连续的信息来源。营销人员能够快速获得信息，且花费很少。例如，可口可乐公司的决策支持系统拥有大型数据库，作为其营销决策支持系统的一部分。

可口可乐公司的管理者可以随时获得所需要的数据，以预测产品中不同成分的含量对销售的影响。如果缺少这些数据，调研人员就要考虑实施营销调研。

时间不足 一旦管理人员决定实施营销调研，时间就是一个关键因素。时间通常在是否开展营销调研来制定决策方面扮演关键角色。尽管在线调研已经缩短了调研过程所需要的时间，但仍然存在没有足够的时间去实施调研的情况。例如，假设一家汽车制造商推出一款配置氢动力发动机的水上汽车，该款汽车销售火爆。其他汽车公司还需要实施营销调研来研究市场偏好吗？还有一些有趣的例子，如对于引起销售量和市场份额突变的新包装、新口味、新成分等，竞争公司需要快速做出反应，而没有时间来做调研。

时间对于一个已经接近产品生命周期末端的产品来讲也是一个关键的因素。当产品面世多年后，就会进入生命周期的衰退阶段，这时要想通过营销调研使产品增加价值可能为时已晚。

成本大于价值 可以将营销调研视为一项投资。管理人员总会在实施调研的费用和他们期望从调研中获得的价值之间进行权衡。调研费用容易估计，但从调研中获得的附加价值很难计算。有时调研所得价值明显与成本支出不匹配。一位调研人员劝告客户—— 一家糕点制造商不要实施营销调研去了解消费者在便利店购买糕点的意愿。为什么呢？因为调研人员已经知道糕点销售额在便利店销售额中只占 1%。[2]

近来有些调研人员试图提出一些确定调研价值的想法。Quirk's Marketing Research Review、Research Innovation 和 ROI 公司合作，提出了 11 种确定调研投资回报的方法。下面是这些文献的共性描述。

a. 所有测量调研价值的方法都应当关注调研是否会对企业产生显著影响。换句话说，一项调研不能只得出方案 A 会获得更高的顾客满意度这样的结论，还要证明顾客满意度的提升能够给企业带来什么影响，如提高顾客忠诚度或增加市场份额。

b. 所有测量调研价值的方法应当证明企业依据调研做出的决策结果如何，没有进行调研的决策结果如何，并用数据证明这两种不同结果之间财务价值的差异。或者是用指标来表明风险降低所带来的财务价值如何。[3]

尽管很难将调研价值量化，但调研人员努力取得的一些进展还是能够帮助客户更好地评估调研价值。如果调研人员能够说明消费者的认知每增加 1% 对销量的影响，就能更好地帮助客户确定是否值得花钱去做关于新包装设计的认知水平的调研。[4] 管理人员（研究人员）一旦决定实施一项调研，就必须恰当地界定营销问题和具体的调研内容。

第 2 步：界定营销问题

如果公司决定实施营销调研，下一步就是界定营销问题。这是最重要的一步，因为如果不能清楚地知道企业所面临的营销问题，所有其他工作都毫无意义。只有当公司需要制定决策，并且没有合适的信息去指导决策制定时，才需要实施营销调研。在界定营销问题这一阶段，应该构建一个简明扼要的问题陈述。本章后面的部分将讨论正确构建问题陈述时应该考虑的问题。

第 3 步：明确调研内容

调研内容准确地告诉研究人员需要收集和分析哪些信息，以便管理者做出相关决策。调研内容要非常明确，因为需要依据调研内容确定所使用的方法和测量工具。我们将在本章后面更详细地介绍调研内容。

第 4 步：确定调研设计

第 4 步涉及确定调研设计。通过调研设计，可以让所使用的调研方法与调研内容相匹配。探索性调研、描述性调研和因果性调研是三种广为接受的调研设计。顾名思义，探索性调研是采用探究式的、非正式的方法来收集信息的一种方式。这种方式通常适用于对研究问题了解不多，想获知术语和定义或确认调研的优先顺序的情况。探索性调研经常在项目实施的早期使用，以帮助客户确定调研内容。描述性调研是对所感兴趣的现象进行描述的研究方法。许多调研都是描述性的，如关于广告认知水平、购买新产品的倾向、对某服务的满意度等的调研都属于这类。因果性调研试图揭示什么因素导致什么结果。例如，哪个网页更有可能诱使购物者将产品加入购物车？因果性调研可以采用实验方法进行。在第 3 章，你将学到这方面的内容。

第 5 步：识别信息类型和来源

调研提供的信息用于帮助解决营销问题，调研人员必须在第 5 步识别所要使用的信息类型和来源。营销调研中有两类信息，即一手信息（为解决某一具体营销问题而收集的信息）和二手信息（已经收集好的信息）。

调研人员应当首先寻找二手信息，因为二手信息要比一手信息收集费用更低且快速，有时比公司自己收集的信息更好。调研人员可以在图书馆或互联网上找到很多二手信息，这些信息有些是免费的，有些只收取少量费用。有些调研公司专门从事数据收集，并将数据信息如辛迪加数据卖给需要的客户。尼尔森从商店的收银台扫描仪中收集的销售点（POS）数据就是一个例子。第 4 章会进一步讨论二手信息。然而，有时二手信息存在数据口径不符合要求、数据过时或不充分等情况。在这种情况下，就必须收集一手数据。在第 5 章的开篇以及本书的其他部分会讨论如何收集、分析与解释一手数据。

第 6 步：确定获取数据的方法

数据可以通过各种方法获取。二手数据的获得相对容易，一手数据的获得则比较复杂。有些数据是通过观察消费者收集的，有些数据是通过浏览互联网上的可用信息获得的，其他数据可以通过调查来收集。通常使用多种方法（称为混合方法）来获取数据。数据收集方法将在第 6 章详细介绍。

第 7 步：设计调查问卷

第 7 步是设计用于收集数据的调查问卷。如果我们以向受访者提问的方式进行沟通，所用的表格就是问卷。如果我们通过焦点小组收集信息，需要使用小组座谈会大纲。这是调研过程中最为重要的一步，因为数据收集工具的质量决定了数据质量。问句的措辞必须恰当，所产生的答案必须与调研内容相符，并能用来解决问题。问句必须清楚，没有偏差。认真设计的问卷能够降低拒绝率，并从受访者那里得到期望的信息。有一些软件或程序可以帮助调研人员设计问卷，实施调查，比如 Qualtrics 和 SurveyMonkey。这些软件大都允许使用者将问卷上传到网上。当受访者完成调查后，数据可以 Excel 或 SPSS 的形式自动下载。我们将在第 7 章介绍如何设计问卷。

第 8 步：确定抽样方案和样本容量

大多数情况下，营销调研都是从总体中抽取一部分单位作为样本来认识总体的。总体由全部单位构成，研究人员通常基于样本的数据资料来对总体进行推断。一个总体可以是“美国俄勒冈州波特兰市中心地区的所有百货店”，也可以是“某大学商学院注册的学生”。总体应当根据调研内容来定义。样本是总体的一个子集。抽样方案是指从总体中选择单位或基本单位来构成样本的过程。调研内容和抽样框（总体单位清单）决定哪一种抽样方案可以使用。抽样方案的类型决定了样本对于总体而言是否具有代表性。

当你学习第 8 章时，你会知道随着接触受访者的方式的变化，抽样方案会变得非常复杂。比如，几年前，美国有 96% 的家庭可以通过传统电话来接受访问，今天这个数字显著下降。调研人员必须使用不同的方法来接触那些不使用电话的人。

另一个主题是样本容量。从总体中抽取多少个单位构成用于研究的样本？样本容量决定抽样结果代表总体的精确性。在第 8 章，我们会介绍抽样方案和最佳样本容量。一些调研公司在抽样方案设计方面非常专业，如 Survey Sampling International 公司。

第 9 步：收集数据

在第 10 章，你将了解现场收集数据以确保获得高质量的数据。数据收集过程的误差来源于现场调查人员或受访者。误差可分为有意误差和无意误差。调查人员应当知道这些误差的来源，并实施控制以减少误差。例如，收集数据的现场调查人员也许会作假或编造数据。调研人员通过审核控制系统来减少出现这种误差的可能性。审核是指从所有的被调查者中随机抽取 10%（行业标准）重新进行调查，以确认这些人是否真的参与了本次调研。专门从事数据收集的公司称为**现场服务公司**（field services firm）。

第 10 步：分析数据

营销调研人员将所收集的数据进行转换，输入用于数据分析的软件包。在第 11 章，你将学习如何管理定量数据，如何使用本书介绍的 SPSS 分析软件指导分析数据。同样，在第 11 章，你将学习数据分析技术，包括描述分析和概括数据，还会学习如何根据样本数据对总体进行推断。在第 12 章，你会学习如何对两组间的差异进行检验。例如，不同组购买一个新品牌产品的倾向是否具有显著差异？第 13 章将介绍如何确定变量间是否存在显著的相关关系，第 14 章将介绍使用一个已知变量去预测其他未知变量。数据分析的目的是使用统计工具，采用满足调研内容的形式去展示数据。如果调研内容是确定不同收入水平的四个组对某一新产品的购买意向是否存在显著差异，那么需要使用数据来分析，确定这些差异（基于样本数据）是否实际存在于总体之中。

第 11 步：撰写和展示调研报告

营销调研的最后一步是撰写和展示调研报告。在大多数情况下，营销调研公司既要准备一份书面报告，也要向客户和管理人员进行口头汇报。营销调研人员使用标准的报告格式，具体内容会在第 15 章介绍。要认真撰写报告，展示数据的图形和表格也要恰当、准确。最重要的是与客户清楚地沟通研究结果。

至此，我们已经简单地描述了营销调研的各个步骤。如果调研人员和客户能够认真执行，通过调研过程就会得到用来解决问题的信息，即帮助客户从多个决策方案中进行选择。每章的“本章位置”将帮助你了解自己正处于调研过程中的哪一个步骤。我们已经讨论了营销调研的第 1 步，接下来讨论第 2 步和第 3 步。

2.2 界定营销问题

界定营销问题是营销调研过程中最重要的一步。一个营销调研项目是否成功取决于正确地界定问题并构建问题陈述。在界定了问题之后，我们就可以遵循营销调研的所有步骤来实施，但我们要关注所问的问题是否正确。如果不能正确地界定营销问题，调研过程中的其他步骤将存在根本性的缺陷，在营销调研上付出的所有时间和金钱都将是浪费。

营销**问题**（problem）是要求管理者在不同的决策之间进行选择的情境。管理者制定决策的目的是解决问题。对于日常决策，管理者很容易根据过去的经验进行决断，在这种情况下，他们并不认为自己的决策有"问题"。然而，当有多种选择时，管理者必须制定决策。例如，管理者在管理过程中通常会面临新产品的确定、广告文案的选择、产品或服务价格的制定等选择情境，或称为问题。

当需要对营销问题或营销机会进行选择，却没有足够的信息指导如何进行选择时，就产生了对营销调研的需求，这样，营销调研过程就开始了。营销过程的启动涉及一系列任务，最终会构建营销调研内容。图 2－2 表明，界定营销调研问题有四项任务。下面几节将详细介绍每一项任务。

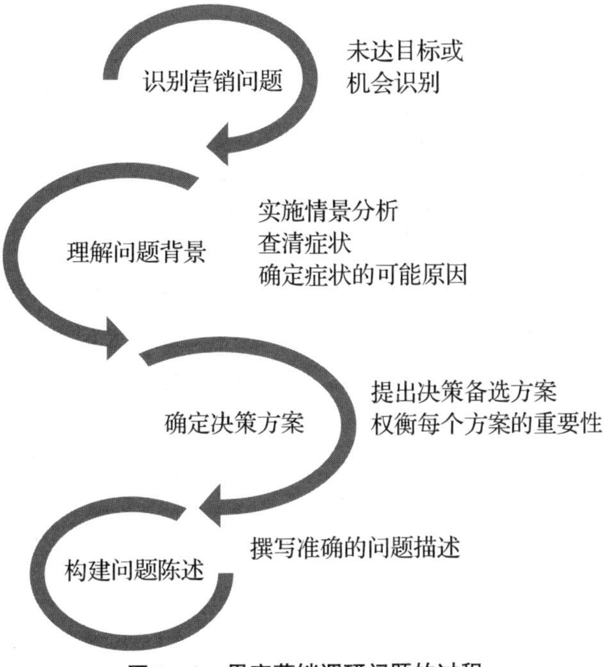

图 2－2 界定营销调研问题的过程

1. 识别营销问题

当管理者遇到对企业具有潜在的消极或积极影响的情况时，就遇到了营销问题。营销问题的来源可以描述为未达目标或机会识别。

未达目标 当期望发生的结果与实际发生的结果之间存在差距的时候，营销问题就出现了，换句话说，营销管理没有达到目标。[5] 营销经理通常会正式地确定**关键绩效指标**（key performance indicator，KPI）或测量指标，这些指标提供了相对于其所设目标来讲公司实际完成的分数。调研洞察 2－1 给出了一些例子。

调研洞察 2-1 实践应用

关键绩效指标举例

许多公司发现，确定关键绩效指标对于衡量公司实现营销目标非常有用。跟踪的关键绩效指标数量应该足够大，以便全面测量公司绩效。但是，如果测量与展示的关键绩效指标过多，其影响可能会大打折扣。关键绩效指标的选择应该与公司的目标相一致。表2-2描述了一些营销目标和相应的关键绩效指标。

表2-2 关键绩效指标举例

营销目标	关键绩效指标
品牌知名度	广告回忆度、唯一访问者、品牌评论、品牌推荐、零售流量
品牌参与	喜欢、份额、博客评论、净推荐率、转换率
销售额	市场份额、营销渗透、订单、收入、增长率、转换率
投资回报	顾客吸引成本、营销投资回报、顾客生涯价值
质量控制	退货率、顾客抱怨、顾客评分

未能达到目标的例子可能包括零售商的销售收入随着时间的推移而减少，网站的转化率降低，或者广告宣传没有提高品牌知名度。面对营销问题，管理层必须确定采取哪些营销行动来缩小预期目标与实际绩效之间的差距。

机会识别 当已经发生的事情和可能发生的事情之间存在差距时，机会识别的问题就会发生。这种情况表现为没有意识到“有利的情况、取得进展的机会或者获得改进的机会”。[6] 机会识别的例子应当包括在社交媒体上发现产品的新用途，或对理想的目标市场提供送货到家服务。**营销机会**（marketing opportunity）就是公司可以获得成功的一个潜在的有利环境。例如，有上万人使用谷歌的日常服务。谷歌有很多机会利用这个市场优势，因此谷歌管理者必须制定决策以确定是否以及如何利用这些机会。

对于管理者来讲，未达目标和机会识别会产生同样的结果，即他们必须制定决策。识别营销问题的重要性无论怎么强调都不为过。管理者应该设定经营目标，提出测量绩效的方法与过程。他们也应当基于变化的环境持续监控趋势的走向。不能识别问题的管理者迟早会丢掉工作。

内部报告系统是公司营销信息系统的一个组成部分。它的功能之一就是当问题出现时提醒管理者注意。内部报告系统非常适合识别早期症状。例如，商店的存储系统经常会提醒管理者注意一些潜在的问题，如缺货，这是商店进行促销时经常发生的情况。内部报告系统的提醒会使管理者意识到需要调拨其他产品，或者哪个地区对促销活动有反应，哪个地区对促销活动没有反应。早期症状的识别有助于改进管理策略，从而提高利润。

管理者如何知道何时拥有机会呢？各公司的机会识别系统是不同的。一些公司有专门人员和正规的程序来确定是否存在机会，并对机会进行评估。这些公司倾向于依靠创新来更新产品生命周期，以保持竞争优势。一些公司授权销售人员和其他一线员工发现问题。[7] 还有一些公司只会在机会似乎从天而降时才发现。当这种情况发生时，可能为时已晚，因为竞争对手可能已经拥有不可超越的领先优势。要抓住机会，公司必须积极主动。

2. 理解问题背景

当管理者意识到有些地方出了问题，需要他人帮助来诊断状况时，他们通常会咨询调研人员。管理者可能会意识到一个**症状**（symptom）或一个可见的迹象，但这种症状或迹象只是问题的表象（例如，“客户满意度在过去两个月每月下降了 10%”）。管理者知道客户满意度下降，并不意味着管理者知道问题出在哪里。如果不知道问题出在哪里，他们就无法确认应当采取何种行动。

例如，捷蓝航空（JetBlue）注意到，费城的客户给它的评分一直很低。捷蓝航空在费城的航班一直都很准时，对此十分困惑。然而，公司并没有将低评分归因于费城的乘客脾气暴躁，而是深挖原因。捷蓝航空公司在费城的许多航班安排在清晨，而此时机场的咖啡店还没有营业。于是，捷蓝航空与咖啡店合作，让它们早点营业。经过这一调整，捷蓝航空在费城的评分立即上升到平均水平。[8]

有时，管理者已经对存在的营销问题有所认识，并且明确了解决问题的决策方案。即便如此，调研人员仍有责任帮助管理者准确地界定问题。在这一过程中，调研人员的价值在于他们从新的视角考虑问题，而不受近期事件、趋势、偏见或管理者决策过程的干扰。重要的是，调研人员不应只是“命令接受者”，而应利用他们的经验和知识为管理者提供建议。[9]

要了解问题的背景，调研人员必须进行情景分析，明确问题的症状，并确定这些症状的可能原因。这些内容将在下一部分进行解释。

实施情景分析　调研人员了解问题背景的第一步是实施初步调查，又称为情景分析。**情景分析**（situation analysis）是探索性研究的一种形式，旨在收集背景信息和数据，以帮助正确界定问题。例如，情景分析可能会揭示销售额下降更可能是由于分销商流失，而不是广告文案欠佳。即使营销问题之前已经由管理人员确认，调研人员仍有责任确保这些问题是真正的问题。

情景分析可能开始于调研人员了解行业基本情况、竞争对手、关键产品或服务、市场、细分市场、社交媒体等活动。调研人员应从行业入手，确定任何症状是与整个行业有关还是仅与客户公司有关。调研人员应当了解公司历史、公司绩效、产品 / 服务、核心竞争力、营销计划、目标市场和主要竞争对手。

进行情景分析的主要方法是审查企业内部和外部的二手数据。其他方法包括体验调查（与公司内部和外部具有相关知识的人员讨论）、案例分析（前面有相关的例子，与背景研究类似）、预研究（实施一个可能再现问题的小型研究）和焦点小组访谈（就公司的产品或服务等主题进行小组讨论）。

查清症状　在诊断问题时，症状有时会与营销问题混淆。症状的作用是提醒管理者营销问题发生了——将发生的事情和正在发生的事情之间存在差距。症状也许是管理者对某些市场因素表现所感知的变化，这些症状暗示着一个新机会的出现。

调研人员和管理者必须注意不能将症状和营销问题混淆。为了说明这一点，我们来看看经典的陈述：“公司的营销问题——公司利润下降。”“公司利润下降”是症状而不是问题，导致公司亏损这种症状的原因才是营销问题。管理者在调研人员的帮助下必须确定产生这些症状的可能原因，以便找到真正的营销问题。因此，管理者必须认识到，症状不是问题，而是提醒管理者存在问题的一个“信号”。举个例子，20 世纪 80 年代，当便携式收音机、播放机和电视机的销量由于索尼的 Walkman 和 Watchman 系列产品面世而下降时，就应将这种下降视为症状，原因是消费者对便携式产品具有基本的市场需求，如今这个需求使得许多移动设备的便携式产品问世。所以，最关键的是一定要知道症状不是营销问题，症状的作用是向管理者发出信号，提醒他们注意识别与界定营销问题。

首先，调研人员应在调研过程中尽早查清症状。调研人员是否正确地识别出症状？各个公司在确定自己的经营目标、监测绩效、采取纠正行动等方面有很大的不同。公司是否有足够的控制系统来识别症状？哪些症状还没有被发现？调研人员是否准确测定了公司绩效？调研人员是否及时报告了市场变化？是否进行了足够的环境分析来抓住市场机会？

其次，调研人员需要自己来评估这些症状。在情景分析中这些症状可以与其他因素相互佐证吗？这些症状是异常的吗？这些症状可能再次出现吗？事实上，调研人员的所作所为很像一个侦探。调研人员的职责就是探究和质疑营销问题是否得到正确界定。一旦确认了这些症状，调研人员就应该查找产生症状的原因。

确定症状的可能原因　管理者和调研人员应该就需要关注哪个症状或关注症状的哪些方面达成一致。现在是时候确定产生症状的原因了。任何变化都是有原因的。利润不会无缘无故地下降。如果顾客的消费行为与过去一样，销售额也不会下降。如果没有一些事情发生，顾客满意度也不会无缘无故地下降。

情景分析可以用来确定产生营销问题的原因。在罗列了所有可能的原因之后，调研人员和管理者应该聚焦产生营销问题的可能原因，即找到最有可能引发症状的原因。

例如，假设红十字会认定当年大学生献血人数减少了。红十字会希望确定导致献血人数减少的可能原因。部分原因可能包括：

- 地区献血服务对红十字会构成了竞争。
- 大学的学生人数正在减少。
- 由于健康问题，合格的学生越来越少。
- 高校的献血活动宣传力度不够，大学生不知晓。

下一步是确定哪些营销行动可以解决营销问题。

3. 确定决策方案

决策备选方案（decision alternative）是指管理者认为可以解决营销问题的任何营销活动。这些活动包括价格变动、产品改进或产品更新、新促销形式，以及分销渠道的调整。在确定决策备选方案阶段，调研人员的营销专业背景和知识可以得到应用，管理者和调研人员通常会聚集一堂，集思广益，确定可能的多种决策方案，以解决营销问题。对于管理者来讲，尽可能多地确定备选方案是很重要的。

回到红十字会的例子，假设该组织的管理层考虑一些解决方案来增加大学生献血的人数。第一个方案是强调献血的好处，第二个方案是尽量减轻学生对献血的恐惧，第三个方案是找出能够增加献血量的激励因素。现在，可供选择的决策方案变得清晰起来。但每一种方案的结果是什么呢？如果结果是不确定的，那么，对每个备选方案的结果的研究将有助于确定哪个方案最佳。

4. 构建问题陈述

在完成了前面列出的所有任务之后，调研人员应该准备好进入问题界定的最后阶段：构建问题陈述。**问题陈述**（problem statement）是对管理者需要进行研究以便做出决策的问题或机会的简洁描述。以下是问题陈述的例子：

● 一位公寓经理希望提高其小区公寓的入住率。

● 一家零食生产商试图通过提供可生物降解的包装来增加销量。

● 一名应用程序开发人员希望增加其应用程序的下载量。

● 一家零售商希望了解，在过去 12 个月内，面向婴儿潮一代的销售额增加、面向千禧一代的销售额减少会带来什么后果。

界定了营销问题之后，下一步就是确定需要什么信息来解决。

2.3 调研内容

在确定了营销调研的需求和营销问题之后，营销调研过程的第 3 步是明确调研内容。调研内容是什么？**调研内容**（research objective）是以目标为导向，具体说明解决营销问题需要什么信息的陈述句或问句。调研内容应该清楚、具体、可行。换句话说，考虑到时间、金钱和技术的限制，调研内容应该通过营销调研来实现。调研内容的数量取决于营销问题陈述，一般来说每个调研项目会有三到六项调研内容。调研内容可以用陈述句或疑问句来表述，但二者在结构上应该是一致的（要么都是陈述句，要么都是疑问句）。调研内容应当具体体现出信息从哪里收集，具体收集什么信息。

例如，假设美国红十字会已经确定了一个市场机会，即每年有更多的大学生献血以增加可用的血液供应。美国红十字会的营销问题陈述如下：

美国红十字会希望每年增加大学生献血的人数。

这个调研项目的调研内容如下：

● 确定大学生认为献血的好处是什么。

● 确定大学生献血的障碍是什么。

● 找出鼓励学生献血的激励措施。

● 区分哪些促销活动最有可能吸引大学生献血。

● 确定前面的问题陈述中所界定的信息如何根据大学生的特征（包括性别、年级、就读大学的类型、国内学生与国际学生以及地理区域）而变化。

相同的调研内容的陈述句或疑问句如表 2－3 所示。

表 2－3　明确调研内容：陈述句或疑问句

营销问题陈述：美国红十字会希望每年增加大学生献血的人数	
以陈述句撰写的调研内容	**以疑问句撰写的调研内容**
确定大学生认为的献血的好处	大学生认为献血的好处是什么？
确定大学生献血的障碍	影响大学生献血的障碍是什么？
找出鼓励大学生献血的激励措施	鼓励大学生献血的激励措施是什么？
分析哪些促销活动最有可能吸引大学生献血	对大学生献血最有吸引力的促销活动是什么？
确定与上述问题相关的分组变量（包括性别、年级、就读大学的类型、国内学生与国际学生以及地理区域）	哪些特征（包括性别、年级、就读大学的类型、国内学生与国际学生以及地理区域）会影响学生的献血行为？

使用假设

为了指导撰写调研内容的过程，调研人员有时会提出假设。**假设**（hypotheses）是出于论证或研究的目的而认为某结果为真的陈述。对决策方案的结果进行假设的过程就是管理者做出假设的过程。例如，一家经营状况不错的餐馆老板假设，如果在主菜单中提供一定量的食物，顾客必然感到高兴。这家餐馆的老板基于该假设可以做出决策。他确信不管顾客选择哪一种套餐，他都必须提供一定量的食物。

以红十字会为例，这里有三个潜在的假设：

- 向学生推出一项小的激励措施（比如一件 T 恤或一张茶或咖啡的优惠券）将增加献血量。
- 通过学生会推广献血活动将增强学生献血意愿。
- 通过 Instagram 来宣传献血活动会增加学生的献血数量。

企业家每天都根据他们认为的事实来做出决策。他们需要确信他们最重要的决策是基于有效的假设。有时管理者会做出一个特定的陈述（假设），并想知道是否有证据支持这个陈述。在做出这个陈述的情况下，我们可以说假设是“出于营销调研目的，被认为是真的陈述”。[10]

定义构念

撰写调研内容的要点之一是确定应该测量哪些类型的信息。当一个概念需要测量多个特征时，此概念可称为构念。**构念**（construct）是由一组相关的态度或行为组成的抽象观念或概念。

例如，有四个广告文案，管理者需要从中选出最好的广告文案。什么是“最好”的广告文案呢？没有一个明确的标准，很难写出广告文案的调研内容。什么信息能够表达哪个广告文案是最好的呢？是广告的回忆程度、产品关联度、可信度还是喜爱程度？是产生正面偏好态度的可能性，还是对该广告所宣传的产品产生购买意向的可能性？[11]这些问句只是罗列了所要收集的不同特征的信息，每个信息是不同的“构念”。这些构念已经在上面的句子中出现过，如回忆、关联、可信、喜爱、态度和购买意向。

例如，营销人员会将某人在 10 次购买活动中 9 次购买同一品牌产品的现象称为“品牌忠诚”。有时营销调研人员将构念称为变量。**变量**（variable）是可以定量测定的构念。构念之所以称为变量，是因为这些构念可以取不同的值，即它们的具体表现是不同的。[12]构念提供一个能够反映现实现象的心智概念。当消费者看到一种产品的广告语是“我打算购买某新产品”时，营销人员会将这种现象称为购买意向。营销人员使用一些构念来描述市场中经常发生的现象。营销调研人员在界定营销问题时需要不断地思考构念。一旦他们知道了所要测定的构念，就可以决定采用何种恰当的方式实施调研。我们将在下一节对此进行讨论。

2.4 行动标准

我们的讨论始于营销问题的不同来源（未达目标和机会识别）以及识别营销问题所

需要的信息系统。接着，我们探讨了营销问题的界定，并指出营销问题必须以决策的形式表述。然后，我们讨论了决策方案如何包含假设，以及管理者对这些假设的不确定性。假设的不确定性造成了信息缺口，而研究试图填补这些信息缺口。营销调研内容具体准确地确定了调研人员所要收集的信息，以填补信息缺口。一旦管理者拥有了这些信息，他就可以在不同的决策方案中进行选择。但是如何准确地做出决策选择呢？需要什么信息才能确定选择或放弃某方案？这是下一节的主题。

通过红十字会的例子，我们已经看到了界定营销问题和明确调研内容的过程是如何进行的。接下来，确定一个行动标准是大有用处的。**行动标准**（action standard）是指为了确保行动可行而根据调研内容事先指定的某一测量属性或特征必须达到的数量水平。行动标准要求在收集数据之前做出重要的决策，一旦数据收集完毕，这些标准将作为下一步的明确指导方针。行动标准可以为那些已经获得想要的信息，但又不确定如何使用这些信息的管理者提供指导。[13]

在红十字会的例子中，我们可以从三个决策方案中选择：（1）通过学生会进行推广；（2）提供少量的激励；（3）使用 Instagram 推广活动。行动标准将决定什么样的标准可以决定应该选择这些决策方案中的哪一个。

界定营销问题过程中的障碍

现在你已经知道界定营销问题和明确调研内容的过程并不简单。客户和调研人员之间的沟通需要时间，并要有实质性互动。有些管理者很擅长与外部供应商有效处理关系，但不愿意透露企业信息。那些习惯与咨询公司打交道的管理者理解与调研人员进行实质性沟通的必要性。遗憾的是，在营销调研过程中，许多管理者并不能与调研人员坦诚、详细地讨论与沟通。管理者和调研人员在整个研究过程中的沟通越密切，研究项目成功的可能性就越大。

管理者不仅要参与调研的设计，还要积极参与实地调查与访问。例如，管理者应该参与访谈，成为焦点小组的现场见证人，帮助管理产品的口味测试。如果管理者能够更多地参与调研，就会了解“清淡”是一种创意或潮流，这个调研结果对管理者开发“清淡”产品（淡啤、清淡漱口水、淡可乐）提供了正面的支持。如果管理者更多地参与调研过程，就会对此有更深入的了解，否则“清淡”产品将会遭遇失败。[14]

为了有效地确定调研内容，营销调研的过程必须缓慢一些。管理者有时没有意识到需要与调研人员密切合作，导致很难真正地界定营销问题。经验丰富的调研人员深知这一点，他们会适当地就管理者所扮演的角色及其在研究过程开始的步骤中的重要性给予提醒。

2.5　营销调研计划书的要素

在营销调研过程的早期，合同就已经准备好了。**营销调研计划书**（marketing rcsearch proposal）是营销调研人员在营销调研过程中承诺交付的合同。客户第一次联系营销调研公司时，通常会在同意与该公司合作之前要求得到一份计划书，这被称为**招标邀请书**（invitation to bid，ITB）或**需求计划书**（request for proposal，RFP）。通常，客户会先征求几个调研公司的建议，然后再决定雇用哪个调研公司来进行调研。为了确保所选择的调研公司提供有竞争力的价格和良好的质量，一些客户企业要求其营销经理在选择营销调研公司之前至少获得三份投标文件。因此，调研计划书的撰写要结构专业，格式完美，内容易于理解，这几点都是非常重要的。

计划书应非常明确地界定营销问题和陈述调研内容，以确保委托方（客户）的管理者和调研公司的研究人员对调研项目的目标达成共识。一般来说，调研公司在计划书中所提供的营销问题背景资料和实施方法的细节越多，调研人员的知识和能力就会表现得越出色。如果客户接受了调研公司所提交的计划书，通常计划书就是客户和调研公司之间的合同。

即使企业的营销调研人员自己做营销调研，也经常需要在进行调研之前提交调研计划书。营销经理希望在项目具体实施之前确保企业的调研预算和员工的时间。有时由于企业用于营销调研的资金总量有限，营销调研部门必须在全公司范围内与其他部门的有价值的项目竞争，以获得调研项目的资金。调研洞察 2－2 介绍了营销调研计划书的基本要素。

调研洞察 2－2　实践应用

营销调研计划书的要素

营销调研计划书的质量通常是决定调研项目能否获得资助的主要因素。客户通常会要求几个调研公司进行投标，根据计划书的质量以及项目的成本和时间期限选择一个调研公司。以下是营销调研计划书的基本要素，以及需要设计的问句类型：

1. 营销问题陈述。调研所要解决的营销问题是什么？哪些决策方案需要通过调研提供的信息进行评估？

2. 调研内容。需要收集哪些信息？

3. 调研方法。调研计划使用什么方法来实施？是选择探索性调研、描述性调研还是因果性调研？是使用定性调研、定量调研还是混合调研？调研总体是什么？抽样框是什么？样本容量是多少？抽样方法是什么？估计受访者应答率和回答率是多少？使用何种测量工具？使用什么方法来分析数据？如果项目实施中有分包的话，哪些内容可以分包出去？

4. 交付成果的声明。调研结果何时以何种方式提交？是通过书面报告吗？有口头展示吗？是否与客户开会讨论关于项目的实施问题？

5. 成本。项目的费用是多少？哪些费用需要提前支付，什么时间支付？哪些分包商将由客户直接付款？

6. 时间进度表。调研项目不同阶段的日期以及需要完成的任务。

调研计划书的职业伦理

对于调研人员与客户而言，营销调研计划书确定的过程涉及一些与职业伦理相关的内容。客户不应当期望调研公司提供超出合同之外的附加服务，也不应当出于投标的目的将一家调研公司的计划书提供给另一家调研公司。调研计划书中的工作用时、研究方法细节、费用构成都应当视为知识产权类信息。[15]

本章就业技能

通过学习本章内容，你已经掌握了：

职业伦理和社会责任

- 讨论在准备调研计划书过程中所涉及的伦理问题。

知识应用和分析技能

- 撰写问题陈述、调研内容和行动标准。

小 结

虽然营销调研各不相同，但还是有许多相似之处，因此，可将相似之处总结成调研过程的一般步骤。将营销调研过程概括为连续的 11 个步骤是很有价值的。(1) 这些步骤使调研人员和非调研人员对营销调研的整体有一个概括性的认识。(2) 这些步骤为调研人员提供了可操作的程序，通过参考这些步骤，调研人员就知道他们需要做什么工作，这些工作的顺序是怎样的。这些调研步骤是：(1) 确定营销调研需求；(2) 界定营销问题；(3) 明确调研内容；(4) 确定调研设计；(5) 识别信息类型和来源；(6) 确定获取数据的方法；(7) 设计调查问卷；(8) 确定抽样方案和样本容量；(9) 收集数据；(10) 分析数据；(11) 撰写和展示调研报告。

第 1 步是确定实施营销调研的需求。所需的信息能够从内部报告系统中获得吗？所需的信息能够从营销情报系统中获得吗？所需的信息能够从决策支持系统中获得吗？如果这些系统不能提供所需的信息，就需要实施营销调研。有时，需要对市场竞争做出快速反应，此时需要信息，但没有时间进行营销调研。尽管实施营销调研的价值很难用货币衡量，但营销调研的价值还是能够估计的，因此，更加正式的决策可以作为使用营销调研的理由。

营销问题的出现要求管理人员在不同的方案中进行选择。调研内容可以具体阐述调研人员会提供什么信息以便管理人员能够做出正确的决策来解决问题。图 2-2 描述了用来界定营销问题的过程。营销问题来自两个方面：一是期望发生的结果和实际发生的结果之间的差距，这类问题来源被称为“未达目标”；二是实际发生的结果和应当发生的结果之间的差距，这类问题来源被称为“机会识别”。管理者通过监控系统（在未达目标的情况下）或识别系统（在机会识别的情况下）界定营销问题。

症状揭示衡量目标实现情况的一些关键测量指标的变化。症状告知管理者存在两类营销问题。即使管理者已经确定了所要解决的问题，调研人员依然有责任确保管理者在投标邀请书或需求计划书中正确地界定了营销问题。在许多情况下，需要借助情景分析来帮助确定营销问题。

界定营销问题时，调研人员必须验证那些揭示管理出现问题的症状，以便确定哪些症状所呈现的问题能够被准确地报告。调研人员应与管理者合作来确定症状产生的所有可能原因。

调研人员应与管理者合作来排除一切不可能原因，以找到症状可能发生的原因，据此得出决策方案。决策必须明确可以用来消除症状的不同方案。调研人员必须与管理者一起清楚地阐述不同的决策方案，确定每一个方案的结果。有时提出假设是为了帮助调研人员更好地撰写调研内容。调研内容是以目标为导向的陈述句或疑问句，具体说明解决营销问题需要什么信息。调研内容应当明确、具体，具有可操作性。

行动标准是指为了确保行动可行而根据调研内容事先指定的某一测量属性或特征必须达到的数量水平。界定问题有时并不是一件容易的事情，这是因为在问题解决过程中，管理者不能改变其与外部供应商高效处理问题的习惯行为。

营销调研计划书是由调研人员提供的正式文件，它通常要阐述企业存在的营销问题、需要调研的具体内容、使用的研究方法、说明可提交的调研成果，以及具体的时间进度和调研预算。在提交和评估调研计划书时，会涉及一些伦理问题。

复习题与应用题

1. 营销调研过程的各个步骤是什么？
2. 营销调研过程的步骤是一成不变的吗？为什么？用一个例子说明营销调研项目的步骤并不总是按照顺序进行的。
3. 举出三个例子说明管理者在什么情况下没有必要进行营销调研。
4. 什么是营销问题？解释两种营销问题的来源。
5. 为什么界定营销问题是营销调研过程中最重要的步骤？不能正确界定营销问题的负面结果是什么？
6. 什么是关键绩效指标？给出五个关键绩效指标的例子。
7. 什么是营销机会？给出一个企业获得营销机会优势的例子。
8. 在营销问题界定过程中症状的作用是什么？
9. 调研人员的角色如何随着管理者界定营销问题的程度而变化？调研人员如何为管理者的决策增加价值？
10. 给出不同决策方案的例子。这些不同的决策方案如何影响研究结果？
11. 在界定问题的过程中，假设的作用是什么？
12. 撰写调研内容可以采用哪两种方法？请分别举例说明。
13. 什么是构念？什么样的问句可以帮助研究者构建构念？
14. 为什么必须测量正确的构念？如果在研究项目中没有使用正确的构念，会出现什么问题？
15. 什么是行动标准？怎么样界定行动标准从而带来更好的结果？
16. 给出一个问题界定障碍的例子。
17. 营销调研计划书的基本要素是什么？
18. 在图书馆的在线数据库或互联网上找一些实施营销调研的公司。许多调研报告都发布在期刊上，如《广告时代》、*Marketing News*、《商业周刊》、《福布斯》。通常，这些文章会描述调研项目的一些细节。尽可能识别文章中提到的营销调研过程。
19. 确定你认为的三个最重要的关键绩效指标，简要解释一下。
20. 为下列情况撰写问题陈述和调研内容：
    a. Six Flags Great America 正在决定是否在中西部开设一个新店。
    b. Buffalo Wild Wings 想要决定是否推出两种新酱料。
    c. 索尼正在调查是否应该发布虚拟现实游戏系统。
    d. 露露柠檬正考虑推出一个新的运动服装系列。
21. 观察你所居住的社区中的任何一家企业。了解这家企业生产什么产品，提供什么服务，采用何种价格，使用什么样的促销方法或者有关企业的其他方面。如果你是这家企业的经营者，你会实施营销调研来做出有关公司的产品及其设计、定价、促销的决策吗？如果你不打算实施营销调研，请解释原因。
22. 你在学院或大学里负责校园招聘，你希望实施调研以帮助提高入学率。解释你将如何撰写问题陈述。描述你将如何在营销调研过程中运用每一步来成功完成你的项目。哪三个关键绩效指标可以用来测量你的成功？

案例2-1

Good Food Institute

Good Food Institute（GFI）是一家总部位于华盛顿特区的非营利组织，该组织一直致力于“提供健康、人道和可持续的食品”。GFI希望美国人少吃肉类食品。GFI声称，产业化的畜牧业是四个主要的全球问题的根源：

1. 环境退化，畜牧业是温室气体排放、水资源短缺和生物多样性丧失的主要来源。

2. 人类健康，饲养动物过程中所使用的抗生素导致细菌对抗生素产生耐药性，而且受污染的肉会威胁人类的健康。

3. 全球贫困，产业化饲养的动物需要喂养大量谷物和豆类，导致发展中国家的食物价格上涨。

4. 动物福祉，产业化的牲畜生存条件不理想。

GFI认为用动物体外细胞来培育“纯肉”就可以解决这个问题。虽然通常将这种产品称为“实验室育肉”“组织工程肉”“人工养殖肉”，甚至是“科学怪肉”，但GFI更愿意将这种产品称为“纯肉”，因为GFI相信这个词对公众、媒体和投资者更有吸引力。GFI认为，细胞农业比传统农业更卫生，而且细胞农业的广泛应用有利于保持环境清洁。

纯肉目前尚未面世，但预计很快就会在零售商店出售。一些公司，包括Memphis Meats、泰森食品（Tyson Foods）、Mosa Meat，都在努力生产可行的肉类产品。虽然目前纯肉的生产成本很高——其成本大约是传统肉末的三到四倍——但规模生产可以降低价格，使纯肉变得便宜，甚至比目前市场上的肉制品还便宜。GFI认为，纯肉产品面临的最大问题可能是需要提升肉类的风味，公众认为细胞工程食品不如传统生产的肉类好的看法需要改变。

1. 访问GFI网站（https://www.gfi.org）。确定GFI可能存在的营销问题表现出的三种营销症状。(不要忘记一个问题也可以代表一个机会。)

2. 选择GFI面临的一个营销问题（有多个营销问题），撰写问题陈述。

3. 根据你撰写的问题陈述写出几项调研内容。

4. 你有什么问题要问GFI代表，以便帮助你清楚地撰写问题陈述吗？

资料来源：Conick, H. (2017, July). Meet the future of meat. *Marketing News*, pp. 37-43. The Good Food Institute (2018). *Why good food?* Retrieved from https://www.gfi.org/. Javelosa, J. (2017, February 21). Lab-grown meat is healthier. It's cheaper. It's in the future. *Futurism*. Retrieved from https://futurism.com/were-5-years-awayfrom-lab-grown-meat-hitting-store-shelves/; Shapiro, P. (2018). *Clean meat: How growing meat without animals will revolutionize dinner and the world*. New York, NY: Gallery Books.

案例2-2

汽车研发中心

在案例1-2中，汽车研发中心是一家大型汽车制造商新成立的部门。该公司的市场份额已慢慢流向竞争对手。成立汽车研发中心的目的是推出在当今汽车市场上富有竞争力的全新车型，夺回制造商在汽车行业中的竞争地位。

汽车研发中心现在有五种不同的车型，在工程和生产方面都是可行的。首席执行官尼克·托马斯初步为它们指定了型号名称。以下是它们的各种特性，包括座位数量、里程、MSRP（制造商建议零售价）、燃料/二氧化碳和尾气排放评级（1=最差，10=最好）。

1. 超级摩托车。1 座全电动摩托车，每次充电可行驶 350 英里；厂商建议零售价为 18 000 ～ 22 000 美元；燃料 / 二氧化碳评级：10；尾气排放评级：10。

2. 运动型小型车。2 座全电动运动型车，每次充电可行驶 250 英里；厂商建议零售价为 28 000 ～ 34 000 美元；燃料 / 二氧化碳评级：10；尾气排放评级：10。

3. 装载型小型车。2 座油电混合动力车，每次充电可行驶 150 英里，每加一次油可行驶 100 英里；厂商建议零售价为 30 000 ～ 36 000 美元；燃料 / 二氧化碳评级：9；尾气排放评级：7。

4. 经济型混合动力车。4 座或 6 座（积载转换为两个座位）油电混合动力车，每次充电可行驶 100 英里，加油可行驶 200 英里；厂商建议零售价为 36 000 ～ 45 000 美元；燃料 / 二氧化碳评级：6；尾气排放评级：5。

5. 经济型汽油车。4 座经济型汽油车，每加仑汽油可行驶 50 英里；厂商建议零售价为 38 000 ～ 42 000 美元；燃料 / 二氧化碳评级：5；尾气排放评级：3。

尼克知道单一车型无法满足所有市场的需求，因而需要不同车型来适应不同的细分市场。研发中心要与其他竞争对手一起竞争这些细分市场，并尽量开发出能满足不同细分市场的消费者需求的车型。换句话说，汽车研发中心不要在那些对该车型不感兴趣的消费者身上浪费促销费用，而是要针对这种车型的目标市场进行促销。例如，如果公司决定生产某一车型，就要制定在媒体（如电视、广播、杂志报纸、社交媒体）投放广告的决策。尼克想要知道每个细分市场的消费者的媒体使用习惯。例如，细分市场的消费者喜欢哪档电视节目、哪种广播风格、哪个杂志、本地报纸的哪个版面？此外，营销部门还会将大笔营销费用投放到在线社区。尼克也想知道通过微博、分享网站（如 YouTube）、社交网站（如脸书）、在线游戏和虚拟世界等社交媒体接触到的是哪个细分市场。

了解消费者偏好的媒体只是第一步。尼克也许要了解具体车型的目标消费者是否对杂志类型有偏好，但同一类型的杂志中有多种选择。了解所选择的细分市场的人口统计特征也能够帮助尼克去选择报纸、杂志或者经销商。因为所有的媒体都依据其所能触达的消费群体向潜在的广告主提供信息，所以汽车研发中心应当了解所要选择的每个细分市场的基本人口统计特征，如性别、年龄、居住地、婚姻状况、家庭人口、受教育程度、收入和住房类型。

汽车研发中心正致力于改进推进系统来减少碳排放。这一努力应当在促销时的定位陈述中作为诉求点提出吗？如果是，应当宣传哪一款车型？尼克拥有很多关于全球变暖的信息。他只想知道消费者对两个问题的看法：（1）他们是否对燃油经济性承担个人责任？（2）他们担心全球变暖吗？

最后，还要考虑物联网因素：消费者对未来汽车的期望是什么？他们想要的是自我驾驶或辅助驾驶功能、信息娱乐功能（如果是的话，是什么类型的）、仪表盘诊断功能，还是智能手机驾驶辅助功能？

假设尼克·托马斯决定实施营销调研，营销调研人员也认可了案例中的问题陈述。

1. 陈述营销问题。

2. 基于你对第一个问题的答案，写出调研内容。

注释

第3章

调研设计

学习目标

在本章你将学习：

» 调研设计的含义及其重要性。
» 三种调研设计：探索性调研、描述性调研和因果性调研。
» 探索性调研如何帮助调研人员界定营销问题。
» 描述性调研的基本问题和不同类型的调研方法。
» 因果性调研和实验设计的类型。
» 市场测试的类型和测试市场的区域选择。

| 本章位置 |

1. 确定营销调研需求
2. 界定营销问题
3. 明确调研内容
☞4. 确定调研设计
5. 识别信息类型和来源
6. 确定获取数据的方法
7. 设计调查问卷
8. 确定抽样方案和样本容量
9. 收集数据
10. 分析数据
11. 撰写和展示调研报告

在确定了营销问题和调研内容之后，营销调研的下一步就是确定调研设计的内容。本章将向你介绍三种基本的调研设计：探索性调研设计、描述性调研设计和因果性调研设计。每一种调研设计都有自己的优缺点。了解调研设计的基本内容可以帮助调研人员在实施调研项目之前做出恰当的决策。

3.1 调研设计概述

营销调研可以采用多种方法实施。有些项目可以在具有模拟厨房的实验室内进行口味测试；有些则采取焦点小组访谈、民族志方法，或者进行大型的、全国性的代表性样本调研。调研人员可能需要在便利店观察消费者，也可能在受访者家中进行一两个小时的个人深度访谈。

每一种类型的调研都有其优势和劣势，对于一个具体的调研问题来说，某一种调研方法可能比另外一种调研方法更好。营销调研人员如何决定哪种方法是最合适的呢？在熟悉营销问题和调研内容之后，调研人员要选择一种**调研设计**（research design）。调研设计是指事先确定信息收集与分析的具体方法及过程的计划。

为什么调研设计知识如此重要

了解调研设计的内容对于开展适当的调研来解决营销问题或把握机会是很重要的。一项高质量的调研首先要有好的调研设计。[1] 尽管每一个营销问题和调研内容似乎都是独一无二的，但是有些营销问题和调研内容相似，我们可以提前为解决这些问题做出最佳调研设计。

在调研设计的初期，当营销问题和调研内容确定之后，调研人员便可以思考哪个调研设计最为合适。调研人员可以提前进行调研设计，是因为手头有一些与确定的营销问题和调研内容相匹配的基础调研设计可供选择。调研人员一旦掌握了基础的调研设计，就可以做出一系列较好的选择，从而勾画出完成调研项目的工作框架。一个项目要想更加成功，其调研设计需要详细说明完成项目所必需的步骤。

比如，如果一名调研人员知道需要开展一项探索性调研设计，他就可以根据这个具体项目的独特特征考虑采用不同的方法。调研人员可能需要进行一系列焦点小组访谈。谁参加焦点小组访谈？需要多少组焦点小组访谈？小组访谈中应该问些什么问题？焦点小组的结果应该是什么？调研设计需要详细罗列这些问题。或者，调研人员可能认为需要一个因果性调研设计。这会让调研人员转向一个完全不同的方向去思考合适的实验设计。识别最合适的基础调研设计和设计的特点，会像设计蓝图帮助建筑师那样对调研人员大有帮助。

拥有了调研设计的知识就可以事先进行规划，花费较少的时间与金钱高效地完成调研。假设你要进行一次远行，如果你有能力事先规划，就可以节省时间和金钱。调研项目也是如此。在这一阶段，调研人员也要面对与调研设计相关的职业伦理问题。

3.2 调研设计的三种类型

调研设计可以分为三种传统的类型：探索性调研、描述性调研和因果性调研。调研设计的选择是否合适很大程度上依赖于调研目的。一般而言，调研目的有三个：（1）获得背景信息和构建假设；（2）测量所关注的变量（如品牌忠诚度）；（3）检验假设，即检验两个或多个变量之间的关系（如广告与品牌忠诚度）。

调研设计的选择也取决于调研人员对营销问题和调研内容的了解程度。如果调研人员对营销问题了解较少，则使用探索性调研。只有在对问题有全面的了解并需要寻找营销问题或调研内容所涉及的各变量之间的因果关系时，才使用因果性调研。通过阅读本章，你将会更好地理解不同的调研内容如何与各种调研设计相匹配。[2]

调研设计的注意事项

在开始讨论三种调研设计之前，有必要先考虑一下三种调研的顺序。也许有人认为探索性调研、描述性调研和因果性调研出现的顺序就是实施调研设计的顺序，事实并非如此。在某些情况下，我们有充分的理由可以从任意一种调研设计开始实施调研，并且只采用一种调研设计。然而，在许多情况下，调研是一个螺旋式的过程，如在操作一个调研项目时，我们可能发现还需进行一些其他的调研。这也许就意味着我们需要利用多种调研设计。比如，在实施了描述性调研之后，调研人员可能会发现还需要回过头来实施探索性调研。

3.3 探索性调研

探索性调研（exploratory research）是为了获取有关调研问题的一般性背景资料而进行的一种非结构化和非正式的调研。非结构化是指在进行探索性调研之前没有固定的一系列程序，但这并不意味着调研的目的可以随调研人员获得的信息而改变。非正式是指调研没有确切的调研内容、抽样方案或调查问卷。通常情况下，探索性调研使用一些小的、不具有代表性的样本。另外，更加正式的调研设计通常用于假设检验或者测量一个变量的变化对另一个变量的影响。

探索性调研可以仅通过阅读杂志甚至观察来完成。雷·克罗克（Ray Kroc）是一名搅奶器推销员，他发现在加利福尼亚州圣贝纳迪诺市由麦克唐纳（McDonald）兄弟经营的餐馆每天都非常忙碌，因此他们的餐馆比他的其他客户需要购买更多的搅奶器。克罗克对此进行了探索性调研，并把它变成了世界著名的快餐连锁店麦当劳。还有一个例子是，两名八年级的学生朱丽安·戈德马克（Julianne Goldmark）和艾米丽·马特森（Emily Matson）很喜欢电视剧《绯闻女孩》(Gossip Girl）中角色佩戴的发饰，但在商店里找不到价格实惠的类似产品。两人开始制作并销售自己的发饰，结果业务不断扩大，每年能赚数百万美元。[3]

探索性调研灵活方便，因为这种方法允许调研人员使用所能识别的任何信息来源，并且依据调研人员手头的问题来决定收集信息的范围与程度。温迪快餐连锁集团的一个特许经营商审核印有日期的现金收据，发现每周的前几天下午 2 点到 4 点半的生意比较差。于是，他推出了下午 2 点到 4 点免费吃炸薯条的活动，客流量和营业额直线上升。西弗吉尼亚大学的一名毕业生汤姆·彼得里尼（Tom Petrini）参加了一个关于可持续发展的学术会议，他发现几乎所有的参会者都不用主办方提供的可重复利用的杯子喝水。他询问了一些参会者，答案是没有地方可以清理杯子和重新接水。于是他创办了一家公司 Evive Station，专门生产不锈钢容器并可以杀菌消毒。[4]

当调研人员对营销问题了解不多、需要额外信息资源或者希望得到更多的最新信息时，就会使用探索性调研。探索性调研经常在调研项目开始时使用。第 2 章介绍的利用情景分析帮助界定问题就是探索性调研的一种方式。

探索性调研的作用

在很多情况下都可以运用探索性调研，包括获取背景资料、定义术语、阐明营销问题、构建假设以及确定调研的优先顺序。

获取背景资料　当对营销问题知之甚少或者还未能清晰明确地阐述营销问题时，可以使用探索性调研来获取必需的背景资料。即使是经验丰富的调研人员，也经常实施探索性调研去获得当下相关的背景资料。探索性调研可以提供突破性的想法和新奇的见解，从而形成战略知识。

定义术语　探索性调研有助于定义术语和概念。通过实施探索性调研可以界定营销问题，例如“什么是服务质量”，调研人员就可以很快地了解“服务质量”包含的维度——无形性、可靠性、响应性、安全性和转移性。探索性调研不仅能够识别出服务质量的维度，而且可以解释如何进行测量。[5]

阐明营销问题和提出假设　探索性调研可以帮助调研人员更准确地界定营销问题，并且针对即将开展的研究提出各种假设。例如，测定银行形象的探索性调研显示银行的顾客可分为不同的群体。银行有三类顾客：个体顾客、企业顾客以及同业顾客，通过向这些顾客提供服务来收取手续费。这些信息表明了应该针对哪类顾客群进行银行形象测定，有助于阐明有关银行形象测定的问题。

探索性调研有助于提出假设。假设是对两个或多个变量间可能存在的关系的描述（见第 2 章）。在进行调研之前严谨地阐明假设十分重要，它能够确保测定的是正确的变量。一旦调研完成，再提出要检验的假设就为时已晚。

确定调研的优先顺序　探索性调研有助于公司按重要程度对调研主题排序。例如，查看用户在诸如 Engadget 或 Yelp 等评论网站上的反馈，可以告诉管理层应该把注意力放在哪里。在 B2B 业务中，企业发现访问销售人员对把握未来产品和服务的概念很有帮助。

实施探索性调研的方法

实施探索性调研有许多方法。在这个部分，我们将会提到定性研究方法，因为探索性调研方法与定性研究方法有些是重叠的。这里，我们主要讨论探索性调研的一些常用方法：二手数据分析、体验调查和案例分析等。其他一些关于探索性调研和定性研究的方法将会在第 5 章中讨论。

二手数据分析 **二手数据分析**（secondary data analysis）是指搜寻并解释现有的、与调研内容有关的信息的过程。二手数据分析几乎总是营销调研项目的重要组成部分。二手数据有很多，并且容易获得。得益于互联网的发展以及精细的搜索系统（比如谷歌），你可以快速有效地搜索任何主题的二手信息。在图书馆和互联网中可以找到很多二手数据，来源于书籍、报纸、杂志、特别报道、公告、时事通讯等。二手数据的分析通常是探索性调研的核心。[6]

二手数据的收集可以有很多方式。很多管理者会订购所在行业的杂志或者商业出版物。通过看这些出版物，他们也会实施某种探索性调研，即寻找已有的以及潜在的顾客和竞争对手的信息动向，把握整体经济的发展趋势。我们将在第 4 章进一步介绍二手数据以及二手数据的来源。

体验调查 **体验调查**（experience survey）是指从拥有与调研内容相关的丰富知识的受访者那里获得信息的方法。它也被称作**关键信息提供者技术**（key-informant technique）。在科技领域，**领先用户调查**（lead-user survey）常常被用于从使用新技术的领先用户处获取信息。[7]一种以更低成本提供新型绝热材料的生产商可能会给很多承包商打电话，推介新材料，并询问它们有多大可能会考虑在下次施工时使用这些新材料。其他例子如访问护士可能会了解医院病人的需求，调查小学教师可能会收集关于开发与帮助孩子学习的产品信息。与描述性调研中进行的调查不同，体验调查通常并没有正规的步骤来确保调查结果对于任何特定群体都有代表性。然而，通过这种探索性调研方法可以获得有用的信息。

案例分析 **案例分析**（case analysis）是指检查以前的情况中与现有问题有某种相似性的可用信息。通常，大多数调研问题都与以前的情况有相似之处。[8]即使调研问题涉及一种全新的产品，调研人员往往也能从过去的经验中找到相似之处。例如苹果将 iPad 导入市场时，虽然 iPad 看起来是一种完全不一样的产品，但是，苹果通过参考 2007 年推出 iPhone 的经验来设计其推出平板电脑的策略。后来，当苹果推出新版的 iPad 时，只需要回顾之前 iPad 的导入过程即可。

案例分析对于制定预防和管理危机的战略可能是一种特别有用的技术，因为根据定义，危机通常发生在罕见的情况下。例如，2009—2010 年丰田召回了油门踏板容易卡住的汽车，努力为公司处理类似产品问题提供范例。[9]

焦点小组访谈 **焦点小组访谈**（focus group）是指把几个人召集在一起，在主持人的引导下进行非结构化的自由讨论，以收集与调研问题有关的信息。（我们将在第 5 章对这种方法进行详细讨论。）焦点小组访谈是最广泛使用的探索技术之一，通过使用焦点小组访谈，可以更好地理解当前问题或拓展研究的初步知识，以指导设计描述性调研或因果性调研。例如，2015 年，美国国家橄榄球联盟（NFL）在圣路易斯、奥克兰和圣迭戈进行了一系列焦点小组访谈，这些访谈只是当时调研项目的一部分。访谈的目的是确定在他们的城市职业橄榄球队如果败场的话，球迷会有何反应。[10] 最终公羊队在 2016 年从圣路易斯搬到了洛杉矶，而闪电队在 2017 年从圣迭戈搬到了洛杉矶。

几乎每一个调研项目都会使用探索性调研中的一些形式。为什么呢？第一，探索性调研，尤其是二手数据的分析速度很快。你可以在几分钟内通过网络数据库或搜索引擎完成在线探索性调研。第二，探索性调研的成本相对较低。与一手数据收集相比，探索性调研的支出很少。第三，有时调研人员需要将探索性调研作为基础的调研，要么为确定调研内容提供信息，要么为描述性或因果性调研设计收集必需的信息。因此，大多数调研人员采用探索性调研作为调研项目的开始。

3.4 描述性调研

描述性调研（descriptive research）是用来描述谁、什么、何时、何地和如何等问题的答案的调研方法。当调研人员希望知道谁是他们的顾客，这些顾客购买什么品牌的产品，购买多少，在哪里购买，什么时候购买，顾客怎样找到企业的产品时，调研人员所做的就是描述性调研。描述性调研的结论适用于更大的总体。如果描述性调研的样本有代表性，其结论就可用于预测所研究的变量，如销售额。

描述性调研的分类

营销调研人员使用的描述性调研方法有两大类：横向研究和纵向研究。**横向研究**（cross-sectional study）仅在一个时间点上测定总体中的样本。例如，要在你的学位课程中加入一项必须完成的实习，此时测试你的态度的研究就是横向研究，即在某一时间点上测试你的态度。横向研究在营销调研中十分流行，人们对横向研究的运用超过了纵向（动态）研究和因果性调研。横向研究是在一个时间点上进行测定的，它相当于对总体的快照。

比如，很多杂志社对其订阅者进行抽样调查，了解他们的年龄、职业、收入和受教育程度。这些样本数据都是在一个时间点上获得的，用来描述杂志读者的人口统计特征。横向研究设计一般是基于大样本而对感兴趣的总体进行研究，所以，许多横向研究就是指抽样调查。

抽样调查（sample survey）是一种根据一定的方法选出样本以代表某一特定总体的横向研究。美国在重要的选举之前会做很多的选民抽样调查。选民会被问到：“如果今天进行选举，你会投票给哪个候选人？”这样的调查结果会以新闻的形式播出，因为它很吸引人们的注意。调查以抽样的形式操作，使媒体报道的结果对美国人口具有代表性，如调查结果的误差控制在 ±3% 之内。为了能够报告抽样调查的准确性，调研人员必须精确地计划如何从总体中抽取样本，需要调查多少人。在第 8 章和第 9 章，你将学习这些抽样方法和确定样本容量的技术。

纵向研究（longitudinal study）是指在一段时间内重复地对同一总体的样本进行测定。纵向研究包含多次测定，因此通常被称为对总体的“重复拍摄”。为确保纵向研究的成功，调研人员必须访问相同的样本成员以便进行重复测定，这些成员被称为固定样本组。**固定样本组**（panel）是愿意接受定期调研的样本单位。维系一个具有代表性的固定样本组是一项重要的任务。大多数使用营销调研的大公司都采用纵向研究。

有些商业性营销调研公司开发和维护消费者固定样本组进行纵向研究。这些公司通常试图选择具有一定代表性的样本。诸如IRI和尼尔森这样的公司，多年来一直维护着由成千上万个家庭组成的固定样本组。很多情况下，这些公司会招募固定样本组成员，这些样本组的人口统计特征与美国人口普查局统计的总体人口统计特征相一致。

有时，不仅要求固定样本组的人口统计特征对美国人口总体有代表性，而且要求每个区域的固定样本组对该地区的人口总体具有代表性。这样，如果有客户希望获得西北部的家庭固定样本组的信息，就要确保这个样本组的信息与西北部的人口统计特征相匹配。

很多调研公司按照目标市场细分的结果建立固定样本组，如养狗的人、儿童。Paradigm Sample公司在IdeaShifters样本组中就提供了18～34岁智能手机用户的数据。B2B固定样本组也允许调研人员查询诸如建筑承包商、超市老板、内科医生、律师、大学教授、政府工作人员等目标总体的数据。

固定样本组有两种类型：持续固定样本组和非持续固定样本组。**持续固定样本组**（continuous panel）是指每次测定都对其成员询问相同问题的一种固定样本组。**非持续固定样本组**（discontinuous panel）是指每次测定对其成员询问不同问题的一种固定样本组。[11] 持续固定样本组包括一些辛迪加数据固定样本组，要求成员使用日志或扫描仪持续记录相同类型的信息（例如，在杂货店的购买行为）。

非持续固定样本组通常是指**搭车调研固定样本组**（omnibus panel）(调研内容可包括多种产品或层次)，用于不同的目的。采用非持续固定样本组收集的信息每次都测量不同的内容。如何应用纵向数据取决于收集数据的固定样本组类型。一般而言，非持续固定样本组最根本的作用在于它代表了一个很大的群体——居民、商店或其他实体，这个群体同意提供营销调研信息。

与持续固定样本组一样，非持续固定样本组在人口统计上也与更大的实体相匹配，这也意味着非持续固定样本组要对其总体具有代表性。因此，营销人员想要知道大量的与美国人口统计特征相匹配的消费者是如何认知两种不同的产品概念时，就可以选择同一个搭车调研固定样本组。非持续固定样本组的优点是样本组内的成员代表了一组愿意参与调研的人。这样，非持续固定样本组就代表了现有的消费者样本，这些样本可以用于各种各样的调研目的。

持续固定样本组的用途各不相同。通常，公司喜欢使用持续固定样本组连续地提供信息，因为公司能从连续的数据中洞察到消费者购买行为或态度的变化等信息。例如，持续固定样本组提供的数据可以显示该调查小组的成员是如何随着时间的推移从一个品牌转向另一个品牌的。有关消费者在多大程度上忠诚于一个品牌而不是购买不同的品牌的研究称为**品牌转换研究**（brand-switching study）。这样的研究对于品牌经理非常宝贵。两次横向研究有可能反映出几个品牌的市场份额的变化，但是也有可能会出错。我们将用表3－1和表3－2的数据加以说明。

表3－1 “最近常购买的花生酱品牌是什么”横向研究的两次调查结果

品牌	横向调查1	横向调查2
Jif	300	250
Skippy	100	150
Peter Pan	100	100
所有家庭	500	500

表3-2 “最近常购买的花生酱品牌是什么”纵向研究的两次调查结果

第一阶段品牌调查	第二阶段品牌调查			
	Jif	Skippy	Peter Pan	第一阶段调查合计
Jif	200	100	0	300
Skippy	50	50	0	100
Peter Pan	0	0	100	100
第二阶段调查合计	250	150	100	

表3-1展示的是相隔6个月的两次调查的结果。假设你是Jif花生酱的品牌经理。我们可以看到这两项研究都调查了500个购买花生酱的家庭。在调查1中Jif拥有300个家庭用户，另外两个品牌各自拥有100个家庭用户。（标出这些数字仅仅是为了做例证，并不真正代表这些品牌的市场份额。）那么作为品牌经理，你可以从这项横向研究中得出什么结论呢？可以看出Jif约占有60%的市场份额，其他两个竞争对手各拥有20%的市场份额。现在让我们看6个月之后对另外500个家庭所做的调查，即调查2。我们看到了什么？首先，我们发现Jif的市场份额下降了。品牌经理应当非常关注市场份额的下降。那么谁是罪魁祸首呢？如果我们比较两项横向研究，就会发现Peter Pan一直保持100个家庭用户，但是Skippy的家庭用户上升到150家。这样就很自然地得出结论：“Skippy正在吞噬Jif的市场份额。”在这种情况下，Jif的品牌经理在接下来的几个月里就会研究Skippy的营销组合。竞争者是不是改变了包装设计？是否加大了社交媒体的宣传力度？是否加大了对零售商的激励？

现在，让我们看一下同样间隔6个月、进行两次调查的纵向研究。我们假设结果（购买每个品牌的家庭总数）与我们在两个横向研究中的结果相同，不同的是每个家庭的变化。记住，在纵向研究的持续固定样本组调查中，我们会在每次调查中对同样的家庭询问同样的问题。请看表3-2。

注意第一阶段调查和第二阶段调查的总和数与表3-1中两次横向研究的结果的总和数是完全相同的。然而，表3-2中的数值与表3-1中的数值不同。在第一阶段调查中购买Jif花生酱的300个家庭，有200家在第二阶段调查中购买了Jif花生酱，另外50家用户则购买了Skippy花生酱，Jif的用户并没有转向选择Peter Pan品牌。在第一阶段调查中选择了Skippy的100个家庭，有50家转向Jif，有50家仍然选择Skippy，但没有家庭选择Peter Pan。最终，在第一阶段调查中选择Peter Pan的100个家庭用户在第二阶段调查中全部继续选择Peter Pan。这向我们展示了竞争如何影响品牌转换。正是Skippy而不是Peter Pan影响了Jif花生酱的销售情况。更加详细的数据可以让我们得出更有效的结论，这就是纵向研究比仅使用横向研究优越的地方。正如本例所示，使用持续性样本的纵向研究的价值在于它允许品牌经理探索品牌之间的动态竞争。

纵向研究数据的另一个作用是进行市场追踪。**市场追踪研究**（market tracking study）是指对所关注的变量进行测定，如一段时间内的市场份额或单位销售额等。通过追踪一段时间内库存的销售数据，管理者可以深入了解市场现状。我们将在第4章深入讨论市场追踪研究。

3.5 因果性调研

因果性调研（causal research）用来研究变量关系中的因果关系，例如“如果 x，那么 y”。**因果关系**（causality）是一个或多个变量影响一个或多个其他变量的条件。当进行因果研究时，“如果 – 那么”的陈述成为我们操纵感兴趣的变量的方式。例如，如果温度计上的读数下降了，那么表明天气转凉了；如果我把车开得慢一点，那么每加仑汽油所行驶的平均里程会增加；如果在广告上投入更多，那么销售额会上升。营销经理总是试图确定什么会导致消费者满意度的变化、市场份额的增加、网站访问量的增加或者销售额的增加。

理解是什么导致了消费者的行为极其困难。**行为经济学**（behavioral economics）将心理学、经济学和其他学科结合起来研究决策制定，其研究结果表明，消费者隐藏了影响其行为的偏见和情绪。通过丹尼尔·坎赫曼（Daniel Kanheman）的《思考，快与慢》(*Thinking, Fast and Slow*)[12] 和马尔科姆·格拉德威尔（Malcom Gladwell）的《眨眼》(*Blink*)[13] 等畅销书，行为经济学的思想得以普及。一些研究人员利用行为经济学的原理来帮助理解消费者的决策。

要了解引起消费者行为的因果关系非常困难，不过，即使只是部分地了解了因果关系，也将在市场上获得很高的回报。因果关系一般可以通过实验来进行验证，实验法是一种特殊类型的研究。

实验法

实验法（experiment）是指在控制其他外生变量所造成的影响的同时操纵某一自变量，以观察这个自变量对因变量的影响。**自变量**（independent variable）是指那些调研人员能够对其有所控制，并希望加以处理的变量。一般来说，你可以认为 4P（产品、价格、渠道、促销）是自变量。诸如广告支出水平、广告诉求类型（如幽默、严肃等）、陈列位置、销售人员的付酬方式、价格以及产品的类型等都可称为自变量。

因变量（dependent variable）是指那些我们难以能对其实施控制，或者不能直接控制，但又对其有强烈兴趣的变量。常见的因变量包括销售额、市场份额、顾客满意度、零售业绩、顾客惠顾时间和口碑回报（return on net worth）。营销人员对这些变量很感兴趣却无法直接控制，所以他们尝试通过控制其他自变量来改变因变量。只要营销者能够在自变量和因变量之间建立起因果关系，他们就能够在影响因变量方面取得一定的成功。举一个学生熟悉的例子。如果你想提高自己的平均绩点（因变量），就应当改变一些自变量的水平，比如学习时间、上课出勤率、阅读课本的时间、课堂上的听课习惯等。

外生变量（extraneous variable）是指那些对因变量有一些影响，但不是自变量的变量。假设你和你的朋友希望了解汽油品牌（自变量）是否会影响汽车每加仑汽油行驶的平均里程（因变量）。该实验要分别给两辆车加满油，一辆车加的是 A 品牌的汽油，另一辆车加的是 B 品牌的汽油。一周以后，你们发现 A 品牌的汽油每加仑可以行驶 18.6 英里，B 品牌的汽油每加仑可以行驶 26.8 英里。你们是否可以得出 B 品牌优于 A 品牌或者因变量（每加仑汽油行驶的平均里程）的差异是由非汽油品牌的其他因素（自变量）引起的等结论？让我们看一下这些外生变量：（1）一辆车是 SUV，另一辆是小型车；（2）一辆车主要在高速公路上行驶，另一辆主要在交通严重拥堵的市区行驶；（3）一辆车从未做过维修和保养，另一辆车刚做过。除了所使用的汽油品牌外，所有这些外生变量都会给因变量带来不同的影响。

我们来看另外一个例子。如果一家餐饮连锁店想做一个实验，以确定在菜单上标注每样菜的营养信息（自变量）是否对销售额（因变量）产生影响。[14] 管理人员有菜单上没有注明营养信息时的销售额的数据记录。之后，管理人员在菜单上增加了营养信息（操纵一个自变量），然后再次统计销售额。这项实验是在餐饮连锁店的一家分店做的。假设销售额增加了，这是否意味着如果连锁店改变了菜单信息，所有餐馆的销售额都会增加？其他的外生变量会影响销售额吗？下面两种外生变量是不是也会影响餐馆的销售额？（1）实验所选餐馆位于以健康水疗和健身馆而闻名的加利福尼亚的一个富人区。（2）在更改菜单信息之前，美国食品药品监督管理局（FDA）公布了一项研究：不同餐馆之间同一种食物的卡路里含量可能有很大不同（比如每杯咖啡的卡路里含量从80到800，汉堡包的卡路里含量从250到1 000）。

的确，所选餐馆的顾客可能是比较独特的，并且由权威性的第三方机构——美国食品药品监督管理局公布营养信息确实会对公众接受新菜单的程度有较大的影响。事实上，这可能会造成好的或者坏的口碑影响。这些影响可能源于对因变量造成影响的外生变量，但外生变量不能作为自变量使用。

正如此例，在没有控制好外生变量的情况下，很难把自变量对因变量的影响分离开来。虽然建立一个因果关系并非易事，但我们还是可以做到的。下面的部分解释了在实验设计中是如何评估因果关系的。

实验设计

实验设计（experimental design）是指设计实验环境的过程，该过程可以将因变量的变化归因于自变量的变化。换句话说，实验设计是指允许实验人员控制外生变量对因变量的影响的一种程序。由此，实验人员可以确信因变量的任何变化都只是由于自变量的变化。

两种常见的实验设计类型是前后对照测试和A/B测试。前后对照测试是指通过改变一个或多个自变量来衡量一个因变量，然后检验自变量的变化对因变量的影响。A/B测试涉及同时检验多个自变量。

让我们详细地看看这两种形式的实验设计。

前后对照测试 **前后对照**（before-after）设计可以通过将实验对象随机分为对照组和实验组来实现。**对照组**（control group）是指受试者未接触到自变量变化的一组，**实验组**（experimental group）是自变量发生变化的那一组。对照组的目的是测量外部变量的影响。我们将用前后实验设计来说明对照组的重要性。

首先，我们列出实验设计中的一些符号：

O——因变量的测定；

X——对自变量的操纵或者自变量的变化；

R——将被试者（消费者、商店等）随机编入实验组和对照组；

E——实验效果，即由自变量引起的因变量的变化。

在改变自变量之前，对因变量进行的测定称为**预测试**（pretest）；在改变自变量之后，对因变量进行的测定称为**事后测试**（posttest）。

假设餐饮连锁店在全美范围拥有100家分店，我们可以轻松地将它们分成两组，每组50家。管理人员已经在更换菜单之前对两组餐馆的销售额进行了测量。接下来，仅在实验组（50家餐馆）中将营养信息添加到菜单中，从而改变自变量。最后，经过一段时间后，对两组餐馆的因变量进行事后测试。

这种设计可用图解法表示为：

实验组：$(R)O_1 \quad X \quad O_2$

对照组：$(R)O_3 \qquad\quad O_4$

这里

$$E=(O_2-O_1)-(O_4-O_3)$$

将100家餐馆随机分成两组，其中50家为实验组，50家为对照组。这两个组应该尽量相似，两个组的餐馆在高收入、中等收入、低收入地区的分布大致一样，并且餐馆所处地区的消费者的口味和对营养的重视程度也大致相同。事实上，两个组餐馆的经营年数、面积、雇员数量和销售额也应该一致。换句话说，随机分配应该让两个组的餐馆在各方面都大致相同。实验人员应该采用任何必要的方法来满足实验设计的条件。除随机方法以外，还有其他一些方法也可以使实验组与对照组相似。比如说，使两个组在某些重要的标准方面相匹配，也可以帮助我们建立两个相同的组。如果使用随机方法或者使两个组在相关标准方面相匹配后仍无法获得两个相同的组，就应该使用其他更复杂的实验设计。[15]

回到我们所讨论的设计上。R表示我们已经随机地把餐馆分成了两个相同的组——一个对照组，一个实验组。在最开始，先对因变量进行预测试，即记录两组餐馆的销售额，分别为O_1和O_3。之后，我们仅仅在实验组中将营养信息加到菜单上，记为X。最终，我们对两个组在相同时间段的销售额进行事后测试，并记为O_2和O_4。

现在，我们可以从这个实验中获得什么信息呢？首先，我们知道(O_2-O_1)表示实验期间因变量发生变化的数量。但这个变化数量是否仅仅因为自变量X的改变而产生呢？答案是否定的。(O_2-O_1)只能说明销售额的改变可能归因于：（1）菜单信息的改变；（2）其他外生变量（如美国食品药品监督管理局公布的营养信息或者仅仅是更多人在这个时间段愿意在餐馆吃饭）的改变。

现在，让我们看一下对照组的餐馆(O_4-O_3)测量的是什么呢？因为(O_4-O_3)不能解释销售额的变化是否由菜单信息改变而引起，所以，由(O_4-O_3)测量的销售额的变化就是其他外生变量对其产生的影响导致的。因此，实验组与对照组之间的差异，即$(O_2-O_1)-(O_4-O_3)$就产生了对E（即实验效果）的测量。

现在我们知道，如果改变菜单信息，餐馆的销售额会有所变化，这个变化量为E。由于运用了恰当的实验设计来进行实验，因此在探索因果关系的进程中我们又前进了一步。应该指出的一点是，尽管我们得出了因果关系，但是它并没有考虑成本和复杂性。请注意，我们的实验从改变1家餐馆的菜单扩大到50家餐馆，而全部的实验要涉及100家餐馆！

另一种实验设计是A/B测试。前后对照测试涉及测试一个新创意，看看它是否会比已经存在的方案更好，A/B测试则涉及同时测试两个新创意。

A/B测试 **A/B测试**（A/B testing）是同时测试两个备选方案（A和B），看哪一个表现更好。请注意，虽然这类实验通常被称为A/B测试，但其实可以测试两个以上的选择

（A/B/*n* 测试）。通常企业使用 A/B 测试来确定在某个产品营销中，两个或更多个营销方案中哪个方案更好，例如两种定价水平、两种包装类型或两个不同的品牌名称。

虽然 A/B 测试可以用来评估许多不同情景的营销方案，但 A/B 测试这个术语最常用于描述网站或应用程序上所实施的实验。线上实验通常比线下实验实施得更快，成本更低。线上实验很容易设计具有随机要求和适当样本容量的样本。A/B 测试经常用于测试网页设计、标题、广告文案、产品描述、图片和其他与网站设计相关的内容。网站流量可以在设计 A 和设计 B 之间进行划分，通过一个重要的衡量指标，比如点击量、销售额或回头率，来比较两个网站的流量，从而判断哪个设计更好。

由于 A/B 测试的准确性、快速性和低成本，许多基于网络的公司使用 A/B 测试来测试创意。据估计，微软、脸书、谷歌和亚马逊每年进行超过一万次在线实验。[16] 这些实验大部分是在用户不知情的情况下进行的。

A/B 测试表明，非常小的设计变化——如改变颜色的深浅，添加一个箭头，改变标题中的一个单词——可以极大地改变沟通模式。赛思 · 斯蒂芬 – 大卫德维茨（Seth Stephens-Davidowitz）所著的《人人都在说谎》（*Everybody Lies*）中两个标题的比较就是一个例子：

标题 A.“橄榄球丑闻”是马萨诸塞州最热搜索词

标题 B. 谷歌搜索词中的马萨诸塞州令人尴尬

你认为哪个故事标题会吸引更多人来点击呢？事实证明，标题 B 比标题 A 的点击次数多 986%。[17]

斯蒂芬 – 大卫德维茨指出了 A/B 测试泛滥的阴暗面。通过实验，网站管理者可以确定哪些设计特色——标题、字体、电子邮件、链接——能够吸引用户更频繁地回到他们的网站，停留更久。这可能会导致一些用户在社交媒体网站或在线游戏上所花费的时间越来越多。换句话说，在线实验可能在助长网瘾方面扮演重要角色。[18]

正如前面提到的，还有许多其他的实验设计，当然，实验设计在营销问题上几乎有无限的应用。虽然实验在提供知识方面是有价值的，但并不是所有的实验都能正确地进行。如何评估实验的有效性是下一节的主题。

实验效度的评价

如何评价实验的效度呢？如果（1）所观察到的因变量的变化确实归因于自变量的变化，（2）实验结果适用于实验环境以外的现实世界，那么实验就是有效的。[19] 对于实验效度可从两个方面进行评价，即内部效度和外部效度。

内部效度（internal validity）是指研究人员确信自变量能在多大程度上解释因变量的变化。这是判断所用实验设计是否恰当以及方案的执行是否正确的另一种途径。

为了说明缺乏内部效度的实验，让我们回到更改菜单信息的例子。回忆一下我们将参加调研的餐馆数量增加到 100 家，随机分为两组，来保证实验组和对照组是相同的。如果调研人员没有检查两个组是否相同，将会出现什么样的情况呢？我们的实验结果 E 可能会受到这两组的差异的影响（例如，一家餐馆位于顾客对营养信息重视的区域），那么两个组之间存在的差异表明外生变量没有得到控制。这样的实验就缺乏内部效度，因为它不能得出“因变量的变化主要是自变量的变化引起的”这一结论。缺乏内部效度的实验是没有价值的，因为它会产生误导性的结果。

外部效度（external validity）是指实验中观测到的因变量与自变量之间的关系在现实

世界中得以推广的程度。[20] 换句话说，实验的结果能够应用到其他连锁店吗？有几种情况会影响实验的外部效度。检验的样本具有代表性吗？样本真的能够代表总体吗？此外，有许多选错样本单位的例子。例如，有一家总部设在大城市的公司，当地的冬季十分寒冷，该公司却在冬季时选择一个温暖的热带地区进行了一次实验。虽然该公司进行的实验可能具有内部效度，但我们对该实验的结果能否推广到整个总体表示怀疑。

另一个影响外部效度的因素是实验本身的人为因素。为了控制尽可能多的变量，有些实验场景离现实世界较远。[21] 如果实验中的人为控制过多，就会产生一些在现实世界不可能发生的情况，使实验缺乏外部效度。

实验法的类型

我们可以把实验法分成两种主要的类型：实验室实验和现场实验。**实验室实验**（laboratory experiment）是指在设计好的人为环境中对自变量进行操纵并测定因变量，以控制许多可能对因变量造成影响的外生变量。

为了说明问题，让我们考虑前面提到的一次调研，即被试者被邀请到剧场观看一些被测广告——广告文案 A 或广告文案 B，这些广告被编辑到一段预测试的电视节目中。营销人员为何要选择这样一个人为的实验环境呢？主要是为了控制除广告之外对产品购买产生影响的其他因素。把消费者带进一个设计好的实验室环境中，实验人员就可以控制许多外生变量。

例如，你已经知道在进行实验时有两个相同的组（观看广告文案 A 的人和观看广告文案 B 的人属于同一类型）是相当重要的。在实验时把预先选定的消费者请到剧场来观看预测试的电视节目，实验人员可以（从选定的调查对象的人口统计特征角度）合理地匹配观看广告文案 A 和广告文案 B 的消费者，确保两个组是相同的。然后，让消费者进入与剧场相邻的“商店”中，由此，实验人员就能很容易地控制其他因素，如消费者观看广告与购物的时间差，以及消费者可能观看了其他竞争品牌的广告等。

正如你已经了解到的，如果不对这些因素中的任何一个加以控制，就可能对因变量产生影响。通过对上述及其他相关变量的控制，实验人员就可确保因变量的任何改变都只是由自变量的变化（即广告文案 A 和广告文案 B）导致的。当实验的目的是获得较高的内部效度时，实验室实验就是较理想的选择。

实验室实验有以下几个优点：第一，调研人员可以控制许多外生变量的影响；第二，与现场实验相比，实验室实验的速度快并且成本低。实验室实验的缺点是缺乏自然环境，研究结果可能并不适用于现实世界。

日益改进的技术为进行实验室实验开发出了更现实的技术，同时降低了成本。例如，使用虚拟现实（VR）模拟的测试为消费者提供了更真实的背景。在虚拟现实实验中，参与者可以在虚拟商店购物，他们可以挑选、查看产品，并将其放入购物车或放回货架上。

现场实验（field experiment）是指在自然的环境中操纵自变量，并对该实验单位的因变量进行测定。许多营销实验都是在自然环境中进行的，例如在超市、购物中心、零售商店和消费者家中。假设一位营销经理进行了一次实验室实验，来检验公司现有的广告文案 A 和新广告文案 B 的差异。该实验的结果表明新广告文案 B 远胜于现有的广告文案 A。在投放新的广告之前，该经理想知道广告文案 B 在真实的市场中能否提高销售额。于是她选择在宾夕法尼亚的伊利湖——一个能代表美国的城市——实际播放新广告。通过现场实验，营销经理就可以对研究结果在其他现实市场的推广更有信心。需要注意的是，尽管在自然的真实环境中进行的实验具有较高的外部效度，但如果该实验不具有内部效度，那么该实验仍然是无效的。

现场实验的优点在于研究是在自然环境中进行的，因此提高了研究结果在现实环境中推广的可能性。但现场实验费用高昂且耗时过长。同时，调研人员必须持续关注外生变量的影响，而这些变量在现场实验的自然环境中是很难控制的。

在上述案例中，进行现场实验时所选择的宾夕法尼亚州伊利湖被称为“测试市场”（test market）。营销中采用现场实验方式进行的实验被称为市场测试。接下来我们将讨论有关市场测试的问题。

3.6 市场测试

市场测试（test marketing）是指在现实环境中实施的实验、研究或测试。公司可以在不同区域中选择一个或几个城市进行市场测试。根据市场测试的广度与用途，市场测试可分为两大类：（1）检测新产品或新服务的销售潜量；（2）对一个产品或服务检测营销组合的差异。[22]

尽管市场测试代价高昂且耗时较长，但一般情况下将一个新产品推向全国或整个区域的成本都会达到几百万美元。如果市场测试能够提高产品成功的概率，这种支出就是值得的。有时候市场测试能够在产品导入市场早期就发现可能会失败，可以让公司避免巨大损失。产品在市场测试中效果理想，就可以推广。例如，2015 年，塔可钟（Taco Bell）在托莱多地区的 36 家门店对一种名为 quesalupa 的食品进行了为期两个月的测试，这种食品是墨西哥油炸玉米饼和墨西哥薄饼的混合。该产品在托莱多的测试结果很好，所以塔可钟决定在全国推广该产品。[23]

市场测试不仅可以用于测定一个新产品的销售潜力，还可以用于衡量消费者和经销商对其他营销组合的反应。公司可能在一个实施市场测试的城市的百货商店分销产品，而在另一个测试城市仅采用专营店形式，以获得关于最佳分销渠道的信息。公司也可以通过市场测试来检测消费者的媒体使用习惯、定价、促销等营销活动。消费者市场（B2C）和工业市场（B2B）的产品和服务都可以进行市场测试。

市场测试的类型

市场测试可分为四种类型：标准市场测试、控制市场测试和模拟市场测试。[24]

标准市场测试 标准市场测试（standard test market）是指通过公司的正规分销渠道来测试产品和 / 或营销组合变量。这类测试的缺点是耗时长，而且会让竞争对手了解新的产品或服务，但是这类市场测试能够很好地反映产品的实际表现，因为它是在现实的市场中进行的。

控制市场测试 控制市场测试（controlled test market）是由企业外部的调研公司来操作的，这些公司保证根据事先约定的分销商的类型和规模来分销产品。这些公司通过现金激励来促使经销商提供市场测试所需的产品陈列位置。对于那些想快速获得市场测试的分销系统的公司而言，控制市场测试是一种重要的选择。但控制市场测试的缺点是不一定能正确地反映公司真实的分销系统。

模拟市场测试 **模拟市场测试**（simulated test market）是指公司在模拟自然条件的阶段性环境中测试新产品的市场。模拟市场测试的目的是衡量消费者对新产品的反应，以及对营销组合中相关要素的反应。在模拟市场测试市场上消费者对新产品的反应数据可以用来建立一个模型来预测可能的产品销量。[25]模拟市场测试产生结果的速度比标准市场测试快得多，成本也低得多。另外，模拟市场测试是保密的，竞争对手不太可能了解新产品的测试。由于模拟市场测试是高度受控的，因此受到外生变量干扰的可能性较小。模拟市场测试的主要缺点是模拟测试的人工条件可能不能提供与标准市场测试一样准确的结果。

模拟市场测试可以通过多种方式开展。公司或调研公司可以付钱给消费者，让他们在实体店购买自己选择的产品，比如购物中心的快闪店（pop up store），这些实体店只是为测试而设置的。或者，消费者可以用调研公司给的钱从网上商店购买商品。

市场测试城市的选择

市场测试城市的选择有三条适用的标准：代表性（representativeness）、独立程度（degree of isolation）、分销和促销控制力（ability to control distribution and promotion）。实施市场测试的一个主要目的是得到外部效度信息，因此，市场测试城市对于产品最终分销的地区应当具有代表性。人们会付出很大的努力来寻找与整个美国（或其他国家）的人口统计特征相匹配的“理想”城市。当然，这个“理想”城市在人口统计特征方面与整个目标市场最接近。

分销和促销控制力取决于很多因素。该城市的经销商是否可用？是否愿意合作？如果答案是否定的，那么该城市是否有可选的、能够对市场测试加以控制的公司？该城市的媒体能否满足市场测试的需要？市场测试的成本是多少？所有的这些因素在选择城市进行市场测试时都必须予以考虑。幸运的是，由于市场测试能给各城市带来额外的收入，因此大多数城市的政府部门和媒体都会向市场测试人员提供大量与其城市有关的信息。

市场测试的优缺点

市场测试的优点是十分明显的。产品全面上市之前，真实环境中的产品接受度和营销组合变量的表现能为决策者提供最佳的信息。市场测试是预测未来销售额的最精确的方法，它为公司对营销组合变量进行预测试提供了机会。然而，市场测试也有一些缺点。第一，市场测试不可能给出绝对正确的结果。第二，竞争对手有可能会蓄意破坏市场测试。如果某公司得知其竞争对手正在对某一产品进行市场测试，就会在该公司市场测试期间开展大量的促销活动。[26]第三，市场测试存在成本问题。测试市场包括几个测试城市和各种形式的促销推广，其成本可能非常高。第四，测试市场使产品暴露于竞争环境中。竞争对手有机会检查产品原型，并通过测试市场了解新产品的营销策略。

此外，市场测试还存在一些伦理问题。公司定期向媒体公布一些市场测试的结果，使产品在上市前进入消费者的视野。但是公司会公布从预测市场中得到的正面信息还是负面信息呢？如果一些公司想要得到较好的宣传效果，就会选择它们认为会得到理想结果的城市作为测试市场。也许公司在该市场已经具有较高的品牌知名度和较强的营销能力。这种方法是不是会导致公众伦理问题呢？人们一直在努力使测试市场的报告更加公正。[27]

本章就业技能

通过学习本章内容，你已经掌握了：

批判性思维技能

- 了解何时使用探索性调研设计、描述性调研设计或因果性调研设计。

知识应用和分析技能

- 知道如何恰当地使用前后对照测试或 A/B 测试来设计实验。

小　结

调研设计是指明确调研项目所需要的具体数据与分析方法的总体规划。调研设计有三种类型：探索性调研、描述性调研和因果性调研。学习调研设计的意义在于：在确定了与调研内容相匹配的合适的调研设计之后，许多调研决策就能够预先制定。因此，调研设计是调研人员的“蓝图”。调研设计并没有固定的程序。事实上，有的项目只需要一种形式的调研。但研究往往是一个迭代的过程，最初的调研会产生对另外一种不同的调研方式的需求。

选择合适的调研设计很大程度上取决于对调研内容和所研究问题的了解程度。如果对营销问题了解很少，则适合进行探索性调研。探索性调研是非结构化和非正式的调研，可以用来获取背景信息，帮助我们更清晰地定义调研问题。探索性调研适用于以下情况：获取背景资料、定义术语、阐明营销问题和假设以及确定调研的先后顺序。回顾已有文献，访谈研究领域的有识之士，借鉴以往类似的案例研究，以及开展焦点小组访谈都是实施探索性调研常用的方法。正是因为探索性调研速度快、成本低，所以几乎所有的营销调研项目都会或多或少地使用它。有时，探索性调研本身就可以完成调研任务，或者是为实施描述性调研和因果性调研提供帮助。

如果已经对营销问题的相关概念、术语等有所了解，而且调研目的是描述和测定相关现象，则适合进行描述性调研。描述性调研用于测定营销现象，并能解答诸如谁、什么、何时、何地及如何等问题。可以在同一个时间点实施（横向）描述性调研，也可以在不同的时间点对同一个样本进行多次（纵向）测定。在纵向研究中，可以使用固定样本组。固定样本组代表了愿意接受定期调研的样本单位。持续固定样本组是指在对每个固定样本组进行测定时，对每一个成员都重复询问相同的问题。品牌转换表格就是以持续固定样本组的数据为基础绘制的。市场追踪研究通过使用持续固定样本组的数据来实施。

在纵向研究中使用的第二种固定样本组是非持续固定样本组。非持续固定样本组有时也称搭车调研固定样本组，是指向固定样本组成员每次询问不同的问题。非持续固定样本组的主要优势在于调研公司拥有大量的调查样本，接受调查的人愿意回答任何问题。

因果性调研是用来衡量因果关系的研究，如“如果 x，那么 y”。因果关系只有通过称为实验的特殊研究才能确认。实验法能够确定自变量对因变量的影响效果。实验设计相当重要，因为它可以确保我们观察到的因变量所受到的影响可归因于自变量，而非其他的外生变量。两种常用的实验设计是前后对照测试和 A/B 测试。实验的效度可以通过检验内部效度和外部效度来评估。实验室实验对于达到内部效度十分有用，而现场实验对于达到外部效度更适用。

市场测试是现场实验的一种类型。市场测试有许多类型（标准市场测试、控制市场测试和模拟市场测试）。虽然市场测试能够提供大量有用的信息，但代价高昂，偶尔还会出错。市场测试区域的选择主要依据其代表性、独立程度、分销和促销控制力。

复习题与应用题

1. 什么是调研设计？
2. 试说明对于营销调研人员来说，为什么了解调研设计很重要。
3. 探索性调研的目的是什么？给出并解释三个适合使用探索性调研的例子。
4. 哪种调研设计会应用关键信息提供者技术？
5. 横向研究与纵向研究的区别是什么？
6. 什么情况下持续固定样本组比非持续固定样本组更适用？什么情况下非持续固定样本组比持续固定样本组更适用？
7. 非持续固定样本组的另一个名称是什么？这种类型的固定样本组最主要的用途是什么？
8. 纳贝斯克公司（Nabisco）推出了一种新品牌的饼干，想知道有多少顾客多次购买。它应该采用什么类型的研究？
9. 给出“如果－那么”式的陈述。为什么使用因果性调研可以提高调研发现的准确性？
10. 给出如下概念的定义，并通过确定广告效果的实验设计来说明这些变量：自变量、因变量、外生变量、对照组、实验组。
11. 解释实验法的两种效度，以及为什么不同的实验设计适合采用某种类型的效度，而不适合采用另一种类型的效度。
12. A/B 测试的主要用途是什么？这个测试有哪些优点和缺点？
13. 你正在为互联网上的横幅广告测试两个不同的位置。如何使用 A/B 测试来测试这两个选项？
14. 解释实验中效度的两种类型。什么类型的实验最适合评价什么效度？
15. 各种市场测试的优点与缺点是什么？
16. 给出并解释用于选择市场测试城市的三个标准，解释每个标准的重要性。
17. 回忆一下你过去所从事的工作。列出三个你或者企业中的其他人从调研获得的信息中得到帮助的例子。每个例子适合哪种调研设计？
18. 你能找出通过搜索社交媒体网站可以解决的研究问题吗？你应该选用什么样的调研设计来研究这些问题？
19. 设计一个实验。选择一个自变量和一个因变量。有什么外生变量会影响因变量？解释你将如何控制这些变量对因变量的影响。你的实验具有效度吗？
20. Wired Beverages 公司开发了两种新的汽水，正在讨论将其投放市场。然而，公司只能投放两种新产品中的一个。构建一个实验设计，比较两种新汽水的口味，以及市场上主要竞争对手的产品的口味。列出你的实验步骤。你最终会如何选择合适的汽水来投放市场？
21. 你是俄克拉何马城美国国家橄榄球联盟新球队的总经理。球队老板让你决定新球队在即将到来的赛季中穿什么队服，并建议你从社交媒体上收集数据来确定球迷们想看到什么。概述你实施这个项目的步骤，以及你将如何决定向球员提供哪种队服。
22. 可口可乐公司在市场上推出 PowerAde 品牌，与佳得乐公司的 Gatorade 运动饮料竞争。运动饮料的竞争是非常残酷的，这从便利店的冰柜便可见一斑。可口可乐正在考虑使用一种特殊但符合标准的冰柜，这种冰柜可以使 PowerAde 品牌进入消费者的视线，而且比佳得乐的产品更吸引人。设计一个实验以确定这种特殊的冰柜能否使便利店中

PowerAde 的销售额有所增加。确定变量，图解实验。说明实验如何实施，如何评估实验的内部效度和外部效度。

23. SplitScreen 公司是一家做电视广告效果测试的营销调研公司。SplitScreen 同一家在艾奥瓦州中等规模城市的有线电视公司达成一项协议。这家有线电视公司可以同时给不同的家庭发送四种不一样的电视广告。SplitScreen 同时和最大的三家便利店达成协议，便利店将向 SplitScreen 提供 POS 机的扫描数据。25% 的居民拥有 SplitScreen 的扫描卡。当居民在便利店买东西时，购买信息就会发送到 SplitScreen 公司，公司可以根据这些信息识别谁购买了何种商品。为了使居民允许 SplitScreen 公司在他们的电视机中安装设备，也允许公司获得他们在便利店的购买信息，在居民购买特定商品时，公司会给居民一些激励。识别变量，并图解使用 SplitScreen 系统的实验设计。评估 SplitScreen 系统的外部效度和内部效度。

案例 3-1

调研人员的困境[28]

约翰·丹尼尔（John Daniel）是佐治亚州铁道调研公司（Metro Research）的一个研究人员。假如你是一个刚刚大学毕业的实习生，丹尼尔给了你几个客户的信息：

客户 A 是一家拥有很高品牌知名度的快速消费品制造商。尽管这个客户一直关注生产和分销多年，但到目前为止，客户的营销策略还没有一个明确的方向。虽然一切运转良好，但是前些年市场份额出现小幅下降。现在，客户在审阅了市场份额的报告后发现，在过去的一年里市场份额下降了 15%。客户急于知道原因以及应采取哪些营销行动来阻止市场份额下降。在这种情况下，我们并不知道客户要解决的问题是什么，因为市场份额的下降取决于很多因素。公司现在需要决定应当采用哪种调研设计。

客户 B 是烘烤类食品制造商，其产品在全国范围的超市都有销售。该制造商在美国有五个分区营销部。每个分区营销部都有完全的广告自主权，尽管每个分区的广告各不相同，但基本上都只做电视广告。各个分区已经尝试了几种不同的电视广告活动，有一些活动比较成功，有一些并不奏效，但是没有人正式地评估这些广告的成本。一位新上任的营销副总裁现在想要评估这些广告。她不仅关注不同广告推出时的产品销售额，也关注竞争品牌的销售额。在这个项目中，客户要求我们公司描述出在不同时间段的不同广告活动中，用存货单位计量的销售情况。你建议采用哪种调研设计？

客户 C 面临的竞争异常残酷，因为包括客户 C 在内的三个顶级品牌平分了这个市场。我们的客户坚信，它们已经改变了除包装设计之外的每一个营销组合。因为三个品牌在超市展台的位置是相邻的，客户想让我们确定包装设计（大小、形状、颜色和质地）的哪个因素会提高消费者的认知度、偏好度并增强购买该品牌的意愿？请你来推荐应当使用哪种调研设计。

1. 描述一下你为每个客户推荐的调研设计。
2. 对于你为三个客户选择的每一个调研设计，解释为什么你的选择是正确的。

案例 3-2

使用尼尔森固定样本组数据进行咖啡细分市场分析

注：此案例的完整数据集可通过教师获得。案例的数据由尼尔森提供。超市的名称、

品牌和其他细节都做了脱敏处理。

麦康奈尔（McConnell）超市是位于美国东南部的一家大型连锁超市，安德烈萨·德雷克（Andresa Drake）是该超市的一名分析师。安德烈萨被指派检查麦康奈尔的咖啡种类，并决定超市在即将到来的营销活动中应该定位于哪些细分市场。具体来说，安德烈萨感兴趣的四种咖啡是：咖啡胶囊、精制阿拉比卡、咖啡粉和有机咖啡。为了帮助做出目标市场决策，安德烈萨访问了大型营销调研公司尼尔森的固定样本组数据。

请使用尼尔森提供的过去12个月关于在麦康奈尔超市购买咖啡的图表，回答以下问题：

1. 表A和表B提供麦康奈尔超市服务区域的消费者的职业信息。表A显示了整个咖啡类别（总咖啡量）的信息。表B显示了有机咖啡类别的信息。

1a. 对于那些住在该零售区域内、在麦康奈尔超市购物并购买咖啡的人，你能得出什么结论呢？为什么表A和表B“零售区域人口占比（%）”和“超市商圈人口占比（%）”是一样的呢？

1b. 对于购买咖啡（所有咖啡）和有机咖啡的家庭户主的职业分布，你能得出什么结论？

1c. 根据职业，什么样的消费者应该作为麦康奈尔超市咖啡品类重新定位的目标市场？

表A

家庭户主职业	零售区域人口占比（%）	超市商圈人口占比（%）	购买咖啡人口占比（%）
专业人士或管理者	28.9	30.2	28.6
白领－职员/销售人员	10.8	11.1	10.4
蓝领	25.8	26.4	27.4
无工作	34.5	32.4	33.6
合计	100	100.1*	100

*因四舍五入，表中合计不为100。

表B

家庭户主职业	零售区域人口占比（%）	超市商圈人口占比（%）	购买咖啡人口占比（%）
专业人士或管理者	28.9	30.2	40.0
白领－职员/销售人员	10.8	11.1	7.6
蓝领	25.8	26.4	26.7
无工作	34.5	32.4	25.6
合计	100	100.1*	99.9*

*因四舍五入，表中合计不为100。

2. 图A和图B显示的是麦康奈尔超市所服务商圈的消费者年龄。图A显示了所有咖啡类别（总咖啡量）的信息。图B显示了有机咖啡类别的信息。

2a. 如果麦康奈尔超市要针对所有的咖啡饮用者开展营销活动，它们会以哪个年龄段的女性群体为目标？

2b. 如果麦康奈尔超市想把目标对准有机咖啡消费者，答案会改变吗？如果是这样，为什么？

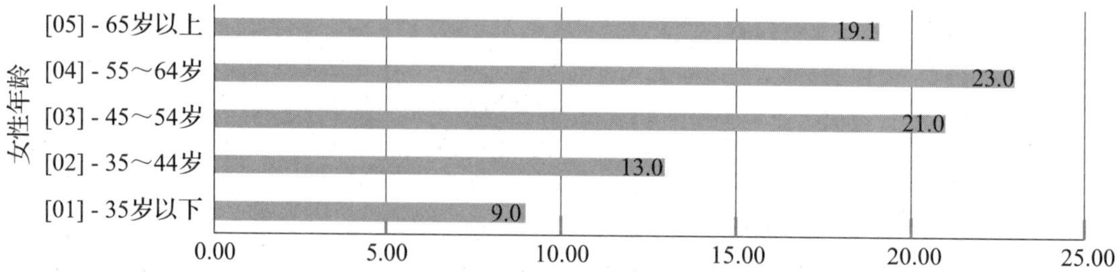

图 A　基于年龄分组的女性消费者全口径咖啡支出百分比

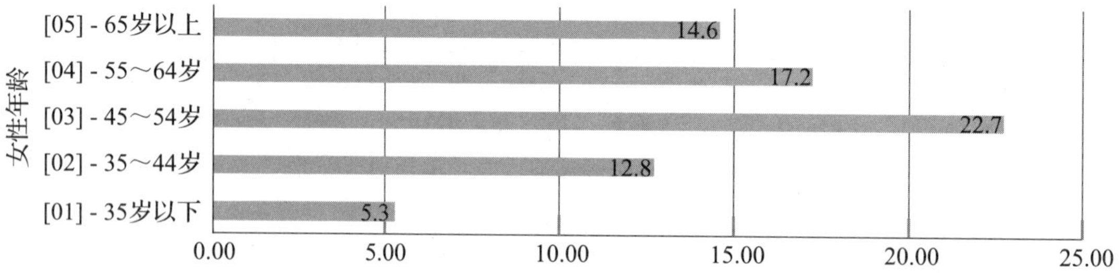

图 B　基于年龄分组的女性消费者在有机咖啡上的支出百分比

3. 表 C 是生活形态为“乡村生活”的消费者购买的咖啡种类。麦康奈尔超市的咖啡销售额在过去的 52 周内一直在下降。这家零售商正在考虑更换店内的咖啡陈列。通过二手数据调研，安德烈萨了解到，大多数购物者都属于“乡村生活”的生活形态。在销量下滑的情况下，麦康奈尔超市可能会储存哪一种咖啡？根据以下信息，应该对麦康奈尔提供的咖啡类型做出哪些改变？

表 C

生活形态	零售区域人口占比（%）	超市商圈人口占比（%）	购买咖啡人口占比（%）
乡村生活	89.4	58.5	84.6
咖啡胶囊	17.9	17.1	16.7
精制阿拉比卡咖啡	17.9	17.1	15.8
咖啡粉	17.9	17.1	21.7
有机咖啡	17.9	17.1	11.5
合计	17.9	17.1	18.8

注释

| 第4章 |

二手数据和配套信息

学习目标

在本章你将学习：

- 大数据的机遇与挑战。
- 一手数据与二手数据的差异。
- 二手数据，包括内部数据库和外部数据库的分类。
- 二手数据的优缺点。
- 如何评估二手数据。
- 配套数据是什么？辛迪加数据和配套服务之间的区别。
- 配套数据的优点和缺点。
- 常见配套数据的用途。
- 如何跟踪和使用数字化数据。
- 社交媒体数据的用途及优缺点。
- 物联网的未来潜力。
- 大数据管理的道德责任。

| 本章位置 |

1. 确定营销调研需求
2. 界定营销问题
3. 明确调研内容
4. 确定研究设计
☞5. 识别信息类型和来源
6. 确定获取数据的方法
7. 设计调查问卷
8. 确定抽样方案和样本容量
9. 收集数据
10. 分析数据
11. 撰写和展示调研报告

营销调研从来没有像今天这样成为令人兴奋的领域，主要原因是有大量的新型数据可供人们分析使用。在大数据这个范畴内，从政府统计数据到传感器数据，从跟踪研究数据到社交媒体数据，如今的数据来源比以往任何时候都要多。

在我们生活的世界中，二手数据无处不在，随手可得。本章探讨了如何使用二手数据，如何对二手数据进行分类，二手数据的优点和缺点，以及营销调研人员可以在哪里找到重要的二手数据。此外，我们介绍另一种新型的数据，即配套数据，并介绍配套数据在营销调研中的应用。最后，我们讨论三种强大的数字化数据形式：数字化跟踪数据、社交媒体数据和物联网数据。与管理数据相关的数据类型和工具类型正在迅速变化，越能跟上这些变化，你就越有能力在任何专业职位上取得成功。正如本章所建议的，能够将数据管理和分析技能与营销知识结合起来的调研人员是目前商业领域最需要的人才。

4.1 大数据

大数据（big data）可以简单地定义为多个来源的大量数据。近年来，大数据这个术语开始流行，因为企业现在可以实时访问多种类型且数量庞大的数据。不过大数据成倍增长也令人担忧。[1] 据20世纪50年代的《华尔街日报》（*The Wall Street Journal*）估计，约翰汉考克互助人寿保险公司（John Hancock Mutual Life）是最大的信息仓库拥有者之一，它总共有大约600兆字节的数据。[2] 然而，如今，我们每天平均生成250万兆字节的数据。[3] 绿皮书调研行业趋势报告（The GreenBook Research Industry Trends Report，GRIT）的调查发现，管理大数据是营销调研行业面临的最大问题之一。[4]

营销分析（marketing analytics）是通常用来指管理和分析数据以改善营销决策的营销术语。数据有多种来源，包括公司、传感器、零售商、贸易组织、政府、出版商、互联网和社交媒体。这些数据可以采用定性和定量的形式，包括文本、照片、视频、企业交易、研究数据和其他各种类型的数据。对于任何一家企业来说，有太多的数据可供收集、存储、分析和报告。因此，企业必须决定从众多不同的来源收集什么数据，如何分析数据，来发现现象的趋势、模式和关系。多个数据源的有效使用需要企业拥有检索、存储、配套、分析、报告和保护数据的人才。

对大数据的访问也创造了巨大的机遇。调研人员拥有大量的可用数据并不难，但如何使用这些大数据需要调研人员制定策略。第2章介绍的调研过程已经涉及大数据的优化问题。首先，调研人员必须确保准确地界定了问题陈述和调研内容。在对最终调研内容尚不知晓的情况下，是绝对不能对项目进行数据分析的。接下来，调研人员必须决定需要什么数据来解决营销问题并实现最终目标。最后，调研人员必须确定是需要自己收集数据，还是这些数据已经存在。已经存在并由他人收集的二手数据是本章的重点。下一节将阐明一手数据和二手数据之间的区别。

4.2　一手数据和二手数据

营销管理决策所需的数据可以分为两类：一手数据和二手数据。**一手数据**（primary data）是调研人员针对手上正在进行的研究项目专门收集的数据。**二手数据**（secondary data）是以前他人出于某种意图收集的资料，并不是调研人员为了现在的研究方案专门收集的。本章主要讨论二手数据。其他章会教你如何收集和分析一手数据。

商业公司、政府机构或者社区服务组织以书面形式对交易和商业活动所做的记录就是二手数据。当消费者对所购买的汽车进行注册、在社交媒体平台上进行互动、在商店中购物，在购物网站进行线上搜索时，这些数据都会被存储起来。如果这些数据适合某种研究目的，它们就变成了二手数据。二手数据的来源在近年来飞速增长。

二手数据的使用

二手数据的使用已经非常普遍，不包含二手数据的营销调研项目几乎不存在。有些项目几乎完全以二手数据为基础。二手数据的应用范围很广，可以用来预测某个地区人口结构的变化，还可以用于一些具体的项目研究，比如一家新洗车行的选址。二手数据的应用包括预测经济趋势、分析竞争对手、分析如何进入国际市场、了解危机情况下消费者的担忧等。二手数据可以为营销人员提供关于人口统计数据的信息，他们需要这些信息来帮助对准备进入的市场区域进行市场规模预测。

调研人员还可以使用二手数据来对任何一个地理区域的人口及增长率进行分析。政府机构热衷于使用二手数据制定公共政策，如教育部门需要知道下一年究竟有多少5岁儿童将进入公立学校，医疗规划人员则需要了解未来10年有多少老年人将获得医疗保险资格。有时二手数据还可以用来评估市场绩效。例如，由于每加仑汽油收取的汽油和燃油税可以在公共记录中获得，石油销售商可以很容易地确定一个县的燃料消耗量，从而使市场份额的计算简单可靠。现今公开发表的资料几乎涵盖了你所能想到的任何一个主题，对于那些想要更多地了解这一主题而自身没有直接经历的营销调研人员来说，这些二手数据就可以为其所用。

关于人口总体的生活形态和购买习惯的研究有大量二手数据可用。因为这些统计人口总体在购买习惯和态度方面具有相似性，所以，这些数据得到营销调研人员的关注与分析。例如，最为重要的就是通过年龄对人口进行分析。这些年龄分析包括“婴儿潮一代”（1946—1964年出生的人群）、“X一代”（1965—1979年出生的人群）以及“Y一代”（1977—1994年出生的人群）。[5] 95后或更晚出生的“Z一代”已经对市场产生了巨大的影响，这不仅是因为他们精通互联网技术，还因为他们对家人的饮食、衣服、电子产品和娱乐产品的购买也产生了影响。[6] 人口统计上的“祖父母”占美国人口的 1/4，他们每年在孙辈身上的花费约为 550 亿美元。[7] 二手数据也可用于评估地理区域的变化情况。图 4－1 显示了 2000 年人口普查到 2010 年人口普查期间，科罗拉多州的科罗拉多斯普林斯市的居民人数以及该市的人口变化情况。请注意，虽然所有年龄段的人口都在增长，但增幅最大的是 55 ～ 74 岁年龄组。

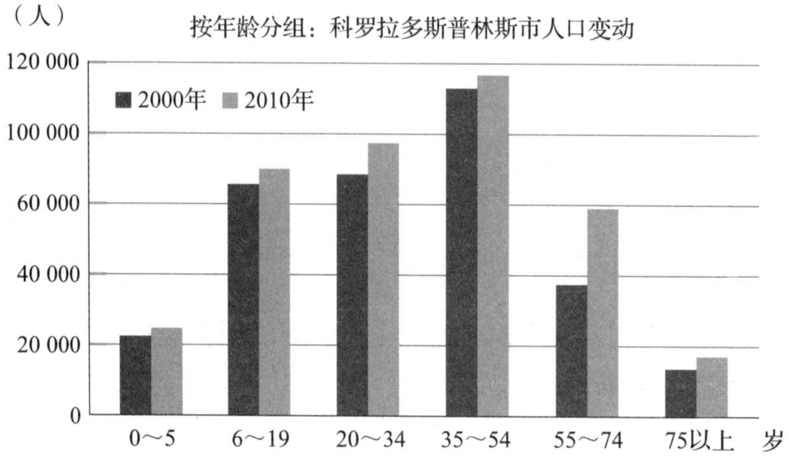

图 4－1　用于评估市场人口的年龄分布变化的人口普查数据

资料来源：Created by Ali Russo with data from the 2010 Census.gov website.

4.3　二手数据的分类

二手数据大致可以分为内部二手数据和外部二手数据。下一节将解释数据类型的区别，以及如何使用这些类型的数据。

内部二手数据

内部二手数据（internal secondary data）是指从公司内部收集的数据。内部二手数据包括销量、采购清单、发票和顾客投诉。显然，一个优秀的营销调研人员能够确定哪些内部数据是可以获得的。今天，内部数据的一个主要来源是涵盖了消费者、销量、供应商以及公司希望跟踪的其他资料的数据库。

在讨论内部与外部数据库之前，首先了解一下**数据库**（database），它是信息和数据的组合，能描述我们感兴趣的事物。[8] 数据库中的每一单位称为一条**记录**（record），一条记录可以代表一位消费者、一个供应商、一家竞争企业、一种产品、一条存货记录等。记录由一些称为**字段**（field）的子信息组成。例如，拥有客户数据库的公司会在数据库中记录每个顾客的信息。顾客数据库记录中的典型字段包括姓名、地址、电话传真、电子邮箱、购买的产品、购买的时间及地点、担保信息以及公司认为重要的其他信息。

内部数据库（internal database）是指由公司日常交易过程中收集的信息所组成的数据库。营销经理可以根据消费者信息构建一般的内部数据库，也可以根据公司的需要建立其他的内部数据库，例如，与产品、销售人员、库存、维修以及供应商有关的数据库。当顾客对产品或服务进行咨询、购买或接受售后服务时，公司会收集他们的信息。当公司为了直接营销以及加强与客户的关系而使用内部数据库时，就称为**客户关系管理**（customer relationship management，CRM）。[9]

内部数据库的容量相当大。如何处理大量数据以及管理好信息已经成为内部数据库面对的一个问题。**数据挖掘**（data mining）是一种可以帮助管理者从数据库大量看似毫无用处的信息中获得有用信息的软件。[10] **微营销**（micromarketing）是指针对特定的顾客细分市场制定差异化的营销组合策略，有时甚至为了单个购买者而进行微调。[11] 数据库和数据挖掘为微营销成为可能创造了条件。

大公司拥有大量复杂的数据库，一些小公司的简单数据库也具有不可估量的价值。科特勒和凯勒描述了公司使用数据库的五种方法：

1. 识别潜在顾客，比如通过分析消费者对公司广告的回应，可以识别那些愿意接受更多广告信息的顾客。

2. 确定哪些是应当收到特别定制产品的顾客，比如，销售两周之后为顾客提供交叉销售的建议。

3. 提高顾客忠诚度，如通过记住顾客的偏好，给顾客派发能够满足其偏好的定制产品或服务。

4. 刺激消费者再次购买，比如自动发送生日贺卡。

5. 避免对顾客犯严重错误，比如对公司的最大客户之一收取费用。[12]

数据库可以根据存货单位将产品销售情况、库存情况以及顾客概况告诉营销经理。与地理人口统计信息系统（geodemographic information system，GIS）结合使用，数据库可以提供一种地图，通过邮政编码表示出盈利顾客和亏损顾客所在区域。内部数据库由公司日常交易过程中收集的信息构建而成，能为管理人员提供有价值的建议。

公司对内部数据库中信息的处理也可能导致伦理问题。信用卡公司可以和任何想要购买顾客信息的公司分享你的购物信息吗？网络服务提供商可以存储你所访问网站的信息吗？由于越来越多的消费者意识到这些问题涉及个人隐私，很多公司已经采取了相应的隐私保护政策。[13] 本章章末对大数据和伦理进行了更全面的讨论。

外部二手数据

外部数据是从公司外部获得的数据。在工作中，知道从哪里找到信息是一个很重要的工作技能。接下来，我们将介绍一些二手数据来源，这里所介绍的二手数据源虽然对你的职业生涯大有帮助，但也只是一些常见的资源。你要充分利用你在大学的机会来提高搜索信息的技能。大学图书管理员会为你提供一些帮助。

下面介绍三种外部数据来源：（1）出版数据；（2）官方统计数据；（3）数据集成商。

出版数据　**出版数据**（published source）指公开发布且能够从图书馆和线上获得的数据。贸易和专业协会定期发布信息以满足特定行业的需要，如食品行业（例如，全国杂货商协会（NGA））和专业清洁行业（例如，世界清洁工业协会（ISSA））。营销调研行业有许多协会定期出版期刊和年度报告，包括 Quirk's、ESOMAR 和 GreenBook。

许多商业期刊和报纸也会发布一些数据，如《华尔街日报》《经济学人》《彭博商业周刊》《财富》《福布斯》都可以在网上、图书馆和商店中找到。学术期刊，包括 *Journal of Marketing Research*、*Journal of Business Research*、*Journal of International Business*、

Journal of Consumer Research、*Journal of Macromarketing* 都发表了与营销调研相关的研究结果。与营销调研行业相关的最佳实践也经常以书籍的形式出版。

许多调研公司以书籍、时事通讯、白皮书、专题报告或期刊的形式发布二手数据信息。营销调研公司经常在网站上发布各种主题的白皮书（关于行业相关问题的报告），以确立自己在该领域的权威地位。

官方统计数据　官方统计数据（official statistic）包括政府机构和国际组织等公共组织公布的信息。官方统计数据既有定性的也有定量的，包括与人口统计、经济发展、教育、消费模式、健康、环境和其他主题有关的信息。许多国际组织，包括世界卫生组织（WHO）、经济合作与发展组织（OECD）、世界银行和国际货币基金组织在网上免费提供统计数据。几乎每个国家都会使用标准的方法收集官方统计数据，大多数国家还会将这些数据向公众开放。例如，中国国家统计局每年都会发布全国范围的大量数据，包括按县和市划分的基本人口统计数据、受教育水平、用水情况、家电普及率等。自 1996 年以来，中国每年的国家统计数据都可以在网上找到中英文版本（www.stats.gov.cn）。

自 2013 年通过开放数据政策（Open Data Policy）以来，美国通过联邦法律将政府收集的所有数据“默认开放”，个人信息或涉及国家安全的数据除外。网站 www.data.gov 上有来自 170 个组织的近 20 万个数据集。有些公司将免费的公共数据进行整合，组建营利性公司（如 Garmin、Zillow 和 Prevedere），开发应用程序（如 Citymapper）。[14]

数据集成商　数据集成商（data aggregator）是提供有关主题的集成信息服务的供应商。有些集成信息可以免费获得，但大多数集成信息需要付费获得。这类服务商有 IBISWorld、Factiva、Ebsco、Statista 和 ProQuest。商业数据库在这些服务中占了很大的比例。大学图书馆可能会为你免费提供数据集成商的数据。

4.4　二手数据的优点与缺点

在使用二手数据之前，研究人员应该知道相对于一手数据，二手数据的优点与缺点。

二手数据的优点

二手数据的优点大多显而易见。使用二手数据主要有五个优点：（1）二手数据能快速获得；（2）与收集一手数据相比，收集二手数据的成本更低；（3）对于任何需要解决的问题而言，总有一些二手数据可供使用；（4）二手数据能够对可能影响一手数据收集的因素提供一些已有的看法，如对热点话题、发展趋势、绩效标准的现有评价会优化一手数据的收集；（5）二手数据还有助于直接完成调研内容。比如，一个大型连锁超市的营销经理准备做电视广告，他需要向 12 个区域的电视媒体分配广告费用，那么这些区域的食品零售额的二手数据可作为广告费用分配的依据。在给定市场，根据食品销量的百分比来分配电视广告预算将是解决营销问题、满足调研内容需求的明智之举。

二手数据的缺点

尽管二手数据的优点是可以搜索到需要的信息，但还是有必要了解一下使用二手数据的有关注意事项。使用二手数据要注意的问题包括：报告单位不一致、度量标准不同、对数据分类所使用的定义不同、二手数据过时以及缺乏所报告数据的可信性评估等。之所以要注意这些事项，是因为二手数据不是为解决调研人员的现有问题专门收集的，而是出于其他目的、为解决其他问题收集的。

报告单位不一致　二手数据都会以报告单位的形式提供，如地区单位有县、市、都市区、州、地区、邮编地区和其他统计区域。调研人员对二手数据的使用通常取决于报告单位是否符合调研人员的需要。例如，当调研人员考虑市场扩张并准备对市场区域进行评估时，可能更看重县级的数据报告，而这些数据均可通过大量的二手数据获得。若营销人员仅想评价一个零售商店周围两英里的区域呢？此时县级数据不再适用。若营销人员希望获知一个主要城市的每个邮编地区的人口结构，以确定在直邮活动中将哪个邮编地区作为目标，此时县级数据也不适用。使用二手数据经常存在的问题就是数据报告单位与正在研究的调查单位不匹配，如今越来越多的数据以多个报告单位的形式提供，例如 ZIP+4 的编码得到了普遍应用。

度量标准不同　有时获得的二手数据的度量标准与调研人员所需的度量标准不匹配。例如，调研人员可能希望比较土耳其和中国城市地区家庭的平均收入。如果一个国家的收入是税后年收入，另一个国家是税前月收入，家庭收入将很难比较。

对数据分类所使用的定义不同　二手数据报告中的分类对调研人员来说可能并不合适。在报告中，二手数据通常将一个变量划分为几组，计算出各组出现的频率。例如，一份二手数据报告按家庭收入变量将全部单位分为三类。第一类是家庭收入在 20 000 ～ 34 999 美元的家庭的百分比，第三类是家庭收入在 50 000 美元以上的家庭的百分比。在大多数情况下，这种分类比较适用。但是，假如你是一个高端管道设备的制造商，正考虑增加分销商数量，目前已了解到你的客户是各地区最成功的经销商，而这些地区的平均家庭收入在 80 000 美元以上。那么，你还需要另一个信息来源，因为目前的二手数据仅仅记录了家庭收入超过 50 000 美元的信息。在这种情况下，调研人员应该怎么办？通常只要坚持寻找，就可以发现所需的二手数据（以其他标准来分类）。

数据过时　有时营销调研人员找到了符合自己度量标准和分类标准的数据，但数据已经过时，不再可靠。有些二手数据只发布过一次，即使是那些定期发布的二手数据，对于当前要解决的问题来说也已过了一段时间，调研人员不得不考虑是否使用该数据。因此，调研人员必须评估现有数据的有用性。

4.5　评估二手数据

对于营销调研而言，“眼见不一定为实”可以被视为一个正确的建议。在决定是否将二手数据作为决策基础时，你必须仔细评估该数据的质量和效度。在使用网络数据时必须谨慎，因为对于大多数网站来说，没有适用的质量标准。营销调研人员还需要评估二手数据，以确认其可信度。为了确保二手数据的可靠性，调研人员必须对二手数据进行评估。如果无法检验数据的可靠性，则这些数据源不能使用。可靠的数据来源几乎总是与数据收集方法相关。

评估二手数据，可以思考下面五个问题。

研究目的是什么？

每项研究都有其目的，有时读者并不知道其真实目的。有时一项研究仅仅因为调研人员想要“证实”某种情况，或者吸引人们对调研组织者产生兴趣。20 世纪 80 年代，环保人士开始关注几乎已经完全替代了棉质尿布的纸尿裤。与此同时，美国至少有 12 个州的立法部门开始考虑立法、颁布禁令、提高税率甚至在纸尿裤上张贴警示标签，以限制纸尿裤的生产。之后出现了许多关于纸尿裤和棉质尿布对环境影响的“调查研究”。“新的”研究表明，考虑到洗涤剂对地下水的影响，棉质尿布对环境的危害要大于纸尿裤。在几份研究报告提交给立法人员后，抵制纸尿裤的运动就销声匿迹了。然而，如果进一步思考这一系列问题，我们就会对这些所谓的发现提出质疑。宝洁这个拥有纸尿裤最大市场份额的公司委托 Arthur D. Little 咨询公司进行了其中一项调查。由富兰克林公司（Franklin Associates）进行的另一项研究的结果表明，纸尿裤对环境的影响并不比可反复使用的棉质尿布大。这项研究是谁发起的？是美国纸制品研究所（American Paper Institute）——一个关注纸尿裤行业的组织。然而，这场尿布争辩战所涉及的“科学”研究并非全都支持使用纸尿裤。1988 年的一项研究显示，纸尿裤完全是“垃圾”，除了使不可降解的垃圾堆积如山，简直一无是处。那么这项研究是谁进行的？是棉质尿布行业。[15]

这里还有一个需要考虑信息来源的例子。新闻媒体报道了一项“研究”，提到美国可怕的道路桥梁状况。这项研究又是谁发起的？是一个从事道路与桥梁建设的机构。也许这项研究是客观且精确的，但是二手数据的使用者应该意识到一项研究的真实目的，并进行相应的评估。

收集者是谁？

即使已经确认研究是在无任何偏见的情况下进行的，你也需要确定收集这些信息的机构是否具备相应的能力。因为不同组织掌握的资源和控制质量的能力存在差异。如何确定数据收集机构的能力呢？首先，向业内有经验的人士请教，通常可信的机构在行业内是十分有名的。其次，检验报告本身，具有资质的公司一般都会详细叙述信息的收集过程和方法。最后，接触该公司以前的客户，看它们对这家机构提供的信息的质量是否满意。

一定要小心互联网上的数据。互联网是各种数据的丰富来源，但是正如之前所提到的那样，互联网信息的客观性及可信度都无法保证。

收集了什么信息？

对于经济影响、市场潜力、可行性等类似主题而言，可以收集到的研究资料很多。然而在包括影响、潜力、可行性等方面的报告中，究竟哪些数据是准确的呢？有很多调研报告宣称它们是为某一特定主题服务的，实际上它们测量的是另外的东西。例如，有两份关注每个县区的企业数量并以此为基础预测某 B2B 服务的销量的研究报告，研究虽然相同，但得出了截然相反的结果。在评估这两份二手数据时发现了一个关键的问题，即企业数量是如何测量的。在一份报告中，每一家有实体地点的企业就算作一家企业，这就导致高估了企业数量，因为一家企业可能会有许多分店。而在另一份报告中，只有企业本身算进去，分店却不计入，这又导致低估了企业数量。这一差别是否重要？或许重要，或许不重要，取决于该研究的使用者打算如何运用这些数据。B2B 服务提供商需要评估，它们的服务是能卖至每个单独的分店，还是只能卖给母公司。在这里最重要的一点是，使用者必须清楚收集的是什么信息。

信息如何获得?

你必须了解二手数据资源所报告的获取信息的方法。样本是什么？样本容量是多大？调查成功率多大？数据是否得到验证？读完本书，你就会知道一手数据的收集有很多种方法，每种方法都会对最后的数据质量产生影响。需要记住的是：尽管你是在评价二手数据，但它是由其他机构作为一手资料收集的。因此，不同的数据收集方式会对数据本身及其质量产生一定的影响。想要找到二手数据的收集方法并非易事，然而就像之前所提到的那样，许多有声望的公司在提供二手数据的同时会注明收集数据的方法。

与其他信息的一致性如何?

有时，同样的二手数据会由多家独立机构发布，这正好提供了一个检验二手数据的好方法。理想的情况是，如果两家或更多的独立机构发布了相同的数据，你就有足够的理由相信这些数据的效度和信度。以都市区、县以及市为样本的人口统计数据可以从多个渠道获取。如果要检验一项关于某指定区域的调查资料，可以将调查样本的某些特征与总体的人口统计数据进行比较。如果根据美国的人口普查数据得到一个城市的人口由45%的男性和55%的女性组成，而该城市的一份调查报告显示其人口由46%的男性和54%的女性组成，那么你可以对调查数据更有信心。

实际上，很少会有两个机构发布完全相同的数据。在对数据进行评估的时候，确定各报告中数据之间的差异有多大，可以作为我们工作中很好的一个着手点。如果在相同的变量上各独立报告的数据存在很大差异，就不应该相信任何一份数据。此外，还应该注意每个信息来源都收集了哪些信息，以及信息是如何收集的。

4.6 什么是配套信息

接下来我们将关注一种特殊形式的二手数据——**配套信息**（packaged information）。它是指所收集的数据或数据收集的过程都已经为使用者进行了预先配套。配套信息主要可以分为两类：辛迪加数据和配套服务（packaged service）。

辛迪加数据

辛迪加数据（syndicated data）是一种外部二手数据，它来源于一个公共数据库，信息购买者需要支付一定的服务费来获取相应的数据。这类信息十分详尽，对特定行业的公司都很有价值，而且无法从图书馆获得。提供辛迪加数据的公司是按照标准化的调研模式收集数据的，因此它们在不同时点能够收集到相同的数据。

例如，Marketing Evaluations 公司会提供一些 Q 值服务项目，其中一项 Q 值服务是测定各类演员（如男演员、女演员、作家、运动员及体育解说员等）的知名度和魅力度。该信息可以帮助一些公司选择最合适的公司代言人或者帮助电影制片人为近期投资拍摄的电影选择演员。演员 Q 值（performer Q）是一项将大约 1 800 位表演者进行分级排列的服务。这些数据由人口统计群体提供，该公司还提供能追溯到1964年的人格方面的许多趋势信息。[16]例如，梅里尔·斯特里普（Meryl Streep）和汤姆·汉克斯（Tom Hanks）就是具有较高Q值的演员。这家公司甚至还保留着对去世演员的评分值（被称作“Dead Q”）。[17]无论谁使用这个研究数据，对其而言所有这些表演者的数据信息是相同的、标准化的。公司以数据包的形式将这些数据卖给信息购买者，比如广告商、电视制作公司电影制片公司、授权公司、人力资源与公共关系公司等。该研究每年会收集两次数据，样本容量为近2 000名演员。Marketing Evaluations公司的网站www.qscores.com上不同的Q值评分研究都是可以使用的。

另一个辛迪加数据的例子是尼尔森收视指数（Nielsen Ratings）服务，它测量电视节目的观众规模和人口统计特征。[18]该信息也是配套的，提供给广告商、广告公司、电视制作公司、电视网络及有线电视公司等信息购买者。

另外，尼尔森音频公司（Nielsen Audio，以前的阿比创营销调研公司）为广播市场中不同的电台提供关于听众类型和数量的辛迪加数据。这种标准化信息能够帮助广告公司了解其目标市场，同时通过对听众规模及特征的客观独立的测量，帮助这些广播电台确定其听众的特质。如果是辛迪加数据，那么数据的收集过程和分析过程以及数据本身都是标准化的，对于不同客户并没有差异。[19]每个购买公司信息的人都会收到有关某个电台广播市场的同一本“书”。

配套服务

配套服务（packaged service）是指为某个特定用户提供信息的一种预先配套的营销调研过程。需要注意的是，不同于辛迪加数据，配套服务所提供的数据对每个客户而言都是不同的。例如，某项测量顾客满意度的配套服务。如果客户业务特殊或想另辟蹊径，要自己设计新的调研过程来测量消费者满意度，就可以选择配套服务来为其提供相关信息。配套服务公司也提供其他营销调研项目，如试销、品牌命名、产品定价或神秘顾客等。

Esri公司的Tapestry市场细分便是这样一种服务，它通过一个现成的、预先设计的调研过程对居民进行刻画和描绘。该服务的购买者希望能够更好地了解谁是自己的顾客，这些顾客住在哪里，如何找到这些顾客，如何联系这些顾客。尽管每个客户收到的信息不尽相同，但Esri公司生成数据的过程对所有客户都是一样的。[20]

4.7 配套信息的优点与缺点

辛迪加数据

辛迪加数据的最大优点是可以分摊成本。许多公司会购买该辛迪加数据，从而大大降低了该项服务的成本。提供辛迪加数据的公司在收集标准化数据方面非常专业，而且公司的长期信誉来源于所收集数据的有效性，因此它的数据质量非常高。辛迪加数据通常可以快速地传递给购买者。辛迪加数据越新，用途也就越大。

辛迪加数据也有缺点。第一个缺点是辛迪加数据的购买者几乎不能控制收集什么样的信息。测量的单位是否正确？区域报告单位是否合适？信息购买者都无法控制。第二个缺点是信息购买者必须与提供辛迪加数据的公司签订长期合作合同才能够购买辛迪加数据。第三个缺点是购买辛迪加数据不利于获得战略性的信息优势，因为所有的竞争对手都可以得到相同的信息。然而，在许多行业中，不购买标准化信息的公司将处于非常不利的战略劣势地位。

配套服务

使用配套服务的第一个优点是客户可以利用调研公司的经验。假设一家公司第一次进行市场预测，它需要花费几个月的时间才能顺利完成这一任务。使调研过程中的潜在错误最小化的一种好方法就是在这个过程中利用别人的经验。配套服务公司提供相应服务的时候，它已经花了很多时间和精力确保调研过程能够有效地提供客户所需要的信息。换句话说，该公司清除了所有的“缺陷”。第二个优点就是降低调研成本。因为配套服务公司定期为很多客户同时提供服务，这就比信息购买者自己做调研更有效率且成本更低。第三个优点是速度快，持续提供调研服务的调研公司有很高的效率，可以节省调研项目所花费的时间。第四个优点是能够获得用于比较的基准。提供配套服务的公司可以利用以前的经验，提供从以前的研究中获得的测量标准，以便进行直接比较，并弄清结果的意义。例如，尼尔森 BASES 是一家提供产品概念测试服务的公司，它声称自己有 35 年的经验，涉及 20 万种产品概念，能够非常准确地成功预测推出一种新产品的可能性。以上优点都是客户公司对配套服务感兴趣的原因；也正是因为这些优点，许多营销调研公司有兴趣提供配套服务。

配套服务的第一个缺点是无法对项目的一些方面进行定制。第二个缺点是，提供标准化服务的公司可能不了解某些行业的特殊性，因此，信息购买者在确定配套服务是否符合预期上承担更大的责任。对市场特征充分了解的信息购买者在购买配套服务之前需要熟悉信息供应商所提供的内容，包括数据是从哪些人群中收集的，是如何收集以及如何报告的。

4.8　配套信息的应用

配套信息可以应用于营销调研的决策，比如测量消费者态度与意见、定义市场细分、监测媒体使用习惯和促销效果，以及进行市场追踪研究。下面我们将用一些实例对这些应用进行说明。

测量消费者态度与意见

营销人员总是会对消费者的态度及意见感兴趣。曾几何时，美国公众对负债消费很是厌恶。然而，随着 20 世纪 70 年代信用卡的使用急剧增加，这一态度得以改变。营销人员感兴趣的方面主要包括消费者对私有品牌和国家品牌的态度、对美国制造或其他地方制造的产品质量的态度、对健康福利相关说法的态度。大学感兴趣的是消费者对高等教育价值的态度。制造商感兴趣的是社会对污染物排放和政府管制的态度。调研公司所提供的配套服务测量并报告与上述议题和其他议题相关的态度及观点。盖洛普（Gallup）就是一家历史悠久的调研公司，几十年来它一直进行消费者态度及意见的追踪并监控这些数据的变化。

定义市场细分

有几家营销调研公司使用识别目标市场、进行市场定位、提供有效的促销资料以有效地进入目标市场等复杂方法来向客户提供配套服务。这些配套服务以地理人口统计信息为基础，这些地理人口统计信息将相关的营销信息（例如消费者人口统计特征）与具体的地理位置（如经纬度）关联起来。**地理人口统计学**（geodemographics）是一个依据居民的社会经济特征对地理区域进行分类的术语。在地理人口信息系统（GIS）的帮助下，地理人口学家可以访问巨大的数据库并构建在某地区居住的消费者档案。地理人口学家不再局限于固定的地理报告单位（如城市、县或州），而是提供与营销应用相关的地理区域信息。

监测媒体使用习惯和促销效果

我们之前提到过用于测量电视观众的尼尔森电视收视率服务，以及尼尔森音频公司用于测量广播电台收听率的服务。另一个例子是测量平面媒体的促销效果。当促销资料出现在报纸、直接邮件、网页、杂志或产品包装上之后，营销人员需要知晓消费者所注意到的东西以及对这些信息的看法。调研公司提供的配套服务可用于监测平面媒体上促销信息的效果。为了测量消费者对平面媒体的反应，SKOPOS 公司的 RepliKator 服务让消费者以电子方式翻阅杂志或其他平面媒体的内容，并尽可能让这种阅读类似于真实的杂志阅读，然后 SKOPOS 测量读者看过这本杂志后所能回想的内容。营销调研供应商 System1 集团专门用“行动中的情感得分”（Emotion-in-Action score）来测量广告引发的情感。

进行市场追踪研究

进行营销调研公司，包括尼尔森和 IRI，都收集、配套和销售零售研究数据。零售研究数据是营销人员获取数据的重要来源，包括消费者购买什么品牌和产品、购买数量、在什么商店购买以及以什么价格购买等。分析零售数据可以让制造商和零售商了解它们的产品在不同的促销和竞争条件下的销售情况。

例如，营销调研公司尼尔森通过几种不同的方式追踪货物在零售层面的动向。第一种方法：加入大型固定样本组的消费者使用尼尔森所提供的条码扫描器对他们购买的商品进行 UPC 条形码扫描。扫描后的数据将上传至尼尔森的数据库。第二种方法：尼尔森和许多零售商达成协议，购买消费者结账时的**销售点数据**（point of sales（POS）data），或当消费者购买商品时，公司会自动将消费者扫描产品的数据收集起来。此外，为了强化这些方法的效果，尼尔森还派出店内审计员以确保收集代表性的零售商店样本。这些方法让尼尔森能够为营销经理提供有关重要信息的配套服务。营销经理可以购买到与商品类别相关的追踪数据，并获取在存货单位上有哪些零售商正出售哪些品牌的信息。案例 4－2 涉及尼尔森对收集的 POS 数据的分析。

4.9 数字化跟踪数据

营销的数字化转型仍在继续。人们越来越多地上网了解与购买产品和服务。当消费者使用网络或应用程序研究疾病、购买运动鞋或诊断电脑问题时，他们会留下数字痕迹。公司可以利用人们在线生成的数据来优化网站和应用程序，提高在线广告的有效性，并识别趋势。

数字化跟踪可以回答重要的营销调研问题。例如，管理者可能想知道哪种途径将消费者引向零售网站。是通过回复邮件吗？是通过数字广告点击吗？他是否使用谷歌这样的搜索引擎来了解产品？还是直接登录了网站？或者，管理者可能想知道为什么消费者追看一个特别的电视连续剧。他是在社交媒体平台上知道这个电视剧的吗？还是他看到了这个电视剧的广告？

例如，美国癌症协会（American Cancer Society）有几个用于多种目的的网站和应用程序，包括募集捐款、招募志愿者以及提供癌症检测和治疗方面的信息。他们想了解不同的目标用户如何使用他们的网站和应用程序。使用分析软件，美国癌症协会能够将它的数字访客分成三个细分市场：信息寻求者、活动参与者和捐赠者。这些信息使协会能够成功地为每一个细分市场提供产品或服务，并确信协会所提供的产品或服务对于每个细分市场都是非常适当的。[21]

追踪消费者在线活动的主要工具有两种：浏览器缓存和设备身份识别。[22] **浏览器缓存**（cookie）是由网络浏览器从网站发送到用户计算机的数据，用来存储用户的浏览历史和其他用户提供的信息。**设备身份识别**（device ID）是唯一的标识符，可以追溯到单个设备，如智能手机或平板电脑。浏览器缓存和设备身份识别允许营销人员为用户分配 ID，并跟踪他们的在线行为。

公司可以使用数字分析软件，如谷歌分析和 Adobe 分析，来分析消费者的活动。这些分析工具可以使营销人员检查用户如何使用公司的数字产品，比如谁访问了他们的网站和应用程序，用户的流向是怎样的，用户在各个页面停留了多长时间，以及用户在哪个页面离开。调研洞察 4－1 给出了一些可以用数字分析软件评估的关键绩效指标。

调研洞察 4－1 数字营销调研

数字化跟踪数据的关键绩效指标示例

第 2 章已经讲述了关键绩效指标是提供分数的度量方法，可以测量相对于公司的目标公司目前的表现如何。可以通过谷歌分析和 Adobe 分析等程序访问数字化跟踪指标。此外，大多数数字化跟踪软件允许其用户开发定制的度量标准或独特测量，以收集和分析数据。下面列出了 10 个关键绩效指标，它们是用于测量用户活动的很有价值的指标。

1. 网站访问量：某一特定的时期内该网站新访客和老访客的数量。

2. 访问者设备：访问者访问网站所使用的台式机、平板电脑和移动设备的百分比。

3. 访问者来源：访问者的类型可能包括直接访问者（输入 URL 的人）、自然访问者（基于搜索而来的人）、推荐访问者（基于从其他来源获得的信息而来的人，如博客、社交媒体或电子邮件）和点击付费访问者（点击赞助广告后来访者）。

4. 弹出率：只有一个页面视图的访问百分比。

5. 会话页面：用户在访问一个网站期间查看页面的平均数量。

6. 页面花费时间：访问者在某页面上花费的平均时间。

7. 浏览时间：访问者在网站上花费的平均时间。

8. 退出率：从每个页面离开网站的访问者的百分比。

9. 放弃购物车率：访客把东西加入购物车，但没有购买的百分比。

10. 转化率：最终采取特定行动（购买物品、填写注册表格等）的访客百分比。

资料来源：KPIs are compiled from metrics provided by Google Analytics (see https://developers.google.com/analytics/devguides/reporting/core/dimsmets) and Adobe Analytics (see https://marketing.adobe.com/resources/help/en_US/sc/user/key_metrics.html).

一些公司不仅在自己的网站和应用程序上追踪用户的活动，还会获取用户其他在线活动的信息，甚至是离线后在其他地方的活动信息，从而建立一个更全面的消费者档案。**地理位置数据**（geolocation data），或识别电子设备物理位置的数据，为公司提供了强大的信息。例如，计算机的 IP 地址可以与物理地址相连接，然后这些物理地址可以与公开的信息相匹配，比如房屋和车辆的所有权、投票记录或者可被购买的数据（比如来自可穿戴设备的物联网信息）。[23] 移动设备可以通过开放的 Wi-Fi 热点或收集位置数据的 App，比如天气 App 和地图 App 来实施追踪，拥有这些 App 的公司经常将用户的位置数据卖给第三方。[24] 营销人员收集用户的这些数据——他们点击的页面，他们喜欢的帖子，他们购买的商品，他们使用的设备，他们下载的应用程序，他们访问的地点，等等。营销人员可以结合这些信息将消费者划分为更小的细分市场。广告商就可以精确地将其产品和服务定位于理想的受众。

4.10 社交媒体数据

营销调研增长最快的领域之一就是社交媒体数据的组织和分析。一项于 2017 年实施的针对营销专业人员的调查发现，近一半（43%）的营销专业人员在分析社交媒体数据，超过 1/4（28%）的营销人员正在考虑未来使用社交媒体数据。[25] **社交媒体数据**（social media data），也称用户生成内容（user-generated content，UGC），指由在线系统的用户创建并与其他人共享的任何信息。社交媒体数据可能被认为是一种二手数据，因为它不是来源于营销研究项目的结果。第 5 章将讨论另外两种可以产生一手数据的在线调研方法：在线社区营销调研和在线焦点小组营销调研。

社交媒体信息可以有多种形式，包括照片、视频、评论、推文、播客、pins、帖子、评级、表情符号、点赞和博客。不同类型的社交媒体平台承载着这些信息，包括博客、微博、视频分享网络、照片分享网站、社交网络、专业网络、产品和服务评论网站、基于 web 的社区和论坛以及新闻分享网站。**社交媒体监控**（social media monitoring）也称为**社交媒体倾听**（social media listening），包括积极收集、组织和分析社交媒体数据，以获得消费者洞察。社交媒体监控的时间选择各不相同，可以集中于解决某个特定问题的一个时期，每隔一段时间（例如，每季度或每年）进行，或者持续进行。

社交媒体信息的类型

社交媒体上产生的各类信息对企业都是非常有用的。例如，公司可能通过互联网获知不同地区的客户使用产品的方式不同，从而推出新的广告活动或延伸产品。当卡夫（Kraft）的维吉麦酱在澳大利亚的销量下降时，卡夫在社交媒体网站上进行了调查，以探究消费者与广告传播之间的关系。卡夫从平台上了解到，澳大利亚人根据他们的文化背景将维吉麦酱融入不同寻常的食物组合。这就产生了一个成功的广告创意——“你如何拥有你的维吉麦酱?”此外，卡夫还发现一些澳大利亚人把维吉麦酱和奶油芝士混合在一起，于是研发了一种很受欢迎的新产品，叫作 cheesybit。[26]

下面列出了一些可以在社交媒体上找到的用户生成信息的类型，并提供了一些见解。

评论 消费者对零售商的产品和服务发表评论的网站如 Banana Republic，点评产品或服务的专门网站如 Yelp。这些评论为内部数据（如销售和退货数据）提供了背景。评论可以为零售商和制造商提供早期预警，并对问题和成功进行诊断。尽管有时会出现一些企业不期望的负面评论，但消费者的评论还是为企业提供了免费的促销推广。

贴士 消费者通常会利用社交媒体网站同其他消费者分享与产品或服务相关的信息，比如产品故障排除（例如，解决软件 bug）、产品演示（例如，展示实际使用的产品）、消费提示（例如，要求酒店提供最好的房间）和警告（例如，不要为大狗买这个玩具）。消费者还利用社交媒体向企业提供建议。这些建议包括对新概念的想法，对产品属性的改进和增加等。

新用途 消费者经常分享产品的新用途，这可能会推广产品使用的一些新方法。如在食谱中使用食材的新方法，或家用器皿的意外用途。

竞争对手新闻 社交媒体网站也提供了一种监测竞争对手产品感知的方式，允许对类似产品进行直接比较，并对该行业的进展提供早期预警。

社交媒体数据的优势和劣势

作为营销调研的数据来源，社交媒体有很多优势。首先，或许也是最重要的，是社交媒体信息的及时性。社交媒体可以快速、即时反馈与品牌相关的 4P（产品、定价、促销和渠道）的最新信息。其次，虽然需要专业知识来正确地组织和分析数据，但访问数据的成本相对较低。再次，社交媒体数据代表了消费者自发的、未经过滤的、真实的声音。因此，社交媒体资源可以带来新的见解，这可能不会出现在其他类型的研究中。最后，社交媒体平台是追踪趋势和影响消费者的热点话题（即恐惧和渴望）的最佳手段之一。

使用社交媒体数据进行营销调研也有不少缺点。首先，社交媒体上的评论者可能并不代表品牌的目标受众，因此会提供误导性的反馈。同样，最具发言权的消费者——无论是品牌的拥护者还是批评者——可能会有更积极的声音，从而产生信息扭曲。其次，消费者的人口和地理信息可能无法识别或被伪造，限制了其有效性。再次，一些类型的产品，如电子产品和酒店，很容易在网上找到评论；而另一些产品，特别是本地产品或低渗透率的产品，可能根本没有相关的社交媒体评论。尽管已采取措施防止既有网站的欺诈行为，但社交媒体评论网站也可能受到操纵，其中一些评论可能是水军发布的。最后，也是最令人沮丧的是，社交媒体上的很多内容都是肤浅的、无用的、冒犯性的或无关紧要的。这意味着为了获得有用的信息必须筛掉大量内容。

监控社交媒体的工具

一些提供全方位服务的调研公司，如尼尔森和利伯曼全球研究公司（Lieberman Research Worldwide），会提供社交媒体监控的配套服务。一些调研供应商，包括 Cision 和

Meltwater 专门从事社交媒体监测。一些客户公司，如大型连锁超市 Meijer 和宝洁都有很多措施来监控自己的社交媒体。高度重视社交媒体数据的公司和组织，如戴尔、美国科技公司、红十字会和佳得乐（Gatorade）建立了“指挥中心”，使用多个屏幕来持续监控社交媒体活动。社交媒体也可以临时建立指挥中心，以处理危机或特殊事件，如国家橄榄球联盟为联盟选秀和超级碗设立了指挥中心。

有许多工具和技术可以用来帮助监控社交媒体分析，这些工具和技术有些是完全免费的，有些是部分免费的，还有一些是收费的，如 Keyhole 和 Social Mention。许多收费公司（包括 Hootsuite 和 Sprout Social 在内）提供了社交媒体仪表板，可以在一个屏幕上监控多个社交媒体网站。这些服务提供关键指标和摘要信息，如字数、数量、关键词和顶级影响力。例如，社交媒体搜索引擎 Social Mention 提供了一种测量**情绪**（sentiment）的方法，或者测量在网络上对产品和品牌发表的正面和负面评论的比率。尽管如此，没有一种综合的社交媒体数据工具可以取代对品牌、产品或公司有深入了解的营销调研分析师。

4.11 物联网

物联网（Internet of things，IoT）是一个重要的新兴大数据来源，它是嵌入了软件或传感器物理对象的网络，能够收集和发送数据。简单地说，物联网是由物品创建的数据。这些东西包括手机、智能家居设备、可穿戴设备和汽车。比如，咖啡大师的智能咖啡机、Fitbit 手环、谷歌家用设备和特斯拉 Model S 都与物联网相连。

许多调研人员认为，正如 Decipher Market Research 总裁克里斯汀·勒克（Kristin Luck）所认为的那样，物联网“将从根本上改变我们的行业，从严重依赖一手数据转向真正整合被动收集的二手数据”。[27] 在未来，可以提供数据的物品比人更多。[28] 物联网将使营销调研人员更容易通过被动数据获得计算机情报。**被动数据**（passive data）是指在消费者不知情的情况下自动收集的信息。

可穿戴设备（wearables）或**可穿戴技术**（wearable technology）是物联网的一个类别，是配备了计算机技术或传感器的衣服或配饰，这些计算机技术或传感器能够收集和共享数据。可穿戴设备包括健身追踪器（如 Fitbit 手环）和智能手表（如 Apple Watch）。围绕可穿戴设备正在开发创新产品。例如，李维斯（Levi’s）和谷歌合作开发了一款智能牛仔夹克，使用者可以通过轻拍或刷其袖扣来连接自己的智能手机。[29] 日本公司 Xenoma 正在研发一种智能睡衣，可以用来监测痴呆症患者的运动和生命体征。[30] 可穿戴设备可以记录人们行走、说话的数据轨迹，所有这些数据都可以通过适当的技术和知识进行汇总和分析。这些数据对健康和健身行业尤其具有价值，可穿戴设备提供的信息对任何一家追踪人类行为的公司都很有用。

随着越来越多的物品拥有传感器和共享信息的能力，由此产生的信息以及它们的营销调研应用必将成倍增加。例如，如果商店配备装有传感器的存储器，数据可以自动收集路过商店的人数、到店人数、购物人数、走过货架过道的人数、人们拿起商品的频率和其他类型的信息。对这些数据的分析可用于改善零售布局、存货、定价与促销展示等相关决策。

克罗格（Kroger）在其所有商店中放置了红外传感器来监测商店的客流，利用这些信息来自动计算需要多少收银员。这家零售商声称，这种传感器使顾客等待付款的平均时间缩短了几分钟。[31] 亚马逊的新实体便利店 Amazon Go 将零售业的自动化提升到了一个新的水平，它采用的技术使顾客无须在收银台前停留就能完成支付。Amazon Go 的顾客只需把商品放在购物袋里，然后拎着走出商店。[32] 人们的购物习惯、购物的数量及种类等信息都被亚马逊收集和使用。

此外，与许多大数据一样，物联网数据通常缺乏情境。这些数据可能提供人们买了什么东西的信息，甚至能提供人们在购买前直接采取的步骤，但不能揭示人们在做出购买决定时的思维过程。通常，获得消费者洞察的最佳方法是通过消费者调查或各种形式的定性方法来提出这些问题。这个内容将在下一章定性调研方法中讨论。

4.12 大数据和职业伦理

大数据时代为营销调研自动化的飞速发展以及未来令人兴奋的应用前景带来了希望。分析消费者数据可以为营销人员提供个性化产品和广告的信息，改善人们的消费体验。与此同时，数据的管理、使用和商业化引发了与安全、隐私和消费者保护等相关的伦理问题。

收集数据的公司负有巨大的责任。正如 Equifax 和雅虎数据泄露事件所表明的那样，企业并不总是能够完全地保护人们的数据。此外，许多收集数据的公司还出售、出租或与其他公司共享数据。向第三方出售数据的公司可能无法确保其他公司会保护消费者的隐私。在一个引人注目的例子中，剑桥分析公司（Cambridge Analytica）获得了 8 000 多万脸书用户的数据并与其他组织分享。脸书因数据管制过于宽松而受到批评。[33]

公司还必须考虑什么情况下营销活动的弊大于利。网页设计师经常利用对用户习惯的研究来开发技术，以吸引用户更频繁、在更长时间访问他们的网站。例如，当一个人在 YouTube 上观看一个视频时，相关的视频会在该视频结束后立即播放，以吸引用户的注意力。Snapchat 有一个“Snapstreak”功能，鼓励两个用户至少每 24 小时联系一次，以保持多日的“联系”。脸书的通知图标是红色的，因为研究表明红色的物体更容易吸引用户的注意力。[34] 许多网站和应用程序创建通知和提醒系统，如果用户接受了通知或提醒系统，访问这些网站的频率会增加。这些技术会导致亚当・奥尔特（Adam Alter）所说的“上瘾技术”，对花费太多时间上网的消费者产生有害影响。[35] 科技公司并不倾向于让用户对它们的产品上瘾；它们只是在设计经研究会增加其网站使用率的产品。[36] 然而，公司有责任监督用户的行为对社会的影响。此外，那些收集、管理、分析和交流数据的个体研究人员有责任不断评估他们的行为，以确保他们的工作是合法的，并保护消费者的福祉。

正如在调研洞察 4-2 中所看到的，调研协会（Insights Association）在伦理准则中解决了这些问题。伦理准则特别指出，若使用由个人产生的资料，必须尽可能取得资料主体的同意，而且只能用于已获同意的用途。此外，数据的使用不会对资料主体造成损害。

调研洞察 4-2 伦理思考

调研协会伦理准则：被动数据收集和二手数据的使用

第 3 章 被动数据收集

在可能的情况下，被动资料收集应征得资料主体的同意。在这种情况下，研究人员必须向资料主体提供明确和简单的方法，以让资料主体同意或撤回他们的同意。

如果无法征得同意而使用被动资料收集方法，调研人员必须有合法许可的理由，并且必须尽快删除任何识别特征或者对此等特征进行模糊处理。

第 4 章 二手数据的使用

在使用包括个人资料的二手数据时，研究人员必须：

1. 确保用途与最初收集数据的目的相符。
2. 确保并非通过违反法律规定的限制，或通过欺骗，或者对资料主体而言不明显、无法合理辨别和预见的方式来收集资料。
3. 确保预期用途与收集数据时获得的同意一致。
4. 对于个人资料主体提出其资料不得用于其他目的这一要求，要确保尊重。
5. 确保资料的使用不会对资料主体造成任何损害。

本章就业技能

通过学习本章内容，你已经掌握了：

批判性思维技能

- 明确大数据的含义。
- 了解大数据是如何收集和整合的。

知识应用技能

- 知道何时使用一手数据和二手数据。
- 了解营销决策时哪些类型的二手数据最好用。

信息技术应用和计算技能

- 使用美国社区调查来研究美国人口统计数据。
- 使用谷歌分析演示网站来获得谷歌分析的经验。

职业伦理和社会责任

- 知晓收集、管理、分析和沟通消费者个人数据的责任。

综合练习

本练习需要你将以下几章所涉及的概念和知识进行综合考虑：

第 1 章 营销调研导论

第 2 章 营销调研过程和界定调研内容

第 3 章 调研设计

第 4 章 二手数据和配套信息

Drill Bits 公司

鲍勃·道格拉斯（Bob Douglass）拥有一家机械加工店。他的大部分业务来自当地。机械加工店的工作是劳动密集型的，很难获得大批量的订单。鲍勃正考虑开设分店。多年来他注意到当地许多生产商的生产过程涉及金属高精度钻孔。例如，这些制造商生产的发动机气缸必须足够精确，以使发动机能够在所要求的压缩标准上运行。为了确保钻孔精度，一个昂贵的钻头只能使用几次，之后不得不扔掉。客户一直对此抱怨不已，鲍勃想开发一个流程，把扔掉的钻头翻修到最初的规格。

最终，鲍勃把这一流程改进到完美的地步。他的当地客户试用了这些翻修的钻头，欣喜若狂。如今，这些钻头能被二次或多次使用。鲍勃知道他的机械加工店很快就会变得非常繁忙，业务也不会局限于当地的两家客户。为了拓展业务以提供大量的钻头翻修业务，他清楚自己需要一大笔投资来扩大厂房、增加机械，以满足新客户和翻修流程的需要。然而，这一业务究竟有多大的市场规模，他一无所知。

1. 回顾第 1 章的内容，根据当前鲍勃所面临的情况，试描述这一营销调研的目的。

2. 第 2 章我们讨论过“营销问题”到底是什么。那么鲍勃的营销问题是什么？

3. 如果鲍勃想知道美国共有多少家公司生产发动机气缸，那么哪一种调研设计最适合用来描述这一任务？

4. 为了实现问题 3 中的目标，鲍勃需要搜寻什么来源的二手信息？

小　　结

大数据可以简单地定义为多个来源的大量数据。近年来，由于公司可以实时访问各种类型的海量数据，大数据开始流行起来。大数据对于企业来讲既是机遇也是挑战。市场分析是一个常用来指管理和分析数据以改善营销决策的术语。

数据可以分成两类：一手数据和二手数据。一手数据是为了解决当前的调研项目而收集的资料。二手数据是指原先为了其他目的收集的资料。在营销调研中二手数据的用处有很多，有时仅仅通过二手数据就能实现调研目的。

二手数据可能来自公司内部，也就是公司为了其他目的收集的资料。这样的例子包括通过销售收据收集或存储的数据，其中包括所购商品或服务的类型、数量和价格，顾客姓名，运输地址，发货日期，销售人员等。存储在电子数据库中的数据可用于数据库营销。公司利用记录在内部数据库中的信息进行直接营销和加强与客户的联系。后者称为客户关系管理（CRM）。

外部数据是从公司外部获取的。这些数据来源可分为：（1）出版数据；（2）官方统计数据；（3）数据集成商。二手数据的类型各不相同，如行业协会出版物、期刊、学术期刊、书籍、营销调研公司出版物，等等。官方统计数据是由政府组织和国际组织收集的信息。美国所有由政府收集的数据都是公开的，个人信息或与国家安全相关的数据除外。数据集成商是针对某一主题组织和配套服务的信息供应商。

二手数据具有收集迅速、获得容易和成本低的优点。二手数据的缺点是报告单位不一致、度量标准不同、对数据分类所使用的定义不同、数据过时等。二手数据评估很重要；调研人员使用二手数据之前必须进行评估，以确保信息的公正性。

配套信息是一种二手数据，其所收集的数据和 / 或数据收集过程对所有用户都是相同的。有两类配套信息。一类是提供给所有订阅用户的以标准格式收集的辛迪加数据，另一类是只服务于特定用户，采用标准化营销调研过程提供信息的配套服务。

辛迪加数据的优点是数据成本低（所有订阅服务的用户分摊获取数据的成本）、数据质量高，数据收集和传递到用户的速度快。缺点是用户不能控制收集数据的过程，必须签订长期合同，并且在购买辛迪加数据时不能获得战略信息优势，因为所有的竞争者都可以获得这些信息。

配套服务的优势在于利用了信息供应商在该领域的专业知识，降低了成本、提高了速度并有可供比较的基准。配套服务的缺点是收集数据过程可能不易定制，信息供应商可能不知道客户公司行业的运作特性。

配套信息来源可应用的四个主要领域是：测量消费者的态度与意见，定义市场细分，监测媒体使用习惯和促销效果，以及进行市场追踪研究。

人们在网上活动时会留下数字痕迹。公司可以使用数字化跟踪数据来优化网站和应用程序，提高在线广告的有效性，并识别趋势。有些公司不仅在自己的网站和应用程序上跟踪用户的活动，还可以获取用户在其他地方在线甚至离线的活动信息，以创建一个更全面的消费者档案。广告商可以精确地将它们的产品和服务定位于其理想的受众。

营销调研中增长最快的领域之一就是社交媒体数据的组织和分析。社交媒体数据，也称为用户生成内容（UGC），是在线系统的用户创建的旨在与他人共享的任何信息。社交媒体数据提供了许多重要的信息形式，包括评论、提示、新产品的使用和竞争对手的新闻。

物联网（IoT）是一个重要的新兴营销调研数据来源，它将物理对象嵌入软件或传感器，使其能够收集和发送数据。物联网的一个较大类别是可穿戴设备或可穿戴技术，即配备了计算机技术或传感器的衣服或配饰，可以收集和共享数据。随着越来越多的物体装上传感器，这些数据的营销调研应用将成倍增加。

大数据时代使营销调研自动化程度得到了提高，也为未来令人兴奋的应用提供了切实的希望。与此同时，数据的管理和使用引发了与数据安全、个人隐私和保护消费者相关的伦理问题。调研人员有责任不断评估他们的行为，以确保他们的工作是合法的，并维护消费者的福祉。

复习题与应用题

1. 什么是大数据？为什么大数据对我们来讲意味着机会与挑战？
2. 给出体育营销的三个数据资源，营销人员如何使用这些数据？
3. 什么是二手数据？它与一手数据有何区别？
4. 描述二手数据的三个用途。
5. 描述内部数据与外部数据的区别。
6. 描述记录与字段的区别，在数据库中它们分别是什么？
7. 描述当地一家比萨餐厅可用的数据库。
8. 什么是客户关系管理？实施客户关系管理对企业有什么帮助？
9. 数据挖掘和微营销之间的区别是什么？
10. 举一个企业使用微营销的例子，并解释如何使用微营销。
11. 简单解释一下本章中所讨论的三种外部二手数据。
12. 二手数据的五个优点是什么？
13. 讨论二手数据的缺点。
14. 描述开放数据政策和它的局限性。
15. 如何评估二手数据？为什么评估二手数据很重要？
16. 配套信息的含义是什么？

17. 什么是辛迪加数据？以提供辛迪加数据的公司为例，描述它所提供的信息。
18. 如何将配套服务与辛迪加数据区分开来？
19. 辛迪加数据的优缺点分别有哪些？
20. 配套服务有哪些优缺点？
21. 描述区域人口统计特征。哪些计算机程序有助于收集地理人口资料？
22. 通过数字化跟踪数据的分析，可以提供什么类型的信息？
23. 给出追踪在线活动最重要的工具。这些工具是如何使用的？
24. 将数字跟踪数据与外部数据相结合的主要目的是什么？
25. 举例说明社交媒体的四种用户生成信息。
26. 用于营销调研的社交媒体数据的优点和缺点是什么？
27. 专家们如何期待物联网改变营销调研行业？
28. 收集、管理、分析和传播数据的营销调研人员的三大主要职责是什么？你认为哪种职责最重要？尝试解释一下。
29. 你认为社交媒体公司会操纵消费者吗？为什么？如果会，是哪些？
30. 访问图书馆的在线数据库。描述图书馆如何对数据库进行分类，以指导你选择适合商业资源的数据库。
31. 登录图书馆的网站。你能找到适合用来查找期刊文献、贸易出版物、报纸等出版物的数据库吗？这些数据库或出版物是什么？
32. 登录图书馆的在线数据库，检查这些数据库是否能够帮你自动地将检索到的文献以合适的格式引用（例如，MLA 或 APA）。
33. 登录社交网站 Social Mention（www.socialmention.com）。先搜索福特品牌，再搜索通用汽车。这两个品牌在实力、激情、情感和影响力上有什么不同？这些概念是什么意思？（将鼠标停留在每个概念的定义上。）
34. 列举物联网在超市中的五种应用。
35. 列出并解释在过去的一周哪些活动为物联网带来了数据。你是否觉得物联网可能会侵犯个人隐私？如果是的话，应该通过哪些法规来确保隐私和维护道德？

案例 4－1

男士运动休闲用品市场

总部位于加拿大的时尚高档运动服装制造商露露柠檬（Lululemon Athletica）成立于 1998 年，发展非常迅速。露露柠檬是女性“运动休闲”潮流的先驱，即在健身房外穿的休闲服装。露露柠檬最出名的是瑜伽裤。露露柠檬的在线网店和实体店业务在美国、加拿大、日本和澳大利亚都很兴旺。露露柠檬的核心产品一直是女装，也销售男装。

露露柠檬的销售增长迅速，但公司也面临一些挑战。首先，耐克和安德玛（Under Armour Inc.）等其他运动服装公司已经在运动休闲市场与露露柠檬直接竞争。此外，露露柠檬也很难从 2013 年的一场争议中恢复过来，当时公司不得不召回大量过于透明的黑色瑜伽裤。露露柠檬公司首席执行官奇普 · 威尔逊（Chip Wilson）解释：“坦率地说，有些人认为女人的身体实际上并不适合这些透明的黑色瑜伽裤。”威尔逊从露露柠檬辞职，公司在新领导的带领下继续发展。

露露柠檬一直在追求扩大男性市场的战略。尽管露露柠檬与女装有联系，但男装已经有了可喜的利润和一些忠实的客户。你的任务是考虑哪些二手资料可以用来评估露露柠檬目前在男士运动休闲市场的实力和潜力。露露柠檬应当在男性市场投入更多资源吗？

1. 露露柠檬已经拥有哪些可以用来深入了解男性市场的内部二手数据？一定要考虑供应商记录、零售商店记录、网站信息和销售人员记录。

2. 哪些外部公布的数据和集成商的数据对分析露露柠檬当前的市场定位和其在男性休闲市场的潜力有用？你的调研应包括以下内容：

a. 商业出版物（如《纽约时报》《华尔街日报》《福布斯》《经济学人》等）

b. 贸易和专业协会信息（如 www.athleticbusiness.com, www.wewear.org 等）

c. 学术期刊（使用图书馆的商业期刊数据库搜索）

d. 行业信息（去图书馆查找资料）

3. 露露柠檬目前在哪里有男士专卖店？利用美国社区调查数据确定一个有前景的都市统计区域（MSA）来为露露柠檬男士专卖店选址。证明你的决定。

4. 对社交媒体进行调查，检查与露露柠檬相关的用户生成信息。

a. 社交媒体上有关露露柠檬的热门话题是什么？（使用免费的社交媒体集成商，如 Addictomatic 或 Twazzup 进行调查。）

b. 与露露柠檬相关的情绪评论是什么？比较一下露露柠檬和它的两个竞争对手的情绪比。这个指标代表什么意思？

c. 你在社交媒体上还能找到哪些其他用户生成内容的来源？消费者的认知是否对露露柠檬男装的销售有所支持？请解释。

5. 综合以上问题所提供的信息，决定露露柠檬是否应该加大对男性市场的投资。利用你搜索的二手数据来证明你的回答。

资料来源：Beilfuss, L. (2015, September 10). Lululemon sales rise, gross margin declines. *The Wall Street Journal.* Retrieved from http://www.wsj.com/articles/lululemon-quarterly-profit-slips-but-retailer-raises-full-year-guidance-1441882373; Petro, G. (2015, September 16). Lululemon, Nike and the rise of " Athleisure. " *Forbes*. Retrieved from http://www.forbes.com/sites/gregpetro/2015/09/16/lululemon-nike-and-the-rise-of-athleisure; Wallace, A. (2015, February 2). *The New York Times.* Retrieved from http://www.nytimes.com/2015/02/08/magazine/lululemons-guru-is-moving-on.html?_r=0.

案例 4-2

使用 POS 辛迪加数据分析咖啡类别

注：该案例的数据由尼尔森提供，相关完整数据可通过教师获得。超市的名称、品牌皆为匿名。

正如案例 3-2 中所介绍的，安德烈萨是位于美国东南部的一家大型连锁超市——麦康奈尔的分析师。安德烈萨基于尼尔森销售点（POS）辛迪加数据，正在研究麦康奈尔超市的咖啡经营情况。她感兴趣的是不同种类咖啡的市场份额，并确定促销对咖啡销售的影响程度。

以下表格是尼尔森提供的过去 12 个月消费者在麦康奈尔超市的咖啡购买信息，请根据这些数据回答如下问题。

1. 表 A 显示了麦康奈尔与其他零售店以咖啡胶囊、咖啡粉和精制阿拉比卡咖啡为类别的销售额（以美元计算）。计算麦康奈尔和其他所有零售店的咖啡粉和精制阿拉比卡咖啡的市场份额，以及总的市场份额。表中已经计算了咖啡胶囊的市场份额。麦康奈尔的整体市场份额是多少？哪一种咖啡给麦康奈尔带来最多的收入（销售额）？

表 A　按类别分组的市场份额——麦康奈尔与其他零售店

类别	麦康奈尔		其他零售店		合计（美元）
	销售额（美元）	市场份额	销售额（美元）	市场份额	
咖啡胶囊	72 398 311	18%	331 305 404	82%	403 703 715
咖啡粉	45 192 522		223 609 534		268 802 056
精制阿拉比卡咖啡	39 500 462		154 291 666		193 792 128
合计	157 091 295		709 206 604		866 297 899

2. 表 B 是在麦康奈尔超市销售前六名的品牌。计算每个品牌的市场份额。哪个品牌的销售份额最高？是麦康奈尔的咖啡吗？用文字和数据解释你的答案。

表 B　品牌市场份额

类别	品牌	销售额（美元）	份额
咖啡豆	品牌 JZG	3 835 961	5%
	品牌 LXU	4 556 144	
	品牌 OQK	13 352 670	
	品牌 TKV	5 980 626	
	品牌 VAZ	12 127 717	
	品牌 XXU	3 354 858	
	自有品牌	6 663 616	
合计		72 398 311	

3. 表 C 将麦康奈尔和其他零售店的咖啡销售额相加，并比较了当年（52 周）咖啡的销售额与上一年的销售额。与上一年相比，哪一种咖啡的销售增长率最高？其他类别的情况如何？用文字和数据解释你的答案。

表 C　咖啡类别销售变化

类别	当年销售额（美元）	上一年销售额（美元）	平均变化率
咖啡胶囊	403 703 714	403 660 716	0
咖啡粉	268 802 056	283 401 743	
精制阿拉比卡咖啡	193 792 129	184 534 064	
合计	866 297 899	871 596 523	

4. 表 D 列出了麦康奈尔精制咖啡类中排名前六的品牌。计算每个品牌的平均折扣率（促销平均变化率）。ABC 品牌的平均折扣率已经计算并在表 D 中列出。哪个品牌的销售额最高？哪个品牌在促销中销售额最高？在促销活动中，哪个品牌的销售额占总销售额的百分比最低？哪个品牌的平均折扣率最高？哪个品牌的平均折扣率最低？

表 D　促销期销售额

类别	品牌	总销售额（美元）	基于促销的销售额（美元）	促销平均变化率
精制阿拉比卡咖啡	品牌 ABC	10 966 198	8 061 744	73.50%
	品牌 DEF	6 040 463	4 116 035	
	自有品牌	4 136 165	2 380 499	
	品牌 GHI	3 094 665	1 215 228	
	品牌 JKL	2 363 166	1 333 725	
	品牌 MNO	2 292 106	1 607 367	

5. 表 E 显示了最近 52 周在麦康奈尔咖啡店在促销的情况下，VAZ 品牌不同容量规格的精制阿拉比卡咖啡的全部销售收入。计算平均促销价格（促销价格）和平均每盎司促销价格（促销价格）。哪一种容量规格的每盎司促销价格最高？哪一种容量规格的每盎司促销价格最低？

表 E　按容量分组的 VAZ 品牌精制阿拉比卡咖啡促销销售额　　单位：美元

基于容量	促销销售额合计	任何促销单位销售额	促销价格	每盎司促销价格
12 盎司	5 359 134	829 263	6.46	0.54
20 盎司	1 503 100	132 883		
11 盎司	1 002 204	154 987		
10 盎司	196 976	29 234		
16 盎司	301	24		
4.86 盎司	29	5		

注释

| 第5章 |

定性调研方法

学习目标

在本章你将学习：

» 定性调研与定量调研的区别。

» 利用观察法收集数据的优缺点。

» 焦点小组访谈的含义及实施。

» 民族志研究及其优缺点。

» 营销调研在线社区的使用。

» 其他定性调研方法，包括深度访谈、文案分析、投射技术和神经营销学。

» 定性数据分析。

| 本章位置 |

1. 确定营销调研需求
2. 界定营销问题
3. 明确调研内容
4. 确定调研设计
5. 识别信息类型和来源
☞ 6. 确定获取数据的方法
7. 设计调查问卷
8. 确定抽样方案和样本容量
9. 收集数据
10. 分析数据
11. 撰写和展示调研报告

随着信息技术的发展，定量数据收集方法变得更加智能和便宜（见第 4 章），但定性调研方法仍然在营销调研行业中保持着应有的活力。这是因为定性调研方法为理解人们的行为、观点和情绪提供了必要的情境。定性调研通常能够挖掘到定量调研无法得到的深度发现。

本章中，你将学习如何区分定性调研和定量调研，以及如何实施各种定性调研方法。你也会了解每一种定性调研方法在营销调研过程中的独特作用，以及其各自的优缺点。焦点小组访谈是一种流行的营销调研方法，我们也会对此进行深入讨论。我们从定量调研、定性调研和混合调研说起。

5.1 定量调研、定性调研和混合调研

调研过程所使用的数据收集方法可以分为两类：定量调研和定性调研。这两种方法有很大的区别，因此我们必须理解这两种方法的特点以便正确使用。首先，我们简要介绍定量调研与定性调研，然后介绍混合调研。

定量调研是调研行业中的传统方法，有时又称为“调查研究”。本章中的**定量调研**（quantitative research）是指基于事先确定好的问题，采用问卷的形式，对大量的被调查者进行调研的一种研究方式。当你想到定量调研时，也许会联想到一个固定样本组公司的员工完成一项在线调查。也就是说，定量调研通常涉及从总体中获取一定量的具有代表性的样本，也涉及收集数据的一些规范化的流程。定量调研的目的非常具体，当管理者和调研人员对所需要的具体信息达成一致时，就会使用定量调研。定量调研的数据来源和数据收集格式非常清晰且有明确的定义，并按照规范的程序对所收集的以数值表现的大量数据进行编辑、加工和分析。

定性调研（qualitative research）则完全相反，它是通过观察人们的言行来收集、分析以及解释数据。因为问题和观察都是开放的，所以观察和陈述的模式都是自由的或非标准化的。定性数据可以分类，但通常不能量化。比如，如果你请 5 个人就向学生提供含酒精的饮料等问题发表意见。你大概会得到 5 种不同的陈述。但是通过研究每一个回答，你或许可以把他们的态度分成“肯定的”、“否定的”和“中立的”等类别。如果你已经预

先设定了选项，如“是”或“否”，就没有必要进行这种转化工作了。任何使用观察技术或者非结构化问卷进行的研究都归为定性调研，这种调研方式在很多研究中越来越受欢迎。[1] 相对于大数据，有些调研人员使用“厚数据”（thick data）这个术语来指代定性数据。[2] 厚数据是定性数据的另一种表述形式，它强调理解现象背后的原因的重要性，以补充对大数据“是什么”的认识。

为什么要使用厚数据呢？营销调研人员发现大规模调查通常并不适用。例如，宝洁公司想要改进超级汰渍（Ultra Tide）洗衣粉，于是邀请一群 30 ～ 45 岁的父母和汰渍的营销人员一起坐下来进行头脑风暴，讨论如何使汰渍变得更好用，如何改进包装以及洗衣粉的其他特性等。这些人的想法可能是汰渍洗衣凝珠和便携去污刷创意的来源。以这种方式倾听市场的反馈，可以获得靓丽的产品包装、优良的产品设计或产品定位陈述。还有一个例子，如果宝洁公司市场部正在设计一种特殊的汰渍产品终端展台，也许会选择一家超市进行展台测试。它可以在旧金山郊区的某个杂货店放置一个展台，当有购物者出现时对他们进行录像。营销部通过回放录像来确认新的展台是否带来了预期的效果。比如，购物者是否在此停留？他们是否阅读了展台上的宣传资料？他们是否拿起展示的产品并有所思考？定性调研技术可以帮助营销人员深入洞察消费者行为。[3] 全球家居用品公司宜家就经常使用定性调研（详见调研洞察 5－1）。

调研洞察 5－1　全球应用

宜家采用定性调研来开发新市场

瑞典家居用品公司宜家大量地使用多种形式的定性调研，包括观察法和民族志。随着宜家在世界各地的扩张，宜家实施了细致的营销调研，以了解其进入的各市场间的文化差异。2014 年，宜家在韩国开设第一家门店之前就对韩国市场进行了 6 年的调研。《财富》杂志称，“调研是宜家扩张的核心”。

宜家使用观察法来了解消费者在家中使用家具的体验。在一次探索人们如何使用沙发的调研中，宜家在斯德哥尔摩、米兰、纽约和中国深圳所调研的家庭中安装了摄像机进行观察。宜家有一些发现，其中包括很多深圳人坐在地板上时，经常把沙发当作靠背。

宜家还广泛使用了民族志技术，正如《纽约客》(*New Yorker*) 杂志所称，宜家是“世界上最著名的家居生活民族学家”。宜家的员工每年都要对消费者进行数千次走访，调查他们对家具的满意程度和失望程度。

除了参观和监测住户之外，宜家还在瑞典马尔默购买了一套公寓，作为“生活实验室”。宜家选择了一套较小的公寓，因为新兴市场以及像旧金山和波士顿这样的大城市的住户家庭正变得越来越小，而他们正是宜家的主要目标市场。宜家邀请规模与特点不同的家庭在这套公寓里住上几周。参与该项目的家庭可获得约 600 美元的报酬，并获得一台带有应用程序的 iPad，可以用来记录他们的印象。在这套公寓中测试的产品包括可移动墙壁和可滑动电源插座。

宜家的调研部门最近新增了一个位于丹麦哥本哈根的“创新中心”，名为“Space 10”。宜家邀请包括教授、学生、艺术家和设计师在内的创新者到“Space 10”进行创意合作。

根据营销调研的洞察能力，宜家每年大约推出 2 000 个新产品和新设计。由于细致的营销调研，宜家可能要花很多年的时间来设计产品。宜家计划在未来推出的产品中包括一款电动自行车。

资料来源：Collins, L. (2011, October 3). House perfect: Is the IKEA ethos comfy or creepy? *The New Yorker*. Retrieved from www.newyorker.com/magazine/2011/10/03/house-perfect; Hansegard, J. (2015, September 29). IKEA Tests Movable Walls for Cramped Homes. *The Wall Street Journal*. Retrieved from http://www.wsj.com/articles/ikea-tests-movable-walls-for-cramped-homes-14www43546181; Kowitt, B. (2015, March 15). How Ikea took over the world. *Fortune*. Retrieved from http://fortune.com/ikea-world-domination; Rhodes, M. (2015, November 24). The innovation lab: Where Ikea will get its next idea. *Wired*. Retrieved from www.wired.com/2015/11/the-innovation-lab-where-ikea-will-get-its-next-big-idea/.

混合调研（mixed methods research）将定性调研和定量调研两种方法相整合，以获取二者的优势。我们的目的是强调定性调研技术的价值，以及综合运用定性调研和定量调研的能力。虽然调研人员对定性调研与定量调研各有偏好，但大多数人还是采用混合方法进行调研，故称其为多元调研或复合调研。2015年对营销调研专业人员的一项调查发现，超过2/3（69%）的营销调研人员使用定量调研和定性调研相结合的方式，从而使他们的调研方法与项目更加匹配。[4] 人们常说，定量数据提供的是“什么”，而定性数据提供的是“为什么”。

混合调研方法的类型

混合调研方法可以采取多种形式。常用的三种方式是：（1）先定性后定量调研；（2）先定量后定性调研；（3）定性与定量调研同时进行。

先定性后定量调研 通常调研的实施都是探索性定性技术在前，然后使用定量技术。例如，可以对选定的经销商进行深度访谈或实施一系列客户焦点小组讨论来了解相对于竞争对手的情况、消费者对产品或服务的感知等。观察法可以用来了解客户如何使用产品。这些定性调研方法通常有助于问题具体化，或者提醒仓促实施全面调查的调研人员需要注意的因素或问题。

定性阶段可以作为研究项目的定量阶段的基础，因为它向调研人员提供了针对研究问题的一手资料。有了这些资料，调研人员的调研设计和定量阶段的执行相对于没有实施定性调研来讲要好。

先定量后定性调研 在某些情况下，定性调研是在定量调研之后使用，以帮助调研人员理解定量阶段所得到的结果。[5] 例如，在得到定量调研结果后，公司可能会实施焦点小组访谈来更深入地了解调研结果。在另一种情况下，在消费者细分研究之后，调研人员可能会使用深度访谈来构建每个细分市场的用户画像。

定量和定性调研同时进行 近年来，定性调研和定量调研开始同时实施，以便二者相得益彰。研究人员发现，每种类型的调研都可以为同一现象提供不同的见解，通过整合定量数据和定性数据，可以更深入地理解研究现象。例如，网飞（Netflix）是一家大数据收集公司，以预测用户观看偏好的强大算法而闻名。不过，为了解用户的观看习惯，网飞聘请了民族学家格兰特·麦克拉肯（Grant McCracken）实施调研。麦克拉肯利用民族志技术走进用户家中，了解他们如何观看电视节目。麦克拉肯发现，越来越多的观众喜欢“刷剧”，也就是一次连续看几集电视剧。网飞公司还从调查中得知，电视节目越来越受欢迎。网飞公司利用这些调研发现开发了一款新产品：一次提供整季剧集的原创节目。通过加深对用户欲望的理解，网飞能够为用户提供他们想要的东西。[6] 在另一个例子中，为了测试糕点的三种新口味，一家烘焙食品公司在全美组织了一系列焦点小组访谈。对于每一种口味，要求焦点小组的受访者首先亲自品尝，对糕点的一些特征进行评价，然后与其他焦点小组的受访者讨论。这种方法可以使公司获得受访者对产品概念的独立评分，还可以获得受访者给出评分的详细理由。此外，通过监控焦点小组成员之间的互动，公司可以观察社交情境如何影响消费者对糕点口味的看法。

5.2 观察法

下面我们介绍各种定性调研方法。我们先从**观察法**（observation method）开始说起。观察法是调研人员对所感兴趣的人、物和 / 或活动进行系统观察和记录的技术。你将了解到每种技术在获取观察结果方面都有独到之处。

观察法的类型

乍看起来观察法研究似乎无章可循，事实上，事先制定计划是最重要的第一步。因为事先制定计划可以使各个观察的结果保持一致，避免观察结果受到观察方法条件的影响，使各次观察的结论可以用于比较或概括。观察法的实施通常有四种方式：（1）直接观察和间接观察；（2）隐性观察和显性观察；（3）结构化观察和非结构化观察；（4）自然观察和设计观察。

直接观察和间接观察 根据现象是否被实时观察，观察法可以分为直接观察和间接观察两类。观察被观察者正在发生的行为称为**直接观察**（direct observation）。[7] 例如，如果我们想知道购物者是怎样通过按压方式来判断西红柿的新鲜程度的，就可以观察西红柿购买者实际的选货行为。许多公司都深谙此道，家乐氏公司（Kellogg's）使用观察法了解人们的早餐习惯；瑞士巧克力制造商使用观察法研究“巧克力食用者”的行为；美国邮局的广告代理商使用观察法测试广告语“我们是信息传送者”[8]；美国通用磨坊公司使用观察法了解儿童是怎样吃早餐的，随后推出了儿童上午课间食品“Go-Gurt”。[9]

有些行为不能直接进行观察，如过去发生的行为。在这些情况下，我们需要使用**间接观察**（indirect observation），调研人员研究被观察对象的行为所产生的效果和结果，而不是他们的行为本身。间接观察可分为档案记录和实物追踪。

档案记录（archives）是一种二手资料，如可用于解决当前问题的有关历史记录。档案记录包含丰富的重要信息，千万不可忽视。档案记录有很多作用，比如：根据销售电话记录可以得到销售人员电话推销的频率。**实物追踪**（physical trace）是对一些事件发生的有形证据进行分析的一种方法。例如，通过观察家庭的“垃圾箱”（观察和研究与主题相关的垃圾）来了解人们如何循环使用塑料奶瓶。软饮料公司可以通过清点垃圾来评估易拉罐对郊区的影响。快餐公司温迪在选址时可以根据建筑墙壁上涂鸦的数量来估计该地区的潜在犯罪情况。[10]

隐性观察和显性观察 隐性观察与显性观察是指被观察者意识到自己的行为被观察到的程度。在**隐性观察**（covert observation）中，被观察者不会意识到自己正在被观察。例如，零售连锁店管理者经常使用“神秘顾客”来记录和报告店员的导购和礼仪等就是一种隐性观察。隐性观察通常使用单面镜和隐藏式摄影机等来进行观察，从而避免被观察者知晓。这种方法的目的是观察有代表性的行为，因为如果被观察者意识到自己被观察，他们的表现就会与正常情况下有所不同，观察结果就不能反映事实。如果你是商店的店员，当经理告诉你接下来的一个小时他会对你的行为进行观察时，你会如何去做？在接下来的 60 分钟内你可能会表现出最佳状态。研究证实，隐性观察在有关孩子与父母共同逛超市的研究中很有作用。[11] 如果直接向父母提问，通常父母都会说他们的孩子在购物时表现良好，而事实并非如此。

在有些情况下，要想让被观察者对观察毫无所知是不可能的。**显性观察**（overt observation）就是这样的情况。在显性观察情况下，需要被观察者知晓实验室环境、销售电话录音、收视测量仪以及个人便携式仪器。当人们知道自己被观察时，其行为难免会受到一些影响，所以最明智的选择是最大限度减少观察人员出现。

结构化观察和非结构化观察　结构化观察与非结构化观察是指预先确定观察内容的程度。当使用**结构化观察**（structured observation）技术时，调研人员预先确定要观察和记录哪些行为，而对其他行为不予关注。通常观察人员会准备一个清单或者规范的观察表格，集中观察某些特定的内容。高度结构化的观察通常需要尽量减少观察人员的工作。

非结构化观察（unstructured observation）是指调研人员对观察所要记录的内容没有任何限制，观察研究情境中的所有行为的一种观察方法。观察人员只需观察情况，记录感兴趣或者相关的东西就可以了。当然观察人员必须清楚所要研究的主题。非结构化观察经常用于探索性调研。例如，美国百得公司（Black & Decker）或许会派一些人去观察不同工作岗位上的木匠，以便更好地了解木匠是如何使用工具的，据此来生产创意新颖、设计良好、安全可靠的工具。

自然观察和设计观察　自然观察与设计观察是指在自然环境中，还是在人工的、“设计的”环境中去观察被观察对象的行为。在**自然观察**（in situ observation）中，调研人员观察到的被观察对象的行为就像它在自然环境中发生的一样。例如，可以在厨房里放置一个动态敏感摄像机来观察家庭成员的行为，比如他们检查冰箱里的东西，准备早餐，打开食品杂货，以及在厨房里进行许多其他日常活动。神秘购物是在自然环境中完成的。麦达斯（Midas）通过录制客户预约汽车服务时的视频发现问题，着手改进服务质量。[12]

设计观察（invented observation）则是由调研人员创造情境，以增进对被观察对象的理解。例如，调研人员可能会让被观察者在使用一款新的马桶清洁剂时录制视频。惠而浦（Whirlpool）在总部设有测试厨房，调研人员观察志愿者执行与厨房相关的任务，将此作为提高其电器性能的一种手段。[13]

观察法的适用条件

调研人员成功地将观察法作为营销调研的工具之前，必须知晓观察法的使用条件。所观察的事件持续时间要短，被观察行为必须发生在公共场所。此外，当需要通过询问来收集被观察者难以准确回忆的行为数据时，通常使用观察法。

持续时间短意味着被观察的活动从开始到结束只持续很短的时间。这类活动包括超市购物、银行排队、服装购买或者孩子看电视，等等。有些购买决策性过程可能需要很长时间（如买房子），由于时间和费用方面的限制，要观察整个过程是不现实的。所以，观察法多适用于短时间内能完成的活动，或者观察某一持续时间长的事件的特定阶段的活动。

公共行为是指在调研人员易于观察的情境中所发生的行为。诸如个人洗浴过程和私人礼拜等行为都不属于公共行为，因此不能使用观察法进行调研。

记忆缺失是指由于动作或行为发生多次或自动发生，导致被观察者无法回忆研究人员的问题所涉及的行为细节。例如，人们不记得他们排长队买热映电影票时一共看了多少次手表，或者在超市购物时他们看了什么品牌的饼干。当出现记忆缺失时，可以使用观察法来充分理解现有的行为。正因如此，很多公司多年来经常采用机械装置如计数器观测记忆缺失行为。[14]

观察法的优点

观察法有许多重要的优点。首先，在实施观察法时，被观察对象并不知情，正因为如此，他们的表现会非常自然，调研人员就能够获得真实情况下的行为而不是报告的行为。前面提到，观察法可以消除记忆误差。调研人员并不向被观察对象询问他们是否记得某一行为，而是在被观察对象从事活动时对其进行观察。在有些情况下，观察法是唯一获取准确信息的方法。例如，孩子们还不能准确表达他们对新玩具的看法，但我们可以根据他们所玩的玩具来做出判断。零售商通常雇用一些经过培训的观察员装扮成“神秘顾客”来收集竞争对手的情报和观察自己员工的工作表现。[15]在很多情况下，通过观察法可以用更低的成本获得更准确的数据。例如，使用观察技术获得店内客流量的数据要比使用调查方法更加准确，而且成本更低。另外，混合调研专家也会把观察法作为其他方法的补充和辅助。[16]

观察法的局限性

一般来讲，观察法的局限性也反映了定性调研的局限性。在直接观察中，我们观察到的只是特定环境下总体中的小部分研究对象的行为，因此，样本的代表性是一个值得考虑的问题。[17]由于使用观察法得出的结果对总体而言没有代表性，而且该结论是对被观察者行为的主观解释，因此调研人员会将观察法的研究结论作为阶段性成果。当然，观察法的最大缺点是调研人员无法窥探到所观察对象行为背后的事物，他们无法询问被观察对象行为发生时的动机、态度以及隐藏于行为背后的所有看不见的东西。

只有当这些内在因素不重要或者可以通过行为加以推测时，才适合使用观察法。例如，孩子们的面部表情可以反映他们对各种水果口味饮料的态度或偏好，因为孩子们经常用明显的肢体语言来表达内心的想法。但是成年人，有时甚至是孩子在公众场合经常会隐藏理由和真正的行为。这样就有必要使用直接询问方式，因为只使用观察法已经无法完全展示人们为什么这么做以及人们如何表现其行为。

5.3　焦点小组访谈

定性调研最常用的一种方法是**焦点小组访谈**（focus group），它是把几个人召集在一起，在主持人的引导下进行非结构化的、自由的讨论，以收集与研究问题有关的信息的方法。[18]虽然焦点小组访谈鼓励受访者进行开放式讨论，但是这种方法能够确保大家的讨论集中在研究问题上。例如，威瑞森（Verizon）对青少年和 34 岁以下的成年人实施了一系列焦点小组访谈，以“关注”年轻消费者观看视频的方式。焦点小组访谈结合观察法研究所得出的结果支持了威瑞森的推测，即这个年龄段的人主要通过智能手机观看和分享视频。这项研究使威瑞森在市场上推出了以青少年和年轻成年人为目标市场的基于 iOS 系统和 Android 系统的免费移动视频服务产品——go90。[19]

焦点小组访谈是在调查样本有限的条件下获得信息的有效方法。这些信息可以用来获得产品创意，了解受访者针对某些特定产品的“常用词语”，或者深层次地了解消费者的基本需求和态度。[20] 在 2017 年对营销专业人士的一项调查中，83% 的受访者认为焦点小组访谈在提供可操作的见解方面是有效的或非常有效。[21] 焦点小组访谈已经成为流行的营销调研方式，世界每个大城市都有很多公司专门使用焦点小组访谈实施市场调研。如果你是全职的营销经理，一定会接触到焦点小组访谈。当营销人员与消费者失去联系的时候，焦点小组访谈是与消费者重新建立联系的一种非常有价值的方式，它还有助于了解新的消费群体。

实施焦点小组访谈

在传统的焦点小组访谈中，主持人将 6 ～ 12 人组成的小组召集到一起，坐在一个配有单面镜且经过装饰的房间中，根据预先写好的提纲来组织大家进行长达数小时的讨论。焦点小组访谈的**主持人**（moderator）在焦点小组访谈中负责组织与受访者的讨论，所以主持人接受的培训及其个人经历对焦点小组访谈成功与否至关重要。[22] 主持人的职责是营造每个受访者都能够发言的气氛，同时确保受访者的发言不偏离主题。素质良好的主持人必须具备优秀的观察能力、互动能力和沟通技巧，能够识别和克服任何影响小组讨论顺利进行的因素。主持人必须准备充分、经验丰富，并且提前写好详细的讨论提纲。[23] 如果主持人能够从其心中排除对所讨论的主题的预先想法，则对访谈更加有益。优秀的主持人还应该充满热情，高度投入，精力充沛，思想开放。[24] 不称职的主持人对焦点小组访谈来说简直就是灾难。

焦点小组访谈负责人通常被称为定性调研顾问（qualitative research consultant，QRC）。定性调研顾问必须撰写一份**焦点小组访谈报告**（focus group report），总结参与小组访谈的受访者针对调研问题所提供的信息。在分析数据时有两点比较关键。第一，将受访者所做的陈述加以分类或形成主题，然后指出每个类别在小组访谈中达成共识的程度。[25] 第二，将焦点小组访谈受访者的人口统计特征和购买行为特征与目标市场的相应特征对比，进行分析与判断。

焦点小组访谈报告充分体现了定性研究方法的特质。报告列举了所有受访者在访谈过程中明显陈述的主题，记录了受访者表达的不同意见或想法。同时，报告提供众多的逐字摘录作为研究结论的证据。[26] 事实上，有些定性调研报告要包括完整的焦点小组访谈手稿或者录像视频。这些信息将作为进一步调研或其他小组访谈的基础，客户通常在了解第一个小组访谈的基础上对讨论提纲进行调整，完善调研内容。尽管焦点小组访谈可能是用来处理营销问题的一种定性研究类型，但它也可以作为定量调研的起点，即运用焦点小组访谈获得某项具体调研项目的概况，最后从具有代表性的样本中获得标准化的信息。

在线焦点小组访谈

在线焦点小组访谈（online focus group）是一种现代的焦点小组访谈形式，受访者通过网络进行沟通，客户也能够观察焦点小组访谈进程，从而获取信息。通常情况下，在线焦点小组访谈允许受访者坐在自己的电脑前，主持人可以在实施焦点小组访谈的公司之外组织访谈。在线焦点小组访谈是以电子沟通为媒介的虚拟讨论，没有传统焦点小组访谈面对面接触的感觉。例如，FocusVision Worldwide（www.focusvision.com）有一个在线焦点小组访谈系统，该系统使用网络摄像头和语音通信功能同时连接主持人和焦点小组成员，而客户也可以对焦点小组访谈进行观察，如果客户需要，也可以在小组访谈期间给主持人发送消息。与传统焦点小组访谈相比，在线焦点小组访谈有以下优点：（1）不需要具体的场所；（2）可以实时获得文本；（3）受访者可以广泛分布于不同地域；（4）受访者可以在家里或办公室参与访谈，这样感觉会更舒适；（5）主持人可以单独与受访者交换意见。有些调研人员利用在线调研和电话访问与受访者进行交流，最大限度提高了效率。显然，这可能是一种创新的方法。[27] 当然，在线焦点小组访谈也有一些缺点，例如：（1）无法观察到受访者的肢体语言；（2）受访者不能亲自观察产品或品尝食品的味道；（3）受访者有时会失去兴趣或分心。[28]

在线焦点小组访谈的另一个变化是可以在传统焦点小组访谈的环境下进行小组访谈，而让客户远程在线观看。例如，Focus Pointe Global（www.focuspointeglobal.com）在美国的 18 个城市设有分支机构，该公司可以向客户提供使用流媒体视频观看焦点小组访谈的服务。传统焦点小组访谈需要配置一些设备进行操作，受访者与主持人都坐在现场。在线焦点小组访谈允许客户公司的人在他们自己的办公室远程观看焦点小组访谈，这样节省了客户公司的旅行费用和时间。虽然在线焦点小组访谈不会取代传统的焦点小组访谈，但在线焦点小组访谈提供了一种可行的替代研究方法。[29]

传统焦点小组访谈操作方面的一些问题

实施焦点小组访谈之前，需要确定一些操作方面的问题，如需要多少名受访者，受访者应具备什么条件，怎样选择受访者，在哪里举行座谈会等，这些问题的确定至关重要。下面我们将逐个讨论确定这些问题的一般准则。

焦点小组的参与人数是多少？　根据业内人士的经验，传统焦点小组访谈的最佳规模为 6 ～ 12 人。少于 6 名受访者的焦点小组访谈气氛不够活跃，不能满足小组访谈的真正要求。如果受访者太少，往往会出现尴尬的沉默局面，主持人不得不利用技术去调节气氛，保持讨论的活跃气氛。同样，多于 12 名受访者的焦点小组会因人数太多而难以控制。当焦点小组参与人数太多时，讨论很容易变得碎片化。受访者可能因为讨论离题和他人的评论而变得沮丧。当一个人发言时，很有可能被其他人打断。出现这种情况时，主持人往往需要努力维持秩序，使大家保持安静，将注意力集中于正在讨论的问题上。

遗憾的是，我们往往很难预测参加小组访谈的确切人数。有时可能有 10 人同意参加，但最终只有 4 人出席；有时邀请了 14 人而希望 8 人到场，最后 14 人全都来了。当然，如果发生这种情况，调研人员必须做出判断，是否请一些人退出。目前尚无有效的方法确保合适的参与比例。激励（这将在后面讨论）是有效的，但绝对不是人们可以接受的可靠方法。因此，虽然 6 ～ 12 人是一种理想的焦点小组规模，但超过 12 人或少于 6 人的情况并不少见。

焦点小组的受访者是谁？　通常认为焦点小组的受访者最好在人口统计特征或消费

行为方面具有一些共同特征。由于调研人员是根据调研内容选择特定的人参与小组访谈，因此，这个要求一般会自动满足。例如，一个焦点小组可能由使用卫星电话的企业主管组成，而这类人往往是售价在 50 万美元以上的住宅的建筑承包商或者具有解决顾客常见问题经历的卫星电话销售人员。从消费的产品来看，焦点小组的共同特征可能只是购买卫星电话的人。

焦点小组的受访者最好互不相识，同时要求他们在人口统计特征或其他相关特征方面具有相似性。大多数情况下，他们不是朋友，甚至素昧平生。很多人在陌生人面前表达自己的意见和建议会感到不安或犹豫。但是，当受访者意识到他们之间在某些方面存在相似性，如在年龄（可能都 30 岁出头）、工作情况（可能都是普通工人）、家庭成员（可能都有学龄前子女）、购买经验（可能在过去的一年里都买了新车），甚至休闲活动（可能都打网球）方面相似时，他们就会感觉更舒适一些。同时，尽可能使小组受访者在人口统计特征和其他特征方面具有相似性，调研人员可以保证研究变量方面的差异不是来自受访者的人口统计特征或其他条件的差异。

应当实施多少组焦点小组访谈？ 对这个问题的回答是“不止一组”。因为每个焦点小组都有自己的独特之处，所以单个焦点小组访谈的结果不足以得出结论。从技术上讲，实施的焦点小组访谈应当尽可能多，以达到获取丰富的信息的目的。然而，在现实中，焦点小组访谈前要做大量的工作，营销调研人员也很难事先确切地知道需要多少个小组。一般来说，小型项目要有 3 ～ 4 个焦点小组，大型项目可能会有 9 ～ 12 个焦点小组。例如，Kraft Cracker Barrel Cheese 正在通过焦点小组访谈来测试新的广告创意，其品牌团队需要实施 9 场焦点小组访谈，即波士顿，芝加哥和圣迭戈每个城市要对饼干筒奶酪的重度使用者、轻度使用者和非使用者 3 类人群进行访谈。

如何选择焦点小组受访者？ 正如你所猜到的，焦点小组受访者的选择主要取决于该小组的目的。例如，如果调研目的是获取改进全球定位系统的创意，受访者必须是正在使用全球定位系统的消费者。如果焦点小组访谈的目的是征求承建商对新型中央空调机组的反应，邀请建筑承包商参加就很有必要。通常公司都要提供参加访谈的客户名单或潜在的受访者名单。例如，若要选择建筑承包商，该名单可能来自当地的黄页电话号码簿或建筑商行业协会成员名单。在任何情况下，都必须通过电话与受访者进行初步接触以确定他们的资格，然后邀请他们合作。有时候调研公司会在商场邀请购物者参加焦点小组访谈，但这种方法不常用。

正如前面提到的，受访者“缺席”是焦点小组访谈面临的一个问题。调研人员至少有两种方法吸引预期受访者。一种方法是采用激励方式鼓励受访者参加小组讨论。激励方式从付给受访者报酬到提供免费的产品或商品券，多种多样。许多调研公司在正式举行小组座谈之前以打电话、发邮件或者发送短信的方式提醒受访者按时参加，这样，当一个预期的受访者表示有事或时间冲突而不能参加时，公司还有时间邀请其他人。这两种方法并不完美，究竟有多少受访者能够出席始终是一个问题。一些调研公司采用保守原则，即多招募一些受访者，一些公司则拥有愿意参与并符合要求的受访者名单。

焦点小组访谈在哪里举行？ 如果一项焦点小组讨论持续 90 分钟或更长时间，那么确保讨论的设施舒适以及适合小组讨论就很重要。比较理想的场所是根据调研内容将焦点小组访谈安排在一个较大的房间里。如果要求面对面交流，则圆桌会议形式比较理想。是否配置其他设施与材料则取决于调研内容，如食品或饮料口味测试或观看视频。首要的考虑因素是主持人能够与每个受访者有良好的目光接触。[30]

焦点小组访谈可以在不同的地点举行，如广告公司的会议室、主持人的家里、受访者家中、客户的办公室、酒店等。除了座位的安排一定要使受访者彼此能够看到外，选择的地点还要安静，以保证会议录音效果。通常，营销调研公司可以为焦点小组访谈提供理想的环境，如单面镜、录像、录音设备和记录设备，通过这些设备团队可以观察焦点小组讨论情况。

主持人何时参与调研项目？ 主持人并非在最后一刻聘请来主持焦点小组访谈的机器人。焦点小组访谈项目成功与否取决于受访者在讨论中的投入程度以及他们对主持人所提问题的理解程度，受访者的高度投入正是主持人努力的结果。主持人的努力取决于他对讨论目的和内容的理解。除非主持人了解调研人员所要的信息和为什么需要这些信息，否则他无法安排提问顺序，也无法有效提问。为了方便引导讨论的话题，主持人最好是调研项目的成员之一。通过协助项目负责人对调研内容的讨论与理解，主持人可以对调研问句更加熟悉，能够为主持焦点小组访谈做好准备。

主持人确定所提问题后，要按照一定的逻辑顺序加以组织，尽可能按照这个顺序来提问。主持人的开场白对小组讨论的效果影响极大，开场白为全部讨论定了基调。在开场白中，主持人要对讨论有明确的解释，告知受访者如何回答。例如，受访者描述的应是他个人的感觉或看法，而不是他觉得应该有的感觉或看法。这要求主持人与受访者之间建立起融洽的关系，为后面的访谈奠定良好的基础。

如何报告和使用焦点小组访谈结果？ 正如前面提到的，通过焦点小组访谈会得到消费者对产品、广告、销售之间的关系提出的模糊、多样的意见。这些意见涉及以下方面：消费者的词汇、消费者对广告在情感和行为上的反应、消费者的生活方式、消费者与产品的关系、消费者对于产品类别和具体品牌的认知，以及与产品设计、包装、促销相关的消费者潜在动机，或营销方案的其他方面。然而，焦点小组访谈的结果提供的都是定性数据，不能准确代表总体。

焦点小组访谈还提供什么其他好处？ 焦点小组访谈毫无争议地被认为是营销调研领域的一种主要的调研技术。作为定性调研方法的焦点小组访谈之所以具有如此之大的吸引力，主要是因为相对于规模庞大、涉及数千受访者的定量调研而言，焦点小组访谈的实施成本较低，并且能够根据管理者的需要进行调整，产生立竿见影的效果。另外，面对面焦点小组访谈方法风靡世界，在线焦点小组访谈的新功能也日益得到认可。[31]焦点小组访谈是一种独特的调研方法，因为它可以使营销经理直接了解市场情况。管理者每天都身陷问题和危机之中，以至于当他们亲自看到客户和听到他们的心声时会精神大振。我们经常可以看到，营销经理在观察了焦点小组的访谈后，会对市场的需要做出高质量的反应。

焦点小组访谈的优点

焦点小组访谈有四个主要的优点：（1）可以获得创意；（2）允许客户观察受访者；（3）便于理解各种各样的问题，如对新的食品、品牌标识、电视广告的反应；（4）容易接近特殊群体，如律师或医生，然而很难在这些群体中找到具有代表性的样本。

焦点小组访谈的缺点

焦点小组访谈也有三个主要的缺点：（1）焦点小组访谈的样本不具有代表性，因此，在概括研究结果时应该十分谨慎；（2）焦点小组访谈的成功很大程度上取决于主持人的能力；（3）有时很难解释焦点小组访谈所得到的结果（主持人的报告也是根据受访者的陈述和互动交流做出的主观评价）。

何时使用焦点小组访谈

当调研的目的是探索或描述而不是预测时，焦点小组访谈是一个很好的调研方法。例如，当公司想知道如何针对客户的目标市场进行宣传，对客户使用什么语言和术语，广告文案中有哪些新创意，公司开发的新服务对客户是否具有吸引力，如何改进服务，如何改进产品的包装时，就可选择焦点小组访谈。[32] 在这些例子中，通过焦点小组访谈，受访者可以描述他们使用产品的情况，对于广告的想法，为什么新服务会吸引他们，并为表述公司产品所传递的利益提供建议，等等。“焦点小组访谈的目的”部分会阐述何种情况下使用焦点小组访谈是特别有用的。

何时不使用焦点小组访谈

焦点小组访谈由少数受访者组成，研究结果不能代表总体，因此使用焦点小组访谈时一定要倍加小心。如果调研是为了预测，就不能使用焦点小组访谈。例如，如果我们在 12 人一组的焦点小组访谈中展示一个新产品原型，有 6 个人说他们会购买，我们是否可以预测 50% 的消费者将购买这个产品呢？

焦点小组访谈的目的

焦点小组访谈有四个主要目的：（1）产生创意；（2）理解消费者的词语；（3）揭示消费者对产品或服务的需求、动机、感知和态度；（4）理解定量调研的结果。

管理者经常使用焦点小组访谈获得创意。卡卡圈坊（Krispy Kreme）使用焦点小组访谈帮助其进行新产品开发和店址选择。如果管理者听到顾客说他们喜欢卡卡圈坊的甜甜圈却去别处购买美味的咖啡，就表明管理者需要将美味的咖啡加入产品组合。母亲通常会觉得与坐在安全座椅里的孩子交流不便，这也会为设计者改进产品提供创意。消费者在讨论中提到移动家具困难，促使便携式家具的设计得以创新。

理解消费者的词汇是指使用焦点小组访谈了解消费者在描述一项产品时使用的词汇，用来改进产品或服务的宣传。这样的信息对于设计广告文案、编制产品宣传手册、修订调研问题和随后的定量调研中的问卷设计等都很有帮助。

揭示消费者对产品或服务的需求、动机、感知和态度是第三个目的，焦点小组访谈可促使营销团队及时了解顾客对产品或服务的真实感受或想法。管理者可能需要更早地了解产品或服务的变化对消费者的影响。[33] 焦点小组访谈经常用于调研的探索性阶段[34]，它对界定下一个调研的具体内容很有帮助。

理解定量调研的结果是最后一个目的，通过焦点小组访谈能够更好地理解从其他调研中获得的数据。有时焦点小组访谈可以解释数据分析结果。例如，一家银行的形象调查显示，某分行的“员工友善”评价分数一直很低。通过焦点小组访谈获知，这是由于几个一线员工过于关心效率而对顾客不太友善。据此该银行修订了培训计划，解决了这个问题。

华纳 – 兰伯特（Warner-Lambert）利用焦点小组访谈成功地达到了上述四个目的。华纳 – 兰伯特是一家经营保健美容产品和非处方药的公司，它的健康产品研究部门广泛使用了焦点小组访谈。[35] 事实上，华纳 – 兰伯特采用了多种定性调研技术来获得背景信息，以发现顾客对保健和美容产品的需求和态度，解释定性调研的结果，并利用头脑风暴法产生创意。焦点小组访谈对于公司了解消费者在生活方式、价值观念和购买模式方面的基本变化很有帮助。

5.4 民族志研究

民族志研究（ethnographic research）是从人类学中演变而来的，是一种详细地、描述性地研究一个群体及其行为、特征、文化等的调研方法。[36]“ethno”代表“人类”，“graphy”代表“研究的领域”。营销领域使用民族志研究，通过对消费者长期的原生态行为的研究，对消费者及其行为有更深入、更全面的了解。民族志研究方法在研究个人习惯、生活方式因素以及社会和文化背景对消费行为的影响方面特别有效。民族志研究使用几种不同的方式，包括浸入式访谈、参与式观察和非正式的、持续的深度访谈。民族志学者密切关注用来解释人们的生活和相互交流的词语、隐喻、符号和故事。[37]

营销人员越来越多地使用民族志来研究消费者行为，包括人们在买车或去餐馆时的行为，以及年轻人成为父母后的变化。[38]家乐氏公司经常使用民族志技术来研究人们吃早餐和吃零食的行为，尤其是在南非、印度和墨西哥等发展中国家。家乐氏公司负责全球洞察与规划的副总裁迈克·米库纳斯（Mike Mickunas）表示，公司会让高层领导参与这些民族志研究。米库纳斯说：“当首席执行官在孟买参加商业会议，考虑投资组合计划时，他会根据自己与母亲一起吃早餐的直接体验提出问题。”[39]许多营销调研公司和客户端营销调研部门经常雇用受过民族志培训的员工。有些调研公司，如 Context-Based Research Group 和 Housecalls 都专门使用民族志研究工具进行调研。

民族志研究的一种流行形式叫作**陪同购物**（shopalong）。在陪同购物研究中，调研人员陪同购物者（在得到许可的情况下）完成购物旅程，观察并记录购物者的活动。调研人员通常会在购物者购物时为其录音、录像或拍照，也通常会在购物者购物前后对其进行采访。

下面是由定性调研顾问协会提供的民族志营销调研的一些例子。[40]

- 观察父母在家里做家庭晚餐。
- 观察男士早餐时吃什么以及为什么吃这些食物。
- 和老年人一起散步，听他们谈论自己的希望、恐惧、忧虑、健康和家人 / 朋友。
- 观察人们使用数天前别人给他们的产品（测试产品或竞争产品），了解这个产品是如何融入他们的日常生活的。
- 观察人们服用药物“之前和之后”的情况，以及服用药物“之前和之后”他们的生活有什么不同。

移动民族志

随着智能手机使用量的增加，出现了一种新型民族志研究，即移动民族志研究。**移动民族志**（mobile ethnography）是要求受访者用手机记录自己的经历来进行研究的一种方法。移动民族志有时称为移动定性研究，或简称为移动 qual。通过移动民族志方法，研究人员招募受访者记录他们自己的活动和情绪，用他们的手机拍摄照片和视频，并辅以音频解释。例如，受访者可能会被要求记录自己参与的重大事件，如庆典，或更普通的活动，如做早餐或遛狗。移动民族志方法在记录私人行为方面尤其有用，比如早上醒来或进行医学治疗。一家名为 Pay Your Selfie 的公司向受访者支付报酬，让他们上传自己从事特定任务时的照片或视频。例如，宝洁的佳洁士向调研公司委托了一项关于人们刷牙的研究。佳洁士获知人们在下午4点到6点之间刷牙的次数显著增加，可能是为了准备享受欢乐时光。这些信息有助于优化社交媒体发布的时机。[41]

调研人员选择的受访者通常视自己为生活中的专家，因此，使用移动民族志方法可以揭示研究人员可能遗漏或忽略的消费者的真实行为和感受，这是移动民族志的优势。这种方法的局限是受访者在与产品和服务互动时往往没有意识到自己的习惯或无意识行为。因此，他们可能会错过训练有素的研究者关注的重要事件。这个局限性使得一些研究人员认为移动民族志很有价值，但它们不能被视为严格意义上的民族志研究。[42]一些免费或收费的手机应用程序向人们提供了辅助移动民族志的工具，包括 MyServiceFellow、QualBoard、FieldNotes 和 MyInsights。调研洞察 5-2 提供了一些使用移动民族志方法的例子。

调研洞察 5-2 数字营销调研

移动民族志方法的应用

随着智能手机用户的增加，移动民族志方法成为一种日益流行的营销调研形式。以下是使用移动民族志进行调研的三个例子。

家庭娱乐

卡夫食品公司与营销调研公司 System1（后来成为 BrainJuicer）合作，探索消费者与食物的情感关系。System1 公司招募了 150 名来自不同国家的受访者，他们同意主持并记录一场自己承办的活动。公司要求受访者用他们的智能手机讲述整个过程，包括购物、计划、准备、举办活动以及打扫卫生。研究团队认为，让受访者记录经历会让他们在娱乐的同时感受到压力和成就感。基于这个调研项目产生的视频、图片和文字，卡夫公司提炼出与娱乐相关的 16 个主题，为产品创新提供了新的思路。

参观博物馆

一组旅游研究人员希望了解 Y 一代消费者在博物馆的体验。项目使用一个为移动民族志设计的应用程序 MyServiceFellow。项目要求受访者在参观堪培拉的澳大利亚国家博物馆时对他们的经历进行评分并给出评论。受访者给出了一些参观体验，包括停车、与工作人员的互动和参观感觉。研究结果发现了一些问题，如停车场里令人困惑的标识，当然也有一些积极的发现，如博物馆工作人员的帮助。

美发

宝洁公司与 Revelation 调研公司合作，对美国拉美裔的头发护理进行了调查。Revelation 调研公司招募了 20 名拉丁美洲人，用他们的智能手机提供文本和图像，进行为期三天的一系列练习。这些活动旨在增进受访者对健康观念和美学观念的了解。根据调研结果，宝洁公司对健康美发的定义有了更深的了解，为其产品开发部门提供了深度洞察。

资料来源：Appleton, E. (2014, April 3). Mobile qualitative—How does it fit in the research toolkit? *GreenBook*. Retrieved from www.greenbookblog.org/2014/04/03/mobile-qualitative-how-does-it-fit-in-the-research-toolkit/; Hunt, A. (2014, December). Mobile ethnography let Kraft capture the highs and lows of party planning and hosting. *Quirk's Marketing Research Review,* 28(12), 30-33; Muskat, M., Muskat, B., Zehrer, A., & Johns, R. (2013, September). Generation Y: Evaluating services experiences through mobile ethnography. *Tourism Review,* 68(3), 55-71.

网络民族志

网络民族志（nethography）（互联网 + 民族志）是对在线活动的民族志研究的一种称谓。这个概念由罗伯特·科兹涅茨（Robert Kozinets）提出，用网络民族志检查个人和在线社区在互联网上的互动行为，以及个人与电子设备之间的关系。[43] 网络民族志可以应用于研究社交媒体上的用户生成内容（见第4章）。比如使用网络民族志研究消费者在瑞典时尚博客上如何分享时尚理念[44]，以及在线用户如何通过社交媒体网站获得对健康话题的支持。[45]

5.5 营销调研在线社区

在营销调研中，一个流行且日益增长的趋势是使用营销调研在线社区获得深度洞察。在2017年的一项调查中，60%的营销调研专业人士声称他们的公司使用了这项研究技术。[46] 营销调研在线社区（marketing research online community，MROC）也称为在线固定样本组，调查者经过分组后在网上进行互动，提供意见和想法，并完成任务。在线社区既便宜又灵活，可以收集各种各样的数据，包括帖子、照片和视频。在线社区可以完成许多任务，包括回答开放式问题，提供产品和广告反馈，记录日志以及使用电脑、平板电脑或手机进行小型投票。创意任务可以分配给在线社区，比如征询成员对产品名称的想法，或者询问将某种食品作为配料的菜谱。通常要求受访者分享他们与产品或服务互动的照片或视频。网络社区对于从千禧一代和Z一代那里获取信息尤其有效，因为年轻消费者是社交媒体最活跃的用户。[47] 例如，MTV公司就有一个由青少年和年轻人组成的在线社区，该公司认为这是一个有价值的见解来源。MTV公司的在线社区探索的主题包括高中小团体、在线约会和创业文化。[48]

营销调研在线社区的受访者是根据调研者感兴趣的人口特征选择的。项目社区可以为短期项目招募受访者，这类社区可以在几个月甚至几年内保持稳定。社区规模可以小一些，以鼓励成员之间的互动，但规模也可以足够大，以得到足够多的反馈。社区规模差别很大，但社区成员通常在50～300人。

像焦点小组一样，营销调研在线社区也有主持人来管理对话。主持人努力从社区成员那里得到真实的回应，同时保持一个积极的环境。由于在线社区的优势来自成员之间的协作，主持人试图在社区中激发社区成员之间的互动。

有些在线社区关注单一品牌，有些在线社区则讨论各种品牌。达能Activia酸奶和National Car Rental等很多品牌都利用在线社区来塑造自己的品牌形象。有些公司，如MTV，创建了以自己品牌为中心的社区。更常见的情况是，企业与营销调研公司签订合同，委托调研公司主持社区。在许多提供在线社区的营销调研公司中，有CSpace、MarketVision和C+R Research。一些营销调研公司通过应用程序来支持它们的在线社区活动，并允许社区成员轻松地将材料发布到他们的移动设备上。例如，Gongos调研公司有一个叫作icommassociations的应用程序供其成员使用。

营销调研公司Communispace与广告研究基金会（Advertising Research Foundation）合作，调查消费者的冲动购物行为就是一个使用在线社区进行营销调研的例子。再比如，调研公司邀请社区成员参与一项移动民族志活动，活动中要求社区成员记录下他们看到或体验过的杂货产品、汽车和移动设备，及这些产品对其认知的影响。社区成员用应用程序上传自动标记地理位置的照片和视频。通过这种项目所获得的洞察表明消费者持续深受广告的影响，对产品的直接体验对于促使消费者最终购买是非常有价值的。[49]

在线社区营销调研的优势在于它们相对便宜，而且可以快速实施。它们可以容纳多媒体的反应，包括图像、音频记录和视频记录。在线社区调研提供了消费者之间的社会影响如何发挥作用的鲜活例子，并从消费者生活的独特视角让调研人员对社区动态有更深入的了解。在线社区调研对受访者来说很方便，因为他们可以在自己有时间和舒适的地方参与。在线社区可以通过社区老成员提供纵向数据。或者，在线社区可以召集成员花几个星期来参与一个重点项目。

在线社区特别适合经常上网的人口，因为这类成员会迅速地对查询做出回应。正因为如此，在线社区调研存在一个不可否认的缺点，即社区成员不能很好地代表调研人员感兴趣的总体。此外，在线社区调研公司很难使社区成员在长时间内保持积极性，社区成员退出的事情经常发生。与焦点小组相比，主持人不能确保每个社区成员都参与其中。此外，由于在线社区成员大多采用匿名，主持人无法确定社区成员是否诚实。在线社区的另一个缺点是社区成员产生的数据量庞大。对管理人员来说，面对大量的社区帖子，经常跟踪与保持联系是很困难的。[50]应该定期整理和报告在线社区产生的数据，否则就没有必要使用社区成员进行调研。

为了总结三种方法的重要区别，表5－1比较了传统焦点小组、在线焦点小组和营销调研在线社区的一些因素。

表5－1　传统焦点小组、在线焦点小组和营销调研在线社区的比较

	传统焦点小组	在线焦点小组	营销调研在线社区
受访者之间的互动	√	√	√
客户可实时观察	√	√	√
高品质视觉体验	√		
全方位观察肢体语言 / 面部表情	√		
高品质的音视频录制	√		
视频辅助功能（例如归档、裁剪、重播）	√		
降低客户旅行成本		√	√
降低主持人前往公司的旅行成本		√	√
受访者的区域多样化		√	√
通过计算机、平板电脑或智能手机沟通		√	√
允许纵向研究			√
可随地分享意见与想法			√
多个细分市场同时展示并比较			√
时间弹性			√

资料来源：Based on a table in Goon, E. (2011, May). Need research? Won't travel. *Quirk's Marketing Research Review*, 25(5), 22-28.

5.6 其他定性调研方法

除了观察法、焦点小组访谈、民族志研究和在线社区调研，还有许多其他的定性研究技术可供营销调研人员使用。其他方法包括如深度访谈、原始记录分析、多种投射技术和神经营销学。

深度访谈

深度访谈（in-depth interview，IDI）是指通过受过训练的访问员针对一个主题提出一系列探索性问题，来了解受访者对某件事的看法，或为什么表现出某种行为。深度访谈可以在受访者家里进行，也可以在一个集中的访谈地点实施，如在购物中心实施拦截访问，就可以对一些受访者进行短时间的深入采访。

深度访谈的目的是获得不受限制的意见和评论，并且提出问题，以帮助营销调研人员更好地理解受访者的意见和评论，以及产生这些意见和想法的各种原因。其中最重要的是将访谈整理成一份概略的报告，以识别共同的主题。新概念测试、产品设计、广告文案和促销文案都可以使用这种方法。[51] 相比于焦点小组访谈，深度访谈更适于研究复杂的相互关系、需要、购买动机。[52] 当深度访谈通过电话进行时，可称为“远程深度访谈”（TDI）。有些公司使用互联网以展现访谈的视觉效果，在这种情况下，该方法称为“网络远程深度访谈”（Web-TDI）。[53]

深度访谈既有优点也有缺点。访问员能够根据受访者的回答深入探索、询问许多其他问题，获得丰富、深刻、深层次的信息。在有些情况下，深层次的反应可能比预先知道答案的结构性调查更能反映真实情况。如果使用得当，深度访谈可以深入洞察消费行为。[54, 55] 然而，这一优势也导致深度访谈在访谈进程中缺乏结构。除非访问员训练有素，否则受访者对问题的认识与解释就会多种多样。当调研人员想了解个人层面的决策制定，消费者如何使用产品，或者消费者私人方面的情感和生活问题时，使用深度访谈非常有用。[56, 57]

在深度访谈的过程中，训练有素的访问员使用一份列有一些主题（通常是一些开放性的问句）的访谈提纲进行访问。这是因为深度访谈并不是向受访者提供一组答案，然后引导他们从中选择。相反，受过训练的访问员会鼓励受访者用自己的语言回答，同时提出探索性问题：“为什么会这样？”“你能不能详细阐述你的观点？”“你能具体地释解一下原因吗？”这些问题的提出并不是为了要触及受访者的潜意识动机，而是获得受访者产生意识的原因，以帮助调研人员了解受访者正在想什么。访问员要对受访者的回答进行录音或做详细的记录。通常深度访谈是面对面进行的，但当受访者居住分散时，我们就可以使用电话交流，前面提到的远程深度访谈也是如此。[58] 深度访谈有多种用途，但需要仔细规划、培训和准备。[59]

阶梯技术（laddering）是一种试图发现产品属性如何与消费者价值相互关联的深度访谈方法。首先，确定对于消费者而言非常重要的价值属性（如健康）；然后，调研人员需要明确消费者是通过哪个途径（如运动、饮食、减轻压力等）来确保健康的；最后，调研人员试图找出某些具体的产品属性，并将其看成消费者实现期望价值的手段。通过深度访谈，调研人员可以了解到，食用低钠食物或者“白肉”对实现“真正的健康”是有帮助的。[60]“阶梯”指研究人员试图构建从产品属性到价值连接或步骤。

深度访谈的研究报告和焦点小组研究看起来非常相似，也就是说，分析员将在多个深度访谈笔录中识别共同的主题并将这些内容撰写到报告中。报告包括受访者的原始的逐字回答以支持分析员的结论，要注意将受访者的不同意见纳入报告。值得一提的是，在深入访谈中必须使用训练有素、经验丰富的分析员，这对保证正确分析深度访谈所收集的定性数据是非常关键的。

原始记录分析

原始记录分析（protocol analysis）是指将受访者置于需要做出某项决策的情境中，请受访者讲述他们在做出决策的过程中思考的每一件事。这是一种用于了解消费者制定决策过程的一种特殊的定性研究方法。通常使用录音机来记录消费者在决策过程中的想法。在若干受访者提供信息后，调研人员会审核这些信息并且在受访者的描述中找出共性，例如，消费者的评估标准、考虑的品牌数量、搜寻信息的类型和来源等。

投射技术

投射技术（projective technique）是指将受访者置于（设计到）模拟活动的场景中，希望他们在这种场景中说出一些直接提问时不会说出的事情。在某些情况下，受访者讲述他们的真实意见时会犹豫不决，此时调研人员可以使用投射技术。这些情况可能涉及吸烟或路怒等不良行为，以及在橄榄球比赛中投注等违法行径，或者使用除臭剂或节食等敏感行为。

调研人员经常使用的投射技术有五种：词汇联想测试、句子完成测试、图片测试、卡通或气球测试和角色扮演。

词汇联想测试 **词汇联想测试**（word-association test）是指受访者先读出一个词，然后说出脑海中出现的第一个词。这种测试可能超过 100 个单词，由中性词以及被测试的广告词或产品、服务的名称组成。调研人员会从回答中找出由原始清单列出的单词产生的联想或隐含的意义，以此来揭示人们对这些产品、服务、品牌名称、广告文案的真实情感。调研人员要测定受访者回答的时间（也称为反应延迟时间）和生理反应，用来做出某种推论。例如，如果对单词“duo”的反应时间过长，就可能意味着受访者没有对这个单词立即产生联想。

Decision Analyst 公司在在线定性调研中使用词汇联想测试。调研人员从 50 ～ 70 个单词中任意选择一个词对在线受访者进行提问，然后要求受访者说出最先出现在脑海中的词、联想或者图像。样本规模通常为 100 ～ 200 人，整个过程大约持续 30 分钟。该公司称这种投射技术在确定认知、探索形象与品牌相关联想方面是很有帮助的。[61]

句子完成测试 在**句子完成测试**（sentence-completion test）中，调研人员向受访者出示一个不完整的句子，要求受访者用自己的语言补充完整。然后由调研人员检查这些句子，确认其中存在的主题和想法。测试结果反映了受访者在回答问题时所持有的想法。例如，假设立顿（Lipton）想将其市场扩展到青少年。调研人员可能会招募一些高中生，指导他们完成下面的句子：

喝热茶的人是______________________________。

茶在______________时是很好的饮料。

泡热茶是______________________________。

我的朋友认为茶是______________________________。

调研人员会试图从受访者的回答中归纳中心主题。例如，从第一句中归纳出的主题可能是“关注健康”，这意味着茶作为饮品已为有健康意识的人所接受。从第二个句子中得到的主题应该是“热”，意味着茶被认为是一种适合寒冷天气的饮品。从第三句中得到的主题可能是“麻烦”，表明学生倾向于使用袋泡茶。从最后一句中得到的主题可能是茶是一种“不错”的饮料，表明并不存在同伴的压力导致高中生避免喝茶。得知这些信息后，立顿可以推测自己有机会在热茶领域占领青少年市场。

图片测试　**图片测试**（picture test）有时也称为“主题理解测验”，是指给受访者一张图片，要求他们写一个关于图片的短故事来描述他们的感受。调研人员分析这些故事的内容来确定由这张图片引起的感觉、反应或者由该图片产生的关注。这种方法在测试小册子、广告和产品包装上的图片时非常有用。例如，一则测试广告描绘了一个男子抱着一个婴儿，广告标题为“驾驶位和乘客位的安全气囊是福特汽车的标准配置，因为你爱你的家人”。图片测试也许会表露图片中的一些信息，特别是负面的或令人生厌的信息。可能未婚男性受访者对此广告不会有什么反应，因为他们没有孩子，也没有对孩子的特殊情感经历。另外，与福特汽车广告代理商的预期相比，这则测试广告图片所反映的情感比较中立。这也许不会导致已婚并有孩子的受访者观看测试广告后产生为了家人而注意安全的情感。总之，如果没有图片测试，将很难了解观众的潜在反应。

卡通或气球测试　**气球测试**（balloon test）是指在一幅图画中的人物上方画一个气球，要求受访者在气球中填写画中的人物正在想什么或说什么。调研人员会检查这些回答，从而弄清受访者在卡通图画展现的场景中是如何反应的。例如，在图画描述的场景中，一个人说“福特正在促销探险者汽车，提供的优惠是4 000美元的折扣和48个月的零利息贷款”，调研人员会询问受访者这幅图画中的其他人会如何反应。基于受访者的答案，可以判断出受访者的情感和反应。

角色扮演　在**角色扮演**（role playing）中，要求受访者扮演第三方，如朋友或邻居，然后描述这些朋友或邻居在某个特定场景下的表现或者对某句话的反应。通过分析受访者的表述，调研人员能够看出受访者在某个场景下的反应是积极的还是消极的。有理由相信这种方法能够揭示被调查对象的真实感受和信念，因为受访者是将他们的真实想法通过另一个人的口说出。例如，如果雷朋公司（Ray-Ban）正在考虑推出一款“宇航员”太阳镜，该产品具有良好的紫外线过滤作用，为太空时代风格，而且只需200美元，这时可以用角色扮演来了解消费者最初的反应是什么。在角色扮演过程中，要求受访者假扮成自己的一位朋友或者亲密的同事，表演在获知他的朋友购买了一副“宇航员”太阳镜后会对第三个人说些什么。如果这位消费者认为这副“宇航员”太阳镜价格太贵了，他的感觉很快就会表现出来。如果新眼镜的太空时代的设计和风格与这些消费者的生活方式和产品需求一致，那么这一点也会在角色扮演时所作的评论中表现出来。

许多年前，营销调研人员从心理学的角度对这些投射技术进行了调整，虽然有些营销调研人员已经开发出一些新的投射技术，其中有许多是专用的，但这些传统的投射技术仍然适用。表5－2描述了已经开发的五种投射技术，专门从事创新性研究与品牌发展战略的定性调研公司Talking Business（www.TalkingBusiness.net）也在使用这些技术。

表 5－2　可结合焦点小组访谈使用的投射技术

技术名称	说明	应用
归类	给受访者产品（或者带有产品名称的卡片），要求他们整理成组，然后为每个组提供一个描述性的名称	揭示了竞争的产品和品牌组 提供市场细分 显示消费者如何看待产品和品牌
品牌归类	对于产品的每个属性，受访者对带有品牌名称的卡片从高到低进行排序	识别目标品牌在特定属性上与竞争品牌相比表现如何
品牌配图	给受访者代表各种情绪的图片，要求他们就具体品牌 / 品类 / 情况选择匹配的图片	再现与具体品牌 / 品类 / 情况相关联的情绪和形象
品牌配色	给受访者几种色板，并要求选择代表具体品牌 / 品类 / 情况的色板	提供与具体品牌 / 品类 / 情况相关的正面形象和负面形象
属性排序	给受访者 10 个点状的贴纸，然后要求他们分配给不同的口味、品牌、广告等	提供每个属性的相对排名，后续探究揭示为什么某些属性更受青睐

注：这些技术由 Talking Business 公司总裁霍利·奥尼尔提供。

在深度访谈中，所有上述投射技术都需要由资深的专业人士来解释结果，这使深度访谈中每个受访者的调研成本大大高于其他调研方法。投射技术可以与焦点小组或深度访谈结合使用。在一项研究中，研究人员想知道英国 18 ～ 24 岁的年轻人对英国保守党的看法。研究人员对来自英国三个地方的年轻人进行了 8 次焦点小组访谈，综合使用焦点小组访谈和包括图片测试和句子完成测试在内的投射技术。讨论中增加投射技术使研究人员深入了解参与其中的年轻人的内心感受。[62]

神经营销学

神经营销学（neuromarketing）也称为生理测量或消费者神经科学，研究个人对营销刺激活动的下意识反应，这些营销刺激活动包括眼动、心率、皮肤电导、呼吸、大脑活动（使用磁共振成像（fMRI）和脑电波（EEG））。神经营销学研究背后的理念是生理反应不能被有意识地控制，因此它们揭示了个体没有意识到或不愿透露的反应。实务工作者声称，这些方法可以揭示人们的情绪和意见的强度，这是其他研究方法无法比拟的。

许多营销调研公司专门从事神经营销，比如 Neurosense 和 CoolTool。许多大型全方位服务营销调研公司，包括尼尔森、凯度（Kantar）和益普索（Ipsos）都将神经营销研究列为它们的专长。许多公司，如金宝汤、宝洁、谷歌、迪士尼和菲多利（Frito-Lay）都使用神经营销学来测量消费者的情绪。[63, 64] 我们将简要讨论在神经营销调研中使用的三种技术：神经影像、眼动追踪和面部编码。

神经影像　**神经影像**（neuroimaging）即观察大脑活动，从而帮助营销调研人员更好地了解消费者的潜意识情绪。通过使用神经影像技术，营销调研人员希望更准确地了解消费者真正想要什么（可能消费者真正想要的与他们所说的想要的会有不同），什么吸引他们，以及什么驱使他们购买。例如，一项使用功能磁共振成像的神经影像实验发现，当受访者在电脑游戏中感到被拒绝时，他们大脑中与身体疼痛相关的区域活动更强烈。[65]

脑电波（EEG）也被用来测量消费者对产品和广告的反应。飞速发展的廉价、便携、易于使用的技术使脑电波更容易用于营销调研。例如，加拿大公共通信和媒体公司罗杰斯通信公司（Rogers Communication）与 Brainsights 公司合作，调查消费者对其曲棍球节目的反应。公司招募志愿者，让他们戴上头盔，测量他们在酒吧观看曲棍球时的大脑活动。

眼动追踪 **眼动追踪**（eye tracking）是一种测量眼球关注位置和眼球运动的技术。广告的哪一部分吸引了消费者的眼球？当购物者走进超市的货架过道时，他们首先会看哪里？眼动追踪有助于测量电脑游戏、交互式电视、软件和移动设备的使用情况。例如，AT&T 已经开始使用眼动追踪和深度访谈来了解客户怎样与客户服务网站进行互动。[66] 眼动追踪在分析消费者如何处理广告时也很有用。[67] 此外，眼动跟踪常常与虚拟商店相结合，以便研究销售人员展示产品的最有效方式。移动眼动追踪（使用眼动追踪眼镜）可用来测量自然环境下（如在商店或家里）的眼动运动。

面部编码 **面部编码**（facial coding）是通过人们脸上的表情来测量情绪表达的一种系统，如测量快乐、悲伤、恐惧和惊讶的表情。训练有素的“编码员”会根据消费者观察指定材料的视频记录对消费者的多个面部肌肉进行编码。用于面部编码的设备很便宜，因为只需要一台受访者可以观看刺激内容的计算机和一个记录受访者的摄像机。面部编码常用于测量人们对产品和广告的反应。在一项实验中，当大学生观看 13 则涉及汽车的超级碗电视广告时，面部编码被用来测量他们的面部表情。结果表明，面部表情比调查回答更能反映未来的销售情况。[68]

争议 神经营销学的使用是具有争议的。人们曾抨击使用神经营销技术来进行政治竞选的宣传。然而，据《纽约时报》报道，神经营销方法已经在许多国家的政治竞选中使用。例如，墨西哥总统恩里克・培尼亚・涅托（Enrique Peña Nieto）在 2012 年竞选期间使用了大量神经营销实验来提出竞选口号。也许神经营销学在美国尚未得到认可，在政治竞选中的应用仍然比较有限。[69]

对神经营销学的批评存在矛盾。一种批评是这些方法被用来操纵消费者，另一种批评指出神经营销是“伪科学”，实际上是无效的。神经营销技术正在迅速发展，但在很大程度上，神经营销的最佳实践尚不多见。虽然一些研究人员对神经营销方法优于更便宜和具有侵入性的研究方法仍持怀疑态度，但近期有限数量的研究已经证明神经营销可以优于传统方法。[70] 可穿戴技术，如谷歌眼镜和 Apple Watch 等可以通过测量消费者在更自然的条件下对市场刺激的反应提高神经营销的可信度。随着一些用于神经营销的技术的价格迅速下降，有预测称，使用这些技术测试广告可能会成为一些大公司的标准。[71] 总之，神经营销学领域正在迅速变化，值得我们关注。

其他定性调研技术

本章重点介绍了营销调研行业中最常用的定性方法，同时也使用了一些附加的定性技术。事实上，有创造力的调研人员可以而且经常会开发他们自己的定性研究形式，以深入了解他们正在研究的问题。

当营销调研公司 Northstar 为捷豹路虎（Jaguar Land Rover）研究目标客户时，公司决定借用电视节目《学徒》（The Apprentice）中的研究方法。Northstar 在英国、美国和德国挑选了 12 个“候选人”（实际上是调查对象）前来试镜，成为捷豹路虎的“最终目标客户”。在为期两天的研究过程中，该项目提供了对目标消费者特征和汽车需求的洞察。Northstar 相信，使用诸如此类的创新方法会让受访者更有参与感，从而有更深刻的理解。[72]

5.7 定性数据分析

本章介绍了许多不同类型的定性方法。不管使用什么方法来收集数据，最终都必须对数据进行分析以获得深刻见解。每种方法都需要专门的分析技术。在分析所有形式的定性数据时，有基本步骤可以遵循。

定性分析最常见和最有用的形式之一叫作主题分析。**主题分析**（thematic analysis）包括检查定性数据，以发现数据的主题或共同模式。**实证举例**（substantiating example）是指为一个主题从定性数据中找到提供证据的例子。既然我们已经定义了一些与主题分析相关的术语，下面介绍使用主题分析来分析定性数据的步骤。

定性数据分析的步骤

在进行任何类型的研究时，无论是定性研究还是定量研究，明确问题陈述和调研内容（见第 2 章）是最为关键的。数量不多、集中于明确的目标和具体的调研内容会使分析更加容易操作，研究结果也更有用。下面是进行所有类型的定性分析的基本步骤。

第 1 步，整理数据。第 1 步是整理来自研究项目的所有数据，以使这些数据易于定位，便于寻找。数据的类型取决于所使用的定性方法。原始数据可以是物理形式，也可以是电子形式。其他数据可能是文字记录、照片、视频、日记或绘画。对于焦点小组访谈，数据应当是视频文件或焦点小组讨论的记录。在民族志研究中，数据可能包括视频文件、照片和研究者的笔记。对于营销调研在线社区，数据将包括在线讨论的文本和其他与问题陈述相关的材料。无论采用哪种数据类型，都应当便于分析。

第 2 步，感觉数据。数据整理好之后，研究人员必须熟悉数据。这个步骤有时被称为“感觉数据”。感觉数据可能包括观看视频、阅读文字记录或翻看照片。在这一步骤中使用笔记来记录最初的印象是很有帮助的。

第 3 步，数据分类。一旦熟悉了数据，研究人员就可以将数据归入与调研内容相关的类别。研究人员通常从一组预先指定的类别开始，在继续分析的过程中添加更多的类别。分类可能与产品的使用、对产品的看法、使用产品的时间、使用产品的地点以及使用产品的消费者群体有关。研究人员使用各种方法标记类别，如符号、字母或数字，或使用物理或电子工具进行彩色编码。像 NVIVO 或 Atlas T-I 这样的软件具有定性数据的分类功能，一些研究人员发现这些功能很有帮助。

第 4 步，确定主题。数据分类之后，研究人员可以从与调研内容相关的数据中发现关键主题。这些主题的表现形式可以是信念、想法、概念、定义或行为。如，“很多学生认为献血会让他们在一段时间内缺乏活力”“一些年轻的养狗者发现遛狗是结识新朋友的好方法”“买房是成年的象征”等。

第 5 步，实证举例。所有主题都应使用数据中的具体例子加以证实。主题的实例可以包括照片、视频剪辑或引用。逐字逐句是营销调研中经常使用的一个术语，指用来说明或论证主题的原话引用。**逐字引用**（verbatim）是引用受访者的一段话，用来作为定性研究发现的佐证实例。

第6步，沟通见解。 定性数据分析的最后一步是将调研发现及其意义与管理团队进行沟通。同样，调研发现及其意义应该与问题陈述和调研内容直接相关。第15章重点讨论如何清晰有效地沟通调研发现。

有许多有效的操作方法可以提高定性数据分析的质量。一种方法是使用两名或两名以上的研究人员独立分析数据，以验证类别和主题，提供不同的见解。另一种方法是使用多种数据来源，如深度访谈和焦点小组访谈，以对调研发现或新观点加以验证。最重要的是，在展示研究发现时要避免结果外推，即普适性的外推，因为定性调研与定量调研不同，定性方法的结果并不意味着可以代表整个总体。正如前面所说，定性调研方法的主要目的是解释“为什么”，而不是要说明“是什么”。

在第4章中我们详细讨论了如何使用社交媒体来获得洞察，因为社交媒体数据是二手数据的一种形式。大多数社交媒体数据也是定性数据，因为它是以评论、推文、帖子、照片、视频等形式出现的。前面介绍的定性分析步骤是分析所有类型定性数据（包括社交媒体数据）的一般指南。调研洞察5-3专门讨论了社交媒体数据分析。

调研洞察5-3　数字营销调研

社交媒体数据分析

社交媒体网站是定性数据的强大来源。社交媒体平台通过消费者自由发表的意见，为获得营销问题背景信息、定义术语、界定研究问题、提出假设、确定研究重点提供了即时途径。许多公司都意识到使用社交媒体网站来获得营销洞察的价值。但社交媒体提供的信息庞大，调研人员如何利用社交媒体数据从消费者那里获得强有力的、可操作的洞察呢？社交媒体的数据分析也是有章可循的。实践中有专门用于分析社交媒体的操作方法。下面就是这些分析步骤的介绍——前提是你必须先获得数据！

对于社交媒体分析来说，拥有清晰的问题陈述和调研内容（见第2章）尤为重要。为了理解社交媒体所提供的大量数据，你要有一个明确的方向。将分析重点聚焦在一个确定的主题和具体的调研内容上会使分析更加容易。尽管如此，为了充分利用社交媒体数据分析的优势，调研人员允许调研内容有一些新的改变，这些新的改变可能会把调研人员引向歧途。

明确合适的搜索词是成功进行社交媒体数据分析的关键。数据分析过程通常是循环迭代的，在更广泛的搜索之后，会使用术语组合或新发现的同义词进行搜索。一开始用于搜索的术语包括产品的品牌名称、竞争对手的品牌名称和产品类别。更多的探索性分析可能会了解与品牌相关的活动、事件和情感。使用社交媒体平台，如Meltwater对搜索词的确定会大有帮助。

识别最有用的数据源是社交媒体数据分析的另一个重要步骤。最好的数据来自评论网站吗？来自社交网络吗？来自博客吗？相关网站层出不穷，且不断变化，社交媒体的数据来源的流行程度也起伏不定，因此寻找的目标也是不断变化的。虽然这种动态的变化使从网站中找出最好的数据源变得更加困难，但许多新的令人兴奋的和相关的用户生成信息源正在涌现，只需坚持就可以发现。

在你使用关键搜索词从最好的网站得到社交媒体数据后，应该对大量的社交媒体数据进行分析。你可以按照与定性数据分析相同的步骤来对社交媒体数据进行分析，只需根据社交媒体数据的情境稍微做些修改。

第1步：整理数据

最有用的用户生成数据不一定是以文本形式展现的，这些数据可能以照片、视频、艺术品、文献和其他形式展现，但这些展现可以反馈对产品的意见，提供新的见解。因此，数据的整理应该是灵活的，允许使用各种形式的媒体。有许多商业服务（例如HootSuite和Meltwater）和软件（例如NVIVO）可以帮助实现这一过程，还有免费的在线工具，如SocialMention和Google Alerts。研究人员还可以自己动手整理数据，以确保数据的通用性和全面性。

第2步：感觉数据

与分析其他类型的数据一样，研究人员应该彻底审查数据。与所有研究一样，深刻的分析有赖于对数据的全面理解。

第3步：数据分类

与分析所有形式的定性数据一样，研究人员需要对社交媒体数据进行编码，将其分成有意义的类别。用于搜索数据的搜索词提供了一个起点，但是拥有洞察力的研究人员会在研究过程中添加、删除和整合类别。

第4步：确定主题

下一步是基于全部数据，识别与界定同预先指定的研究内容相关的模式。

第5步：实证举例

在确定了主题之后，下一步是提供具体的例子。这就是社交媒体数据脱颖而出的地方。引用可以来自推特、评论和博客。在网上找到的照片可以准确地说明消费者在何时何地以及如何使用产品或服务。消费者制作的视频可以展示产品的明显优势和劣势。通过社交媒体传播的材料往往是富有生活气息的，因此可以用来把主题带入生活。

第6步：沟通见解

最后也是最重要的一步是利用所得到的研究发现来制定与调研内容相关的可操作的营销建议，根据调研项目的研究结果来计划下一步的工作。

资料来源：Veeck, A. (2013, October). Beyond monitoring: Analyzing the content of social media data. *Quirk's Marketing Research Review*, 74-77.

使用电子工具分析定性数据

有许多电子工具可以帮助分析定性数据。像Dragon and Raven's Eye程序可用于从音频文件中转录数据。其中一些是免费的。例如，YouTube有一个可以从音频文件生成转录的功能。（请注意：如果你使用YouTube录制文件，请务必将文件标记为“隐私”，以保护被调查者的隐私。）目前，这些程序都不是完全准确的，调研人员仍然必须按照需要对转录的文本进行审查和纠正。

定性数据分析软件，如NVIVO和Atlas T-I，旨在帮助分析定性数据。这些程序对于数据的整理和分类非常有用。使用这些软件，可以找到关键术语，提供单词和短语的计数。但是请注意，这些程序还不能代替研究人员形成关键的见解。

Word云程序包括在线文字云制作工具Wordle这样的独立程序和定性数据分析软件的一部分，基于字数的定性数据视觉显示很受欢迎。**词云**（word cloud）是以词语为基本单位，更加直观和艺术地展示文本的一种工具。单词和短语的大小与它们在文本中出现的频率相对应。例如，可以将焦点小组文本转录上传到一个可以计算单词出现频率和短语显示的词云生成器中。为了说明这一点，我们将定性数据分析的内容上传到一个单词生成器中，得到的词云如图5-1所示。

图 5－1　文本词云

说明：文本词云通过 https://www .jasondavies.com/ wordcloud 生成。

本章就业技能

通过学习本章内容，你已经掌握了：

批性判思维技能

- 区分定性和定量研究方法。
- 了解定性研究的利弊。
- 识别不同的定性研究方法，以及它们的优缺点。

知识应用和分析技能

- 对给定的研究内容选择适当的定性方法。
- 对定性数据进行主题分析。

综合练习

此练习需要你使用以下两章所学到的概念和理论：

第 4 章　二手数据和配套信息

第 5 章　定性调研方法

露西 · 贝彻（Lucy Betcher）在小企业管理局（Small Business Administration）担任顾问多年。她的高中老同学及其配偶每年至少聚会一次以维系友谊。朱迪 · 多伊尔、迈克 · 富勒、阿黛尔 · 史密斯、南希 · 埃戈夫、乔伊 · 格里尔和杰基 · 雷诺有不同的职业，其中几个即将退休。在上一次聚会中，杰基向露西提过，从教师岗位退休后，她有兴趣做一些别的事情。阿黛尔听到这段对话后说她也有兴趣尝试新的东西。露西多年来一直在帮助别人创业，她能帮助她的朋友吗？

第二天早上，他们在舒适的阳台上俯瞰运河上的来往船只时，露西问大家："杰基和阿黛尔想要进入商业领域。你们对此有什么想法？"

在制药销售上取得成功的迈克表示，"在处方药管理和行政方面为老年人提供服务存在商机"。迈克指出，许多住在自己家中或退休中心的老年人在记录他们的处方药和按时服药方面存在困难。

"当人们到 85 岁或以上时，这是一个真正的问题，"迈克说，"对提供这种医疗保健个人护理服务的需求正在增长。"

南希和朱迪谈到了一家他们曾光顾的独具特色的咖啡馆。员工熟悉不同类型的咖啡，指导客户品尝不同口味的样品，店里也卖各种咖啡机、茶具以及与咖啡和茶相关的书籍。但南希和朱迪更喜欢的是店内的氛围。与大多数咖啡馆提供的安静和沉思的氛围不同的是这个店展示了独有的“学习”特色，你可以参与互动并发现新的东西。店内每周都会更换主题——当地历史、咖啡制作、艺术、音乐和读书等。

南希和朱迪都沉浸在这家咖啡店的氛围之中，并和店主谈论特许经营的事宜，这样南希和朱迪就能够在宾夕法尼亚州和纽约的家乡开店。店主告诉他们，他有几个成功的特许经营店。对于潜在的咖啡馆业主来讲，第一个最大的挑战是寻找一个能够吸引客户的地理位置，让客户接受产品和氛围，并定期惠顾。店主显然无法帮助他们做出这些决策，所以他们需要其他人的帮助来找出最佳位置。

1. 回顾第4章的内容，哪些二手数据可以帮助他们识别所要从事的商业项目的目标市场。

2. 根据你在第4章所学到的内容，确定一家能够帮助你在不同的地理区域找出成功开设咖啡馆的位置的调研公司。假设咖啡店的老板已经有了几个成功的咖啡店，店主拥有目前客户的数据库信息。

3. 无论是药处方服务还是咖啡馆创业，你会向计划创业者推荐使用哪种定性调研方法？为什么？

小　结

本章阐述了营销调研人员使用的各种定性调研方法。定量调研需要预先编制具有备选答案的结构化问句，并且需要大样本。定性调研的结构化程度没有定量调研那么高，它主要通过观察人们的言行来收集、分析和解释数据。定性调研的观察和陈述是一种非结构化、非标准化的形式。定性研究的优势在于它允许研究者从受访者那里收集更深入、更丰富的信息。混合调研方法包括使用定性调研和定量调研方法。混合研究的三种方法是先定性后定量调研、先定量后定性调研、定性与定量调研同时进行。

定性调研中的观察法是指调研人员不与消费者交流，只观察消费者做了什么而获得信息的方法。观察法可以分成：直接观察和间接观察；隐性观察和显性观察；结构化观察和非结构化观察；自然观察和设计观察。最适合使用观察法的情形有：（1）持续时间短；（2）公共行为；（3）记忆缺失。观察法最主要的优点是调研人员记录了被观察者实际上做了什么，而不依赖于其回想自己已经做过什么。观察法的局限是调研人员通常依靠小样本，所以其代表性值得关注。另一个缺点是解释观察到的行为时通常具有主观性。调研人员无法了解消费者的动机、态度或者意图。

焦点小组访谈，或者说小规模讨论是一种非常受欢迎的定性调研形式。主持人的主要任务是防止讨论偏离主题，鼓励受访者敞开心扉，确保讨论集中在所要研究的问题上。传统的焦点小组访谈有6～12人参与，这些人在一个安装了单面镜的房间里互相交谈，客户可以通过单面镜观察小组访谈。最近的创新包括在线焦点小组访谈，客户可以通过互联网上的视频进行远程观察。另一种形式的在线焦点小组访谈允许人们在家里或任何远程地点参与，通过聊天室观察和回应其他受访者。焦点小组访谈有以下优点：（1）可以获得创意；（2）允许客户观察受访者；（3）可以讨论各类问题。焦点小组访谈的缺点是：研究结果对总体没有代表性，对结果的解释具有主观性，单位受访者成本较高。在需要描述营销现象时经常使用焦点小组访谈。这种方法不能用于预测，比如不能使用焦点小组访谈去预测有多少人会实际购买一款新产品。焦点小组访谈的四个主要目的是：产生创意；理解消费者词汇；揭示消费者对产品和服务的需求、动机、感知和态度；更好地理解定量调研的结果。

营销人员在挑选受访者实施焦点小组访谈时，要注意受访者应该具备相似的人口统计特征或行为方面的特征，在招募和选择受访者时如果不考虑这一点就会出问题。大多数主要城市的调研公司都具备焦点小组访谈所需的设施，其实只要有一个宽敞的房间和一张桌子就可以进行焦点小组访谈。主持人的角色对焦点小组访谈能否取得成功至关重要，主持人应提前参与到调研项目中。

民族志研究是一种借鉴人类学的方法，它是对一个群体及其行为、特征和文化的详细的、描述性的研究。民族志研究包括观察自然环境下的消费者，以监测他们的行为、与他人的关系和情绪。智能手机的面世与普及催生了移动民族志研究，形成了一种新的营销调研方法，这种方法要求受访者用手机记录自己的经历。民族志的另一种变体是网络民族志，主要研究消费者的在线活动。

近年来，营销调研在线社区已经成为一种流行的研究形式，在这种形式中，来自目标总体的代表性样本通过网络聚集在一起，进行互动，提供意见和想法，并完成任务。在线社区既便宜又灵活，可以收集各种各样的数据，包括社交媒体上的帖子、照片和视频。

另一种涉及深度访谈，用以检查消费者的动机和内心想法的定性技术称为原始记录分析。这种分析方法引导受访者"尽情思考"，以便调研人员能够描绘出消费者制定购买决策过程的经历。如词汇联想测试、句子完成测试或者角色扮演等投射技术在发掘被试者不能很好地用文字表达的动机、期望和态度方面也是很有帮助的。

神经营销学研究的是个体对营销刺激的非自愿反应。神经营销的类型包括神经影像、眼动追踪和面部编码。神经营销学是一个新兴的领域，可以提供针对消费者行为的额外的定性洞察。

定性数据分析的一个有用方法是主题分析。主题分析是检查定性数据，以揭示数据的主题或模式。主题是在定性数据中发现的模式。实证举例是为一个主题提供证据的定性数据。定性数据分析的步骤是：（1）整理数据；（2）感觉数据；（3）数据分类；（4）确定主题；（5）实例举证；（6）沟通见解。

复习题与应用题

1. 什么是定量调研和定性调研？指出这两种调研方法的区别。
2. 什么是混合调研？混合调研的三种类型是什么？试举例说明。
3. 描述四种观察法，并解释它们之间的区别。
4. 为什么管理者选择显性观察和隐性观察进行工作绩效研究的结果会有所不同呢？
5. 描述传统的焦点小组访谈。
6. 详细说明何种情况不适合使用焦点小组访谈，何种情况适合使用焦点小组访谈。
7. 至少给出焦点小组访谈的三个优点。
8. 如何招募焦点小组访谈的受访者？招募受访者要注意什么？
9. 焦点小组成员的特征应该是相似的还是不同的？为什么？
10. 焦点小组访谈环境如何影响研究的总体质量？
11. 营销经理可以担任焦点小组访谈的主持人吗？为什么？
12. 描述有能力的焦点小组主持人所使用的两种技术或策略。
13. 说明焦点小组访谈的主持人应如何处理以下情况：（a）一位受访者声音洪亮，并且主导了整个讨论；(b) 一位受访者明显患了感冒，每隔几分钟就咳嗽一次；(c) 两位受访者被证实是相识的，他们就孩子的话题喋喋不休；(d) 几个具有代表性的受访者看起来有些不舒服，一句话没说。

14. 在总结焦点小组访谈的调查结果中，哪类数据应该被包含在报告中？研究发现可以代表总体吗？为什么？
15. 指出在焦点小组访谈的设计和执行中，客户参与互动的优点和缺点。
16. 给出民族志研究的三个例子。
17. 汽车公司如何利用民族志方法来改进产品？
18. 什么是移动民族志？列出可能使用移动民族志方法的三种消费活动。
19. 为什么网络民族志是一个越来越流行的研究方法？
20. 什么是投射技术？“投射”是什么意思？
21. 假设你是一家新的时装销售公司的创始人。创建一个角色扮演的场景，为你的新系列夏装获得有用的反馈。
22. 描述句子完成测试、词汇联想测试和气球测试。有一种可以穿在孩子睡衣里的吸水衬裤。设计一种测试，了解尿床孩子的母亲对这种吸水衬裤的反应。
23. 什么是神经营销学？举出三个神经营销的例子。
24. 连锁杂货店 AGS 在其零售超市中用纸袋包装商品。管理人员注意到，一些竞争对手正在为其顾客提供可循环利用的袋子。AGS 的管理部门不确定消费者对可循环利用的袋子的感觉有多强烈。选择两种投射技术对此进行研究，解释为什么你选择这些方法。然后详细描述你选择的两种方法如何用到这个研究问题中。
25. 连锁杂货店 AGS 决定利用焦点小组来了解如何向顾客提供可循环使用的塑料袋。为主持人准备焦点小组访谈的主持大纲。
26. 解释为什么主题分析是定性数据分析的有用技术。

案例 5-1

Mumuni 广告公司

Mumuni USA 是一家总部位于芝加哥的广告公司，专门从事内容营销，包括开发和分发能引起人们对产品和服务感兴趣的在线材料。Mumuni USA 创建的内容包括社交媒体上的帖子和视频。该公司在开发无缝融入人们的网页浏览会话的内容方面非常成功。例如，公司为客户制作了一个视频，内容是滑雪运动员在斜坡上玩了一天后喝热巧克力，该视频获得了超过 10 万点击量。

Mumuni USA 一直在仔细观察语音技术的崛起。人们越来越多地使用手机上的语音助手，比如苹果手机的 Siri 和谷歌助手来获取信息。此外，家用语音智能音箱（如亚马逊的 Alexa 和谷歌的 Home）的销量也大幅增长。这些智能语音助手将对人们的网络浏览行为产生巨大影响。一项研究预测，在短短几年内，至少有 1/3 的网络浏览将在没有屏幕的情况下进行。

Mumuni USA 认为，它可能需要改变营销内容的传递方式，以适应语音助手日益广泛的使用。该公司希望确保营销内容能通过语音询问信息继续到达受众。公司想了解人们是如何使用语音助手的，包括他们在哪里询问信息，以及人们使用语音助手的主要原因是什么。因此，Mumuni USA 的调研部门正在准备一份研究语音技术的计划书。

1. 为这份营销调研计划书撰写问题陈述和调研内容。

2. 研究社交媒体网站，了解消费者对语音技术的感受以及他们是如何使用语音助手的。在调查社交媒体网站的基础上，写出与本项目研究内容相关的三个主题。每一个主题都应该至少用两个具体的例子来说明（帖子、推文、照片、视频等）。（提示：信息丰富的社交媒体内容可能包括对语音扬声器的评论，以及消费者制作的他们在家里如何使用语音技术的展示影像，以及语音助手论坛上的讨论。）

3. 选择两种不同类型的定性研究来完成营销调研的内容。解释为什么这些定性方法适合该调研内容。

案例 5-2 综合案例

汽车研发中心

尼克·托马斯是汽车研发中心的首席执行官，已系统规划了汽车模型的一些创意，以使其母公司的汽车产品线恢复生机。他运用多种方法进行新产品开发，其中涉及产品融资、生产、研发、营销和广告等方面。最近来自广告业的阿什利·罗伯茨（Ashley Roberts）与托马斯探讨了一些新车型的计划。托马斯告诉阿什利，他需要更多关于消费者对不同种类汽车的偏好情况的营销信息。他还告诉她汽车的选择范围很广，可以考虑不同规格。有一款车型非常小，几乎像脚踏车一样。有的车型比较大，但仍然比传统的汽车生产线生产的汽车要小，其目的是使油耗指标达到理想值。阿什利明白，这些信息对于有效的广告策略和战术是至关重要的。她很想知道消费者是否认为新的、较小的车型会有不同的显著价值。也许喜欢脚踏车车型的人会在生活中感受到兴奋和乐趣，而那些表示喜欢大型、低耗油车型的人会优先考虑社会的认可、环境和谐或者其他的价值。如果能够找出这些差异，广告代理方就会在视频和广告文案中调整价值主张（例如，描述令人激动的生活、驾驶的兴奋、成就感或者为解决环境问题做出贡献的认可等）来配合某种车型的促销。哪种方法对阿什利·罗伯茨的广告工作会有帮助？为什么？

注释

第6章

数据收集方法

学习目标

在本章你将学习：

- 问卷调查的优点。
- 各种调查方式。
- 九种不同的数据收集方法。
- 调研人员与固定样本组公司合作收集数据的原因。
- 选择数据收集方法时应当考虑的因素。

本章位置

1. 确定营销调研需求
2. 界定营销问题
3. 明确调研内容
4. 确定调研设计
5. 识别信息类型和来源
☞ 6. 确定获取数据的方法
7. 设计调查问卷
8. 确定抽样方案和样本容量
9. 收集数据
10. 分析数据
11. 撰写和展示调研报告

在前面各章中，我们讨论了营销调研的不同类型，例如焦点小组访谈、实验法和问卷调查。每个调研类型的数据收集方法各不相同。本章中，我们只关注问卷调查。**问卷调查**（survey）是指用事先设计好的问卷对大量的受访者提出问句。[1] 这些问句有简单与复杂之分，简单的问句可涉及受访者的人口统计，复杂的问句如受访者的所思所想以及他们的观点、偏好或倾向。通常问卷调查需要访问大量的受访者以呈现出样本特征，并确保调研结果能够准确地代表更大的总体。在本章中，我们主要阐述用于问卷调查的各种具体的数据收集方式。

历史上，问卷调查数据收集方法的演进过程一直与技术的发展相伴。最早的调查使用印制的问卷来实施个人访谈或邮寄调查。随着技术的发展，电话在全国范围内普及并得到接受，采用印制问卷收集数据的方法便为电话所取代。以电话为基础的数据收集方式反过来又推动了自动拨号器的发展，电脑的出现产生了电脑辅助电话调查（computer-assisted telephone interviewing，CATI）。CATI 系统通过自动拨号、编程跳问、逻辑检验、跟踪统计、及时提供调研报告等功能，大大提高了电话访问的效率。现在，电话调查在很大程度上已经被在线调查取代，后者使收集数据的效率大为提高。目前最流行的数据收集方式是固定样本组。固定样本组是由大量潜在受访者组成的群体，他们由公司付费招聘并接受有酬的调查。拥有固定样本组的公司通常拥有在线固定样本组，能够保证研究人员以最快的速度和最小的数据收集误差接触到任何实际的、确定的总体。

本章首先简要讨论问卷调查为何如此普及以及问卷调查法具有哪些优点。然后介绍五种基本的调查方式：（1）人员操控调查；（2）电脑辅助调查；（3）电脑操控调查；（4）自我操控调查；（5）组合式调查，有时也称为混合式调查。虽然在线调查非常流行，但重要的是你要了解其他数据收集方法的使用和细微差别，因为每一项调查都是独特的，在线数据收集可能并不总是最好的选择。

我们将讨论每种调查方式的优缺点，而且会介绍每种调查方式可以使用的数据收集方法。如采用人员操控调查方式，可以使用商场拦截访问和电话访问。最后，我们讨论调研人员在决定选择哪种数据收集方法时需要考虑的各种因素。

6.1 问卷调查的优点

与观察法或其他定性调研方法相比，问卷调查采用系统、经济、有效的方式进行大规模的数据收集，特别是大样本的数据收集。问卷调查具有六个优点：（1）标准化；（2）高效率；（3）操作简单；（4）揭示“隐性”问题；（5）易于分析；（6）揭示群间差异（见表6－1）。

表6－1 问卷调查的六个优点

优点	描述
标准化	所有受访者回答的问句和答案选项（量表）内容一致，顺序相同。
高效率	用低成本高时效的方式，对大规模代表性样本实施多个变量（问句）的测量。
操作简单	访问员向受访者提出问题并能迅速简便地记录答案。很多情况下，受访者也可自填问卷。
揭示“隐性”问题	问卷调查虽然不能达到深度访问和焦点小组访谈的深入程度，但通常会询问有关事件的动机、细节、结果或内心想法等问题。
易于分析	问卷设计标准化和电脑处理可以对大样本数据实现快速排序、交叉制表和其他统计分析。
揭示群间差异	可将被调查对象细分为各子群（比如使用者和非使用者、年龄组群等），进行对比以发现有意义的差异。

自主学习

体验问卷调查法的优点

要亲自体验问卷调查的优势，可对四个朋友（两男和两女）实施以下问卷调查。你可以选择（1）写下或打印这些问句，然后交给朋友填写；或者（2）向你的朋友读出每个问句，并分别记下他们的答案。对于第二个选择，你应该确保每个朋友分开回答。

1. 昨晚你看电视了吗？

________看了 ________没看

2. （如果看了）昨晚你大概看了几个小时？

________不到1小时

________1～2小时

________2～4小时

________4小时以上

3. 你经常看电视的主要原因是什么？（单选题）

________娱乐（综艺、幽默、戏剧、体育、访谈）

________教育（科学、新闻、历史、烹饪）

________逃避（科幻、纪实、幻想）

________刺激（动作、戏剧、旅行）

4. 你的性别

________男 ________女

现在你已经实施了问卷调查，让我们来看一下问卷调查的优点。

标准化。问句2和问句3的回答项使调查标准化了吗？换句话说，如果你没有给受访者固定的回答选项，他们的回答会是什么呢？

高效率。如果从25个朋友那里收集信息要多花多少精力呢？在这种情况下，你可能会将问卷通过邮件或短信发给他们，或者把这些问题挂在脸书或其他社交媒体平台上。这一工作对你来讲微不足道。这项调查要加几个问句，加几个为好呢？要回答这个问题，就要估计一下完成调查要花多长时间，然后计算出你的朋友在15分钟内可以回答多少个问句——这通常被认为是完成调查的合理时间。

易于分析。在参加调查的朋友中，昨晚看电视的百分比是多少？这些朋友中看电视超过4小时的百分比是多少？你用了多长时间来统计这个问句的答案？受访者书面或口头回答问题，你如何才能使分析容易一些呢？

操作简单。你实施这项调查感到困难吗？回答这个问题的方法是估计一下在没有你的帮助下，所有受访者完成这项调查平均花了多长时间？

揭示"隐性"问题。你的朋友看电视主要是为了娱乐、教育、逃避或刺激？将问句3进行统计就可以得出答案。请注意，通过这个简单的问句，你会发现你的朋友看电视的动机一目了然。

揭示群间差异。两位男性的答案是否与两位女性的答案不一样呢？基于性别分别统计百分比，并进行比较。在短短几分钟内，你就可以看出群间是否存在差异以及差异是什么。

6.2 数据收集模式

数据收集的困境和科学技术的影响

正如本章开头所提到的，由于技术原因，营销调研数据收集阶段的内容已经发生了巨大的变化。主要原因有两个：第一，在过去的20年里，公众参与问卷调查的意愿急剧下降；第二，电脑和通信技术的显著进步为营销调研的数据收集开发了新的有效的方法。罗杰·图兰奇（Roger Tourangeau）[2]在一篇文章里阐述了问卷调查应答率降低的主要原因。这些原因包括：人们普遍使用了"看门人"（gatekeeper），比如电话留言机、来电显示和呼叫限制，闲暇时间减少；公众参与重大事件的比例降低；非本土出生的、英语不流畅的美国人的数量增多，理解和表达方面有困难的老龄人口增加。美国人越来越注意保护隐私。实际上，问卷调查参与率的降低不只发生在美国，它也是全球性的现象。应答率的下降促使营销调研人员对传统数据收集方法的使用进行重新思考。

虽然科学技术的进步开启了新方法之门，但是依然没有解决应答率下降的问题。技术进步的两个主要原因是电脑辅助电话调查（CATI）等传统数据收集方法成本的上升和消费者对新通信系统的采用。[3]营销调研公司已经找到许多可供选择且能够节约成本的调研方法，以保持自己的竞争力，避免被淘汰。与此同时，消费者已经将个人电脑、平板电脑和其他移动电脑融入他们的生活，而且很多人使用无线通信系统。营销调研公司必须与时俱进，适应这些新的通信系统。

技术的兴起和消费者快速采用复杂的个人通信系统给全球的营销调研数据收集带来了困难。你将很快了解到，技术进步带来的变化正在使数据收集过程更加快捷、简单、安全，甚至更便宜。尽管如此，应答率（即受访者中实际参与问卷调查的百分比）仍然很低，而且近年来逐年下降。[4] 与此同时，非接触率（即调研人员试图接触受访者但是无法触及的百分比）也在逐年上升。电话访问遇到的问题尤其严重，因为固定电话使用者通过来电显示、自动应答等类似的装置有效地拦截了营销调研。在线调查参与者也有类似的避免接受调查的方法。

图 6－1 展示了近年来各种数据收集方法的发展趋势，这些方法有在线调查、电脑辅助电话调查、纸笔调查、电脑辅助个人调查（computer-assisted personal interviewing，CAPI）和混合模式调查。该图显示了过去几年进行的全球营销调研行业调查的结果，图中还增加了截至 2020 年的预测趋势线。[5] 图中的数据显示在线调查急剧增加，与此同时，电脑辅助个人调查也在增加。与在线调查相比，电脑辅助电话调查和纸笔调查均呈下降趋势。混合模式调查相当稳定，变动趋势不到 10%。因此，电脑技术的影响在图 6－1 中很明显。

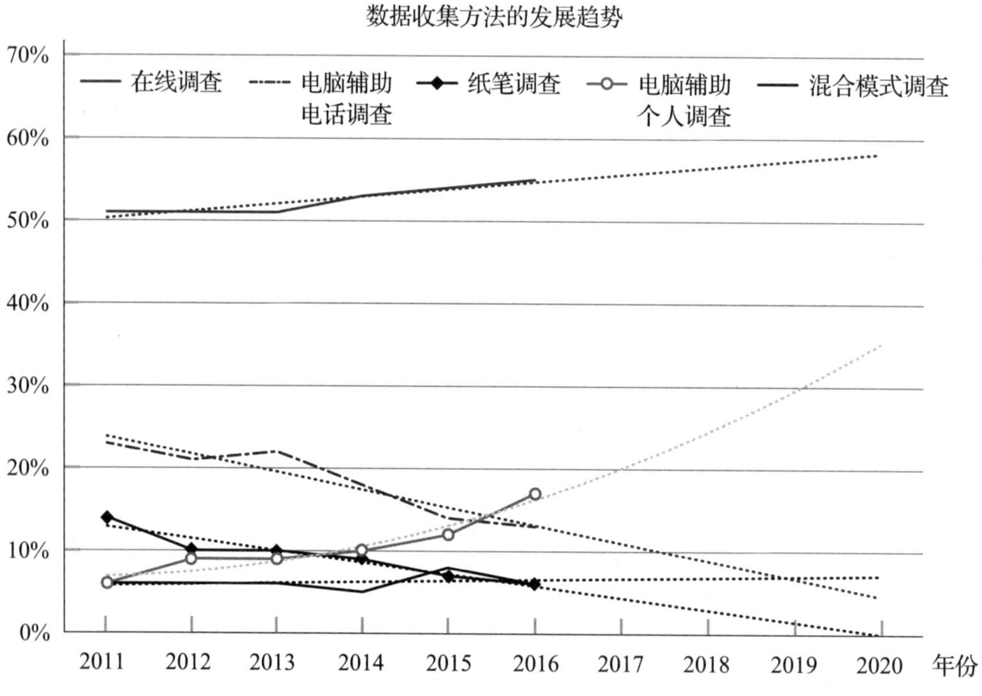

图 6－1 数据收集方法的发展趋势

图 6－2 显示了受访者参与在线调查所用设备的变化趋势。[6] 从图中可以看出，台式电脑的使用量急剧下降，而智能手机的使用量却急剧上升。图中的趋势线表明，在 2019 年前后，智能手机的使用已经赶上或将超过台式电脑，成为首选的在线填写设备。平板电脑的销量预计将保持不变，但到 2020 年将保持在 10% 以下。

尽管图 6－1 给人的印象是在线调查正在超越所有其他方法，然而，数据收集最佳的策略是传统的或低技术的方法和现代的或高技术的方法的结合。如表 6－2 所示，四种可能的数据收集方式可依是否使用访问员和是否采用电脑技术这两个维度来划分。因此，数据收集可以分为人员操控、电脑辅助、电脑操控、自我操控四种调查方式。我们将详细描述每种方式的调查方法。在讨论每一种调查方式中的各种问卷调查类型之前，先了解一下每种调查方式的优缺点。[7] 另外，每种调查方式都在演化，并随着技术的发展不断改进。

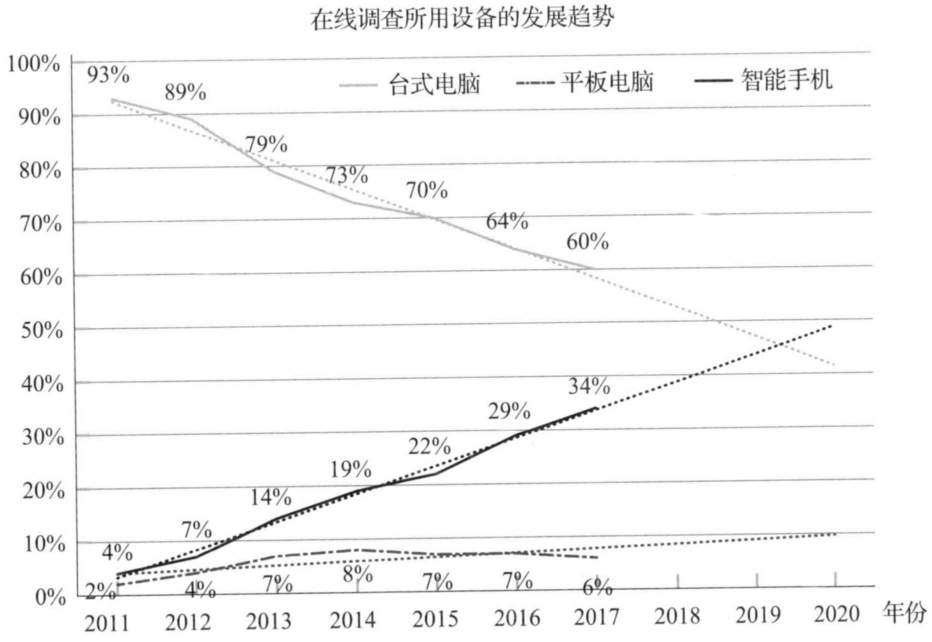

图 6－2　在线调查所用设备的发展趋势

表 6－2　数据收集：访问员和电脑技术

	无电脑	有电脑
有访问员	**人员操控调查** 访问员读出问句并将答案记录在纸制问卷上。	**电脑辅助调查** 访问员读出问句，使用电脑技术来记录答案和 / 或协助访问。
无访问员	**自我操控调查** 受访者阅读问卷上的问句，然后在问卷上作答。	**电脑操控调查** 电脑呈现问句并记录受访者的答案。

人员操控调查

在**人员操控调查**（person-administered survey）中，访问员面对面或通过电话向受访者读出问句，并在不使用电脑的情况下记录他们的回答。多年来，这是一种基本的问卷调查方法。然而，随着成本的增加和电脑技术的进步，这种方法的应用已逐渐减少。不过，人员操控调查仍在使用。下面我们讨论这种方法的优缺点。

人员操控调查的优点　人员操控调查有四个独特的优点：及时反馈、便于沟通、控制质量和及时调整。[8] 访问员出现在现场可以当场给受访者提供指导，并帮助受访者专心完成任务。

1. 及时反馈。在访问的过程中，访问员要对受访者的提问做出直接的反应。有时受访者未能领会访问员的要求，或者没有听清问句，或者在接受访问时心不在焉。访问员必须根据受访者的语言或非语言暗示做出相应的调整。当一位受访者开始坐立不安或者看上去有点烦躁时，访问员可以说："再问几个问题就结束了。"或者当一位受访者做出某些评论时，访问员可以简单记下，作为附件交给研究人员。

2. 便于沟通。一些受访者通常不信任调查，或者会对即将进行的调查产生疑虑。在访问过程开始的时候，访问员在场通常有助于与受访者建立融洽的关系。因此，人员操控调查有助于受访者对访问给予信任和理解，非人员控制数据收集方式则做不到这一点。

3. 控制质量。有时访问员必须根据性别、年龄或其他明显的特征来选择特定类型的受访者。由人员操控的调查可以确保选择正确的受访对象，也可以确保向受访者提出问卷中的每个问题。调研人员认为在进行面对面调查时，受访者的回答会更真实可信。

4. 及时调整。访问员能够适应不同类型的受访者。例如，通常对于一位年长的或者年幼的受访者来讲，在访问开始时需要对受访者逐步指导，以帮助其理解如何回答问题。访问员应该受过培训以确保解释问句时受访者能够正确理解原意。实际上，面对不同的受访者，访问员应该严格遵守相应的规则来适应受访者的不同情况。

人员操控调查的缺点 运用访问员调研存在人为误差、速度慢、成本高以及有访问评估问题等缺点。

1. 人为误差。访问员可能没有按照问卷安排的顺序进行提问，或者改变了问句用词而使整个问句的意思发生变化。访问员在记录受访者信息时也会出现错误。访问员在对重复提问感到疲惫或者厌烦时，同样会犯各种错误。

即使我们在某种程度上忽略"误差"，人员操控调查也会存在另一个危险——"欺骗"，如试图引导受访者做出某些反应或故意记录不能反映受访者真实反应的答案。

2. 速度慢。由于要进行逐一访问，通过访问员收集数据所花的时间比其他调研方式更多。尽管图片、影像和图表可由访问员手工处理，但不可能像电脑一样迅速。通常访问员用笔纸简单地记下受访者的回答，这就需要一个单独的数据输入过程来建立电子数据档案。为此，越来越多的数据收集公司转而使用笔记本电脑将受访者的回答即时添加到数据文件中。

3. 成本高。显然，使用面对面的人员访问比邮寄问卷调查成本要高。一般来说，调研公司要对访问员进行培训以提高访问技巧，这就是成本高的原因所在。电话访问员的成本相对较低，但依然高于邮寄问卷调查和在线调查。

4. 访问评估问题。人员操控调查的另一个缺点是有他人参与的访问会使某些受访者产生被称为"访问评估"的顾虑心理。[9] 有些受访者在面对人员访问时担心自己没有"正确"地回答问题，就有可能产生**访问评估**（interview evaluation）心理。即便访问员是一个完全陌生的人，有些人也会因顾及访问员对他们回答的反应或者对自己的评价而产生焦虑。例如，有些受访者尽量给出他们认为访问员想要的答案来取悦访问员。尤其是涉及私人问题，比如个人保健、政治倾向、经济状况甚至年龄时，更有可能产生访问评估问题。访问员在场可能使得这些受访者的回答不同于非人员数据收集方式下的回答。

电脑辅助调查

电脑技术为调查方式提供了一种诱人、可行、高效、灵活的选择方案，而且几乎每天都在取得新的进展。虽然在过去人员操控调查仍是收集数据的主要方式，但现在电脑辅助调查，特别是电脑操控调查已经占据主导地位。举个例子，电话访问员可以在电脑屏幕上阅读问句并记录答案，访问员也可以使用平板电脑来辅助调查。在**电脑辅助调查**

(computer-assisted)、**人员操控调查**(person-administered survey)中，访问员基本上是用语言表述问题，同时依靠电脑技术来使访问工作更加方便。利用电脑会优化访问过程，例如，显示需要阅读的问句，允许存储答案，甚至使用视频或图片证明一些产品特性。电脑技术帮助访问员使访问过程变得更有效率和更有效果。从现在起，我们把电脑辅助个人调查简称为“电脑辅助调查”。正如你所料，电脑辅助调查有很多优点，也有一些缺点。

电脑辅助调查的优点　电脑辅助调查有多种形式。访问员可以通过电话或面对面进行访问。访问员可以在个人电脑或平板电脑上提供所有的问句并记录答案，或者用隐秘的方式记录答案。无论电脑参与的程度怎样，电脑辅助调查至少有四个明显的优点：速度快，无误访问，使用图片、视听资料和图表，以及实时获取数据。当然，由于有受过训练的访问员在场，电脑辅助数据收集自然具有人员操控数据收集的好处。

1. 速度快。也许电脑辅助数据收集的最大优点就是数据收集速度快。电脑辅助调查比纯粹的人员调查快得多，因为电脑不会疲惫或者厌烦，而且不会产生人为误差，还能节约成本。

2. 无误访问。只要程序正确，电脑辅助调查方式即便不能阻止由访问员造成的错误，也绝对可以确保零电脑误差。比如，非故意的问句遗漏、受到受访者先前回答的影响而问了不恰当的问句、曲解了所要问的问句、记录错误等。

3. 使用图片和视听资料。电脑图片，如照片、图画或图形可以集成到问句中，便于通过电脑屏幕来阅读问卷的受访者填写。例如，通过电脑绘图可以360度展示一款新型空调，而不是访问员手持图片让受访者观看。高质量的视频可以详尽展现产品的使用方法。

4. 实时获取数据。通常访问员获得受访者的回答后先录入电脑，在一天的访问结束时，再将受访者的数据传送到中心办公室，或者通过无线通信实时完成。在电脑辅助的电话采访中，由于使用了中央计算机系统，受访问者的答复会立即存储起来。

电脑辅助调查的缺点　电脑辅助调查的主要缺点在于有一定的技术要求和较高的开发成本。

1. 技术要求。营销调研人员可以使用很多电脑辅助方法。最简单的电脑辅助方法所要求的技术水平较低，通常访问员能够迅速掌握；更复杂的方法（比如CATI，稍后描述）需要一定的技术水平来掌握电脑接口技术。

2. 高开发成本。尽管电脑技术的应用能提高效率，但购置和运行这些系统的成本较高。最初的成本来自购买电脑辅助系统，如笔记本电脑或平板电脑。最复杂的电脑辅助调查需要进行编程和调试。若考虑电脑辅助调查的不同形式及其成本（包括时间成本），会发现电脑辅助调查的吸引力比其他数据收集方式小。

自我操控调查

表6-2中的**自我操控调查**(self-administered survey)是指受访者在没有访问员或电脑管理访问的情况下，独立完成整个调查过程。[10]这里的自我操控调查指的是典型的纸笔调查，受访者自行阅读问句并直接将答案填写在调查问卷上。通常情况下，受访者按照自己的节奏填写答案，自己选择地点和时间来完成调查。他们甚至可以决定在什么时候提交问卷。换言之，问卷的填答完全由受访者掌控。正如你在图6-1中看到的那样，

自我操控调查是最不流行的调查类型，使用频率急剧下降，但在有些情况下仍有研究者使用。

自我操控调查的优点 自我操控调查具有三大优点：可节约成本、自我控制以及消除对访问评估的顾虑。

1. 可节约成本。由于不需要访问员或访问设备（例如电脑程序），受访者自我操控调查能够显著地降低成本。

2. 自我控制。在整个过程中受访者可以自己控制调查的进度，不会感到仓促。理想的状况是，受访者在调研过程中是轻松愉快的，而自我操控调查能够为受访者创造这种轻松愉快的环境。

3. 消除对访问评估的顾虑。有些受访者在回答诸如赌博[11]、吸烟或个人卫生等敏感问题时会有顾虑。自我操控调查会将调研人员或电脑排除在外，受访者可能会更加轻松自在。

自我操控调查的缺点 受访者自我操控调查的缺点在于自我控制、缺乏监督以及对问卷设计要求高。

1. 自我控制。因为自我操控调查将调查的控制权交给受访者，因此这种调查方式容易出现受访者没有完成调查、错误地回答了问题、未能按时完成调查或者干脆拒绝回复等问题。

2. 缺乏监督。在受访者自我操控调查过程中，调研人员没有机会对受访者进行监督或与其互动。在人员操控调查中，调研人员可以对问题给予现场解释并鼓励受访者继续填答。但在自我操控调查中，如果受访者不理解字句的意思或不清楚如何回答，就可能会做出错误的回答或因感到沮丧而拒绝回答。

3. 对问卷设计要求高。由于缺少访问员或内部电脑核对系统的协助，受访者对问题的理解完全依靠问卷本身。问卷不仅要提供详尽的指南、示例和提示，还需要激发调研对象的参与愿望并促使其完成全部问题。无论采用哪种数据收集方式，问卷设计都很重要。在自我操控调查中，在数据收集开始之前，调研人员必须确保问卷详尽准确。在第 8 章中，我们将进一步学习问卷设计的有关内容。

电脑操控调查

在**电脑操控调查**（computer-administered surey）中，电脑在呈现问句和记录受访者的回答中扮演着重要的角色。典型的电脑操控调查是受访者直接登录问卷网站完成在线调查。令人惊讶的是复杂的网络问卷设计系统可以很容易地对受访者的资格进行识别，基于前面的回答跳过不应该问的问句，包括随机给予刺激，使用配额系统对样本大小进行控制，显示各种图片和视频，以及完成各种几年前还需要访问员才能执行的任务。此外，电脑操控调查并不局限于互联网，因为它们也适用于电话传送。这些“互动语音应答”（IVR）调查使用预先录制的或电脑生成的声音，允许受访者口头回答问题或使用手机键盘回答问题。

电脑操控调查的优点 电脑操控调查提供了广泛的用户友好特性，效率很高，大多数受访者对电脑操控调查的主题感到舒适。

1. 用户友好度高。许多在线问卷设计系统易于使用，只要用户拥有一定的电脑技能，绝大多数问卷系统很容易学会。对于研究人员来讲，许多问卷系统有内置的问句库、简单的跳过逻辑以及复制粘贴功能。它们很容易适应几乎任何类型的图形和视频片段。有些还具有与受访者互动的功能，如拖放、滑尺量表、常用量表、图形等级量表等。大多数都有带注释的屏幕截图和/或视频辅助系统。许多系统与在线固定样本组公司相联系，因此调研人员几乎可以立即访问任何典型的需要付费的受访者群组。在线问卷设计系统管理在线问卷、收集数据、提供简单的统计和图形分析，并提供多种格式的数据下载，如 Excel 或 SPSS。对受访者来说，电脑操控调查简单、经济，有时还很有趣。[12]

2. 高效。电脑操控调查的一大好处是能够同时处理大量的受访者信息。一旦调查启动，在线调查可以在数小时内收集数千名受访者的回复。通常情况下，当使用固定样本组受访者时，这些在线调查在几天内就能收集到所有的数据。许多这样的系统是专门为自己动手（DIY）的营销调研人员设计的，所以有免费试用版本和负担得起的累进的定价系统。当然，尽管对于每年进行多项调查的调研公司来说并不是按每次调查来计算费用，但复杂系统的价格还是很昂贵的。

3. 减少受访者对访问评估的顾虑。当受访者与电脑进行互动时，受访者对其回答是否“正确”或“合适”的顾虑就会减少。[13]在这种情况下，有些研究人员认为，对于一些潜在的敏感问题，受访者会说出更真实的想法。采用用户允许或者许可营销的方式进行的调研具有较高的应答率，这是在线调研的一个新优点。也就是说固定样本组公司或拥有客户数据库的公司已经同意公司的成员参与调查，那么，这类受访者会更加配合，更加积极地参与问卷调查，不需要提前告知和提供个性化服务。[14]

电脑操控调查的缺点

1. 需要受访者能使用电脑和网络。这个要求通常不高，但在实践中有些受访者不符合。例如，一些儿童、老年人或其他弱势群体。有些国家的电脑和互联网普及率较低，这就限制了电脑操控调查的使用。

2. 信息误传。在电脑操控调查中，受访者欺诈可能是最容易出现的问题，因为没有人或访问员在场来核实受访者的身份或真实性。因此，受访者可能会为了获得奖励快速完成访问或以其他方式避免给出真实的回答。

混合式调查

混合式调查（mixed-mode survey）有时也称为组合式调查，是指运用多种数据收集方式进行调查。近年来由于在线调查的增加，混合式调查应用得越来越广泛。随着能够上网的受访者数量的增加，调研人员经常将在线调查、电脑辅助调查与其他调查方式（如人员操控调查中的电话调查）结合起来。混合式调查得以普及的另一个原因是，营销调研人员已经意识到应该像对待顾客那样对待受访者。[15]一般来说，这种意识会促使数据收集模式尽可能适应受访者的偏好，从而使受访者产生好感[16]，并使数据收集的质量达到最优。[17]

有了混合式方法，调研人员可以使用两种或更多的数据收集模式去评价样本的代表性[18]，或使用互联网招募受访者，采用面对面的方法进行访问。[19]有些公司正在尝试采用多种移动媒体模式去匹配使用手机、社交媒体的消费者。[20]同样，在有关 eBay 使用情况的混合式调查中[21]，这些调查可以通过促进定量和定性技术的使用来“深入”理解买方－卖方信任关系。

混合式调查的优点 多种途径实现数据收集目标。混合式调查的主要优势在于调研人员可以综合利用各种调研方式的优势实现数据收集目标。一般来说，混合式调查有更好的总体覆盖率，导致较高的回复率，缩短问卷长度，并降低了调查总成本。[22]

混合式调查的缺点 组合式或者混合式数据收集方式主要有两个缺点。

1. 调查方式会影响回复。以前调研人员不愿采用混合方式收集数据的原因之一就是担心调查方式的改变可能会影响消费者对问题的回答。[23]消费者对于入户访问的回答会与非人员访问的在线调查的回答不一样吗？这种差异在比较在线调查和电话调查[24]，以及网络调查和邮件调查[25]时得到了体现。也有研究评估了混合式调查中由于数据收集方法不同所引起的不同。[26]但是关于调查方式对受访者影响的研究结果并不完全一致，因此我们提醒调研人员必须对收集数据的差异进行评估，以确定数据调查方式是不是导致调查结果不同的原因。

2. 增加复杂性。运用混合方式收集数据增加了数据收集的复杂性。[27]例如，实施一项由在线调查和电话调查所构成的混合式调查，调查指南的措辞应该是不同的，一份用于在线的受访者自己阅读，一份用于他人读给接受电话调查的受访者听。另外，不同来源的两份数据需要合并到一个数据集，并且必须确保二者是可以合并的。即使在一种特定的数据收集方式中，也可能有不同类型的信息的混合，从而增加营销调研的复杂性。

6.3 数据收集方法概述

我们已经对人员操控调查、电脑操控调查、自我操控调查和混合式调查的优缺点有了一定的了解，现在描述一下每种调查方式中应用的各种访问技术。排除混合式调查的话，营销调研人员常用的数据收集方法至少有九种，每一种方法的具体描述如表 6-3 所示。

表 6-3 数据收集方法

方法	说明
入户调查	访问员在受访者的家中进行调查。通常需要事先预约。
商场拦截调查	访问员在商场拦截顾客并邀请其参与调研。访问过程可在商场或者调研公司设在商场的访问地点进行。
办公室调查	访问员与业务主管或者业务经理预约，在受访者的工作场所进行调查。
电话调查	访问员在数据收集公司办公室的隔间或工作区域通过电话调查每位受访者。通常问句显示在电脑屏幕上，由访问员将问句读出。督导能够“监听”调查过程，以便检查调查是否正确进行。
完全电脑化调查	编好程序后利用电脑提出问句。受访者与电脑进行互动并通过键盘或鼠标、触屏或其他方式输入自己的回答。
在线调查	受访者在互联网上填写调查问卷。
小组自我操控调查	受访者以小组的形式接受调查，但分别独立填写问卷，从而达到节约的目的。

续表

方法	说明
留置调查	问卷留给受访者自行填写。调研人员将问卷留给受访者，一段时间后再回来收集已完成的问卷，或者由受访者将问卷寄回。还可以把问卷交给顾客，或者放在受访者会看到的地方，比如酒店房间里，受访者自行填写。
邮寄调查	问卷邮寄到预期的受访者那里，由受访者进行填答并寄回。

人员操控调查 / 电脑辅助调查（如果使用电脑）包括：入户调查；商场拦截调查；办公室调查；电话调查。

电脑操控调查包括：完全电脑化调查；在线调查。

自我操控调查包括：小组自我操控调查；留置调查；邮寄调查。

在描述完成调查的各种数据收集方法之前，我们想要告诉你调研协会伦理准则明确规定了所有调查方式的伦理标准。特别是，许多受访者都担心的一个主要问题，即从保护个人隐私的角度来保护他们在调查中披露的信息。当你阅读调研洞察 6－1 中所包括的调研协会伦理准则摘录时，你会发现准则中有关于隐私披露或隐私政策的条款，特别是与第三方共享受访者的信息，所收集信息的安全与保护和遵守法律或其他有关规定。

调研洞察 6－1　伦理思考

调研协会伦理准则：资料保护与隐私保护

第 5 章　资料保护与隐私保护

1. 调研人员必须向受访者提供隐私通知（也称为隐私政策），隐私通知须使受访者容易获得（包括适当情况下公开），且要清楚地表述数据保护和隐私保护责任及做法。

2. 当与任何第三方分享个人资料时，调研人员必须：

a. 征得资料主体的同意；

b. 在符合资料主体或公众利益的限制情况下进行分享，这些限制情况包括但不限于：不良事件报告、健康和安全，以及符合必要法律程序的情况。

3. 通过实施符合法律法规要求的信息安全措施，确保调研人员或任何分包商或其他服务提供商收集、接收或处理的所有个人资料具有安全保障且受到保护，以防止个人资料丢失，未经授权的访问、使用、修改、销毁或泄露等风险。

4. 对于特定的研究目的，有必要对数据收集加以限制。

5. 遵守所有适用的与个人资料相关的国际和国家法律法规及当地准则，以及当地对于敏感数据的不同定义和要求。

人员操控调查或电脑辅助调查

总的来讲，人员操控调查需要依赖于电脑辅助的访问员到场。这种方法的关键特征是人在主导访问。在营销调研领域，至少有四种广泛应用的人员操控调查方法；它们之间的主要区别在于访问的地点不同。这些方法包括入户调查、商场拦截调查、办公室调查和电话调查。

入户调查　顾名思义，**入户调查**（in-home survey）是指访问员进入受访者家中所进行的调查。入户调查需要花费较长时间来招募受访者，并且调研人员必须亲自去受访者家中，因此每次调查的费用相对较高。在确定入户调查的高费用是否值得时必须考虑两个重要因素。首先，营销调研人员必须确信与受访者的接触对于调查的成功是必要的。其次，调研人员必须确信家庭环境有助于调查。当调研内容要求受访者在现场亲自看、读、接触、使用调研物品或与调研的物品（比如一个产品模型）互动，并且调研人员认为安全舒适的受访者家庭环境是影响数据收集质量的重要因素时，入户调查就很有用。在某些情况下，在调查开始前的一段时间内请受访者进入体验情境是很有用的。例如，扬科洛维奇公司（Yankelovich）的青少年监护调查（Youth MONITOR）就对六岁及以上的儿童采用入户调查以保证父母和孩子在调查过程中不会感到拘束。[28] 电脑辅助个人调查提高了调查效率，也方便了调查。[29] 编程和测试是调查成功的必要条件。[30]

有些调研内容要求受访者现场与研究对象进行互动。例如，假设一家公司开发了一种新型智能压力锅。该款高压锅有多种用途，如煲汤、慢煮、加热等。消费者能够按照说明书正确地使用每个功能吗？这项调研需要在受访者家的厨房里进行。调研人员将观察受访者如何打开包装盒、设置压力锅、阅读说明书并烹饪食品。整个过程可能需要一个半小时或更长时间。受访者可能不愿意跑到调研公司，并花费一个半小时来参加这项调研，而更愿意在自己家中进行。或者，产品可以放在受访者家中，访问员在受访者使用产品的几种不同功能后进行访谈。

商场拦截调查　尽管入户调查有许多明显的优点，但它有成本高的缺点。即使是在本地调研，入户调查人员的差旅费用也是很高的。而民意调查公司首创的“街头”调查形式以及其他在行人众多的地方进行的“高密度人流”调研是一种值得效仿的做法。**商场拦截调查**（mall-intercept survey）是在商场拦截购买者对其进行调查。大多数商场拦截调查公司在大型商场中设有办事处，这样的商场通常能够吸引不同地区的消费者，而不仅仅是本地的顾客。尤其是当调查公司拥有在某商场进行调查的专有权时，该地区所有希望进行商场拦截调查的调研公司都要委托该公司。总之，调研公司可以省下交通费用，因为受访者自己承担了去商场的路费。由于操作简便，商场拦截调查成为一种主要的调查方式[31]，许多国家都采用这种方法。[32] 顾客在商场的行人区域被拦截，当场或者被请到商场内固定的访问地点进行调查。尽管有些商场不允许进行调查，认为调查是对顾客的骚扰，但是许多商场仍然允许拦截调查，并且它们自身也可能需要这些数据来调整自己的营销计划。商场拦截调查正在采用高科技，比如 iPad 和其他移动设备，有的尝试利用自动售货机来吸引受访者。[33]

商场拦截调查除了具有低成本的优势，还具有与入户调查相似的大多数优点。正如我们前面提到的，最重要的优点也许就是访问员亲自在场，能够与受访者进行交流。[34] 不过，商场拦截调查有一些特有的不足。首先是样本的代表性不强，因为大多数商场只能吸引到附近的、相对较小区域的顾客。如果调研人员寻找的是能够代表较大区域的样本，比如一个州或者国家，就应该谨慎使用商场拦截调查技术。另外，购买频率较高的人相对于购买频率低的人更有可能成为调查对象。[35] 近年来，非商场零售业态逐渐兴起，例如商品目录销售和像沃尔玛这样的独立折扣店，当然还有亚马逊这样的在线商店，这意味着光顾商场的顾客多为休闲型而非追求便利型，因此需详细检查商场拦截调查的样本，确认受访者代表的是哪个群体。同时，许多顾客由于各种原因拒绝参与商场拦截调查。尽管如此，第 8 章将介绍一种叫作配额抽样的特殊抽样方法，也许能用来解决代表性不足的问题。

商场拦截调查的第二个不足之处是商场的环境相对于受访者的家来讲并不舒适，而舒适的访问环境有助于形成融洽的气氛以及对细节的关注。受访者也许会因路人的注目而感到不自在，也可能因为要赶时间或者因为访问员不能控制的其他事情而分散注意力。这些因素会对调研质量产生负面影响。一些调查公司尝试将受访者带到该公司设在商场的访问室来解决这个问题。这种方式可以将干扰降到最低，使受访者更放松。有些商场拦截调查的访问室配有厨房和单面镜。

办公室调查　入户调查和商场拦截调查等方法适用于使用多种消费品的消费者，但在公司对公司或者公司对组织的营销调研中特别需要对企业主管人员、采购人员、工程师或其他管理者进行调查，调查地点就有所不同。一般来说，**办公室调查**（in-office survey）是由访问员本人在受访者的办公室里进行，也可能是在受访者公司的休息区进行。对商务人士进行面对面的调查实质上与入户调查具有相同的优缺点。比如，Knoll 公司计划推出一款符合人体结构且功能可调的办公椅，公司想了解一下顾客偏好，这时在受访者的工作地点调查潜在用户或购买者是很有必要的。

你可能会想到，办公室调查的成本相对较高。调研人员必须首先找出那些能够为特定问题提出合适建议的主管人员，或参与产品购买决策的人员。有时候这些人员的姓名可从行业名录或行业协会名录中获得。更可行的办法是对可能需要的调研对象打电话进行筛选。然而，要在一个大的组织中找出所需的调研对象也许需要花费很多时间。一旦找到了合适的人，就要说服他参加调查并约定好时间。这可能需要一定的激励。最后，访问员必须在约定时间到达指定地点。尽管已有预约，有时也需要长时间的等待，由于商务人士的日程安排有时会意外变动，临时取消预约的情况也不少见。除此之外，访问商务人员的专业访问员的报酬也会更高，因为这类调查需要专业的知识和技能。他们需要与助理等人周旋，要了解行业术语，并且要精通产品特性以应对受访者提出的细节问题甚至对所提问题的批评。随着科学技术的发展，日益涌现的在线调查系统和网络即时对话系统（如 Skype）正在影响个人访谈，这些新系统消除了入户调查、办公室调查甚至小组调查的交通等方面的问题。

电话调查　正如我们前面提到的那样，进行面对面调查往往是由于受访者需要实际看到实体产品、广告或包装样品，或者访问员必须观察受访者以确保调查正确实施，或者需要核实受访者及其反应。如果没有必要亲自接触，电话调查是一个不错的选择。当然，电话调查有很多优缺点。[36]

电话调查在营销调研中比较常见，主要是因为它具有很多优点。第一，电话调查是一种相对廉价的数据收集方法。打长途电话虽然会产生一定的费用，但也比面对面调查的费用要低得多。第二，电话调查有可能获得质量非常高的样本。若调研人员采用随机拨号的方法和恰当的回复措施，电话调查将得到比其他调研方法更好的样本。然而，正如本章前面提到的，由于无线电话或手机的使用，使用固定电话的家庭所占的百分比正在急速下降。第三，电话调查所用的时间非常短。多数电话调查持续时间短，优秀的访问员可以在一小时内完成几个调查。可以想象，使用电话调查可在几天内完成调研的数据收集任务。事实上，在政治投票中，选民的实时信息非常关键，在一个晚上完成全国性的电话民意测验并不少见。然而，相当大比例的家庭正在放弃固定电话服务，转而使用移动电话。这一趋势在年轻人中更为普遍，因此研究人员更倾向于使用移动设备来实施调研。第四，电话调查没有地理、时间或容量的限制。换句话说，可以在一天或一周的任何合理时间在全国范围内实施调查，而且电话访问员的数量也是没有问题的。

遗憾的是，电话调查也有缺点。第一，受访者看不到任何东西，也不能亲自与调研的产品互动。这个缺点极大地限制了电话调查在受访者需要看见产品原型、广告、包装等情况下的使用。第二，使用电话调查时，访问员无法做出各种判断和评价，而人员操控的面对面调查中访问员可以做到。例如，电话调查的访问员不能根据受访者的住所和其他外在的经济状况特征判断其收入水平。同样，电话调查无法观察受访者的肢体语言和面部表情，也无法与其进行目光交流。不过，也有人认为不进行面对面交流也有好处。有关自我表露的研究表明，只要研究主题不具有威胁性或不太敏感，受访者在人员操控调查中确实会提供更多的信息。而对于有关酒类消费、避孕方法、种族问题或所得税报告等问题，通过电话调查这种相对匿名的方式能够得到比面对面调查更为可信的答案。最近的评论文章认为，相比于面对面调查，人们对电话调查产生了更多的怀疑，越来越不愿意合作，在回答问题时表示“没有”意见或给出社会期望的答案，对持续较长时间的电话调查的不满意度要更高。[37]

电话调查的第三个缺点是营销调研人员能获得的信息数量和类型有限。过长的调查不适合采用这种方式，有着一长串备选答案的问题在电话中念完后，受访者很难回忆起来。失去耐心的受访者可能会中途挂断电话或为了加快调查而随意给出答案。显然，如果调查中包含许多需要受访者进行评论或给出陈述的开放式问题，电话调查并不是一个好的选择，因为访问员很难记录。

最后也是最显著的一个问题是电话调查的公众合作意愿正在降低。消费者使用自动留言机、来电显示以及呼叫屏蔽装置给电话调查带来了不便。另一个难题是访问员要消除人们对电话促销的不良印象，以还电话调查一个合法的身份。皮尤研究中心报告称，美国电话回复率稳定在9%[38]，图6-1解释了电话回复率下降的原因。

电话调查尽管有缺点，但依然在调研行业中广泛使用。事实上，在新西兰所做的一项研究发现，如果给予金钱刺激，保证不是促销，而且调研过程持续时间较短，应答率还是很高的。[39]目前，电话调查有两种形式：中心地区电话调查和CATI电话调查。下面简要介绍。

中心地区电话调查（central location telephone survey）是现场数据收集公司在某个地点安装数条电话线，访问员在该地点打电话进行调查。通常，访问员有各自独立的工作空间并佩戴轻便型耳机，这样可以腾出双手进行电话记录。所有的调查工作都在该地点完成。显然，集中在该地点进行电话调查有诸多好处。例如，由于资源比较集中，访问员可以进行多项调研，比如在下午对企业经理进行调查，晚上则可以做家庭电话调查。采用中心地区电话调查的突出原因是既高效又易于控制。当所有的事情都在一个地方进行时效率就会高，可以同时进行多个电话调查就进一步提高了效益。

应用中心地区电话调查的最重要的原因也许是易于控制质量。招募和培训访问员可统一进行。访问员了解设备后，可以研究问卷及其填答说明，并在访问员内部进行模拟电话调查。另外，也可以对真正的调查过程进行监控。多数电话调查场所设有监控设备，督导可以监听调查过程。这样他们能够很容易地发现那些没能正确进行调查的访问员，进而采取必要的纠正措施。通常，每个访问员在每次轮班工作时应至少被监听一次[40]，但督导有可能重点监听刚聘来的访问员以确保他们的工作方式正确。由于访问员从来不知道自己何时会被督导监听，因此会自始至终努力工作。作为进一步的质量控制手段，访问员会在访问中心当场核对已完成的问卷，这样就可立即了解问卷填写的不足之处。最后，可以对访问员的工作进度进行整体监控。也就是说，即使是晚班，访问员也要按时上班，并在研究人员规定的适当的调查时间打电话。

最先进的电话调查公司已经实现了**电脑辅助电话调查**（computer-assisted telephone interview，CATI）。尽管每个系统都是独一无二的，并且几乎每天都会开发出新的系统，但我们仍然能够对典型的系统进行描述。每个访问员配备头戴式耳机坐在连接到公司电脑系统的电脑屏幕前。通常电脑会自动拨出受访者的电话号码，屏幕上则会显示开场白。CATI 软件有内置的逻辑，这意味着可以根据受访者之前的回答定制问句，不合适的回答是无法录入的。在进行调查时，访问员通过按键盘上的一个或者一组按键提问。有些系统也采用光电笔或触摸屏幕的方式进行提问。访问员与电脑相结合可以协调调查过程，很大程度上控制受访者的选择，以确保实施有代表性的调查。

问句和可能的备选项同时显示在屏幕上。访问员对受访者读出问句，输入选项代码，然后电脑移向下一个问句。例如，访问员可能会问受访者家中有没有养狗。如果受访者回答“有”，屏幕上就会出现一系列有关狗的主人购买狗粮种类的问句。如果受访者回答“没有”，这些问句就不会出现。电脑程序会跳到下一个合适的问句，比如“你养猫吗”。换言之，电脑能避免非电脑辅助调查可能存在的人为错误。访问员只是充当电脑的“声音”；因为利用电话进行沟通，受访者通常看不到电脑提供的任何线索与提示。

在电脑辅助调查中，电脑可以提供定制化问句。例如，在一个较长调查的开头，访问员也许会问受访者所拥有的每辆车的生产年份、品牌和型号。接下来，访问员会就其拥有的每一辆车进行个别提问。访问员的电脑屏幕上可能会出现如下问句：“你说你拥有一辆雷克萨斯。那么在你家里通常是谁使用它？”有关其他车的问句会以相似的形式出现。大多数 CATI 调查程序不允许录入一个“不存在”的答案。例如，如果某问题有编码为“A”、“B”和“C”的三个备选答案，如果访问员错误地录入了“D”，电脑会要求重新录入，直到录入可接受的编码为止。若回答的编码组合和方式不合理，电脑会拒绝接受答案，或者提醒访问员回答不一致，并切换到一系列能够解决这种不一致的问句上。最后，当调查结束时，数据被直接输入电脑，生成数据文件，因此可以在研究的任何时间生成表格。电脑辅助电话调查（CATI）和电脑辅助人员调查（CAPI）的快速灵活及其他优点使它们成为辛迪加综合调研服务的主流数据收集方法。[41, 42]

电脑操控调查

如我们所指出的，电脑技术已经极大地影响了利用电话收集数据。当新的调查形式不断发展时，我们将介绍两种新的电脑操控调查系统。一种是使用“人工合成”的访问员，即问句已经事先录制好，或者由电脑“合成声音”。因此，听起来就像一个真人访问员在提问，实际上是机器人在提问。另一种如图 6－1 所示，是基于网络或在线调查形成的前沿技术。

全自动调查 有些公司已经开发出**全自动调查**（fully automated survey），这种调查完全由电脑操控，但并不使用在线方式。在这种系统中，电脑拨打电话号码并播放一段录音介绍调查背景。然后，受访者通过电话按键做出回答，可直接与电脑互动。在调研行业中，这种方法叫作**全自动电话调查**（completely automated telephone survey，CATS）。全自动电话调查已成功地应用于顾客满意度研究、服务质量监控、选举民意测验、产品 / 担保注册，甚至包括对已经拿到新产品样品的消费者进行入户产品测试。[43] 当全自动电话调查与电话调查共同使用时，受访者的口头反应便可由电脑进行解释，这种方法有时称为语音互动响应（IVR）。

在另一种系统中，受访者坐在或者站在电脑前阅读屏幕上的填答指南。有时，电脑被放在一个售货架里。屏幕上显示问句及其备选项，受访者通过按键或者触屏来进行回答。例如，可能会要求受访者对其最近一次由旅行社安排的家庭度假的满意度进行评价，按 1 ～ 10 分进行评分（1 分表示“非常不满意”，10 分表示“非常满意”）。填答指南会告诉受访者根据满意度选择适当的按键。这样，受访者根据他们的期望和体验，可能会按下“2”或者“7”。但假如按下了“0”或其他不合适的按键，电脑会发出“嘟嘟”的警告声，表明按键错误，并指导受访者重新输入答案。这种方法具有电脑操控的所有优点，还能节省费用，以及避免与访问员进行语音交流而产生的额外成本。在调查过程中受访者的回答被自动存入电脑文档，因此每天都可以制作图表，而且对于调研人员来说，在任何时候获取调查数据都是一件很简单的事。[44]

在线调查　基于网络的问卷调查（Internet-based questionnaire）也称为“网络调查”或“在线调查”，即受访者在线回答问题，它几乎成为互联网普及率高的国家调查行业的标准。在线调查速度快、操作简便且成本低廉。[45] 在线问卷包含所有标准的问句格式，非常灵活，包括向受访者展示图片、图表等。基于智能手机的在线调查形式正在不断发展。[46] 在线调查在世界各地受到不同程度的欢迎，但它们确实需要一些技术技能，而且面临独特的挑战，如滚动页面和外观。[47] 当大量受访者倾向于使用智能手机参与调查时，这些挑战就显得尤为重要，在线调查的发展趋势如图 6－2 所示。在线数据收集已经显著改变了营销调研的格局[48]，特别是在线固定样本组[49]，有关内容将在其他地方介绍。

自主学习

了解在线营销调研软件系统

有些公司已经开发了在线问卷设计和代管系统。使用谷歌进行快速搜索，可能会出现 20 家甚至更多这样的公司。几乎所有这些公司都允许你使用它们的试用版本。选择一家公司下载或者以其他方式进入在线调查系统。回答下列问题：

1. 你将如何在这个系统上创建以下问句和答案：

在过去一个月里，你在百思买商店购买过东西吗？

有　　　　　　　　没有

2. 如果你想让那些在百思买商店购买过东西的受访者回答这个问句：你是否购买了一台 4K 高清电视机？如何在这个系统中实现？它的跳问逻辑是什么？

3. 这个系统是人性化的吗？为什么？

4. 最能证明这个系统使用了先进的电脑和（或）网络技术的是哪项功能？

自我操控调查

回想一下，我们将自我操控调查定义为由受访者掌控的调查，通常由受访者决定何时、何地参与调查以及投入多少时间和精力。在这种调查方式下，受访者自己决定回答哪些问题以及不回答哪些问题，也就是受访者自己填答一份静态问卷（之前我们称为纸笔问卷）。应用最普遍的自我操控调查是邮寄问卷调查，但调研人员通常还会考虑其他方式：小组自我操控调查和留置问卷调查。

让我们先解决这个问题：为什么没有将在线调查归入“自我操控调查”这一类型？原因是复杂的网络问卷设计软件不允许受访者不回答关键问题。例如，程序可以提示受访者还没有回答某个问句，这种提示直到回答了这个问句才会停止。此外，在线问卷调查系统通常有跳问逻辑，这意味着根据以往的答案，有些不适合的问句不会呈现给受访者（如，你拥有一辆汽车吗？如果没有，不要提关于汽车的问句；如果有，就会出现关于汽车的问句）。一些在线问卷系统具有显示逻辑，即只有当对先前问题的回答触发了某些问题时，才会提出或显示某些问句。例如，“在过去的30天内，你订过外卖吗？”和“你是在免下车窗口购买的食品吗？”这样的问句会引出向顾客询问对外卖和免下车窗口服务的满意度的问句。考虑到在线调查具有阻止受访者逃避回答问句以及跳过逻辑这两个质量控制的重要特点，我们没有将在线调查归入受访者自我操控调查这一类。

小组自我操控调查 一般来说**小组自我操控调查**（group self-administered survey）要求受访者以小组而不是个人的形式参加问卷调查，这样更方便且能实现规模经济。例如，一家独立的社区养老机构可能希望了解一下居民对计划推出的一些服务的反应，比如团体锻炼、读书俱乐部、艺术课或当地专家对某些热点话题的讲座。研究人员可以在公共休息室召集会议，根据房间的容量，可能会要求多达30个或50个居民填写一份调查问卷，以确定他们的反应。如你所料，采用小组的形式主要是为了减少费用，并在短时间内访问大量受访者。显然，典型的小组调查在地域范围、样本多样性、调查时长等方面都有局限性。

小组自我操控调查有多种形式。学生可在教室里完成调查；社交俱乐部和各种组织、公司员工、电影院的观众以及其他团体都可以在开会、工作或者休闲时完成调查。通常，调研人员会支付一些报酬以获得小组领导者的支持。在这些情形下，每个受访者都是按照自己的节奏来完成问卷。当然，调查人员可以在场，那么访问双方可以就填答指南或如何回答问题进行交流。但在小组调查的情形下，通常不鼓励受访者提问，除非是十分迫切的问题。

留置问卷调查 受访者自我操控调查的另外一种形式是**留置问卷调查**（drop-off survey），有时也称为“留置和收取问卷调查”。在这种调查中，调查人员访问目标受访者，向其介绍调查目的并留下问卷由受访者填写。本质上，这样做的目的是取得目标受访者的合作。受访者被告知他们自己能够理解问卷，需要其在闲暇时填写问卷。通常，调研人员可能在当天或者第二天的某个时候将问卷收回，或者受访者填完问卷后用调查人员已经付费的信封寄给调研人员。这样，调研人员通过开始的分发问卷和后来的收回问卷，在一天内就可以调查数个居民区或商业地段。留置问卷调查特别适合必须进行访问但访问数量有限的本地市场调查。据报告，留置问卷调查具有周转快速、回复率高、访问员对受访者的回答干扰小、能较好地对受访者的选择进行控制等优点。另外，这种方式也比较节省费用。[50]也有研究表明，留置问卷调查能够提高企业受访者或者组织受访者的回复率。[51]

留置问卷调查的其他形式包括在人们的工作地点分发问卷，要求受访者回家填好，在第二天上班时送回。有些连锁酒店将问卷留在客房里，请顾客填好后在结账时交给前台。餐馆有时会请顾客在离开前填写简短的问卷。商店有时会向顾客发放有关顾客人口统计学资料、媒体使用习惯、购买意向或其他信息的简短问卷，要求他们回家填写好并在下次购物时带过来。商家有时也用礼品券来激励顾客参与调研。如你所见，“留置问卷”这个词可以涵盖调研人员将问卷留给目标受访者填写的各种情况。

邮寄问卷调查 **邮寄问卷调查**（mail survey）是指将问卷邮寄给目标受访者，由受访者填写问卷并寄回给调研人员的调查方式。[52] 邮寄问卷调查的部分优势来自它的自我操控因素：不需要招募、培训、监督访问员并支付报酬。而且，邮寄名单可从专业的调研公司获得，从而能够接触到目标受访者中的特定群体。例如，可以获得在人口超过 50 万的城市开设诊所的专业家庭医生的名单；也可以选择向专业调研公司购买电脑文档、打印的名单，甚至印有客户名字的信封。实际上，有些邮寄目录的公司还可以提供插页和邮寄服务。许多公司销售邮寄名单，而且提供在线购买服务。如果按单位受访者计算，邮寄问卷调查的费用是很低的。但邮寄问卷调查有与访问员不在场相关的一些缺点，在本章的前面我们已对此进行过讨论。

尽管美国统计协会（American Statistical Association）认为邮寄问卷调查“强大、效果好、效率高”[53]，但邮寄问卷调查面临两个主要问题。一个是**无回复**（nonresponse），也就是问卷没有被寄回。另一个是**选择性偏差**（self-selection bias），这意味着填写问卷的消费者可能与未填写并寄回问卷的消费者存在差异。因此，通过这种方法获得的样本可能无法代表整个总体。研究表明，选择填写问卷的受访者对调研的问题更感兴趣或者更愿意参与调查。[54] 当然，被无回复和选择性偏差困扰的调研方法不止邮寄问卷调查一种。[55] 所有调研方式都会出现回复失败的情况。营销调研人员必须时刻警惕一种可能性：由于存在某些系统性倾向和潜在的回答模式，最终获得的样本与原先设定的调研目标群体不一致。无论使用哪种调查模式，受访者可能与产品的关联度较大，可能受教育程度较高，可能对产品更满意或更不满意，或者受访者可能总体上比目标总体更坚持己见。[56] 邮寄问卷调查研究人员尝试了广泛的策略和激励措施来提高回复率，但没有实质性的改善。

6.4 如何与固定样本组公司合作

前面我们多次提到，营销调研行业的业务受到人们不愿参加调查的困扰。这意味着无论采用何种数据收集方法，都很难达到调研项目所计划的样本量和样本构成。例如，随机拨通 5 000 个电话，也许不到 10% 的受访者会接受完整的调查，或者将邮寄问卷调查邀请函发送到同意接收的客户手中，大部分参与调查的人可能是特别忠诚的顾客，如果调查是测试巩固新客户的新策略，则帮助不大。在任何一种情况下，都可能有证据表明受访者在填写问卷过程中会加快速度，跳过问题，或对关键问题给出可疑的答案。由此产生的低质量的“陌生电话”甚至“友好的应答者”调查数据是一个不幸的现实，正如本章后文所描述的，良好的数据质量是调查的首要目标。

调研过程中出现各种问题，固定样本组调研公司应运而生。**固定样本组公司**（panel company）会招募大量的潜在受访者，这些人同意参加有酬调查。“大量”是一种保守的说法，因为一些固定样本组公司声称它们在世界各地拥有几十万成员，还有一些公司声称拥有 100 万或 200 万样本组成员。这些样本组成员同意迅速参与任何调查，提供完整和真实的答案。通常情况下，公司会用积分奖励或类似奖励来激励样本组成员参与调查，积分依他们参与调查的次数累积，受访者可以用这些积分换取产品或服务。虽然确切数字未知，但可以认为，图 6 - 1 所示的大部分在线调查是通过在线固定样本组进行的。在目前全球范围内的数据收集环境中，固定样本组公司大量涌现并蓬勃发展。

使用固定样本组公司的优点

固定样本组公司日益流行，因为它具有以下优势。

1. 快速周转。大多数固定样本组公司都是在线的，这意味着它们与小组成员可以立即通过电子邮件或短信取得联系，并在一两天内完成在线调查。

2. 高质量。固定样本组公司的样本小组成员回复率很高，并同意认真完成调查。最好的固定样本组公司在更换样本、填写问卷、填写准确性方面都有检查措施。质量保证的另一个方面是固定样本组具有连续调查跟踪同一个人在一段时间内的变化的能力，这是传统的抽样调查几乎不可能做到的。

3. 数据库信息。固定样本组成员在注册过程中通常会提供大量的与人口统计学、生活方式、购买行为相关的信息和其他描述性信息。因此，在固定样本组公司的数据库中，每个小组成员都有丰富的个体信息，包括他们对多项调查的反应。这些信息由每个样本组成员提供，存储在数据库中，从而减少调查问卷的内容。通常情况下，固定样本组公司会根据客户调查的问句数量收费，这样可以节省一些支出。

4. 目标受访者。由于固定样本组成员的有关人口统计学、健康档案、财产、经验等方面的已知信息已经存储在数据库中，因此固定样本组公司很容易只向符合客户样本特征参数的样本组成员发送填写要求。例如，汽车制造商可能想将至少有两个 13 岁及以下孩子的 SUV 车主作为样本，Nest 公司想对位于某个州拥有两层楼房的房主样本进行调查。固定样本组公司拥有数十万小组成员，能够提供大量的符合特殊要求的样本。

5. 集成特征。领先的固定样本组公司通常为客户提供多种调查服务。例如，这些公司不仅提供有效的数据收集，还能设计问卷，分析数据与关键指标，实施留置问卷调查、跟踪研究和诸如在线焦点小组、居家使用测试等定性研究。事实上，一些固定样本组公司可以提供全方位服务和客户需要的定制化服务。

使用固定样本组公司的缺点

固定样本组在营销调研行业的迅速发展和大量采用表明这种形式是解决全球拒绝参与调查问题的灵丹妙药。但在某些方面，固定样本组的使用也有一些缺点。负责任的固定样本组公司会尽量将这些缺点造成的影响降到最小。

1. 非随机抽样。下一章要介绍的随机抽样理论告诉我们，统计意义上的调查是要获得一个能准确代表总体所有成员的样本。显然，有些人不愿意加入一个固定样本组，或者他们可能有技术限制而不允许加入固定样本组，所以尽管固定样本组中有成千上万的潜在应答者，仍有一些总体的成员未能包括在内。另外，有证据表明，小组成员比一般人更多地使用网络。[57] 固定样本组行业中的两个大公司尼尔森和信息资源公司（Information Resources, Inc.）的一项研究发现，固定样本组中的年轻人和女性成员的比例远高于美国人口普查的结果。[58] 这意味着固定样本组公司提供的目标样本的人口统计特征只是与营销调研的参数相匹配，该样本不是一个随机样本。

2. 过度使用。依据固定样本组的规模与使用频率，公司可能会在短时间内多次使用固定样本组成员。一些小组成员可能会因此觉得负担过重或心生厌倦。当然，并不是所有的固定样本组公司都过度使用其成员，但是对几家最著名的固定样本组公司的调查发现，固定样本组成员每周都会收到大量的调查邀请，有些甚至每天收到不止一次调查邀请。[59]

3. 成本。正如你所想象的，创建、维护和操作一个固定样本组（通常涉及多个国家和多种语言）的费用是非常昂贵的。固定样本组公司将这一成本分摊给那些渴望获得固定样本组所有优势的客户，因此价格对客户来说都能承受。客户非常清楚，固定样本组公司可保证数据质量，调查特殊类型的受访者，快速完成数据收集，还有其他优势。

尽管固定样本组公司有许多缺点，但仍然非常流行。

顶级固定样本组公司

由于固定样本组公司在范围、规模、服务和特色方面都很复杂，因此没有统一的衡量标准。然而，最近，*Quirk's Marketing Research Review* 发布了一份 22 家顶级固定样本组公司的名单。[60] 表 6－4 提供了这份名单。

表 6－4　排名前 22 的在线固定样本组公司

公司名称	网站地址
Branded Research Inc	https://gobranded.com/
Critical mix	http://www.criticalmix.com/
FocusVision	https://www.focusvision.com/
GfK	http://www.gfk.com/en-us
Global Survey	http://www.globalsurvey.in
Innovate	http://www.innovatemr.com
Lightspeed GMI	http://www.lightspeedresearch.com
M2 Global Research	http://research.m3.com/
Market Cube LLC	http://www.market-cube.com
Mindfield Online Internet Panels	http://mindfieldonline.com/
MyCLEARopinion	http://www.myclearopinionpanel.com
Netquest	http://www.netquest.com
Online Market Intelligence (OMI)	http://www.omirussia.ru/en
Rare Patient Voice LLC	http://www.rarepatientvoice.com
Reckner Healthcare	http://www.recknerhealthcare.com
Robas Research Private Limited	http://www.ro-bas.com
Schlesinger	http://www.schlesingerassociates.com

续表

公司名称	网站地址
SoapBox Sample	http://www.soapboxsample.com
Survey Sampling International (SSI)	http://www.surveysampling.com
Symmetric, A Decision Analyst Company	http://www.symmetricsampling.com
Toluna	http://corporate.toluna.com
Turning Point Research	http://www.turningpointresearch.com

固定样本组公司，特别是在线固定样本组公司将继续增长，并在数据收集领域占据主导地位。领先的公司不断改进，挑战者以创新的方式进入，公司合并每年都会发生。在可预见的未来，表 6－4 中的公司或其他在该行业处于领先地位的公司将成为数据收集行业的中流砥柱。

6.5　调查方法的选择

营销调研人员如何选择调查方法呢？你已经读过前面的概述，应当知道每种调查方法都有其优缺点和特征。在对营销调研公司的年度调查中，GreenBook 通常会询问在选择数据收集方法时各种因素的重要性。调研公司和它们的客户都认为有三个因素是最重要的：速度、成本和数据质量。[61] 因此，我们编制了表 6－5，列出了九种数据收集方法在三个因素上的表现。通过这个表格可以看出，不存在“完美”的数据收集方法。营销调研人员面临的问题是如何选择一种最适合特定情境的调查方法。这里要提醒一下，虽然表中提供的只是一般性的总结，但你必须知道每种数据收集情境都是独特的。

表 6－5　常见数据收集方法在速度、成本和数据质量方面的表现

方法	速度	成本	数据质量
入户调查	慢	高	高
商场拦截调查	快	中	中
办公室调查	慢	高	高
电话调查	快	低	低
完全电脑化调查	快	中	中
在线调查	快	中	中
小组自我操控调查	中	低	低
留置问卷调查	快	低	低
邮寄问卷调查	慢	低	低

注：这些判断是一般性的，最终确定最佳数据收集方法时，必须考虑每次调查的特殊情况和特定因素。

调查人员怎样为特定的调研项目选择最合适的调查方法呢？在回答这一问题时，调研人员应该首先考虑所收集数据的整体质量。即使是最复杂的分析技术也无法弥补数据的缺陷。因此，在调研项目的时间、成本和其他特殊考虑因素[62]允许的前提下，调研人员必须选择一种能够获得高质量数据的调研方法。我们希望提供一组考虑这些因素的问题，回答了这些问题之后就能找到最合适的数据收集方法。然而，这是不可能的，因为情境是特殊的，调研人员必须做出正确的判断来减少备选的数据收集方法，并选择特定条件下最合适的那种方法。在有些情况下很容易做出判断，在其他情况下则需要仔细考虑。另外，如前所述，新的数据收集方法已经出现，现有的方法也正在不断改进，因此调研人员必须不断更新有关数据收集方法的知识。尽管如此，数据质量、时间、成本和特殊情况是选择数据收集方法的主要考虑因素。

收集数据需要多长时间

有时候研究要求快速完成数据收集工作。时间紧迫有很多原因。例如，全国性的广告活动确定将在四周后开始并且需要测试其中的一个环节；四周后要进行一项商标侵权案的审判，需要对公司商标的认知度进行调查。调研人员经常在时间压力下工作，因为管理者急于解决营销问题。虽然电话调查传统上用于短时间跨度的项目，但今天在线调查是异常快速的数据收集替代方案。在时间要求紧迫的情况下，入户调查和邮寄问卷调查是不合适的选择，因为这两种方法的准备时间很长。

收集数据需要多少费用

如果预算充足，任何合适的数据收集方法都可以考虑，但如果预算紧张，就必须放弃成本比较高的数据收集方法。随着技术成本的下降和发达国家普遍使用互联网，即使在数据收集预算紧张的情况下，在线调查也很有吸引力。例如，有些在线调研公司允许客户自己设计问卷，并从它们的固定样本组中选择目标样本的类型和数量。这样，调研可在几百或几千美元的预算内完成，大多数调研人员会认为这是一种小预算的数据调查。当然，调研人员必须确信抽样框中的样本是调查所需的。另外，邮寄问卷调查、留置问卷调查、小组调查和电话调查都相对便宜，调研人员可以在适当的时候使用这些方法来控制调查成本。

数据质量有多好

我们在描述九种常见的数据收集方法时介绍了它们的一些缺点，如缺乏监测、难以让受访者检查或尝试原型、访问特定人群、受访者完成调查的时间不够，这些都降低了调查中收集的数据的质量。理想情况下，调查数据应该是深入的、广泛的和真实的——高质量的，但是数据收集方法的限制和现实往往会降低数据的质量。有时候，对数据质量的要求决定了调查方法。例如，请受访者检查广告设计、包装设计或网站重新设计就需要较高质量的数据。或者研究人员可能希望受访者处理一个原型产品，品尝配方，或观看一段视频。在其他时候，实际的考虑，如期限临近或资金有限，迫使研究人员不那么坚持追求最高的数据质量。通常，当这些需求被内置到调查中时，研究人员已经在调研早期与客户讨论了数据收集问题，并基于客户的时间、成本和其他需求就数据收集模式达成了一致。

其他因素

每种调查方法都是独一无二的，不可能列出所有其他考虑因素，但我们要注意两个考虑因素，它们对调查方法的选择有很大影响。一个是发生率，另一个是影响数据收集方法选择的情境因素。**发生率**（incidence rate）是指具有调研所要求的人口特征的人口数所占的百分比。很少有调研项目的对象是“任何人”。在多数情况下，都能找到适合调研的受访者。例如，调研对象可能是注册的选民，可能是拥有并驾驶自己汽车的人，以及 18 岁及以上的人。有时候发生率非常低。一家医药公司可能只想访问 50 岁以上的男性，因为他们的胆固醇水平超过了一定标准而需要接受药物治疗。一家化妆品公司可能只想访问准备在将来的 6 个月内进行面部整容手术的女性。当面对这些发生率比较低的情况时，必须在选择数据收集方法时采取一些防范措施。在特定的医疗条件下或者对整容手术感兴趣的人的例子中，让访问员挨家挨户地上门寻找合适的调研对象是愚蠢、耗时且成本高昂的方法。对于发生率低的情况，可以方便经济地筛选出受访者的数据收集方法才是最合适的，如电话调查或在线调查，因为需要接触大量的潜在受访者，而其中的大部分不适合参与调查。当然，很长时间以来，营销调研行业一直需要处理低发生率问题。由调研服务供应商掌握的在线固定样本组通常被认为是调研人员事先确定低发生率的样本成员的可行途径。[63]

最后，选择数据收集方式有时要考虑文化、所处的通信或其他系统的制约。随着越来越多的营销调研公司在全球范围内开展业务，这个问题变得越来越重要。例如，面对面调查是对西班牙人进行调查的首选模式。然而，在斯堪的纳维亚地区，居民不习惯让陌生人进入家门，因此，电话调查和在线调查比入户调查更流行。另外，在印度只有不到 10% 的居民拥有电话，能够上网的人也很少，因此经常使用入户调查方式。[64] 电话调查在加拿大广泛使用，而且通常不需要对目标受访者进行激励。

本章就业技能

通过学习本章内容，你已经掌握了：

批判性思维技能

- 掌握调查的优点。
- 在有无访问员、有无电脑协助的情况下，将调查的利弊联系起来。
- 描述九种不同的数据收集方法，包括入户调查、在线调查和电话调查。
- 理解为什么企业经常使用固定样本组公司实施调查，其优缺点是什么。
- 根据速度、成本和数据质量评估数据收集方法。

知识应用和分析技能

- 理解调查数据收集中技术的影响。

小　结

我们首先指出，问卷调查是使用预先设计的问卷对大量受访者进行访问。调查具有以下优点：标准化、高效率、操作简单、揭示“隐性”问题、易于分析和揭示群间差异。有或没有访问员在场，是否使用电脑技术极大地影响了调查数据的收集。营销调研过程中的数据收集步骤是通过五种基本的调查方式来实现的：（1）人员操控调查；（2）电脑辅助调查；（3）电脑操控调查；（4）自我操控调查；（5）混合式调查，有时也称为组合式调查。人员操控调查由于允许反馈，能够建立融洽关系，加强质量控制，并能够根据受访问者的情况做出调整。不过，这种方法容易产生人为误差，速度慢，成本高，有时会产生被称为访问评估的反应。电脑辅助调查具有人员操控调查的所有优缺点，还具有误差少、效率高和使用计算机媒介的优点。

在没有访问员或电脑的情况下，自我操控调查的优点在于可节约成本、自我控制以及消除了对访问评估的顾虑。它的缺点包括：受访者可能不会完成调查或者出错；缺少监控人员对受访者的帮助指导；对问卷的要求非常高。另外，在没有访问员在场的情况下，电脑调查具有用户友好的特点，在速度和样本规模方面非常高效，并且可以让受访者感到更轻松，因为其他人不会听他们的回答。缺点是有时需要技术技能，如果用户不懂电脑，可能需要高昂的安装成本。

最后，混合式调查使用多种数据收集方式。混合式调查的优点是调研人员能够利用各种调查方式的优点来实现数据收集的目标。缺点是采用不同的方式可能导致对同样的调研问题得出不同的结果，调研人员必须评估这些差异。另外，混合式调查更复杂，要求调研人员为每种方式设计不同的问卷，而且要确保来源不同的数据能够整合到一起以进行分析。

在线调查越来越普遍，而电脑辅助电话调查（CATI）和纸笔调查的流行程度正在下降。与此同时，电脑辅助个人调查（CAPI）的使用也越来越多，因为越来越多的个人访问得到不同类型的电脑辅助。据预测，到2020年，智能手机将赶上或超过台式电脑，成为进行在线调查的媒介选择。

可以使用九种不同的调查数据收集方法：（1）入户调查，在受访者家中进行；（2）商场拦截调查，通过在商场拦截顾客来进行；（3）办公室调查，在高管或者经理的工作地点进行；（4）电话调查，员工使用电话调查公司的设备或者CATI系统进行中心地区电话调查；（5）完全电脑化调查；（6）在线调查；（7）小组自我操控调查，将问卷发放给小组，但由个人回答；（8）留置问卷调查，将问卷留给受访者完成，过后取回或者送回问卷；（9）邮寄问卷调查，将问卷邮寄给目标受访者，要求受访者自行填写问卷并将问卷寄回。每种数据收集方式均有其优缺点。

由于人们普遍不愿意参与调查，加之技术进步，固定样本组公司成为一种可行的、流行的数据收集手段。固定样本组公司会招募大量的潜在受访者，这些人同意参加有酬调查。这些公司可以提供快速更新、高质量的数据库信息及对目标受访者的访问和综合服务。即使固定样本组公司不能提供随机样本，固定样本组有时也会超负荷工作，而且价格并不便宜，固定样本组公司的业务在数据收集领域依然占主导地位。

在决定使用哪种数据收集方式时，研究人员必须考虑几个因素，主要包括：（1）调研时限；（2）调研预算；（3）数据质量；（4）发生率。所有因素都需要考虑周全，但因为数据收集的情境不同，会有一个或多个因素是最重要的，这是因为每种数据收集情境都是独特的。最后，在不超出时间和预算限制的情况下，调研人员应该选择一个能令其感觉轻松且使信息质量和数量令人满意的数据收集方式。

复习题与应用题

1. 与定性方法相比，问卷调查有哪些主要优点？你能想到它还有什么缺点吗？如果有，是什么呢？

2. 从过去到现在，技术是如何影响数据收集方法的？为什么？
3. 个人操控调查在哪些方面对营销调研人员具有吸引力？哪些方面使其不具吸引力？
4. 电脑辅助调查在哪些方面对营销调研人员具有吸引力？
5. 个人操控调查相比自我操控调查有哪些优势？反之，自我操控调查相比个人操控调查的优势是什么？
6. 调研人员采用混合式调查的原因有哪些？
7. 说明以下三种调查方法的差异：(a) 入户调查；(b) 商场拦截调查；(c) 办公室调查。它们有什么共同点？
8. 为什么电话调查会流行？
9. 指出自我操控调查的优点和缺点。
10. 与自我操控调查相比，在线调查的优势是什么？
11. 邮寄问卷调查的主要缺点是什么？
12. 留置问卷调查与普通的邮寄问卷调查有何不同？
13. 什么是固定样本组公司？为什么固定样本组公司会在数据收集领域占主导地位？
14. 发生率是如何影响数据收集模式的选择的？
15. 用电话调查法了解受访者上星期接触的所有广告媒介是否合适？为什么？
16. Uber Eats 是优步（Uber）的一款送餐应用软件，每周 7 天，白天及晚上的大部分时间都可以使用。通过下载 Uber Eats 应用程序，用户可以了解当地餐馆的菜单，下单，并确保优步司机会在规定的时间内将食物送到。Uber Eats 与 Takeout Express Waitr、Grubhub 和 Foodler 等其他外卖公司竞争，还与餐厅自己的外卖服务竞争。为了评估自己的竞争力，Uber Eats 想要做一项调查，衡量顾客对 Uber Eats 和其他几个竞争对手的满意度。针对 Uber Eats 调查，评论以下每一种可能的调查方法的优缺点。
    a. 对最近使用过 Uber Eats 的 1 000 个用户采用手机或短信方式进行电话调查。
    b. 对最近的 Uber Eats 用户实施商场拦截调查。
    c. 通过短信对最近使用过 Uber Eats 的 1 000 个用户进行在线调查。
    d. 把明信片大小的调查问卷交给 Uber Eats 的用户，要求他们填完后放到信筒中。
17. 基于下面的各种情况下，讨论每种调查模式的可行性：
    a. Polo 想测试一种叫作“Extreme Red”的新香水。
    b. Snagjob 需要确定有多少家企业希望为那些准备夏天度假的人雇用临时行政助理。
    c. Funbrain 是一家在线教育游戏公司，它需要知道小学家长在多大程度上认为在线数学和阅读游戏是值得购买的。
    d. 索尼公司正在考虑开发价值为 1 700 美元的装有摄像头的机器狗，摄像头安装在鼻子上的机器狗可以认人，安装在尾巴上的机器狗可以绘图，公司想知道人们对这款产品的反应。
18. Cinemark 是一家全国性的电影公司，拥有 500 家影院、5 000 多块银幕，业务遍及美国和拉丁美洲。Cinemark 提升了 Cinemark XD、IMAX 和 RealD 3D 电影体验，并保留了豪华的休息室。过去的两周里，在电影开始前的娱乐、预演和其他商业内容播放期间，Cinemark 请求观众上网，做一个三分钟的调查。在这三分钟的时间里，电影黑屏，播放音乐，观众用手机完成调查。这里使用的是哪种数据收集方法？Cinemark 所使用的方法克服了哪些局限性？这种方法是否符合当前营销调研收集数据的发展趋势？
19. Compu-Ask 公司开发出一种可适用于几乎所有调查类型的独立电脑调查系统。它可以安装在平板电脑上，只要访问员启动该程序，受访者就可以用一支光笔直接回答问题。指出这种调查系统在以下案例中的适用性：
    a. 就一种新型的有害废料处理系统对车间主任进行调查。

b. 对高中老师进行一项调查，看他们是否对某公司的教育性公共广播电视节目的录像感兴趣。

c. 对消费者进行一项调查，确定消费者对某种无须冷藏的酸奶的反应。

20. 一位调研人员正在为向公寓住户销售住宅安全系统的客户考虑采用什么调查方式进行调查。这个安全系统由安装在所有窗户上的传感器和贴在每个门上的磁条组成。通电后，当进入者触动其中某个传感器时，系统就会大声警报并模拟看门狗的叫声。该客户想知道在美国有多少公寓住户知道该系统，住户对该系统的评价，以及在下一年度购买该系统的可能性。指出下面五种调查方式各自的优点与缺点：(a) 入户调查；(b) 商场拦截调查；(c) 在线调查；(d) 留置问卷调查；(e) 电脑辅助电话调查。

案例 6-1

马丘比丘国家公园的调查

在秘鲁，有许多印加人的庙宇和宫殿遗迹。一些历史学家认为在美洲，印加人在农业、工程、雄伟建筑和工艺上获得的成就最高。不幸的是，在15世纪30年代，印加人不敌西班牙人，拥有火器和战马的西班牙人在几年时间就打败了印加帝国。

1913年，美国探险家海勒姆·宾厄姆（Hiram Bingham）发现了被称为马丘比丘的印加古城，它是没有被西班牙征服者所掠夺的城市之一。马丘比丘是保存最完好的印加遗迹，被收录在联合国教科文组织世界遗产名录（http://whc.unesco.org/en/list/274）中。马丘比丘坐落于安第斯山脉和秘鲁丛林之间海拔8 000英尺的山上。造访马丘比丘非常困难，从秘鲁最近的城市库斯科出发，也要乘坐三个小时的火车在山地穿行。通常，游客一大早从库斯科乘火车出发，到达马丘比丘村火车站时已经是上午10点左右。然后他们乘坐大巴，花费30分钟在蜿蜒曲折的土路上行驶6英里之后才到达马丘比丘的入口。跟着导游或者自助游，游客参观马丘比丘遗址。在山顶的马丘比丘旅馆吃完午饭后，游客匆忙乘坐下山的大巴，以免错过下午3点左右返回库斯科的火车。一些游客在马丘比丘旅馆过夜或者在马丘比丘村的六个酒店住宿。在旺季，每天大约有2 500位游客。

马丘比丘是秘鲁国家公园，作为世界上顶级的旅游景点之一，国家公园管理部希望调研游客对公园许多特色的满意度以及游客在秘鲁旅游的总体体验。在专门从事旅游调研的营销调研人员的帮助下，公园管理部官员为这次调查编制了一个自我操控调查问卷。现在他们必须在收集数据的几个备选方案中进行选择。请你运用本章的概念和数据收集方法的相关知识，回答下列问题。

1. 如果采用在线调查，你觉得会成功吗？为什么？

2. 如果公园管理部使用邮寄问卷调查，必须解决哪些问题？会成功吗？为什么？

3. 如果马丘比丘地区的六个酒店都想知道客户对其服务、价格和住宿环境的感受，公园管理部和酒店如何在数据收集上进行合作从而使双方都受益呢？

4. 秘鲁国家公园管理部在营销调研上的资源有限，为它推荐一种不同的可能获得高回复率和高质量数据的方法（排除在线调查与邮寄问卷调查，不与当地酒店合作）。

案例 6-2

Advantage Research 调研公司

乔·斯皮维（Joe Spivey）是Advantage Research调研公司的总裁。该公司通过电脑辅助的商场拦截调查在美国最大的五个商场，为不同行业的客户提供定制的调研服务。该公司设有电脑辅助电话调查（CATI）设施和100个呼叫台。呼叫台设施具有交互式语音响应（IVR）能力。公司在线分部的优势是提供专业的在线调查，拥有居住在北美的20万固定样本组成员。Advantage Research公司拥有在线固定样本组成员的个人信息库，其中包括人口统计、生活方式、财产等多条个人信息。如有必要，斯皮维可将业务分包给其他调研公司以便为客户提供最合适的数据收集方法。在与项目主管的日常会议上，斯皮维讨论了每个客户的具体情况。以下是今天所讨论的三个客户的要点：

客户1：一个家具制造商开发了一套自认为完美的符合人体工程学的桌椅。椅子由透气网制成的高靠背、腰部支撑、可调节手臂和座位组成。桌面高度可调，桌子包括可调键盘台和可移动显示器支架。经过对办公桌椅的广泛测试，并对公司的采购代理进行焦点小组访谈，客户现在准备了解更多关于销售演示方法的信息。项目主管和客户提出了几种不同的销售演示方式。客户希望在开展125人的销售队伍的全国性培训项目之前对这些演示方式进行市场评估。

客户2：一家本地的烘焙店将几个品牌的曲奇和饼干销售到加利福尼亚州、内华达州、亚利桑那州和新墨西哥州的超市。产品的竞争非常激烈，竞争对手使用大量的报纸和电视广告，最强的竞争对手还使用了社交媒体广告。这家烘焙店的营销副总裁希望做更多的分析以便制定公司的促销决策。她哀叹道，虽然每年在这四个州花费数百万美元进行促销，但她无法评估这些支出的效果。Advantage Research公司的项目主管推荐进行一项了解第一提及品牌知名度、品牌态度和品牌偏好的基准指标研究（衡量第一提及品牌认知度的方法是让受访者说出一种产品（比如饼干）或服务类别时脑海中最先想到的三个品牌）。

客户3：一位发明家发明了一种每次使用牙刷后都会给牙刷消毒的新设备。该设备使用蒸汽给牙刷消毒，实验室测试表明，该设备能非常有效地杀死几乎所有的细菌和病毒。有一个App可以操控牙刷杀菌剂，监控其使用和效果，并通知用户何时更换清洁过滤器和清洗液。发明者已经接触了一家大制造商，它表示有兴趣购买该设备的专利。但是，制造商首先想知道人们是否对牙刷消毒存有顾虑，他们是否愿意购买一个带有App的台面插拔设备来给牙刷消毒。项目主管说，制造商有兴趣实施一项涵盖美国和加拿大的调查，选择3 000名有代表性的受访者作为样本。发明者急于在制造商对专利失去兴趣之前尽快获得这个信息。

1. 对于每个客户的调查，考虑使用本章介绍的数据收集方法，并详细说明在进行客户调查时，你认为该数据收集方法最强和最弱的方面是什么。

2. 根据你对上述问题的分析，并考虑其他相关的方面，决定哪一种数据收集方法对于该客户的调查来讲是最好的。为你的选择提供理由。

3. 假设你是项目主管，确定了为每个客户推荐的数据收集方法，但在下一次的日常会议上，斯皮维和其他项目主管否决了你的建议。对于每个客户的调查，你认为下一个最好的数据收集方法是什么？给出你的理由。

注释

…………　| 第7章 |　…………

测量与问卷设计

学习目标

在本章你将学习：

- 测量的基本概念。
- 营销调研的两种测量类型。
- 营销调研常用的三种等距尺度。
- 营销调研测量的信度和效度。
- 问卷设计的步骤。
- 问句撰写。
- 问卷的组织结构和各部分的内容。
- 电脑辅助问卷设计与设计过程。
- 问卷编码和前测。

| 本章位置 |

1. 确定营销调研需求
2. 界定营销问题
3. 明确调研内容
4. 确定调研设计
5. 识别信息类型和来源
6. 确定获取数据的方法
7. 设计调查问卷
8. 确定抽样方案和样本容量
9. 收集数据
10. 分析数据
11. 撰写和展示调研报告

7.1 测量的几个基本概念

营销调研离不开**测量**（measurement)，测量是指调研人员对调研对象的某些特性的数量或强度的度量。例如一位营销经理希望了解消费者通常会购买哪些品牌，或者消费者在特定的时间段内使用某种产品的数量。分析这些信息就能帮助调研人员解释调研内容，如确定消费者对产品的意见和使用习惯。

然而，我们真正测量的是什么呢？我们测量的是客体的特性——有时也称为特性或性质。客体包括管理者和营销调研人员感兴趣的一切事物，如消费者、品牌、商店、广告。**特性**（property）是指一个客体区别于其他客体的某些特征。如图 7－1 所示，某营销经理感兴趣的特性是购买某一商品的特定人群的人口统计特征组合，如年龄、性别以及购买者行为，包括购买者对不同品牌的印象及感觉。一旦决定了关注的客体特性，就可以通过这些特性来测量客体了。因为调研人员致力于敏锐地描述营销现象，所以测量在很大程度上构成了营销调研的基础。而且，调研人员常常需要在各种顾客类型中发现差异，测量则是发现差异的第一步。

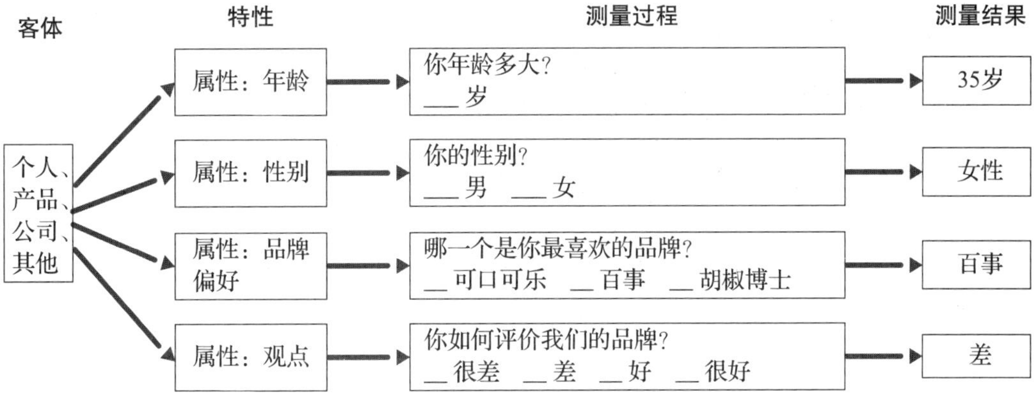

图 7－1 营销调研中测量如何进行

如果我们测量的是**客观特性**（objective property)，即可证实的物理特征，如年龄、收入、购买的数量、上次光顾的商店等，则测量过程非常简单。客观特性是可观察的有形特征。一般来说，客观特性的回答选项是可以预知的，如性别这个客观特性的回答选项是“男”和“女”。然而，营销人员常常希望能测量客体的**主观特性**（subjective property）。我们无法直接观察主观特性，因为它是人们头脑中的构念，如人们的态度或倾向。主观特性是无法直接观察的无形特征。在这种情况下，营销调研人员就必须要求受访者将其头脑中的构念转化为一组连续的数字，例如，在 1 ～ 5 的评分中，1 表示很差，5 表示很好。学者已经开发出了许多这样的测量量表，并为营销调研人员所熟知，本章将描述其中的一些量表。量表的开发超出了本书的范围。在极少数情况下，调研人员必须开发出评分量表的问答形式，从而使受访者清楚区分所评现象。这个过程被称为**量表开发**（scale development），就是通过所设计的问句去测量客体的主观特性。[1] 我们从不同类型的度量入手来介绍一些基本的测量概念。

7.2 测量的类型

营销调研教科书中以不同的方式来描述测量。这里我们介绍三种社会统计分析软件（SPSS）中使用的测量类型：命名测量、顺序测量和量表测量。这种分类方法将问卷设计与 SPSS 软件中的测量概念相联系，有助于你日后使用 SPSS 软件。

命名测量

命名测量（nominal measure）是只使用标签测量客体的一种尺度，它只具有描述特征的功能。例如：对种族、宗教信仰、居住类型、性别、上次购买的品牌、购买者 / 非购买者的描述。命名测量是以描述符的形式存在，只能在性质上对客体加以区分。如果你在一次调查中用职业来描述受访者，如金融分析师、消防员、计算机程序员，你用的就是命名尺度。注意，使用命名尺度只能对受访者进行标签或分类。这个测量尺度不提供其他信息，如“大于”“两倍大”等。表 7 – 1 中提供了更具体的例子。

表 7 – 1　不同测量举例

A. 命名测量问句
（1）请标出你的性别：____男　____女
（2）在接下来的半年中你是否计划购置一辆新车？
____是　____否　____不确定
（3）你是否记得上周看过的达美航空公司的广告“免费旅行”？
____记得　____不记得
B. 顺序测量问句
（1）请根据你的喜好标出以下品牌，第一喜欢的品牌请标“1”，第二喜欢的则标“2”，依此类推：
____Baby Ruth
____3 Musketeers
____Milky Way
（2）根据你的看法，你认为沃尔玛的价格：
____高于西尔斯
____与西尔斯差不多
____比西尔斯低

C. 等距量表测量问句

（1）请根据总体表现来评价下列每一档电视节目（请圈出你的评价）：

	非常差									非常好
American's Got Talent	1	2	3	4	5	6	7	8	9	10
American Idol	1	2	3	4	5	6	7	8	9	10
Dancing with the Star	1	2	3	4	5	6	7	8	9	10

（2）圈出适当的数字以表示你对以下陈述的同意程度：

	非常不同意						非常同意
A. 我总是期待着降价	1	2	3	4	5	6	7
B. 我喜欢户外活动	1	2	3	4	5	6	7
C. 我喜欢烹饪	1	2	3	4	5	6	7

（3）请对下面的线段进行选择来表达你对雪佛兰卡马洛的评价：

提货很慢 —— —— —— —— —— —— ——提货很快

设计良好 —— —— —— —— —— —— ——设计糟糕

价格便宜 —— —— —— —— —— —— ——价格昂贵

D. 比率量表测量问句

（1）请写出你的年龄：____岁

（2）上个月你在 7-11 便利店购买商品超过 10 美元的次数是：

0 1 2 3 4 5 更多（具体次数________）

顺序测量

顺序测量（ordinal measure）允许调研人员将受访者的答案或反应列出等级顺序。例如，如果要求受访者回答他的品牌偏好时将品牌偏好分为第一偏好、第二偏好、第三偏好和第四偏好，答案就构成顺序尺度。与此类似，如果一个受访者在上班通勤尺度上是“定期上下班”，另一个受访者是“不经常上班”，这个结果是一个有顺序的测量，因为我们知道第一个受访者比第二个受访者通勤多，但不知道具体多多少。顺序尺度仅表示研究对象之间在规模上的相对差异：大于、小于或等于。物体的自然顺序（第一，第二，等等）是已知的，但物体之间的确切区别是未知的（表 7－1 中顺序测量的一些例子）。

量表测量

量表测量（scale measure）中每个测量水平之间的距离已知。量表测量有两种。**比率量表**（ratio scale）测量是一种具有真实原点存在的测量尺度，比如一定时期的购买数量、消费金额、行程、家庭中孩子的数量、受教育年限等。正如你所知道的，受访者比较容易理解比率量表，因为这种量表包括美元、次数、年数或消费者熟悉的其他名称。比较测量结果时，比率量表的特征允许我们构建比率关系来度量。如一个人花的钱可能是另一个人的两倍，旅行的距离可能是另一个人的 1/3。表 7－1 中有比率量表的例子。

等距量表（interval scale）测量是主观特性的评价尺度，这里通常使用相邻水平，将相邻距离定义为一个度量单位。例如，某种咖啡品牌在味道上的评分是“3”，那么，它与“4”的差别就是一个度量单位，也就是说每个描述点之间的距离是相等的。如果要评价某个商店的售货员的表现，需要从“非常友好”“很友好”“友好”“不太友好”“很不友好”“非常不友好”中选择一项，这时调研人员假设每个描述与前一个描述或后一个描述相差一个单位。在这种情况下，我们说尺度是一个假设的区间。表 7－1 中的等距量表对受访者来说可能是直观的，但它们总是测量主观特性，因此需要营销调研人员仔细判断。

由于大多数主观特性或心理属性在受访者的头脑中存在一个从一个极端到另一个极端的连续体，因此通常使用等距量表来测量。有时，用数字来表示量表中每个位置之间的距离单位。量表通常从数轴的负极值开始，经过中性点，到达数轴的正极值，但也不是绝对的，偶有例外。一会儿你就知道，这个中性点不能理解为零点或者原点，它只是数轴上连续数值中的一点。从表 7－2 中的例子可以看出，这些量表描述了一个从负极值到正极值的连续区间，而“没有意见”的位置就处于这一连续区间的中间位置。[2] 在表 7－1 的 C 部分和表 7－2 中，这些描述点均匀地分布在问卷中，不同的标识代表某种连续变量，线段之间等距离隔开。通过对量表中回答选项的编制和排列，选项之间具有相同的间隔，这样研究人员得到优于命名量表和顺序量表的测量结果，这有助于探究受访者各种特性之间的更为细微的差别。

表 7－2　量表问答形式的强度序列

负极值			中性点			正极值
←						→
非常不同意	不同意	有些不同意	没有意见	有些同意	同意	非常同意
1	2	3	4	5	6	7
非常不满意	很不满意	有点不满意	没有意见	有点满意	较满意	非常满意
1	2	3	4	5	6	7
非常不喜欢	很不喜欢	有点不喜欢	没有意见	有点喜欢	较喜欢	非常喜欢
1	2	3	4	5	6	7

7.3 营销调研的常用等距量表

调研人员没有必要为每一次调查的问卷设计一个新的量表格式，相反，调研行业中有一些量表的标准格式可供调研人员使用。现在你已经知道营销调研经常测量消费者的主观特性。这些称为构念的主观特性被冠以不同的术语或标签，如态度、意见、评价、信念、印象、认知、感觉和意愿。由于这些构念是主观的，营销调研人员必须采用一些方法，使受访者能够以一种简单又便于理解的方式直接表达他们对问句的感受。调研人员可使用等距量表来完成这项任务。在本节中，我们将描述营销调研最常用的基本等距量表格式。你在问卷中会经常看到这些量表格式，所以我们称之为**常用量表**（workhorse scale）。

李克特量表

调研人员经常使用的等距量表是**李克特量表**（Likert scale）[3]，在李克特量表中，受访者可以就一组陈述中的每一项陈述，在对称的同意—不同意尺度上，表达他们同意或不同意的程度。[4] 调研人员要求受访者表达他们对量表中的每项陈述同意和不同意的程度，因此，李克特量表可捕捉到受访者对量表中每项陈述的感觉程度。在使用李克特量表时，最好利用简单的陈述，让受访者使用"同意—不同意"连续回答形式。换句话说，每个陈述都指向使用李克特量表所测量的概念的一个属性。表 7–3 是一个运用李克特量表进行在线调研的例子。

表 7 – 3　李克特量表问句格式

请标示出你对下列陈述同意或不同意的程度。	非常不同意	不同意	有些不同意	没有意见	有些同意	同意	非常同意
李维斯 501 牛仔裤款式很好	○	○	○	○	○	○	○
李维斯 501 牛仔裤价格合理	○	○	○	○	○	○	○
下一次买牛仔裤还会买李维斯 501	○	○	○	○	○	○	○
李维斯 501 牛仔裤是身份的象征	○	○	○	○	○	○	○
李维斯 501 牛仔裤使你感觉很好	○	○	○	○	○	○	○

营销调研人员借鉴伦斯·李克特（Rensis Likert）正规量表的开发方法，对李克特量表的选项形式做了大量的修订和改进。[5] 因此，对每个调研人员来说，李克特量表的定义都不尽相同。一些人认为，任何采用"非常""有些""略微"这类描述来度量量表强度的形式就是李克特量表。也有人认为，只有采用"同意—不同意"的选项格式才是李克特量表。我们倾向于后一种意见，并且认为"同意—不同意"也可以按强度或敏感度来划分。这仅是我们的观点，你应该认识到每位调研人员都有自己的理解。不管怎样，李克特量表在测量构念或概念时是灵活的。它可以通过复杂的统计分析来揭示构念之间的重要关系或关联。

生活方式量表（lifestyle inventory）是李克特量表的一种特殊应用形式，它考虑了价值观和个人特质，反映了人们在工作、休闲和购买行为方面的独特活动、兴趣和意见（AIO）。对于生活方式的表述如"我经常买特价商品"、"我喜欢用信用卡支付"或者"孩子是我生命中最重要的部分"。生活方式量表可以测定消费者独特的生活方式。这类问句可以用来区分购买者类型，例如某种产品的重度使用者与轻度使用者、商店回头客与新顾客以及其他顾客类型。使用生活方式量表可以评价人们的倾向程度，如价格敏感、时尚意识、提出建议、体育爱好、关注儿童、注重家庭或财务乐观等。这种称为"心理图示"的技术最初是广告商为了获得消费群体的信息以设计更有效的广告而开发出来的测定技术。其潜在含义是指生活方式量表不仅仅是人口统计，它对消费者生活方式的了解可为营销决策提供指导。很多公司都将这些心理图示特征用于目标市场定位。[6]

自主学习

构建大学生生活方式题项清单

作为一名大学生，你可以轻松了解大学生生活的各个方面。在本章的自主学习中，请根据下列各项大学生活动内容，以李克特量表的形式开发一份关于大学生生活方式的问卷。请参考我们提供的李克特量表的表述形式。

大学生活形态维度	写出你的陈述	非常不同意	不同意	没有意见	同意	非常同意
学习		1	2	3	4	5
游玩		1	2	3	4	5
工作		1	2	3	4	5
运动		1	2	3	4	5
逛街		1	2	3	4	5
约会		1	2	3	4	5
消费		1	2	3	4	5

语义差别量表

语义差别量表（semantic differential scale）是一种特殊的量表问答形式，它是一种将人们的定性判断转换为量化估计的测量形式。与李克特量表相似，这种量表借鉴了语义学的研究方法。语义差别量表由一系列描述研究对象不同特性的两极形容词构成，受访者通过指出由两极形容词构成的连续数轴之间的位置来表达他们对每个特性的印象。语义差别量表重点关注的是对人、事物以及概念的意义的测量。[7] 许多营销刺激都有具体意义、心理联想或内在含义，当调研人员试图确定品牌形象、商店形象或其他形象时，这类模拟量表会起到很好的作用。[8]

构建语义差别量表的第一步是确定需要评价的调研对象或者概念，通常是指一个品牌或公司。然后研究人员选择能反映研究对象显著特征的两极化的词语或短语。根据研究对象的不同，这些词语可能是"友好—不友好""热—冷""方便—不方便""高质量—低质量""可信赖—不可信赖"等。这些两极形容词放在连续数轴的两端表示强度，通常在两个端点间设置 5 ～ 7 个线段，受访者通过选择适当的线段来对某个事物或品牌的表现进行评价。受访者选择的线段越接近两端，说明他对测量对象的评价程度越强。

表 7－4 列出了语义差别量表在 Chipotle Mexican Grill 酒店调查中的应用。在调查中受访者用同样的方法对 Jose's Macho Taco 打分。你可以看到，该调查要求每个受访者说出其对各酒店的印象，例如受访者通过选择两极形容词之间的圆圈来表达他们对 Chipotle Mexican Grill 酒店的印象。当你观察这些词语时，你会注意到两极形容词是随机排列的，以避免将"好"的词全放在一边，这样做的目的是避免**晕轮效应**（halo effect）。[9] 晕轮效应是指对品牌或商店的第一看法会使得受访者对其具体特性的评价产生偏差。[10] 例如，在调研问卷中把所有正面描述放在右边，负面描述放在左边，假设你是 Chipotle Mexican Grill 酒店的忠诚粉丝，你就有可能在没有仔细阅读每个词语的情况下全部选择右边的描

述。实际上很可能 Chipotle Mexican Grill 酒店在某些方面做得不如其他酒店好。比如，也许酒店的地理位置不太便利，或菜品的种类不太丰富。在语义差别量表中将这些正面描述和负面描述的两极形容词随机对调可有效减弱晕轮效应。[11] 也有证据表明，当受访者对调查话题的认知比较模糊时，最好使用介于正面描述和负面描述之间较中性的词语来表述问题。[12]

表 7－4　语义差别量表举例

在下面每对词中标出最能反映你对 Chipotle Mexican Grill 酒店印象的圆圈。

语义差别量表

价格高	○	○	○	○	○	○	○	价格低
位置不方便	○	○	○	○	○	○	○	位置方便
适合我	○	○	○	○	○	○	○	不适合我
环境舒适	○	○	○	○	○	○	○	环境不舒适
菜品有限	○	○	○	○	○	○	○	菜品丰富
上菜快	○	○	○	○	○	○	○	上菜慢
饭菜质量差	○	○	○	○	○	○	○	饭菜质量高
地点独特	○	○	○	○	○	○	○	地点平平

语义差别量表的调查结果（注意描述点全都是从负向评价到正向评价）

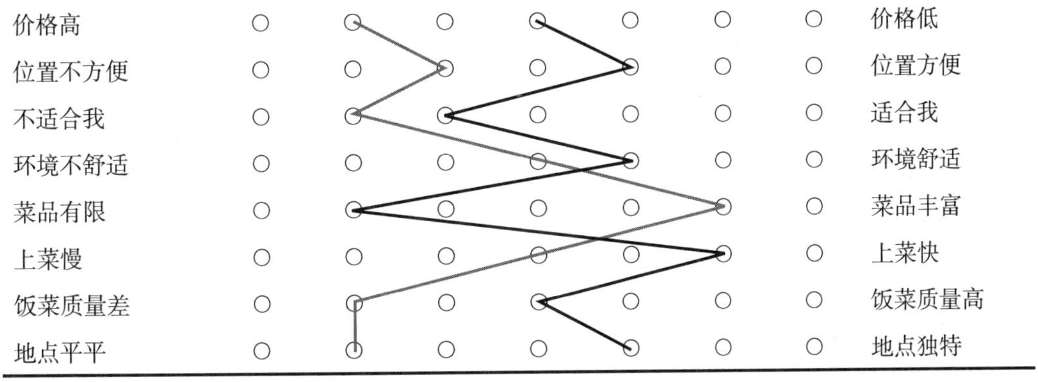

说明：———— 代表 Chipotle Mexican Grill；
———— 代表 Jose's Macho Taco Restaurant。

语义差别量表最受欢迎的特点是调研人员可以计算出平均得分，然后据此描绘出品牌和公司形象的轮廓图。每一个圈对应一个编码数字，通常从左到右用 1、2、3 等数字编码。由于使用的是数值量表，因此可以计算出每对两极形容词的平均得分。利用这些平均分绘制成散点图，营销调研人员可以很好地与客户沟通调研成果。

中心量表

中心量表（stapel scale）不需要两极化的描述，而是依靠 +5 ～ −5，有时是 +3 ～ −3，这样有正负符号的数字。中心量表可以有中间零点，也可以没有。研究人员不需要为每种特性想出两极化的描述，所以构建中心量表要比构建语义差别量表容易，受访者在回答的时候也更加灵活。然而，需要注意的是要适当地使用中心量表，要确信受访者对使用负数感到舒适。

滑动量表

在线问卷设计公司已经将问句的回答格式从复选框和单选按钮发展为具有多种变化的交互式图形量表。**滑动量表**（slider scale）具有用户友好抓取和移动功能，受访者能够通过拖动光标来表达数量。问卷设计人员可以从大量的具有吸引力和娱乐性的量表中进行选择，以供受访者在接受调查时使用。基本的滑动量表包括基本滑动条形量表、滑动星号量表和滑动图形量表，图 7－2 提供了这些类型的示例。

滑动条形（basic sliders）允许受访者拖动条形上的光标或拖动条形的末端以表示程度。

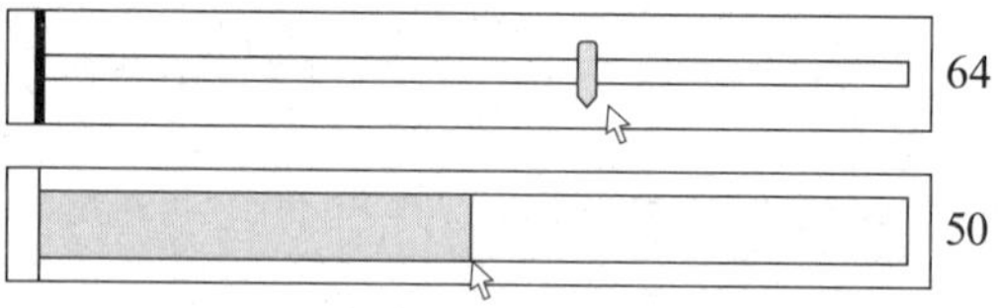

滑动星号（stars）允许受访者用星的个数来表示程度，如果需要，也可以使用半颗星。

滑动图形（graphic sliders）将各种对象的动画剪辑艺术与滑块结合在一起。

图 7－2　滑动量表举例

利用滑动量表去设计问卷，在问卷布局、方向、图像等方面有许多选项，但因此而得出利用视觉量表编制问卷的数据质量高于传统的静态量表的结论还为时过早。尽管如此，问卷编写人员现在利用这些视觉量表或是利用浏览矩阵型问句来对问卷设计做些改变，对减少受访者一页一页阅读问卷的单调感觉还是有一定效果的。视觉量表的支持者认为，滑动量表更引人入胜，这意味着受访者会花更多的时间和精力来使用它们，而这些量表会让调查变得更有趣。早期研究表明，与传统量表相比，受访者对滑动量表的反应实际上没有显著差异。[13] 使用滑动量表的其他效果正在研究中。[14] 在线调查的流行和使用在线问卷设计软件设计问句的简易性支持了这个结论，即滑动图形量表在不久的将来将成为营销调研的主要量表。事实上，随着技术和其他方面的进步，很可能会出现新的图形和 / 或滑动量表。阅读调研洞察 7－1，了解一些研究人员是如何尝试使用表情符号量表的。

调研洞察 7－1　数字营销调研

使用表情符号量表

一些富有进取心的研究人员决定利用在线调查软件的制图功能来研究图形评分量表的替代方案。[15] 他们特别注意到越来越多的人使用智能手机参与在线调查。但他们观察到，使用移动设备的受访者在调查中放弃填写问卷的人数大约是使用笔记本电脑或台式电脑参与调查的人数的两倍。研究人员推断，或许可以开发出更加友好的“拇指”格式，以解决将传统在线量表转移到手机小屏幕的难题。研究人员试图找到一种有效的符号系统来表达不同程度的情绪，于是决定用拇指朝上、拇指朝下和表情符号进行实验。他们设计了双极（对称）和单极（非对称）5 点表情符号量表。例如拇指朝上或拇指朝下；他们还使用不同大小的表情符号，较大的表情表示更强烈的赞同或更强烈的反对。通过表情符号中微笑或皱眉的程度来表达更强烈的赞同或更强烈的反对。

研究人员使用了一个全国性的固定样本小组，能够对 10 664 名受访者进行调查，并且在调查中采用不同的方法，比如表情符号量表和传统量表，可以使用台式电脑、笔记本电脑、平板电脑或智能手机进行调查操控。对于所有的受访者来说，这项调查是为了更方便地使用移动操控访问管理而设计的，研究人员发现使用表情符号量表的放弃率大约是行业平均水平 29% 的一半。在第二项研究中，研究人员选取了 2 000 名具有全国代表性的固定样本组成员作为样本来对比表情符号量表和传统量表的表现。他们发现表情符号量表的表现与传统量表相当。无论量表类型如何，访谈长度没有差异：每个人参与调查大约需要 10 分钟。放弃率没有差异，调查满意度也没有差异。研究人员发现，对于一些高度敏感的问句，受访者在选择表情符号，尤其是表达悲伤的表情符号时有不同的理解。尽管如此，研究人员已经证明，设计创新性的图形量表，比如那些带有表情符号或其他情感强度视觉表征的量表，可能会是未来在线问卷设计人员的目标。

营销调研等距量表的使用需要关注的两个主题

李克特量表、语义差别量表、中心量表和滑动量表只是常用的营销调研等距量表。营销调研还有许多种其他类型的量表，借助问卷设计软件，这些类型的量表很容易使用。但是，无论量表的形式或格式如何，有两个问题必须讨论。第一个问题是要决定量表是否需要包括回答选项的中间点。李克特量表、生活方式量表和语义差别量表都有一个中间点。但是，有些调研人员不愿意在量表中使用中间点。两种意见分歧很大，而且双方都有充分的理由。[16] 支持采用中间点的人认为，如果一些受访者对要求回答的问题没有明确的答案，就必须使用中间点来表达他们的矛盾心理。然而反对者认为，受访者可能使用中间点来回避或隐瞒他们的真实意见。[17] 不使用中间点会迫使他们表达自己的意见。

第二个问题是关于使用对称量表还是非对称量表。**对称的等距量表**（symmetric interval scale）是"平衡的"，因为它有数量相等的正面和负面的属性描述，通常会有"没有意见"或者"中立"这样的描述点从中间分开。这样的量表在表7－2中可以看到。但并不是所有的构念都有相反的方向。也就是说，以正方向为主的**非对称等距量表**（nonsymmetric interval scale）更合适，因为大多数人并不从负方向来思考。大多数滑动量表是非对称的，因为最低点通常是1，没有负方向的数量标志。

很多时候调研人员根据常识就能确定只能使用正面的特性描述。[18] 例如，你在购买汽车时需要回答汽车保险对你的重要程度，如果面对类似"极其不重要"、"非常不重要"或者"有点不重要"这样的选项就会感觉比较奇怪，你需要从"不重要"、"有点重要"、"非常重要"和"极其重要"这些选项中来确定车险对你的重要程度。实际上，对于很多构念来说，对称的量表设计都是不合适的。[19] 因此，一些量表仅有正面的描述，因为受访者很少从负面考虑问题。当有疑问时，调研人员最好准备对称的和只有一极的量表，看看受访者是否会使用贬义的一边。一般规则是最好对一个敏感量表进行预测试，以确保它被完整地使用。某些群体（例如拉美裔）往往倾向于使用量表的一边[20]，因此，需要利用预测试找到最合适的量表。

量表要与构念相匹配

学习本章的常用量表和其他问答形式量表后，你会觉得这些量表都很有用。然而，对于一个刚刚进入营销调研领域的调研人员来说，当需要实际决策使用何种量表时，还是相当困难的。在第2章中我们提到，调研人员需要考虑具体的调查步骤，而问卷设计是构建营销调研方案过程最关键的步骤。营销调研人员需要使用"构念"或者标准营销概念，并且对如何测量每个构念心中有数。

表7－5提供的常用量表可供调研人员在选择量表时参考。你也许会注意到，表7－5中的量表大多数是等距量表，因为大多数构念是关于态度或强度的，通常建议调研人员尽可能使用最高水平的量表。[21] 当然，这个表不可能列出所有的营销构念，但是表中所列的构念是营销调研中经常涉及的。

表7－5　部分常用构念等距量表

构念	量表答案选项
品牌/商店形象	使用一系列两极形容词构建的语义差别量表（5～7点）。 例如：参考表7－4。
使用频率	相关时间（例如月）内的使用频率，可用文字或数据描述为（从不、很少、有时、经常、比较频繁、非常频繁）。 例如：你点中餐外卖的频率是怎样的？
重要性	用文字描述（不重要、有点重要、重要、很重要、非常重要）或用数字1～5排序。 例如：干洗店当日可取服务对你来说有多重要？

续表

构念	量表答案选项
购买意向	用文字描述（不喜欢、有点喜欢、喜欢、很喜欢、非常喜欢）或用百分比表示可能性。 例如：下次购买饼干时，你购买无脂饼干的可能性有多大？
生活方式 / 意见	包含一系列关于生活方式陈述的李克特量表（用 5 或 7 个等级表示从非常不同意到非常同意）。 例如：请给出你对以下陈述的同意或不同意的程度： 1. 我的行程表很满。 2. 我的工作量很大。
绩效或态度	用文字描述（差、一般、好、很好、优秀）或用 5 级或 7 级常用量表或 –3 ～ +3 中心量表表示。 例如：请指出 Arby 餐馆在以下几个方面的绩效如何： 1. 菜品多样。 2. 价格合理。 3. 位置便利（对你来说）。
满意度	用文字描述（不满意、有点满意、满意、很满意、非常满意）或用满意度 10 级量表表示（1= 非常不满意，10= 非常满意）。 注意：如果受访者表示既没有不满意也没有满意，则应该用对称量表（不满意、有点满意、没有意见、很满意、非常满意）。 例如：基于你的体验，你对联邦快递公司次日达快递服务的满意度如何？ 根本不满意　略微不满意　没有意见　很满意　非常满意

营销调研中会用到各种各样的等距量表问答形式。如果你选择从事营销调研这个行业，就会发现每个调研公司或调研部门都愿意使用在调研中应用多次、经过实践证明的量表形式。采用这种量表问答形式有许多好处。首先，可以提高问卷设计的效率。选择在多次调研中使用过的标准化的量表问答形式，就不需要开发新的量表，因此节省了时间和费用。[22] 其次，使用多次调研中测试某一量表的问答形式，可以有机会分析与评估该量表的信度与效度。我们将在本章的下一节中详细阐述与测量的信度和效度有关的基本概念及评价方法。

7.4　测量的信度和效度

理想情况下，营销调研人员采用的测量应该可信且有效。**信度测量**（reliable measure）是指受访者对于相同或者相似问题的回答一致性的程度。显然，在调研人员提问方式相同的情况下，如果同一位受访者就同样的问题给出了不同的答案，那么这个问句是有问题的，可以说这个问句没有信度。[23]

效度是指测量的精确度，即测量结果相对于实际情况的准确程度。**效度测量**（valid measure）是指能够测量到真实的情况。为了说明效度与信度的不同，设想访问员询问某位受访者的收入情况。受访者的年收入不足 4 万美元，但是他不愿意将这个数字告诉调研人员，结果选择了一个最高选项“超过 10 万美元”。再次提问时，受访者仍然选择最高项，坚持以前的谎言。虽然他的两个答案完全一致，即这个测量具有信度，但答案是完全不真实的（没有效度）。当然，谎言并不是影响效度的唯一原因，记忆错误、构念不清或错误猜测等都可能导致受访者的答案偏离现实。[24] 信度与效度的测量与评估超出了本书的范围，评估信度和效度的技术方法可以从有关研究方法的书中找到。

7.5 问卷设计

问卷（questionnaire）是调研人员向受访者呈现的，期望从受访者处得到回答的一系列问句所构成的工具。问卷有六个功能：（1）将调研内容转化为向受访者提问的具体问句。（2）将问句和答案标准化，使每个受访者对同样的提问给出反应。（3）措辞恰当、表述流畅、版面友好的问卷可以使调研人员在访问过程中鼓励受访者积极回答问题。（4）可以作为研究记录永久保存。（5）根据使用的问卷的不同类型，可以加快数据分析进程。（6）问卷中包含的信息可以用于评价调研的信度和效度。换句话说，调研人员可以使用问卷进行质量控制。

正因为问卷具有以上功能，所以问卷是调研过程中非常重要的部分。事实证明，问卷的设计会直接影响数据收集的质量。即便是非常有经验的调研人员，也不能弥补问卷缺陷带来的偏差。[25] 因此，投入时间和精力来开发一份高质量的问卷是非常值得的。[26] 问卷设计要求调研人员完成一系列相关任务。

问卷设计过程

问卷设计（questionnaire design）是一个系统过程，调研人员需要在这个过程中构思各种问句格式，考虑影响调研的一些因素，仔细推敲问句措辞，精心组织问卷版面，最终展开调查。

图 7－3 是一张典型的问卷设计过程图。第一，基于所确定的调研内容，调研人员要识别所要研究的构念的特性，并决定每个构念所使用的测量类型。第二，组织每个问句的措辞。第三，调研人员要决定问句在问卷中的走向或顺序。第四，对客户进行简要汇报，得到确认，然后进行预测试，检查编码，最终开始实施问卷调查，进行数据收集。

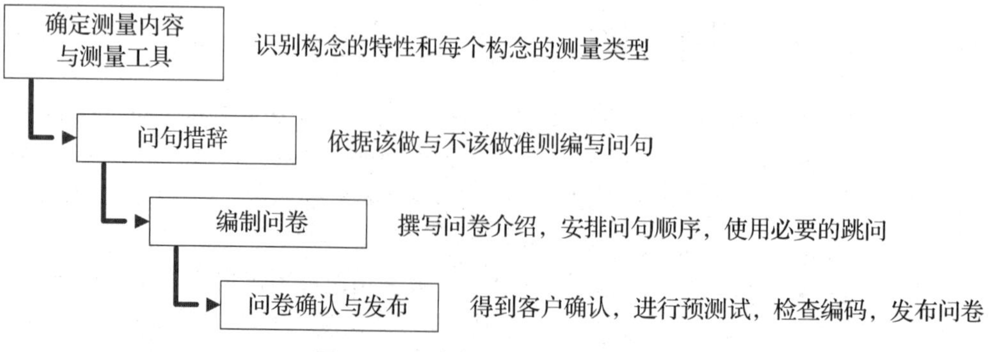

图 7－3 问句撰写和问卷设计过程

正如你所看到的，问卷设计的一个重要部分是每个问句的撰写，即图 7－3 中的“问句措辞”。一个问句在正式纳入问卷之前需要经过一系列修改。事实上，在撰写问句之前，调研人员就已经在斟酌不同的问句回答形式，以决定哪一种更适合本次调研的受访者和环境。当问句初具雏形后，调研人员要继续评估问句及其回答选项。只要有变化，就要不断评估问句的措辞，确保得到的回答是调研人员想要的信息。另外，不恰当的问句措辞和选项格式会影响受访者的回答，这通常被称为**问句偏差**（question bias）。调研人员应尽量减少问句偏差。[27] 撰写问句就是将每一项调研内容转换成提问的句子和回答的选项。在下面的章节中，我们将详细讨论问句撰写和使问句偏差最小化的内容。

问卷是专门为某项调研而设计的，因此需要系统地对问卷中的问句以及问卷说明、指导语和问卷版面布局进行评估，并加以修改。一般来说这些工作都由调研人员来完成，委托调研的客户只有在调查问卷形成和通过评估后才会参与。在问卷确认阶段，客户有机会对问卷发表意见。在这个阶段客户会审核调查问卷并认可问卷中所包含的合适主题。这一步骤必不可少，有些调研公司要求客户在调查问卷副本上签名或做标记以表示认可。客户也许并不关心问卷设计中的那些技术细节，但非常关注调研内容，他们会对问卷中的问句体现调研内容的程度发表自己的看法。在客户认可问卷之前要对问卷进行预测试。问卷预测试是在有限样本条件下进行的一种实地测试，以便发现问卷在措辞、指导语、执行管理等方面的潜在问题。我们将在本章稍后部分详细介绍这种预测试。[28] 随后我们会讨论选项编码以及如何形成问卷。

7.6 撰写问句

问句撰写（question development）是指用恰当的提问措辞、合适的回答形式编制问句，以使受访者能够清楚无偏差地理解所提出的问题。营销调研人员精心设计的这些问句要测量态度、信念、行为和人口统计特征[29]，需要从受访者那里得到真实可靠的回答。问句的撰写直接决定调查成功与否。下面的例子能够说明问句的措辞是非常重要的。对于可能出现在问卷中的问句，你会做出何种反应呢？

你想要控制自己的强迫性赌博吗？ ________是 ________否

不管你回答“是”或者“否”，都意味着你承认自己对赌博上瘾；无论怎么回答，结论是参与这项调查的每个人都已对赌博上瘾。但我们知道事实上并不是每个人都赌博，因此这个问句措辞肯定有误。[30]

一个简单的词语会导致受访者对同一个问句的回答各不相同。有相当多的研究证明了这一点。例如，研究人员在某项研究中让一些受访者用几秒钟的时间观察一张汽车图片，然后向不同的受访者读一个简单的问句，只改变了一个词。他们问一组受访者“你们看到那个损坏的车前灯了吗？”而问另一组受访者“你们看到一只损坏的车前灯了吗？”虽然“那个”与“一个”只有一字之差，含义却大不相同。包含有“那个”的问句比包含有“一个”的问句产生了更多的答案。[31] 我们要强调的是即使问句中的一个词也能产生偏差，歪曲调研结果。不幸的是，当问卷中出现日常用语时，因为字面意义很难确定，有时会带来有偏差的回答。例如，“你是否曾在洗衣店洗衣服”这个问句可以指你生活中的任何时间；“你是否关注过你手机的接收信号”意味着对细节的关注；“你是否总是买Bose的产品”意味着每一次都如此，没有例外。这种过于极端的日常用语将受访者置于一种境地，使他们对问题的回答要么是完全肯定的，要么是完全否定的。

问句措辞应该遵循的原则

问句评估（question evaluation）是指对问句的措辞进行仔细检查，以确保问句偏差最小，使受访者能够很好地理解问句并相对容易地回答问题。正如前面所关注的，当问句的措辞使受访者给出错误的答案，或者不能给出正确答案时，问句偏差就产生了。理想的情况是参照产生问句偏差的关键影响因素来对每个问句进行检验和测试。可以确定的是，问句评估是一个判断过程，问句措辞应坚持四个简单的原则[32]：（1）聚焦；（2）简短；（3）简洁；（4）清晰。

问句应当聚焦一个主题或话题。调研人员必须最大限度地使问句聚焦具体的主题或话题。[33]违反这一原则的问句容易产生不一致的解释。例如，“你旅行时常住哪类宾馆”就是一个非常模糊的问句。因为这个问句没有说清旅行的类型，也没有告知何时下榻宾馆。比如说是商务旅行还是度假旅行，下榻宾馆是途中休息还是在目的地过夜。一个主题比较明确的问法是：“当你和全家人一起度假时，在旅行目的地，通常下榻哪类宾馆？”再举一个聚焦不当的例子。“你通常何时开始工作”这个问句包含两层意思，一是何时离家去工作，二是在办公地点何时开始工作。比较好的提问应该是：“你通常几点上班？”

问句应当简短。问句设计中应当剔除繁杂和无用的措辞。这一要求在设计口头提问的问句时尤为重要，例如通过电话进行调研就是如此。简短的问句有助于受访者了解问句的核心含义并减少对提问的误解。下面是一个冗长的问句：“假设你注意到冰箱的自动制冰效果并不像刚买回来时那样好，打算去修一下，此时你会怎么考虑呢？”一种更好的简短问句应该是：“如果你的冰箱制冰器运转不正常，你会怎样解决呢？”我们的建议是问句要简短，最好不要超过20个字。[34]

尽可能使用简单句。简单句之所以受到欢迎，是因为它只有一个主语和谓语。而复合句却可能有多个主语、谓语、宾语和状语等。句子越复杂，受访者出错的可能性就越大。问句中会有许多条件需要记忆，同时有更多的信息需要思考，所以受访者会觉得注意力难以集中或只能关注问句的一部分内容。要避免这些问题，调研人员应尽量使用简单句结构。[35]如有必要，可以使用两个句子来表达问句的本意。看下面这个问句：“如果你们正在选车，你和你的配偶将使用这辆车来接送孩子们去学校、上音乐课和会见朋友，在试车时你和你的配偶会对这辆车的安全性进行何种程度的讨论呢？”一个简单地问法是：“你和你的配偶会对一辆新的家庭用车的安全性进行讨论吗？”若回答“是”，接着问：“你们对安全性的要求是‘很低’‘一般’‘很高’还是‘非常高’？”

问句应当清晰。问句应当清晰。让所有的受访者都能明白问句的意思是非常有必要的。[36, 37]清晰是指语义明确，容易理解。最好避免使用不精确或容易引起误解的词语。例如，“你有几个孩子”这个问句可以有多种解释。有的受访者认为仅仅是指居住在家里的孩子，有的受访者可能会把上一次婚姻所生的孩子也包括在内。这个问句应当改为：“你有几个18岁以下且在一起生活的孩子？”为了撰写一个清晰的问句，有时调研人员也可以稍微违背一下简短原则，运用尽可能少的词语来清晰地表达问句。[38]一个学者准确地概括了问句设计原则："问句应当简短、易懂和清晰。"[39]

问句措辞中的四个注意事项

有四种情况会导致问句在使用过程中产生偏差。了解这四种情况可以让你避免类似的错误，或在复查问卷草稿时修正问卷存在的这些问题。具体来讲，在问句设计中不应该有如下四种情况：（1）诱导提问；（2）暗示提问；（3）双重提问；（4）夸张提问。

不应诱导受访者选择某一特定答案。诱导提问（leading question）给出一个强烈的暗示或期望的信号，以使受访者如愿回答提问。[40]如果你那样做了，答案就会出现偏差。下面是一个带有诱导性的提问："难道你没有发现网上购物使用信用卡会出现问题吗？"这个问句诱使受访者感到担忧，受访者，特别是那些本来没有意见的受访者可能会同意问句的陈述。可以将这个问句修改为："你在使用信用卡进行网上购物时有什么顾虑吗？"这个句子对于受访者来讲更加客观，受访者可自由选择"是"或"否"，而不是被诱导回答。下面是一些诱导提问的其他表现形式。

作为凯迪拉克汽车的拥有者，你对你的车很满意，不是吗？	这是一个诱导提问，因为问句的措辞表明所有的凯迪拉克汽车拥有者都是满意的。这会导致受访者在表达不同的观点时感到不舒服，并且认为持不同观点显得与他人不同。
你听说过大家都在谈论的卫星广播系统吗？	这是一个诱导提问，因为受访者对这个问题的回答反映了受访者本人的社会交往能力。换句话说，很少有受访者愿意承认自己对"大家都在谈论的话题"一无所知。[41]
你同意谷歌浏览器比微软浏览器更好这个说法吗？	这是一个诱导提问，因为它预先假设受访者会同意陈述。也就是说，它隐含地假设受访者同意，而不是询问他是否同意这个陈述。

不应使用"暗示答案"式短语。诱导提问比较明显，暗示提问却十分隐蔽。也就是说，**暗示提问**（loaded question）隐藏于一些措辞之中，表现为普遍的信仰和行为准则。它甚至可能触及人的情感或内心的恐惧。前面的强迫性赌博问句就有暗示提问的内容，因为它预先假设受访者赌博。有些调研人员将暗示提问当作"偏差问句"。[42]识别问句中的偏差需要更强的判断能力。例如，一家销售个人防身产品的公司可能会使用这样的问句："应该允许人们使用泰瑟枪自卫来保护自己避免受到伤害吗？"显然，大多数受访者都会认为保护自己避免受到伤害和自卫是一种可接受的行为。因为人们要避免伤害选择自卫，所以这里暗示着如果有人遭到袭击，使用防身产品自卫以避免伤害是合法的。去除问句中的暗示元素，便可以将问句变为："你认为对于那些担心受到攻击的人而言，随身携带泰瑟枪是可以接受的吗？"由此可见要仔细检查每个问句中的用词，从根本上防止产生偏差。在这个例子中我们使用了新措辞，通过避免提及伤害或自卫来加重它的敏感性。

问句不应使用"双重"提问。双重提问（double-barreled question）是指将两种不同的提问用于一个问句中。[43]当两个问题一起提出时，受访者无法直接回答其中的任何一个问题。[44]例如，在餐馆里询问一位老顾客："你对这里的食物和服务是否感到满意？"访问者如何回答呢？如果他回答"是"，这意味着他对食物满意还是对服务满意？或者是都满意？如果只问单一的问题，这个问句将变得更清晰：一个问句问食物，另一个问句问服务。一般来说，任何主语或谓语超过一个的问句都是双重问句。

问句中不应使用夸大事实的词语。夸张提问（overstated question）是指过度强调问题的某一个方面，用那些可能被认为是“夸张的词语”来描述话题。这里有一个雷朋太阳镜调研的实例。夸张的提问方式可能是：“如果有一副太阳镜可以保护你的眼睛远离紫外线（据说会导致失明），你认为自己会为这副眼镜支付多少钱？”你可以看到，夸张描述的重点在于太阳镜可以有效防止紫外线伤害眼睛。这一表述会导致受访者考虑他们愿意花多少钱去购买一样物品以保护眼睛免遭致盲，而并非考虑他真正愿意花多少钱去购买一副太阳镜。一个语气比较平缓并且更容易接受的问句是：“你愿意花多少钱购买太阳镜，以避免眼睛受到阳光照射？”应该避免使用夸大事实的词语。最好用一种中性化的语气来提问，这比只用正面和反面的语气提问要好。

的确，在问句措辞方面还有一些其他意想不到的疏忽和陷阱。[45] 例如，不应该询问受访者无法回忆的细节（上次你买的阿司匹林是什么品牌的？买了多少？）；不应该询问受访者需要猜测的问题（街角那家埃森克美孚加油站的汽油每加仑多少钱？）；不应该让受访者去预测他们无法想象的情境下可能发生的行为（你到距离你家 10 英里以外的那家新开业的高档餐馆用餐的频率如何？）。使用正常的语境来撰写问卷中的问句，可能会避免大多数问句措辞所造成的偏差。

表 7-6 以汽车导航系统为例，简要总结了撰写问句过程中关于问句措辞的一些原则。表中列举了一些违背措辞原则的问句，同时也给出了一些改写的问句措辞的例子。调研洞察 7-2 介绍了问句措辞的一些技巧。

表 7-6　有问题的和改写的问句措辞示例

原则	有问题的问句	改写的问句
应做：聚焦	你认为你的汽车导航系统如何？	请对汽车导航系统的下列特点进行评价（特点清单）。
应做：简短	当路况不好时，你是否会使用汽车导航系统帮助你找到最快到达上班地点的路线？	你的汽车导航系统帮助你按时到达目的地了吗？
应做：简洁	如果你需要找到居住在 10 英里外的孩子的好朋友家，送孩子去参加这个好朋友的生日聚会，你会使用汽车导航系统进行导航吗？	你在什么情况下会使用汽车导航系统帮助你找到孩子的朋友家？
应做：清晰	你的汽车导航系统有用吗？	在哪些情况下，你的汽车导航系统会发挥作用？（列出情况。）
不应做：诱导提问	难道不是每个人都应该使用汽车导航系统吗？	你认为汽车导航系统的作用有多大？
不应做：暗示提问	如果能够证明汽车导航系统对降低世界石油储备消耗有帮助，你会购买它吗？	你认为汽车导航系统能为你省多少汽油？
不应做：双重提问	如果想省时、省钱和减少担心，你会购买汽车导航系统吗？	如果相信汽车导航系统能为自己节省 10% 的时间，你会购买它吗？（关于钱和担心方面的问题另外再问。）
不应做：夸张提问	你认为汽车导航系统能帮助你避免可能持续几个小时的交通拥堵吗？	你认为汽车导航系统能在多大程度上帮助自己避免交通拥堵？

调研洞察 7-2 实践应用

问句措辞技巧

只要问卷设计者记住问句措辞的原则或提示，问卷设计就不是一个困难的过程。下面是最近的一篇文章提出的一些问句措辞技巧。[46]

- 使用简短、简单的句子。
- 每次只问一个问题。
- 尽可能避免使用否定问句。
- 撰写准确的问句。
- 确保受访者拥有必要的知识。
- 避免不必要的细节，因为人们通常不太愿意完成长问卷。但是，一定要问清楚所有重要的细节。
- 避免对敏感主题直接提问。
- 使偏见最小化。
- 避免使用诸如“一般”“通常”“一些”“几乎从来”等模棱两可的词语。
- 避免使用陈述句代替问句。
- 避免只使用同意作为回答选项。
- 避免使用太少或太多的回答选项。使用五个或更多的回答选项来得到受访者稳定的回答。
- 每个回答选项都要有唯一标签，保持每个回答选项之间的相同间隔，并留出额外的空间从而在视觉上区分非实质性的回答选项和实质性的回答选项。
- 排列问句。建议用从一般到特殊、从简单到困难、从具体到抽象的顺序来排列问句。
- 添加一些矛盾的问句，检测受访者的一致性。

自主学习

识别并改写“晦涩”的问句

你能识别出问句中存在哪些问题并改写它吗？以下是一些可能出现在问卷中的问句。每个问句都至少违背了一项问句措辞的注意事项或原则。请简单描述每个问句的问题所在，指出这些问句违背了哪些原则或注意事项，并给出一个理想的版本。

问句	问题所在	改写
你认为在汽车中放置婴儿座椅怎么样？		
当你需要带着宝宝开车外出办事时，或者去学校接其他孩子、去锻炼或者去朋友家时，你会使用婴儿汽车座椅吗？		
如果婴儿汽车座椅不方便使用，或者当你正在急速行驶而你的宝宝不停哭闹时，你是否会使用婴儿汽车座椅？		
如果有其他车撞向你，或者你的车失控撞向路灯或其他物体，婴儿汽车座椅能够保护你的宝宝，那么你愿意支付多少钱来购买婴儿汽车座椅呢？		
作为关心宝宝的父母难道不应该使用婴儿汽车座椅吗？		

续表

问句	问题所在	改写
既然婴儿汽车座椅如此有价值，你是否愿意为你的宝宝放置婴儿汽车座椅呢?		
你认为那些为人父母且有责任感的谨慎驾驶的人会使用婴儿汽车座椅吗?		
如果在驾驶过程中发生了事故，你是否相信婴儿汽车座椅会保护你的孩子免受伤害?		

对于经验丰富的调研人员来说，遵守这些准则是标准的操作程序，但即使是有经验的专业人员，偶尔也会发生失误。这种潜在的错误解释了为什么许多调研人员请“专家”来审查他们的问卷草稿。例如，调查问卷通常由调研公司的一名员工设计，然后交给了解调查问卷设计的同事，检查是否存在问句偏差。这种检查还可以确认问卷的**表面效度**（face validity），或者在问卷设计专家看来这些问句是否“看起来正确”。

7.7 问卷组织

你已经知道了如何撰写问句。现在，我们可以转向问卷设计。通常调研人员根据调研内容提出问题，再撰写与调研内容相关的问句。换句话说，调研人员在设计问卷之前要先撰写好问句。但有了问句，不等于有了问卷，调研人员还需要将问句按照一定的规则进行安排。**问卷组织**（questionnaire organization）是指将问卷中的陈述和问句有序排列。组织问卷是非常重要的工作，因为问句的排列顺序以及受访者完成问句的难易程度都会潜在地影响信息收集的质量。组织结构良好的问卷能够激励受访者小心谨慎地完成问卷，结构混乱的问卷则可能使受访者灰心丧气，甚至中途停止回答问题。我们将介绍问卷组织的两个重要方面：问卷介绍和主体问卷的问句逻辑流。

问卷介绍

问卷介绍（introduction）是问卷设计中相当重要的部分。[47] 问卷介绍构建了调查的平台，是潜在受访者在开始回答问题之前所看到和听到的信息。问卷介绍的撰写取决于调查方法。例如，在电话调查中，问卷介绍是在调查开始时的口头交流；而在在线调查中，问卷介绍可能是在电子邮件调查或在线调查开始时的邀请信。当然，每一项调查、每一个目标受访群体都是独一无二的，所以调研人员不应该使用相同的问卷介绍。在这一部分，我们将会讨论问卷介绍的五种功能。

谁在做调查？在调研之初做一下自我介绍是一种起码的礼貌。此外也应当表明调查委托方的身份。表明调查委托方的身份有两种选择。在**公开调查**（undisguised survey）中，委托调查公司的身份可以让受访者知晓；但对于**不公开调查**（disguised survey）来讲，委托调查的公司名称往往不会透露给受访者。采用哪一种方式取决于调查的目的，调研人员和客户是否同意透露信息，它们的真实意图会怎样影响受访者的回答。使用不公开调查的另一个原因是避免竞争对手获得调查信息。

为什么要做调查？应该清楚简洁地表达调查目的。在调查开始部分，可以用一两句话说明调查目的。通常不必将调查的具体目的告诉受访者，因为全部调研内容的清单会使受访者感到枯燥无味，甚至扭头走开。一家银行委托某调研公司进行一项调查，调查的实际目的是了解这家银行及其竞争对手的形象。但是调研公司只需要说："我们正在进行一项本地区消费者对于金融机构印象的调查"，这一表达既可以满足受访者的好奇心，又没有透露银行的名称。

如何选择受访者？必须让潜在受访者了解为什么选择他们作为受访对象。只要用一个简短的句子解释他们内心的疑惑就足够了，即"为什么选择我"。通常告诉受访者他们是被随机抽取的就可以了。当然你应当遵守职业道德，告诉他们实际使用的选样方法。如果选择不是随机的，你应该告诉他们采用的是哪一种选样方法。

激励潜在受访者参与调查。必须要求潜在受访者参与调查。如果你在进行一项电话调查或者个人访问，可以这样说："现在我想就您在 4S 店的汽车维修经历向您咨询一些问题，可以吗？"你应尽量说得简洁，同时要让受访者知道你已准备好让他回答问题。这也是提供激励的合适时机。**激励**（incentive）是为了提高受访者参与调查的可能性，表示愿意向受访者提供一些东西或做一些事情。调研人员用各种办法鼓励受访者参与调查。由于消费者对电话推销日益反感而营销调研人员却渴求信息，调研人员必须向受访者提供更多的激励，例如金钱激励、产品样品或者调研报告的复本。其他激励则包括让受访者知道他们参与调查的重要性："您是极少数被随机选出的一员，可以说说您对这一款新型汽车轮胎的看法吗？"或者可以强调调研主题的重要性："消费者让公司知道他们是否满意是十分重要的。"

其他激励形式的重点是消除受访者对隐私的担忧。有两种方法可以减少这些担忧，提高受访者的参与度。一种是采用**匿名**（anonymity）方式，向受访者保证调查不会将他们的任何身份信息与他们做出的回答相联系。另一种是采用**保密**（confidentiality）方式[48]，即除了调研公司，不让任何第三者（包括客户）知道受访者的姓名。匿名方式最适用于收集受访者直接填在问卷上的数据。只要受访者不表明他的身份，其提供的问卷没有任何隐蔽的身份追踪设置，任何自我操控的调查都可以是匿名的。但是当需要面对面访谈时，通常需要与受访者预约时间或电话回访，因而会清楚地留下姓名、地址、电话号码等相关信息，在这种情况下，可能需要保密。

适合参与调查吗？调研人员需要甄别受访者以确认他们是否适合参与调查。调研人员使用**甄别问句**（screening question）来排除那些不符合调查条件的受访者。[49]是否对受访者进行筛选取决于调研内容。如果调研内容是确定新车购买者如何选择经销商，你可能需要排除那些从未购买过新车或在近两年内未购买过新车的消费者。你可以问："请问您在最近两年中买过新车吗？"对那些回答"否"的受访者，你应礼貌地对他表示感谢："谢谢您的回答。"有人认为应当尽早提出甄别问句，以免浪费调研人员或受访者的时间，这是在每项调研过程中需要考虑的事情。我们将甄别问句放在问卷介绍部分的最后，是因为我们发现如果一开始不在前述四个部分花些心思，直接与潜在受访者开始谈话是非常尴尬的。

与撰写问句一样，问卷介绍部分的设计也需要调研人员精心思考。受访者一开始读到或听到的词会在很大程度上决定他们是否参与这项调查。因此，对于调研人员来说，认真准备邀约和开场白，以期最大限度地调动受访者的积极性是有意义的。[50]如果调研人员未能说服潜在受访者参与调查，那么他在问卷上的所有工作都将是徒劳的。[51]关于问卷介绍中应包括哪些内容的讨论，为我们探讨让潜在受访者了解调查的伦理方面提供了一个机会。阅读调研洞察 7－3，了解调研协会伦理准则中哪些信息必须披露。

调研洞察 7－3　伦理思考

调研协会伦理准则：透明度、知情权和选择

1. 调研人员必须及时介绍自己的身份，资料主体必须能够毫无困难地验证调研人员的身份和真实性。

2. 调研人员必须尽快阐述调研的一般目的。

3. 调研人员必须确保受访者的参与是自愿的，且是基于调查的一般目的及其研究性质的信息，这些信息应该是充分的、没有误导性的。

4. 调研人员必须尊重资料主体拒绝参与调研的权利。

5. 调研人员必须允许资料主体随时退出调研或者拒绝额外要求或其他形式的调研。

6. 调研人员必须准许资料主体查阅、更正或更新所持有的任何足以辨识个人身份的资料。

问句逻辑流

问句逻辑流（question flow）是指将问卷中的问句或问句板块，包括任何指导语，按一定的顺序进行排列。问句板块是一组与特定主题相关的问句，例如，人口统计问句。每个调研内容都可以提出一个或一组问句。图 7－3 已经很好地展示了如何根据这些调研内容逐一撰写问句。不过，为了能使受访者在回答问题时更加轻松，这些问句的排列应尽可能遵循一定的逻辑。表 7－7 列出了常见的问句排列顺序。问句的排列应该符合逻辑或常识。[52] 当然，在确定调研内容后应当使问卷尽量短一些。太长的问卷会对应答率产生负面影响。[53] 必要的话，开始的几个问句应属于甄别问句，通过调研人员设定的必要标准判断潜在受访者是否真的符合调研要求。

表 7－7　问卷中各个问句的逻辑顺序

问题类型	问句所处位置	例句	理由
甄别问句	开篇	“上个月您是否在科尔士百货公司买过东西？” “您是第一次来这里吗？”	用于筛选符合调研要求的受访者
热身问句	在甄别问句之后	“您多长时间去买一次休闲服装？” “您通常在一周的哪几天买休闲服装？”	很容易回答；向受访者表明调研很容易完成；可激发受访者的兴趣
过渡（陈述和提问）	在主要问句之前或变换提问方式前	“接下来，我要问一下您的家庭看电视习惯方面的问题。” “下面我会读一些句子，请您在我读完每个句子后告诉我同意或不同意该说法。”	提示受访者接下来的问句的主题或形式会有所改变
复杂或难以回答的问句	位于问卷中间；接近卷尾	“请用 1 ～ 7 分来给 10 家商店店员的友善程度评分。” “在接下来的三个月内您购买以下物品的可能性有多大？” “在未来三个月内，您在科尔士百货公司购买以下物品的可能性有多大？”	此时受访者已同意完成调研，并且能看到（或被告知）所剩的问句不多

续表

问题类型	问句所处位置	例句	理由
分类和人口统计问句	位于问卷最后	“您的最高学历是什么？”	一些关于“个人”的、可能引起不快的问句应放在问卷的最后部分

受访者通过了甄别，紧接着就会遇到一些“热身”的问句。**热身问句**（warm-up question）比较简单、容易回答，主要是为了激发受访者的兴趣[54]，证明回答调研人员的问题是件轻松的事。理想的情况是热身问句涵盖了调研内容。但调研人员可能会选择一些能够快速且容易回答的问句来激发受访者的兴趣，使他们愿意回答后面更难的问题。

过渡（transition）主要是让受访者知道主题或提问即将发生变化的一些陈述或问句。例如，“现在我想就您家中看电视的习惯问几个问题”就是一个过渡。这样的语句有助于确保受访者理解问句的排列。过渡也包括跳问问句。**跳问问句**（skip question）的答案将决定下一个问句是什么。例如，你可以问：“当您购买日用品时，通常是否使用优惠券？”如果受访者回答不使用优惠券，就不宜再提出关于优惠券使用的细节问题，问卷会指引受访者跳过这些问句。如果一份问卷中有很多的过渡或跳问问句，调研人员就需要考虑问卷的流程以确保问句中的指引无误。[55]

正如表7－7所示，将复杂和较难回答的问句深深地“隐藏”在问卷里往往是很好的办法。一些量表（如语义差别量表、李克特量表）问句或者其他需要某种程度的心理活动（例如评估、发表意见、回忆过去经历、表明动机或回答“如果……那么”）的问句相对复杂或较难回答。将这类问句如此安排有两个理由。第一，当受访者接触此类问句时他已回答了几个相关的简单问句，进入了一种不得不回答的情境之中。尽管这部分问句要费些脑筋，但受访者一定感到坚持完成问卷会比半途而废要好。第二，如果问卷是受访者自我操控的，他会看到只剩下一小部分问句需要回答，也就是说曙光就在眼前。如果调研由调研人员执行，问卷中可以加入一些提示使受访者了解到访谈即将完成。有经验的访问者在感觉到受访者兴趣减退时——如果允许的话——会提醒受访者，使调研继续进行。在线调研中通常会有一个“已经完成%”的符号，用来显示完成问卷的程度。

根据惯例，问卷的最后部分预留给分组问句。**分组问句**（classification question）有时也称作人口统计问句，其作用在于根据分析的不同目的将受访者分为不同的类型。例如，调研人员可能根据年龄、性别、收入等将受访者分组。将人口统计特征问句放在问卷的最后部分是有实际意义的，因为一些受访者认为某些人口统计问句涉及隐私，拒绝回答诸如受教育程度、年龄、收入水平或者婚姻状况之类的问题。[56]在这种情况下，受访者拒绝回答对调查的影响也不大，因为访问即将结束。但是如果将这些人口统计特征问句放在问卷的前面，访谈将会以一种负面的情绪开始，也许让受访者以为调研还会问一些私人问题，很可能在某个时间点就拒绝访问。[57]

自主学习

决定问卷中问句的顺序

某家饭店即将开业，调查人员要调查这家饭店的吸引力。下表列出了每一项调研内容以及可能会用到的量表。运用你学到的关于问卷组织和问句逻辑的知识，指出针对每项调研内容的问句在问卷中的位置，同时写下你这样安排的理由。

调研内容及描述	如何测量	在问卷中的位置及理由
经营是否会成功？ 是否有足够多的消费者惠顾？	描述饭店的理念，通过量表测量受访者在饭店消费的意愿。	
饭店应该如何设计？ 关于饭店的装修、氛围、招牌菜与点心、服务员着装、席位预订、特别席位等。	通过偏好量表测量受访者对于饭店设计的每个可能的方面的喜好程度。	
如何定价？ 潜在顾客愿意为各种主菜和推荐菜品支付多少钱？	描述主要的菜品和可能的推荐菜品，确定受访者愿意支付的价格范围。	
确定最佳地理位置？ 顾客愿意开车前往饭店就餐的最远距离是多远？是否要考虑其他地理位置因素？（海滨座椅、免费停车场、无须预约等）	针对每个选址，考虑受访者驾车前来就餐的最远距离。	
目标市场有何特性？	收集受访者的人口统计信息。	
什么是最佳广告媒体？ 哪种广告媒体能够用来触达目标市场？	确定受访者常规接触的媒体，如报纸、广播、电视，并且要确定一些具体情况，如受访者会阅读报纸的哪个部分，喜欢广播的哪些节目，以及哪些时间看电视新闻等。	
什么是最佳社交媒体？ 哪种社交媒体能够用来触达目标市场？	确定受访者经常接触的社交媒体，如脸书、推特和 Instagram 等，并确定可以使用哪些餐厅评论社交媒体（Yelp、Open Table、Zagat 等）。	

7.8 电脑辅助问卷设计

电脑辅助问卷设计（computer-assisted questionnaire design）是指调研人员通过电脑辅助问卷设计软件来设计和发布问卷，还可以检索和分析由问卷收集的数据的一类调查软件。在网上快速搜索一下，你会发现许多提供在线问卷设计系统的公司，包括 Qualtrics、SurveyMonkey、SoGoSurvey、SurveyGizmo、SmartSurvey 等。实际上，所有这些公司都有免费的试用版本和 / 或其功能的演示。大多数是基于 web 的系统，因此不需要安装软件，用户只需要访问互联网就可以使用。

试用版本通常有限制，比如较短的试用期或只允许少量受访者使用。大多数公司都有合理的短期订阅以及较长的企业许可证，这对于在一年内进行多次调查的研究人员来说是非常划算的。电脑辅助问卷设计软件包具有很多优势：相对于文字处理软件，不仅使用起来方便、快捷，而且界面友好、功能强大。[58]用户只需点击就可以访问大量的问卷设计功能，通常包括大量的文档、示例、模板和有用的提示。在本节中，我们将讨论电脑辅助问卷设计程序的功能。

问卷创建

典型的问卷设计程序会向使用者询问一些问题，如问句类别，回答选项的数目，是否允许使用多项选择，回答选项如何在问卷上呈现，等等。通常软件程序提供一系列问句类别以供选择，如封闭式问句、开放式问句、数字式问句或者量表式问句。设计程序甚至包括问句库功能[59]，问句库包含调研常用的一些“标准化”问句，例如人口统计特征、重要性、满意度、绩效和使用习惯等。同时调研人员可以根据研究内容上传各类图形文件。大多数电脑辅助问卷设计软件十分灵活，允许用户修改问卷格式，创建板块或回答格式一致的问句集，包括问卷引导和回答问句的指导说明，同时能够轻松地移动问句位置。另外，也可以根据设计者的偏好修改问卷的外观，如字体、背景、颜色等，也包括移动终端设备。

跳问和展示逻辑

跳问逻辑（skip logic）允许问卷设计者在实施在线调研时依据受访者前面的回答来提出问题。例如，问句“你在上个月是否给家里买过棒约翰比萨?”如果回答“是”，程序会将受访者引向关于棒约翰比萨的问句；如果回答“否”，就会跳过这些问句。也就是说，回答“否”的受访者不会看到这些问句。**展示逻辑**（display logic）与跳问逻辑相似，恰当的调研展示问句基于受访者之前的回答。展示逻辑会用一个问句引出一个包含很多公司的名单。例如，“上个月你都从哪些公司购买过比萨，请选择”。问卷设计软件只针对那些被选择的公司提问。

收集数据和创建数据文件

电脑辅助问卷设计程序能够帮助我们创建在线调研问卷。一旦调研人员通过电子邮件、网站、社交媒体或移动终端在网上发布问卷，调研人员只需等待受访者参与调查即可。当然，参与在线调研的受访者需要调研人员选择恰当的方式与他们沟通。一般来讲，只要受访者参与了调查，就会即时生成数据文件。具体地说，每个受访者可以链接到在线问卷，进行注册，回答问题，最后点击“提交”按钮。提交信号促使程序迅速地将受访者的回答记录在数据文件中。这一过程与受访者提交问卷是同步完成的。问卷设计程序通常要求受访者输入一个邮件地址，并以此来阻止同一个受访者多次提交。调研人员可以远程下载数据文件，并且通常有几种不同的格式，包括SPSS格式。

现有受访者

问卷设计公司意识到公众不愿意参与调查，所以很多公司与固定样本组公司合作，并将固定样本组的样本整合到它们的问卷设计网站中，让调研人员能够无缝访问固定样本组公司的受访者。有时使用的固定样本组公司很明显，有时不那么明显。无论如何，调研人员根据与合作伙伴协商的定价系统来购买访问受访者的权限。如果用户不想访问固定样本组公司，只需将在线问卷的网址提供给潜在受访者。

数据分析、图表和下载数据

大多数问卷设计软件同时兼有数据分析、图表制作以及生成最终报告等功能。一些软件可以提供简单的绘图功能，一些软件有各种统计分析功能。这些功能对于调研人员监督调查过程十分重要。数据可视化或图形特性各不相同，其中一些程序使用户能够实现专业质量的数据可视化，保存和 / 或嵌入演示文件。当然，它们都提供了以各种格式下载调查数据的功能，例如 Excel（csv）、text，甚至 SPSS，因为大多数营销调研人员喜欢使用比问卷设计系统本身更强大的分析和数据可视化工具。

7.9 完成问卷

无论问卷是否通过在线问卷设计软件来完成，问卷设计还剩下两个步骤：编码和预测试。

编码

问卷设计的最后一项任务就是对问句进行**编码**（coding），或使用与问句回答选项相关的数字，以方便调查结束后的数据分析。在线问卷通常会自动进行编码。一旦知道了基本规则，编码的逻辑就很简单了。编码的主要目的是使每一种可能的回答与唯一的数字相对应，因为计算机程序处理数字会更容易、更快捷，比如 SPSS，你将在随后的章节中学习如何使用和解释 SPSS。

下面是编码的一些基本规则：

- 每一个封闭式问句中的每一个可能的回答都应该有对应的编码数字。
- 使用单一数字进行编码，从“1”开始，逐步递增。
- 对于具有相同回答选项的问句，无论问句处在问卷中的什么位置，都应该使用统一的编码系统。
- 如果可能，在问卷定稿前就应该构建编码系统。

对于单选问句，编码通常放在括号里。对于在线问卷，编码由程序指定，通常不必在问卷上呈现。对于有标签的量表，我们建议编码数字与量表指向相对应。例如，编码 1、2、3、4、5 应当与量表选项“差——般—好—很好—非常好”的方向相匹配。如果在问卷中我们使用的是 7 点李克特量表，回答选项从“非常不同意”到“非常同意”，那么编码将是 1 ～ 7，其中 4 对应“没有意见”。对于以数字作为量表选项的等距量表，因为量表中已经有数字了，就不用再编码。

最后，调研人员偶尔使用**“多项选择”问句**（“all that apply” question）是想让受访者从答案列表中选择一个以上的选项。[60] 对于多项选择问句，标准的编码方法是用 0 或 1 对每个类别的备选答案进行编码。如果受访者没有选择这个类别，则用“0”来表示；如果受访者选择了这个类别，则用“1”来表示。这与调研人员对清单中的每个选项问“是”与“否”一样。

问卷预测试

回到图 7 - 3 你会发现预测试已经作为问卷设计的一部分。[61] **预测试**（pretest）往往是在正式调研之前，通过对一些有代表性的、小范围的受访者的访谈来审核问卷是否有错误。[62] 参加预测试的对象应该在调研的目标群体中具有代表性。在开展问卷调查之前，需要通知受访者参加预测试，让他们就问卷中的措辞、短语、问卷介绍、问句逻辑流，问卷中出现的令人困惑的、难以理解的问题及其他各种问题提出意见。通常预测试会选择 5 ～ 10 名受访者，调研人员可以从中发现一些普遍性的问题。[63] 例如，如果只有 1 名受访者对某个问句有疑问，调研人员可以忽略；如果有 3 名受访者对同一个问句提出异议，调研人员就应该考虑对问句进行修改。在重新考虑时，调研人员应站在受访者的立场上问自己："这个问句的意思表达得是否清楚？""这样的说明是否容易理解？""短语表达是否清晰？""是否带有倾向性的引导用语？"[64] 由于调研人员不可能完全从受访者的立场出发，因此预测试显得尤为重要。[65]

综合练习

本练习需要你考虑下面两章的概念和内容：

第 6 章　数据收集方法

第 7 章　测量与问卷设计

穆厄卷饼

穆厄（Moe）的三明治店出售一种卷饼，这种卷饼是用墨西哥玉米饼而非普通的三明治面包做成的。穆厄在加利福尼亚州的圣迭戈有 7 家分店，正在考虑运用特许经营的方式在整个州获得更大的成功。穆厄聘请的一名营销战略专家建议针对这 7 家分店开展调研，从而更好地了解顾客，识别可能没有注意到的一些优势和不足。这名营销专家建议穆厄同时也要了解圣迭戈地区那些没有购买过或很少购买穆厄卷饼的消费者，以便了解哪些因素阻碍这些人成为穆厄的忠诚消费者。最终这位专家建议在旧金山、萨克拉门托和洛杉矶三个主要城市实施调查，目的是了解当地市场的吸引力以及对于那些食用三明治的消费者而言穆厄卷饼是否有潜力。为了便于对各调查项目的结果进行比较，专家指出理想的做法是在三个调查中使用相同或相似的问句。

现在穆厄和营销专家就下列调研内容达成了一致意见：

针对加利福尼亚州圣迭戈地区穆厄卷饼消费者的调研内容

1. 消费者多长时间购买一次三明治？
2. 消费者对穆厄卷饼的整体满意度如何？
3. 消费者如何从以下方面来评价穆厄卷饼：
   a. 竞争价格
   b. 地理位置的便利性
   c. 三明治的多样性
   d. 三明治馅料的新鲜程度
   e. 服务速度
   f. 三明治的口味
   g. 三明治的独特性
4. 样本的人口统计特征

针对加利福尼亚州圣迭戈地区没有购买穆厄卷饼的消费者的调研内容

1. 消费者多长时间从三明治店购买一次三明治？
2. 消费者对于他们经常消费的三明治的总体满意度如何？
3. 他们是否听说过穆厄卷饼？
4. 如果听说过，在过去的六个月内是否吃过穆厄卷饼？
5. 如果吃过，如何在以下方面评价穆厄卷饼？

a. 竞争价格
b. 地理位置的便利性
c. 三明治的多样性
d. 三明治馅料的新鲜程度
e. 服务速度
f. 三明治的口味
g. 三明治的独特性

6. 样本的人口统计特征

针对穆厄卷饼在旧金山、萨克拉门托和洛杉矶三个城市的潜在消费者的调研内容

1. 人们多久购买一次三明治？
2. 对于经常食用的三明治，他们在以下方面如何评价：
   a. 竞争价格
   b. 地理位置的便利性
   c. 三明治的多样性
   d. 三明治馅料的新鲜程度
   e. 服务速度
   f. 三明治的口味
   g. 三明治的独特性
3. 鉴于下列描述，对于用墨西哥玉米饼代替面包，消费者的反应如何？

一家使用墨西哥玉米饼而非面包做三明治的商店。这家店专营由西南地区风味的牛肉、鸡肉、火腿以及其他加工过的肉类做的三明治，并配以奶酪、生菜、番茄、洋葱和胡椒，三明治的上边还有辣椒酱，产品的价格与你在 Jack in the Box 所购买的三明治一样。

4. 如果地理位置便利，消费者购买这种三明治的可能性有多大？
5. 获得样本的人口统计特征的资料。

针对目标消费群体的每项调研内容，要选定并确保合适的数据收集方法。根据你所选择的数据收集方法，设计整体问卷，包括：选择测量量表，编制问句以及针对穆厄卷饼三个调查的最终问卷。同时，你要清楚穆厄的调查预算并不多。但是穆厄并不急于扩张，所以调查时间比较充裕。重要的是调查的结果要在各自的目标群体中具有代表性。

本章就业技能

通过学习本章内容，你已经掌握了：

批判性思维技能

- 区分构念的客观特性和主观特性。
- 理解三种测量类型。
- 描述营销调研人员使用的常用量表。
- 评估问句措辞偏差。

知识应用和分析技能

- 构建李克特量表、语义差别量表、中心量表和滑动量表。
- 熟悉问卷设计过程。

- 设计合适的问卷介绍。
- 检查问卷以确定正确的问句逻辑流。

信息技术应用和计算技能

- 描述电脑辅助调查软件的独特功能。
- 将问卷问题编码惯例联系起来。

小结

本章主要讨论了营销现象中一些客观特性和主观特性的构念及测量。营销调研中使用的三种测量尺度是：(1) 命名尺度或简单的分类尺度；(2) 顺序或等级尺度；(3) 量表测量，包括拥有真实原点的比率量表和采用等距排列的等距量表。营销调研人员通常采用等距量表来测量对象的主观特性，如李克特量表将“同意—不同意”分为5个或7个连续位置来表示。生活方式量表采用李克特格式来测量人们的态度、兴趣和观点。第三种是语义差别量表，使用对称的“+”“-”符号和数字体系来测量一个品牌或一家商店的形象。中心量表使用一个对称的“+”和“-”数字系统来进行测量。最后，在线问卷提供了利用光标点击和拖动的功能来构建所有类型的滑块量表。

有些构念是用对称的等距量表来测量的，没有负性等级的构念通常是用非对称的等距量表来测量。调研人员应该使用合适的构念测量量表，如表7-5中描述的常用等距量表。无论如何，量表的信度和效度测量是必要的。信度是受访者回答一致的程度。效度则是回答的准确程度。有可能存在不准确的、无效的但有信度的量表。

问卷设计过程包括无偏差问句的撰写，问句的组织或排序。我们提倡在问卷设计中遵循循序渐进的开发过程，从决定要测量哪些构念和特性开始，以及使用“做和不做”的指导原则来精确地表述问句。在发布调查问卷之前考虑合适的问句逻辑流也很重要。撰写问句的目的是使问句的偏差最小化，撰写的问句应该遵循四个原则，即聚焦、简短、简洁和清晰。当问句措辞具有诱导、暗示、双重和夸张等特点时，容易导致问句偏差。

问句的组织与排列是问卷设计过程的一个重点，包括调查开场白或问卷介绍。问卷介绍部分应该表明调查的委托方，说明相关目的，解释受访者是如何被选中的，寻求受访者的合作，如果允许，可以确认受访者是否适合参加此项调查。接着我们讨论了问卷中问句排列的一般原则，并指出了甄别问句、热身问句、过渡问句、复杂问句和分组问句等在问卷中的角色和位置。调研问卷通常要对每个问句的所有可能回答进行编码，以便进行统计分析。营销人员也可能会使用一些软件来设计用于在线调研的问卷，我们也简要介绍了这些软件的特点。本章的末尾我们讨论了问卷预测试的目的和程序。

复习题与应用题

1. 什么是测量？某个客体的客观特性和主观特性的测量有何区别？
2. 营销调研中使用的三种测量的区别是什么？
3. 等距量表与比率量表有何区别？
4. 解释用连续变量测量客体的主观特性的含义。
5. 对于对称量表的中立选项，支持与反对的观点是什么？
6. 李克特量表、生活方式量表和语义差别量表的区别是什么？

7. 什么是晕轮效应？调研人员如何控制这种效应？
8. 查阅书籍找到以下构念的简明定义，根据定义撰写测量问句。
   a. 品牌忠诚
   b. 购买意向
   c. “性价比”的重要性
   d. 品牌态度
   e. 广告回忆
   f. 购后行为
9. 信度和效度有何区别？
10. 什么是问卷？问卷有什么功能？
11. 为什么说问卷设计是一个系统性的过程？
12. 问句设计的四条“应做”的指导原则是什么？试描述之。
13. 问句设计的四条“不应做”的指导原则是什么？试描述之。
14. 问卷介绍的作用是什么？问卷介绍包括哪些内容？
15. 指出下列问句有何作用：（1）甄别问句；（2）热身问句；（3）过渡问句；（4）跳问问句；（5）分组问句。
16. 什么是编码，有何作用？多项选择题如何编码？
17. Cupcake Delight是位于商场的一家蛋糕便利店，销售20种新鲜纸杯蛋糕，还有软饮料和咖啡。蛋糕便利店的老板对销售额下降非常担心。她在一本营销教科书中看到商店形象会对目标市场的吸引力产生影响。她联系了一家调研公司，委托其进行一项塑造商店形象的研究。你负责编制问卷中的商店形象部分。设计一个语义差别量表来测量蛋糕便利店的形象。你的工作包括：（1）利用头脑风暴法列出将要测量的特性；（2）确定合适的两极形容词；（3）确定使用几级量表（线段的数量）；（4）指出如何控制晕轮效应。
18. 列出下面每个例子中营销调研人员需要测量的构念。为每个构念设计一份适当的量表。说明这些量表的测量假设、答案类别的数目、是否使用“没有意见”或中立的答案选项和表面效度。
   a. 美泰公司想知道学龄前儿童对皮克斯动画机器人的反应，这个机器人可以表达情感，比如开心，识别孩子的脸，玩150多种教育游戏。
   b. Chobani公司正在对五种新型酸奶进行测试，公司想知道消费者对这五种酸奶的甜度、味道、口感的评价。
   c. 某药品公司想知道一项禁止医生向病人分发免费处方药样品的法律会在多大程度上影响医生给病人开普通药而不是品牌药。
19. 哈雷－戴维森是美国最大的摩托车制造商，从事这个行业已经有几十年了。哈雷－戴维森曾经是美国的“标志性”摩托车，但现在它的典型车主是白发苍苍的老年男性。该公司试图通过吸引女性顾客来重振品牌。正在进行的研究主要解决两个问题。首先，消费者会把哈雷－戴维森和“老家伙”联系在一起吗？其次，女性消费者是否有意向积极购买哈雷－戴维森的女性标志性产品，如马夹、皮带、靴子、太阳镜、背心、衬衫、牛仔裤和毛衣？设计一个可用于实施全国性在线调查的李克特量表来解决这两个问题。
20. 下列清单中罗列的是夏威夷茂宜岛手工业协会进行问卷设计的五项内容。数据收集采用人员操控面对面拦截访问的方式，调查对象是在Muai机场登机口候机的游客。运用正文给出的指导原则确定问句的逻辑排列。
   a. 确定他们是如何选择茂宜岛作为目的地的。
   b. 了解他们游览了茂宜岛的什么地方，以及对这些地方的喜爱程度。

c. 描述他们购买了什么手工艺品，在哪里买的，什么时候买的，怎样付款的，谁做的决策，以及为什么要购买这些手工艺品。
d. 了解他们在茂宜岛逗留了多长时间，在哪里逗留。
e. 收集每一个受访游客的人口统计特征。

21. 通过互联网搜索，找到一家免费提供电脑辅助问卷设计软件的公司，学习并熟悉这个软件。下面罗列了电脑辅助问卷设计软件所具有的一些功能，简要说明你所找到的公司是如何提供这些功能的。
a. 问句类型选择
b. 问句库
c. 跳问逻辑
d. 字体和外观
e. 网页上传（有时也称为发布）
f. 分析制图
g. 下载文件类型选择

22. Livingston Lures 公司开发并销售一种能发出声音的电子鱼饵。这个性能使该公司的诱饵比传统诱饵更有效，因为它吸引很远地方的鱼，声音会吸引鲈鱼或鳟鱼等鱼类咬食诱饵。为了调查潜在购买者的反应，该公司委托一家调研公司在码头对钓鱼者实施拦截访问并寻求他们的合作，即让钓鱼者在当天出发时带上公司的鱼饵，返回时再与调研人员会合，调研人员会口头再询问几个问题。作为激励，每个受访者可以在当天得到3个试用鱼饵，每个钓鱼行程的最后，回答问题的钓鱼者还可以再多得到5个鱼饵。

在接触那些正准备出发去钓鱼的钓鱼者时，应当用什么样的开场白呢？草拟一个邀请钓鱼者加入调研的脚本。

案例 7-1

极度曝光攀岩中心与克拉格的竞争

过去的五年内，位于加利福尼亚州萨克拉门托的极度曝光攀岩中心（Extreme Exposure Rock Climbing Center）享有垄断地位。创办攀岩中心是凯尔·安德森（Kyle Anderson）的梦想。凯尔曾是一名极限运动选手，由于多次受伤而退役。现在凯尔努力使其攀岩设施成为美国西北地区的最佳场所。

凯尔的攀岩中心有超过6 500平方英尺的仿真岩壁，在最大垂直高度为50英尺的岩壁上有大约100种不同的攀岩路径。攀岩中心的设计可以实现四种攀岩模式：上方绳索确保的攀岩，即攀岩者使用的绳索在岩壁上方固定；牵引攀岩，即攀岩者通过拖拽固定在岩壁上的绳索来攀岩；抱石攀岩，即不借助绳索攀岩；绳索降落，即顺着绳索快速从顶部降落。

攀岩者可以按天或月支付费用，也可以成为年度会员。攀岩中心低价出租攀岩用的鞋子和装备，为每个攀岩者免费提供头盔。除了个人和团队的攀岩项目，极度曝光攀岩中心的团队项目还包括生日聚会、亲子夏令营、企业团队建设项目。

凯尔在报纸新闻中注意到在萨克拉门托另一家名为克拉格（The Krag）的攀岩中心将在六周后开业。他还注意到克拉格与极度曝光攀岩中心在如下方面有所不同：（1）克拉格最大垂直距离为60英尺；（2）有攀岩者认证课程；（3）有为期一天的室外攀岩项目；（4）有在加拿大落基山脉过夜逗留的团队攀岩旅行；（5）克拉格的年度会员费用比极度曝光攀岩中心低大约20%。

戴安娜（Dianne）是极度曝光攀岩中心的合伙人之一，负责营销工作。一次她来攀岩中心考察，与凯尔进行了交流。戴安娜认为凯尔必须了解攀岩中心会员的一些信息以保持竞争力。她建议了解的营销信息如下：

1. 人口统计信息（年龄、收入、性别、受教育程度、婚姻状况、居住类型）和极度曝光攀岩中心会员的攀岩概况（指他们通常参加的攀岩类型和频率）。

2. 会员如何评价极度曝光攀岩中心的各种攀岩设施？会员就参与最多的一种攀岩活动进行以下评价：（1）当他需要时设备是否可用；（2）攀登难度；（3）攀登路线；（4）攀岩中心员工是否友好和乐于助人；（5）设备的使用年限和状况；（6）总体满意度。

3. 会员是否对户外攀岩活动有兴趣？如果有，对下面的哪些项目有兴趣？（1）户外攀岩区全天或半天的活动；（2）前往加拿大落基山脉的组团过夜旅行项目；（3）有私人向导的单身（你一个人）、夫妻（你和一个朋友）和 / 或家人（你和配偶或朋友和孩子）攀岩探险，（4）至少需要五次户外攀岩课程的攀岩者认证课程。

4. 会员对他们支付的会费有什么看法？

5. 如果一个新的攀岩中心具有以下条件之一，会员是否会考虑放弃极度曝光而加入这个新的攀岩中心：（1）最高攀登高度比极度曝光高 10 英尺；（2）年会费比极度曝光低 20%；（3）二者兼而有之。

6. 受访者的“攀岩生活方式”的概况如何？分析他们在以下方面的参与程度：（1）经常去攀岩；（2）喜欢具有挑战性的攀岩体验；（3）更喜欢和朋友一起爬山；（4）总是使用相同的攀岩设施；（5）在攀岩装备上花费过多。

戴安娜指出，极度曝光攀岩中心的会员记录中包括会员的电子邮件地址，因此可以通过在线问卷的方式收集数据。她建议凯尔提供一个有吸引力的奖品，比如价值 250 美元的攀岩装备或旅行礼券，该奖品在某个日期前从参与调查的会员中随机抽取。

对于每项调研内容，给出相关的构念，并指出应该如何测量。也就是说，为每项调研内容设计问句，选择合适的测量量表。然后，为这个研究项目设计一份完整的在线问卷。

案例 7-2　综合案例

汽车研发中心

汽车研发中心 CEO 尼克·托马斯委托 CMG 调研公司完成一项调研。CMG 调研公司副总裁科里·罗杰斯（Cory Rogers）对于汽车研发中心的调研已经有了一些认识，对调研的内容有了比较清晰的理解。此外，他已经花一些时间考虑了这些构念的操作化定义，并为问卷撰写做了不少前期工作。接下来是问卷设计。罗杰斯和托马斯认为在线固定样本组是最合理的方式，决定使用这种方式收集数据。这种方式虽然费用高昂，但能够保证最终的样本对汽车市场具有代表性。也就是说实施固定样本组调查的公司要向购买这项服务的客户确保样本对目标市场具有代表性。汽车研发中心感兴趣的市场是“所有汽车拥有者”，这实际上意味着所有的成年人都符合调查的要求。

现在可以着手设计适合成人消费者在线样本组的调查问卷。与问卷设计阶段相关的调研内容罗列如下：

1. 汽车购买者（潜在购买者）对下面这些描述的态度如何？

a. 关注全球变暖

1）我为全球变暖而担忧。

2）我需要为减缓全球变暖而做点事情。

3）全球变暖是个现实的威胁。

b. 减少燃油以尽个人责任

1）为了节省燃料，我很少开车。

2）我查看交通路况报告以避免拥堵而增加油耗。

3）我驾驶一辆省油的汽车。

2. 消费者对全球变暖的态度会因为市场细分而不同吗？市场细分根据如下人口统计特征定义：

a. 年龄

b. 收入

c. 教育背景

d. 性别

e. 婚姻状况

f. 家庭规模

g. 家乡面积规模

h. 房屋类型

3. 消费者对于不同类型燃料效率的组合和车型的偏好和意图是什么？

a. 超级摩托车：1 座全电动摩托车

b. 运动型小型车：2 座全电动运动型车

c. 装载型小型车：2 座油电混合动力车

d. 经济型混合动力车：4 座油电混合动力车

e. 经济型汽油车：4 座经济型汽油车

4. 偏好新型汽车的消费者习惯使用什么媒体？

a. 阅读报纸（本地、州、全国等）

b. 看电视（喜剧、电视剧、体育、纪实等）

c. 收听调频广播（轻音乐、乡村音乐、畅销金曲、怀旧老歌等）

d. 阅读杂志（大众娱乐、商业、科技、体育等）

5. 这些消费者使用哪些社交媒体，使用频率如何？

a. 博客

b. 内容社区

c. 社交网站

d. 网络游戏

e. 虚拟现实

如果有必要，综合前面各章关于此案例的信息，为汽车研发中心设计一份在线调查问卷。你要注意选择恰当的构念测量、清晰的问卷措辞、合理的问句逻辑流，遵循问卷设计原则。（注意：你的老师可能会要求你使用专门的在线问卷设计公司来完成这项任务。如果找不到此类公司，你可提供关于问卷构建的想法。）

注释

………… | 第8章 | …………

抽样方法

学习目标

在本章你将学习：

» 样本和抽样的基本概念。
» 抽取样本的原因。
» 概率抽样和非概率抽样的区别。
» 四种概率抽样的操作。
» 四种非概率抽样的操作。
» 在线抽样技术。
» 制定抽样计划的步骤。

| 本章位置 |

1. 确定营销调研需求
2. 界定营销问题
3. 明确调研内容
4. 确定调研设计
5. 识别信息类型和来源
6. 确定获取数据的方法
7. 设计调查问卷
8. 确定抽样方案和样本容量
9. 收集数据
10. 分析数据
11. 撰写和展示调研报告

8.1 样本与抽样的基本概念

抽样有其自己的基本术语：总体、普查、样本、样本单位、抽样框、抽样框误差和抽样误差。图 8－1 表达了这些概念之间的关系。

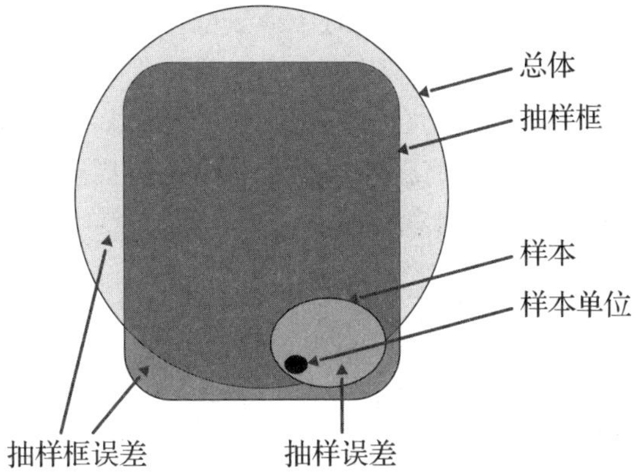

图 8－1　基本的抽样概念

总体

总体（population）是指由调研项目的内容所规定的研究对象的全体。如图 8－1 所示，总体是面积最大，包含内容最多的那一部分。管理人员通常不像调研人员那样能够对总体给出明确的定义，因为调研人员必须精确地描述总体，管理者则是泛泛地理解总体。

以特斯科害虫防治公司（Terminix Pest Control）执行的调研项目为例，来说明一下管理人员与调研人员对总体的不同理解。如果特斯科想了解潜在客户是如何对付蟑螂、蚂蚁、蜘蛛和家中其他害虫的，特斯科的经理很可能将总体定义为“可能使用公司服务的所有人”。然而，负责抽样设计的调研人员使用的定义是“在特斯科所服务地区的都市家庭中对害虫防治负责的户主”。注意，调研人员将“所有人”变成了“对害虫防治负责的户主”，并且更加精确地指出“户主”的形式。该定义还明确地将总体界定为位于特斯科服务地区的都市家庭。错误地界定问题会毁掉一项调研，错误地定义总体也是如此，因为调研的结论完全来自基于总体的调研样本。举例来说，如果将特斯科的总体定义为“可能使用我们服务的所有人”，它将包括工厂、研究机构、商业用户，同样也包括家庭。如果像希尔顿酒店或橄榄园酒店（Olive Garden Restaurants）那样的全国连锁企业被包含在调研之中，调研结果就不可能仅代表家庭用户。

普查

普查（census）是指对总体中所有单位进行全面调查。换言之，如果你想知道总体中个体的平均年龄，你就得询问总体内所有个体的年龄，然后计算平均年龄。当然，你会发现当你研究的目标市场包含成千上万名消费者时，普查是不切实际的。

也许关于普查最好的例子来自美国人口普查局（www.census.gov）每10年进行一次的美国人口普查。美国人口普查的目标总体是美国境内的所有家庭。事实上，如此定义的总体构成了一个“理想”的普查，因为获取美国所有家庭的数据显然是不可能的。美国人口普查局仅能对一定比例的家庭进行普查，并在普查活动开展的时限内获取信息。尽管美国人口普查局为提升公众参与意识花费了数十万美元的预算，通过主流广告媒体如电视、报纸和广播进行宣传，并采用了精心设计的追踪程序，但是调查获得的数据不是百分之百准确。[1]

美国人口普查局遇到的困难和营销调研中遇到的困难是相同的。例如，在美国人口普查中，个体可能是指居民、无家可归者、文盲、残障人士、非法居住在美国的人，或者不愿参与调查的人。营销调研人员在实施调研时也会面临人口普查所遇到的问题，甚至更多。事实上，调研人员很早以前就意识到对总体进行普查是不切实际的，也是绝对不可能的。因此，调研人员转而使用总体子集或样本来代表总体。

样本和样本单位

图8－1标注了样本和样本单位。**样本**（sample）是总体的一个子集，它能够恰当地代表整个总体。[2]调研人员和管理者在使用这个概念时是不同的。管理者经常忽略样本定义中的“恰当”一词，而假定任何样本都是有代表性的。然而，调研人员在察觉样本偏差方面训练有素，会仔细地评估被选作样本的子集的代表性。

样本单位（sample unit）是调研中的基本单位。在特斯科的例子中，单位是一个家庭。在一项体重计调查中，单位就是一个人。但有关激光手术设备购买的医院调研中，样本单位就是医院的采购代理，因为研究的是医院的采购。

抽样框和抽样框误差

你可能注意到，在图8－1中样本和样本单位都被置于称为“抽样框”的区域中。**抽样框**（sample frame）是总体中样本单位的主要来源。在图8－1中你可以看到，抽样框的区域并不完全在总体的区域中，抽样框有一部分在总体区域之外。换言之，抽样框并不总是与总体完全一致。

例如，如果一位调研人员已经定义加利福尼亚州所有的汽车经销商为一个总体，就需要列出一个经销商清单作为抽取样本的框架。同样，如果研究的总体是注册会计师（CPA），也需要注册会计师的清单作为抽样框。对于汽车经销商的例子而言，如infoUSA公司提供全美商户名单服务，可以使用编辑好的汽车经销商黄页名册、商业文件、公司网站、年度报告和其他资源。对于注册会计师的例子，调研人员可以使用美国注册会计师协会（American Institute of Certified Public Accountants）的会员名单，名单包括所有已经通过注册会计师考试的会计师。有时候，调研人员因为无法找到现成的名单而难以对总体进行估计。例如，调研总体是“所有在 3 月份到百思买商店购买了至少 250 美元商品的顾客”。

抽样框不可避免地包含抽样框误差，**抽样框误差**（sample frame error）是指抽样框不能反映整个总体的程度。从图 8－1 中可以看出，抽样框可能是不完整的，因为它可能会忽略总体里的一些单位；也可能是不准确的，因为它可能包含一些总体里没有的单位。一种表示抽样框误差的方法是将目录清单与总体进行比较来测量二者的契合程度。你认为加利福尼亚州汽车经销商案例中的抽样框误差是什么？最主要的误差在于仅仅使用了黄页名册。因为并非所有的经销商都在黄页上，在黄页出版后，有些经销商已经退出，又有一些经销商开业了但很可能未被列入黄页。对注册会计师的调查也有类似的错误，所以调研人员必须对其所使用的清单的更新程度了如指掌。[3]

抽样误差

抽样误差（sampling error）是因调查中使用样本而产生的误差。[4] 抽样误差的产生有两个因素。第一个因素是抽样方法，你将在本章后面学到这一部分内容，包括抽样框误差。在图 8－1 中，样本区域是在抽样框的区域内，但仍有一部分落在总体的区域之外。当抽样框不完全符合总体的定义时，抽样误差就会出现。在本章，你将学到一些使此类误差最小化的抽样方法，但完全控制误差是不可能的。第二个因素是样本容量。在第 9 章我们将介绍样本容量和抽样误差之间的关系。

8.2 为何抽样

有两个理由可以说明抽样几乎总是比普查更让人满意。首先，从现实的角度考虑，抽样比普查更可取，比如成本更低、总体规模更小。如果消费者的数量多达数百万，则实施普查的费用十分高昂。即使总体被限定于一个中等城市，也可能涉及数十万名调查对象。

其次，一般的调研公司或调研人员不可能分析处理由普查产生的大量数据，尽管计算机统计程序能轻松处理数据，但当数据量过大时速度就会减慢。事实上，调研人员在考虑计算机或制表软件的处理能力之前就必须考虑各种数据的处理和准备过程，包括如何有效地处理问卷或答案，并将这些问卷和答案转换成计算机文件。如果使用纸质问卷，那么数据转换的工作量会远远超出调研人员的处理能力。这是在线调查流行的一个原因，在线调查可以轻松处理大量数据的准备和传输。

我们借助常用的成本－效益分析来证明抽样的合理性。假设特斯科公司的家庭调查项目经理以 1 万美元的成本选择由 500 个家庭组成的第一个样本，并得出 20% 的调查对象将会考虑从当前的害虫防治服务提供商转向特斯科公司。如果以完全相同的方式选择了另一个大小相同的样本来测定同样的特征，结果如何？例如，假定第二个样本测定的结果是 22%。这个项目也花费了 1 万美元，从中又获得什么？如果项目经理将两个样本结合起来，估计结果将是 21%，一般感觉，从中得到的额外信息很少。事实上，多花的 1 万美元只多得到1%的信息，令人对其价值感到怀疑。我们将在下一章更详细地阐述这一概念。在本章中，你将了解到完全可接受的精确度或准确度可以通过小得惊人的样本获得。

8.3 概率抽样与非概率抽样

所有的抽样方法最终都归为两类：概率抽样和非概率抽样。在**概率抽样**（probability sample）中，总体中个体被选为样本的机会（概率）是已知的。与此相反，在**非概率抽样**（nonprobability sample）中，总体中个体被选为样本的机会（概率）是未知的。不幸的是，“已知”和“未知”的说法很可能产生误导。计算一个精确的概率需要确切地知道总体规模大小，然而在大多数营销调研中是不可能准确地知道总体规模大小的。例如，如果以优步用户为目标总体，由于新用户进入、老用户放弃服务，以及交通动态、天气等因素导致的销售波动，总体的准确规模每周都在变化。事实上，获得一个已知且很稳定的总体的准确数据是一件很难的事情。

“已知”概率的实质取决于抽样方法而不是知道总体的准确规模。如果抽样时就知道确切的总体规模，概率抽样方法就可以保证计算出总体中任意个体被选入样本的确切概率。换句话说，这个概率值实际上是从来没有计算过的，但是通过抽样方法可以保证任何一个总体中的个体被选为样本的概率是可以计算出来的。这是概率抽样背后的一个重要理论支撑。

对于非概率抽样方法，即使总体规模已知，由于抽样技术的主观性，每个个体被抽取的概率是无法计算的。正如一位学者描述的那样，非概率抽样中有人为干预，而概率抽样中没有。[5]非概率抽样有时被称为“随机抽样”，因为它倾向于包含人为的误差，甚至是下意识的误差。[6]下面将介绍如何确定一种抽样方法究竟是概率抽样还是非概率抽样。

8.4 概率抽样方法

有四种概率抽样方法：简单随机抽样、系统抽样、整群抽样和分层抽样。表8－1介绍了每种抽样方法。

表8－1　四种概率抽样方法

简单随机抽样
调研人员利用电脑生成随机数字，随机数字拨号或其他的一些随机选择程序保证总体中每个个体都有相同的概率被选为样本。
系统抽样
使用总体名录作为抽样框，调研人员随机选取一个起点作为第一个样本单位的抽取点。然后用抽样框中的总体个体数除以要抽取的样本容量得到一个固定的抽取间隔，然后每隔一个固定的抽取间隔从抽样框中选出一个样本单位，以此方式得到其他样本单位。系统抽样可以实现与简单随机抽样相同的随机效果，但效率更高。

整群抽样
将抽样框分成几组或称为群，群间比较相似。调研人员随机选择几个群，然后对所选群的所有个体单位进行调研（单阶段）。调研人员也可以随机地选取较多的群，再从每个群中随机选取样本（两阶段）。如果能够很容易地识别出高度相似的群，这种方法就很适用。比如广阔地理区域上的细分。

分层抽样
如果一个或几个因素（诸如收入或产品使用习惯）使总体分布出现了偏态，这时调研人员可将总体分成若干被称为层的子总体。然后，对每一层采用简单随机抽样。可以使用加权方法估计总体，如估计总体均值。这种处理方式比其他抽样方法更适用于非正态分布的总体（即偏态总体）。

简单随机抽样

在**简单随机抽样**（simple random sampling）中，总体中所有的个体被选为样本的概率是相等的。这个概率可以用如下公式表达：

抽取概率 = 样本容量 / 总体规模

使用简单随机抽样时，如果调研人员调研的总体是 100 000 名最近购买 Kindle Fire 的人，样本容量是 1 000 人，那么对于简单随机抽样来讲，总体中的每个个体被抽取为样本的概率是 1 000/100 000 或者 1/100，计算结果为 1%。

随机设计法 **随机设计法**（random device method）是指使用某种设计来保证总体中的每个个体都有相同的概率被选取。随机设计常见于掷硬币、用编号的乒乓球摇出中奖彩票数字、赌场的轮盘以及扑克牌游戏。在上面的每一种情况中，总体中的每个个体被抽中的概率是一样的：掷硬币的概率是 1/2，摇乒乓球的概率是 5/69，轮盘的概率是 1/37，扑克牌游戏的概率是 5/52。为达到抽样的目的，你可以创造一个设计，用参与者的名字或者其他唯一性标记来随机选择受访者。

例如，你想测量营销调研课程的学生对从事营销调研职业的态度。假设你将这个班级的 30 名学生定义为总体。为了进行**盲抽**（blind draw），你可以先将每个学生的名字写在一张卡片上，然后将所有卡片放进一个容器中充分摇匀。接下来让某人来抽取样本，将此人的眼蒙住，使他不能看到容器里面。你让此人抽出 10 张卡片作为样本。在这个例子中，班上每一位学生被选中的概率相等，是 10/30 或 33%，即 1/3 的概率被选入样本。

随机数字法 上述随机设计的例子都限于较小的总体，较小总体的随机抽样用一个物理设备就可完成。当总体很大时，随机设计就会显得笨拙（试想要洗匀一摞 1 000 张的纸牌）。基于**随机数字**（random numbers）概念的计算机生成随机数字法是一种比较适用和精练的简单随机抽样方法，这些数字的随机性是有保证的。计算机程序可以生成没有任何规则的数列，即它们是随机的。一台计算机可以很容易地处理成百上千个个体数据；它可以快速地为每一个个体标定一个单独的数或记号，生成一列随机数字，将随机数字与待选个体的独特标志相匹配来选择或“抽取”样本。使用随机数字，计算机系统可以在几分钟之内从庞大的总体中抽出一个随机样本，并且保证总体中的每一个个体都有相同的概率被抽到。

调研洞察 8－1 介绍了使用电子表格产生随机数字的步骤，即从以 30 000 名学生所构成的总体中抽样。从第一个生成的随机数字开始，你将通过随机数字来选取总体中的成员进入样本。如果你两次遇到样本中同样的数字，跳过这个数字，因为不可以对同一个人收集两次信息。

调研洞察 8－1 实践应用

如何使用随机数字选择随机样本

第 1 步： 给总体所有成员标上唯一的记号。

姓名	数字
亚当斯、鲍勃	1
……	↓
贝克、卡罗尔	1 001
……	↓
布朗、弗雷德	2 989
……	↓
切斯特、哈罗德	4 593
……	↓
唐斯、简	5 620
……	↓
齐姆维兹、罗兰	30 000

第 2 步： 使用微软的 Excel 中的随机数字功能生成 1 ～ N（本例中 N = 30 000）之间的随机数字。[7] 打开 Excel，在单元格中输入“=RANDBETWEEN(1,N)”，则会生成 1 ～ N 范围内的随机数字。下面就是用这种方法生成的一组随机数字。

12 963	18 125	25 220	9 085	13 381
5 388	26 006	18 875	12 301	3 746

选择第一个随机数字并找到相应总体中的成员。在这个例子中，12 963 是第一个随机数字。

第 3 步： 将与数字相对应的学生选入样本。

#12 963- 拉弗勒、安

第 4 步： 继续下一个随机数字并选择对应的学生进入样本。

#18 125——塞克斯顿、罗伯特

第 5 步： 用同样的方式继续下去直到所有样本被选中为止。如果遇到先前已经选择过的数字，只需跳过它，因为你已经将该总体成员选择到样本中了。

简单随机抽样的优缺点 简单随机抽样看起来比较简单，它满足了获取概率样本的必要条件，因此能对总体特征进行无偏估计。简单随机抽样能保证总体的每个成员都有相等的概率被选入样本，因此，不论样本容量多大，所生成的样本都能够有效地代表总体。简单随机抽样是抽样的黄金标准，事实上，统计分析技术通常要求或假设数据集是通过简单随机抽样获得的。

然而，简单随机抽样也有一些缺点。不论使用随机设计法或随机数字法都需要对总体成员进行预标记。在盲抽的例子中，每个学生的名字被写在检索卡片上；在随机数字的例子中需要为每一个学生指定一个特定的数字。从本质上说，简单随机抽样必然要从一张完整的总体名录开始。然而，现实世界中完整的名录常常很难获得。一张不完整或者不准确的名录一定会包含抽样框误差。如果没有电子清单式的抽样框，手工提供独特标记总体中的个体将是一件很麻烦的事。

简单随机抽样在实践中的应用 有两种简单随机抽样的实际应用是很成功的：随机数字拨号和基于计算机的随机抽样。实际上，这两种方法涵盖了调研实践中绝大部分简单随机抽样。

简单随机抽样方法常用的一个例子是随机数字拨号。在电话用户调查中使用**随机数字拨号**（random digit dialing，RDD）可以解决新增电话号码和空号的问题。随机数字拨号可借助计算机随机地产生电话号码。电话访问员拨打这些随机生成的号码，一旦确认受访者符合条件就可以对他进行调查。[8] 有时采访是完全自动化的，如 IVR 调查。当然，随机数字拨号的一个挑战是手机的所有者身份。[9]

随机数字拨号是调研行业第一个广泛使用的随机抽样手段。受益于现代计算机技术，随机抽样法可以在不同条件下使用。例如，很多公司都拥有一些转换成数据库形式的电子表格、公司文件或者商业表单。实际上，所有的数据库软件都有随机数字选择功能，如果调研人员拥有计算机化的总体数据库，那么进行简单随机抽样就很容易。数据库程序处理随机数字不受位数的限制，即使 9 位的社会保障号码也不成问题。拥有信用文件、订购单或营销信息系统的公司最适合使用这种方法。调研公司也可以求助于专业的抽样公司，如 Survey Sampling，使用庞大的数据库在一定范围内抽取家庭或企业的随机样本。

在本章对营销调研行业的讨论中我们指出，很多企业都存在各种各样的消费者和商业固定样本组。事实上，公司里的每一个销售人员都在销售这些固定样本组随机抽样使用权。这些固定样本组有时有成千上万的个体数据、不同类型总体的百万样本，实际上是各种类型的总体的大集合。公司可以根据客户的具体要求，从这些可以作为抽样框的固定样本组中抽取一些较小的随机样本。

系统抽样

在计算机数据库广泛应用之前，调研人员使用实体电话簿或目录作为样本框架，这使得简单随机抽样在时间、费用和实施方面的挑战令人生畏。幸运的是，我们还有一种经济的概率抽样方法。**系统抽样**（systematic sampling）是一种从目录或列表中随机选择样本的方法，它比简单随机抽样有效得多。当然，如今电子表单已经取代了物理目录和记录，但是系统抽样的优点仍然适用。在总体列表特殊的情况下，研究人员没有现成的概率设计，系统抽样比简单随机抽样具有优势，主要是因为它经济有效。在这种情况下，使用系统抽样比简单随机抽样更简单，也更节省时间。此外，在许多情况下，利用系统抽样所得到的样本与简单随机抽样所得到的样本有着同样高的质量。

使用系统抽样必须先获得一份实体的总体清单。如上所述，最常见的清单是各种目录。调研人员可以通过将清单上的人名总数除以样本容量来计算**抽取间隔**（skip interval），具体计算公式如下：

抽取间隔 = 总体名单规模 / 样本容量

根据这个抽取间隔来选取名字。例如，如果抽取间隔是250，那么每隔250个名字就选取一个名字进入样本。这样按照抽取间隔连续抽样，确保可以覆盖整个清单。调研洞察8－2展示了如何进行系统抽样。

调研洞察 8－2　实践应用

如何实施系统抽样

第1步：确定一个抽样框误差可接受的总体列表。

例如：USA Fencing（www.usafencing.org）维护了一个可以免费下载的在籍会员清单。目前的会员名单上有超过32 000名会员。

第2步：确定抽取间隔。

将列表中的姓名数量除以样本容量来计算抽取间隔。

例：如果列表中有32 000个名字，样本容量为500，则抽取间隔为：

32 000/500 =64

第3步：随机选择起点。

使用随机数字，确定采样列表的起始位置。使用调研洞察8－1描述的Excel的RANDBETWEEN功能，在1和列表中名字的总数之间选择一个数字。假设结果是8 647，你就会去看名单上的第8 647个名字。

第4步：使用抽取间隔获得全部样本。

例：第8 647个名字是第一个样本，在8 647的基础上加64，得到第8 711个名字，将此作为第二个样本，依此类推。

第5步：把这个列表当作“循环”。也就是说，列表中的第一个名字是你选择的初始名字，而最后一个名字在循环中位于初始名字之前。

例如：当你看到一个按字母顺序排列的名单（Zs）的末尾时，继续从头（As）开始。

第6步：继续使用这个抽样间隔，系统将会产生500个名字。

这个选样过程假定你用系统抽样方法挑选500名成员，每一位都将参与调查（回复率为100%）。然而，这种假设是不现实的。如果你假设只有50%的回复率，就有必要选择1 000个名字。换句话说，抽样间隔应该是32。

系统抽样为何有效　系统抽样是一种概率抽样，因为系统抽样使用一个随机起点，正是这个随机起点确保系统抽样具有充分的随机性，即总体中的任何一个成员被选入样本的概率几乎是相等的。事实上，系统抽样基于抽取间隔将总体视为一组相互不同的样本，每一个样本对于总体都具有代表性。随机起点保证了所选中的样本是随机选取的。

系统抽样与简单随机抽样的基本差别在于“系统”和“随机”两个方面。系统抽样中使用的系统主要是指抽取间隔，简单随机抽样中使用的随机则通过连续地随机抽取来决定。系统抽样用间隔的方式从随机起点开始到结束贯穿整个总体，而随机抽样用连续的随机抽取保证覆盖了整个总体。系统抽样的效用源于两个特征：（1）抽取间隔；（2）仅在确定起始点时需要用随机方法。

系统抽样的缺点 使用系统抽样的最大风险来自总体名录（即抽样框）。由于电话号码簿中总会有未被收录的名单，因此抽样框误差是主要问题。也要考虑到列在其中的名单现在不存在了。在这两种情况下，总会有一些总体中的个体没有被纳入抽样框，它们也就没有机会被选为样本。

整群抽样

概率抽样的另一种形式叫**整群抽样**（cluster sampling）。在整群抽样中，总体被分为若干称为群的子总体，每一个子总体都代表整个总体。请注意，整群抽样的基本思想与前面讲的系统抽样非常相似，但操作方式上有区别。在操作中我们使用一些简便方法来确定那些在理论上完全相同的群，比如按姓氏首字母排列的个体顾客或会员名单。任何一个群或页都可以代表总体。整群抽样也可以用于电子数据库抽样（群可以是名字为 A、B、C 等字母开头的人）。不难发现，整群抽样易于管理，因简化了操作程序而在经济效率方面比系统抽样更胜一筹。[10] 我们以区域抽样为例来描述整群抽样，这是最常用的一种整群抽样。

区域抽样是整群抽样的一种形式 在**区域抽样**（area sampling）中，调研人员把总体细分为要调查的地理区域，例如普查地区、城市、郊区或其他便于区别的地域名称。调研人员有两种选择：单阶段区域样本和两阶段区域样本。在**单阶段区域样本**（one-step area sample）抽样方式中，调研人员认为各个地区（群）具有足够的同质性，允许他将注意力集中在一个地区上，然后将调查结果推广到整个总体。但调研人员必须随机选取一个区域，然后将调查结果推广到整个总体。调研人员也可以随机选取一个区域，然后对其成员进行普查。调研人员还可以使用**两阶段区域样本**（two-step area sample）方式完成抽样过程。第一步，调研人员可以随机选取区域作为样本。第二步，采用任意一种概率抽样方法从选中的区域抽取个体。由于单一区域的代表性总是比调研人员预期的代表性要差，所以调研人员比较偏好采用两阶段区域样本。但两阶段抽样法涉及多个区域，花费的时间也更多，因此其成本更高。另外，当调研人员拥有全部总体的代表，如地图或清单，以及确定总体同质性（如字母表中的字母或社区）的方法时，就可以使用整群抽样。调研洞察 8-3 举例说明了如何使用子群进行整群抽样。[11]

调研洞察 8-3 实践应用

如何通过细分来实施两阶段区域抽样

第 1 步： 确定调查的地理区域，并进行细分。每个细分群应该与其他群高度相似。
例如：5 英里范围内的新餐馆细分为 20 个子群，每一个都编号。
第 2 步： 确定使用单阶段还是两阶段整群抽样。
例如：使用两阶段整群抽样。
第 3 步：（假定为两阶段）：使用随机数字选择细分的子群为样本。
例如：随机选择四个细分子群，数字为 3、15、2、19。
第 4 步： 使用某种概率抽样方法选取子群中的个体为样本。
例如：确定一个随机开始点，然后每隔 5 个选择一个进行调查。（系统抽样）

区域坐标格抽样是区域抽样法的一种变形。调研人员把一张坐标方格纸覆盖在被调查区域的地图上。坐标上每个小格为一个群。区域坐标格抽样和区域抽样的差别主要在于，前者使用了坐标方格构架，方格分割了自然的或人为的边界，比如街道、河流、城市边界，或者其他区域抽样中常用的区隔。人们过去常用地理人口统计来描绘不同群的地理情况。[12] 不管怎样分割总体，调研人员都有权选择单阶段抽样方法或两阶段抽样方法。[13]

整群（区域）抽样的缺点 整群抽样的最大危险在于错误地划分子群，当群内单位不同质时便会发生这样的错误。例如，一个细分组织使用区域抽样法将一条街作为群的分界来开展调查，而这条街环绕一个小湖，这意味着这条街上的家庭比其他细分区域中的家庭更富裕。如果这条街被选作调查样本，很可能使结果产生偏差。当使用单阶段抽样时这种偏差更严重。

分层抽样

我们介绍的所有抽样方法都有一个重要的分布特征假设，即总体服从正态分布（即钟形分布）。在这种情况下每个潜在的样本单位都能较好地代表总体，任何一端的样本单位都有相反一端的潜在样本单位与之对称。遗憾的是，在调研中经常存在一些会影响总体的独特的样本子群，也就是说会遇到非正态分布的总体。在这种情况下，如果不对抽样设计进行调整，结果只能是出现样本"统计无效"，就是不准确。解决这种问题的办法就是使用**分层抽样**（stratified sampling）将总体分成不同的子群（层），然后对所有的子群（层）中的单位进行抽样。

偏态总体的抽样 **偏态总体**（skewed population）一侧是长尾，另一侧是短尾。因此，它与简单随机抽样、系统抽样和整群抽样中所假设的正态分布差别很大。如果用前述方法对偏态总体进行抽样，结果必然不准确。

例如，一所大学想要评估学生对大学教育质量的感知。某位调研人员提出的问句是："你认为你的学位有多大的价值?"备选答案采用5级量表，1表示"完全没有价值"，5表示"有很高的价值"。将学生总体分层或分年级，即一年级学生、二年级学生、三年级学生和四年级学生。那么，调研人员识别出了四个层，这四个层包括作为总体的学校所有学生。我们相信回答会因层的不同而不同，因为四年级学生对学位的评价可能高于三年级学生，而三年级学生可能高于二年级学生，等等。同时，人们相信比起低年级学生，四年级学生对学位的评价更趋于一致（差异程度更小）。这是由于新生刚刚了解大学，有些人对读完大学不太重视，评价不是很高。然而，有些人打算成为医生、律师或专业人士，可能继续攻读硕士学位。这些认真学习的新生会高度评价大学的学位，而那些不认真学习的学生就不会。所以我们预计一年级学生回答的差异程度最大，二年级学生要小些，三年级学生更小，四年级学生最小。这种情形可能会如图8-2所示。注意，在图8-2中，我们预计每个年级的统计分布是正态的，但整个学校却是一条偏态曲线。

由于分层随机抽样面对的是偏态总体，因此，需要识别与区分总体中的子群或**层**（strata）。我们确信每个层中的个体数据是服从正态分布的，所以可以运用简单随机抽样、系统抽样或其他概率抽样从每个层中抽取样本。这是一个"先分层，再取样"的抽样方法。

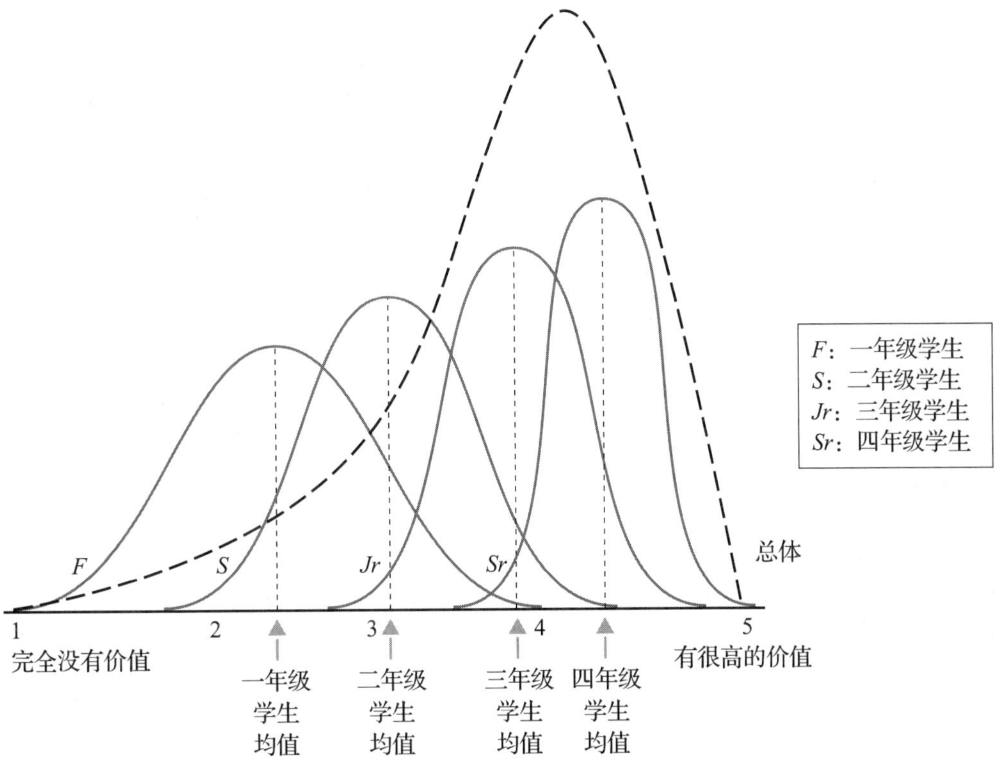

图 8－2 分层简单随机抽样

分层抽样的精确度 分层抽样如何产生一个更精确的样本呢？有两种方法。第一，分层抽样可以对每一层进行精确的分析。我们针对大学调研的案例（如图 8－2 所示）阐述了为什么调研人员想区分不同层来评估真实情况。每个层代表了不同受访者的情况，通过认识各层的差异，可以使抽样设计更加准确。

第二，分层抽样使用**加权平均**（weighted mean）方法来估计整个样本均值，计算公式中考虑了每层的样本容量与总体规模的相对大小，将比重用于层的均值。总体均值通过各层均值乘以其相应的比重求和得到。公式产生的估计值能与真实的总体分布保持一致。以下是总体为两层时总体均值的计算公式：

$$均值_{总体}=（均值_A）\times（比重_A）+（均值_B）\times（比重_B）$$

式中，A 指 A 层；B 指 B 层。

这里有个使用加权平均的例子。

某调研人员将定期在 Cinemark 影院看电影的家庭分为两个层。A 层是没有孩子的家庭，B 层是有孩子的家庭。使用“1＝差；2＝一般；3＝好；4＝很好；5＝非常好”的量表，请受访者对 Cinemark 影院的零食选择进行评价。B 层“有孩子的家庭”的均值是 2.0（一般），A 层“没有孩子的家庭”的均值是 4.0（很好）。调研人员从普查资料中得知，没有孩子的家庭占调查总体的 70%，有孩子的家庭占调查总体的 30%。这样对 Cinemark 影院的零食选择总体均值可以计算如下：$0.7\times2.0+0.3\times4.0=2.6$（“一般”与“好”之间）。

如何应用分层抽样 调研人员发现，当遇到偏态分布总体时，使用分层抽样是非常有用的。对研究总体的预先了解、调研内容对子群的敏感度等有时可以揭示总体呈非正态分布。在这些情况下，使用分层抽样有利于保持各个子群的差异性。通常我们可以使用**替代指标**（surrogate measure），即用某些可直接观察到的或者容易确定的总体成员特征将总体成员分成不同的子群。例如，在大学的调研案例中，每个学生的年级是一种便利的替代指标。调研人员可以根据需要把总体分成尽可能多的层，以捕捉不同分层的特征。例如，这所大学可能会按学院、性别或平均绩点（GPA）来进一步分层。或许该大学工科学院学生的评价较文理学院学生高，或者平均绩点高的学生的评价比平均绩点中等或差的学生高。关键是调研人员应利用一些标准把总体划分成各自有不同反应或表现的层。当然，对于分层体系来讲，其分层总是存在逻辑的。

如果每层的样本容量与总体规模有一定的比例关系，则可以称为**比例分层样本**（proportionate stratified sample）设计。这里不必使用加权公式，因为每层的权重是根据每层的样本容量计算的。但是应考虑比例抽样的特点：它错误地假设每一层的差异程度与层内的成员规模有关。较大的层比较小的层的差异程度大。但是，一个比较大的层也可能是由一些非常同质化的个体所组成的，只需要较小的样本容量就可以；而对于成员规模小个体间差异却很大的层，就需要较大的样本容量。结果是，有些调研人员更关注层内的个体差异程度而不是层内的成员个数，用层内的成员差异程度来决定每层抽取的样本数量。如果一个层的成员差异较小，用较小的样本就能精确估计这个层，差异较大的层则要额外多分配些样本。对于相同的样本容量，调研人员可能在各个层获得相同的精确度，这就是**统计有效**（statistical efficiency）的意义。因为每层样本的大小与其占总体的相应比例无关，故要使用加权公式，这种方法称为**非比例分层抽样**（disproportionate stratified sampling）。我们将在调研洞察 8－4 中逐步描述分层抽样。

调研洞察 8－4 实践应用

如何做操作分层抽样

第 1 步：确定总体分布因某些关键因素而呈偏态分布，导致有不同的子群。

例如：因为房东和房客对家具用品的保险需求不同，可以将该总体分为房东和房客两个群或层。

第 2 步：使用这些关键因素或者一些替代指标将总体划分为不同的子群。

例如：使用甄别问句识别房东和房客。这个甄别调查可能需要随机数字拨号来识别每层的受访者。

第 3 步：每层选择一种概率抽样方法。

例如：使用电脑对每层进行简单随机抽样。

第 4 步：分析每层在管理上的不同。

例如：房东和房客在他们拥有的家具的价值上有区别吗（以及是否需要投保）？回答：房东拥有的家具的平均价值是 15 000 美元，房客拥有的家具的平均价值是 5 000 美元。

第 5 步：如果每层的样本容量与总体规模没有一定的比例关系，则可使用加权平均公式来估计总体的值。

例如：如果总体中房东占 30%，房客占 70%，那么拥有家具价值的均值为：

$$15\,000 \times 0.3 + 5\,000 \times 0.7 = 8\,000 \text{（美元）}$$

8.5 非概率抽样方法

我们之前描述的抽样方法是概率抽样。在每种情况下，从总体中选择样本的概率都是已知的，即使不能精确算出概率。概率抽样与非概率抽样之间的关键差别是抽样设计方法。非概率抽样并不是在概率或随机原则的基础上选择样本单位。相反，非概率抽样本质上就是一种有偏的抽样过程，其主要目的是降低抽样成本。[14] 调研人员使用非概率抽样可以节省费用，但代价是样本的结果不能真正代表总体。[15] 非概率抽样有四种方式：便利抽样、链式推荐抽样、目的抽样和配额抽样（见表 8－2）。

表 8－2 四种非概率抽样方法

便利抽样
调研人员或访问员利用闹市区（例如步行街或购物中心）作为抽样框对潜在的受访者进行拦截访问。如果总体的某些成员很少或不出现在那个地区，就会产生抽样框误差。另一种误差来自访问员对受访者的随意性选择。

链式推荐抽样
受访者被要求推荐一些像他们那样符合条件的人，提供姓名或身份信息。在这种情况下，那些不为人熟悉、人们不喜欢或者看法与别人不一致的受访者被选中的概率就要小得多。

目的抽样
调研人员根据自己的判断或请其他有相关知识的人来判断哪些成员应该被抽取。这里就存在主观性和便利性，结果，总体中的某些成员被选中的概率比另一些成员小。

配额抽样
调研人员确定配额特征，例如人口统计特征或产品使用因素，并据此为每类受访者确定配额。配额的大小由调研人员认为的总体中每类受访者的相应数量确定。配额抽样常用来确保便利抽样方法能从不同类型的受访者中抽取期望比例的人数。

便利抽样

便利抽样（convenience sample）是访问员采用自己方便的方式抽取样本。通常，对调研人员来说最方便的地方莫过于闹市区，例如购物广场或人来人往的十字路口。因而接触潜在受访者的时间、地点和环境都有更多的主观性，这意味着总体的某些成员被自动地从抽样过程中排除了。[16] 有位学者指出，"便利抽样……可能成为严重的误导"。[17]

在商场进行拦截访问的调研公司使用便利抽样方法招募受访者。调研人员在大型商场处遇到购物者，很快使用甄别问句确认购物者是否符合受访者的条件。对于那些符合条件的购物者，访问员就可以实施问卷调查或口味测试。此外，调研人员会给受访者发放测试品并询问他们是否愿意在家使用。几天后打一个跟踪电话询问他们产品使用效果如何。在这种情况下，除了容易接触到受访者，还能很方便地进行口味测试、派发产品以及对访问员的工作进行掌控。另外，在几天内就可以找到大量的受访者。可以通过甄别问句和分散的商场区域来减少抽样设计中的主观性，但事实上，大量的总体成员并不在那里，并且没有机会参与调查。

自主学习

评估各种便利抽样的代表性

假设你所在大学的体育部对学生在"小众"体育竞赛项目，如摔跤、越野、垒球等中的参与程度感到失望。体育部主任想知道为什么学生不愿意参加这些项目。下表是便利抽样可能的地点，针对每一个地点，对比你学校学生的总体，列出在抽样时哪种类型的学生会被过度代表，哪种类型的学生未被充分代表。

便利抽样地点	哪些学生被过度代表	哪些学生未被充分代表
学生活动中心		
大学公共场所		
校园内的宿舍		
大学主场橄榄球赛季票购买点		
图书馆		
物理 401（物理专业高级班）		

链式推荐抽样

链式推荐抽样（chain referral sample）有时候也称为“滚雪球抽样”，它要求受访者提供符合条件的其他潜在受访者名单。调研人员在开始时汇编一个比他们要研究的总样本小得多的样本目录。在采访了受访者之后，要求每个受访者提供其他可能的受访者名单。[18] 通过这种方式，先前的受访者就带来了其他的受访者。或者，正如其名称所暗示的那样，抽样就像雪球滚下山坡那样越滚越大。有些调研人员将其简称为“推荐抽样”。

当手头的抽样框样本数量有限且少得可怜，而受访者又能提供其他符合调查要求的受访者名单时，链式推荐抽样就很适用。推荐抽样全程运用了主观选择，所以是一种非概率抽样。最初的名单在某些方面也可能是特殊的，样本的增加主要是通过最初名单上那些人的回忆产生的。有学者称[19] 链式推荐抽样有四个优点：（1）可快速找到样本；（2）成本低；（3）适用于犹豫的受访者；（4）能够接触到特殊人群。虽然链式推荐抽样很大程度上依赖于社交网络[20]，但在调研行业仍然应用广泛。[21]

目的抽样

目的抽样（purposive sample）在概念上与便利抽样或链式推荐抽样不同，因为它需要一个判断或一个“有知识的猜测”来推断哪个受访者可以代表总体。通常由调研人员自己或在一些对总体有相当了解的人的帮助下按照他们的感觉选择个体组成样本。这种做法有时称为判定抽样或范例抽样。这种抽样有很强的主观性，因此不是概率抽样。例如，研究人员可能希望样本具有以下特征：（1）典型的个体；（2）差异化的案例；（3）重要的或关键的调查对象；（4）满足其他一些目标，比如样本多样性最大化，这一点与对整个总体的随机代表性完全相反。很明显，目的抽样是非常主观的，容易产生很大的抽样误差。尽管如此，当调研人员不太在意抽样误差时，会选择目的抽样来实现研究目的。

焦点小组访谈的样本选择常常采用目的抽样而不是概率抽样。最近一个焦点小组访谈与人们对低脂肪营养点心的需求相关，选择 12 位学龄前儿童的母亲作为当前和潜在市场的代表，其中 6 位母亲有正在上学的孩子，另外 6 位母亲只有学龄前子女。这样，根据调研人员判断，这 12 名受访者分成了两个类型，她们恰当地代表了总体，完全符合研究目的。尽管如此，我们需要指出，焦点小组访谈与问卷调查的研究目的截然不同。目的抽样的使用仅可以满足特定阶段的研究需要。焦点小组访谈可以作为两个月后进行的大规模调查的基础，而大规模调查还要依靠概率抽样方法。

配额抽样

当调研人员指定了不同类型的受访者人数在总体中的百分比，并通过非概率抽样来选择受访者时，这种抽样方式称为**配额抽样**（quota sample）。换句话说，研究人员对总体进行分组，并设置每个组的受访者的数量（抽样百分比）。可以采用便利抽样、目的抽样、推荐抽样或其他非概率抽样方法来选择受访者。例如，某调研人员希望的样本是 50% 为男性，50% 为女性。这个配额是根据研究内容确定的，并且通过总体的关键特征来识别。例如，在购物中心拦截访问所使用的配额抽样中，调研人员会向现场访问员提供甄别标准，以帮助访问员将潜在受访者划分到一个个特定的配额单元内。例如，访问员在进行访问时样本配额须为女性黑人、男性黑人、女性白人和男性白人各 50 名。这里符合的特征就是种族和性别。如果现场访问员正在进行购物中心拦截访问，他将根据受访者的外形特征来确定样本属于哪个类别，然后努力完成每组的配额。在已知各组人数在总体中的实际比例时，配额系统可能减弱非概率样本固有的代表性不足，但不能确保样本是随机的。

当调研人员对他们希望在具体营销调研项目中研究的个体特征有一定的了解时，最好使用配额抽样。例如，一家大银行可能会规定最终的样本是一半成年男性和一半成年女性，因为银行认为它的客户群分为男性和女性。考虑到这一配额，调研人员将从该银行的在线调查客户中抽取 50/50 的性别样本。如果认真实施，并对总体的特征有一个明确的认识，配额抽样的有效性可以与一些研究者认为的概率抽样相媲美。在概率抽样具有挑战性或不可行的情况下，配额抽样可能就足够了。阅读调研洞察 8－5，了解如何使用配额抽样来代表十几亿中国消费者。

调研洞察 8－5　全球应用

利用配额抽样对中国葡萄酒饮用者进行调研

营销调研人员研究人口时，通常试图了解数以百万计的消费者。然而，与调查整个国家消费者行为相比，这个数量也是相当少的。也许最典型的例子是中国，其人口目前超过 14 亿。中国人口规模庞大、民族多元化、地理范围大，使得概率抽样方法完全不可行。正因为如此，在最近的一项研究中[22]，研究人员选择使用配额抽样来进行中国葡萄酒爱好者的抽样。Samplenomics 是中国一家专门从事消费者行为调研的公司。调研人员使用该公司的固定样本组来实施在线调查。Samplenomics 收集了生活在中国八个城市的消费者的数据，筛选了经常饮用葡萄酒且富裕的群体为受访者。为了确保符合条件的受访者能够代表中国的整体消费者，公司进一步根据中国人口普查数据中的年龄、性别和收入进行抽样配额。具体配额比例为：（1）男性占 59%，女性占 41%；（2）年龄在 18 ～ 29 岁的受访问者占 28%，30 ～ 39 岁的占 51%，40 ～ 50 岁的占 21%；（3）高、中、低收入（以人民币计算）的受访者分别占 26%、35% 和 39%。总计有 1 260 名受访者构成了最终的配额样本。

通过这种配额抽样方法，研究人员能够识别出六个中国饮酒者群体，并确定他们之间的重要差异。在这些差异中最为突出的是每个细分市场消费进口葡萄酒的频率。下图显示了“每周饮酒一次或多次”的研究发现。

中国葡萄酒细分市场：每周消费进口葡萄酒一次或多次

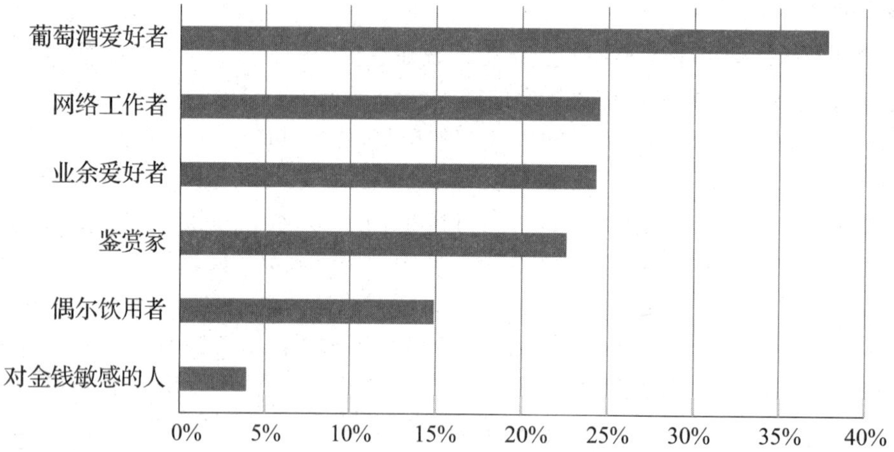

8.6 在线抽样方法

在线抽样调查面临特殊的机遇和挑战，但是其中的大部分问题可以在概率和非概率抽样背景下加以处理。[23]关键是了解如何使用在线抽样方法，运用抽样方法的基本概念来正确解释抽样过程。[24]遗憾的是，这些抽样程序常常“在现象背后”，除非你深入探究样本选择过程的机制才会看到。有三种类型的在线抽样方法：（1）在线固定样本组抽样；（2）流量抽样；（3）电子邮件清单抽样。

在线固定样本组抽样

在线固定样本组抽样（online panel sample）是从个体数量庞大且同意参与在线调查的群体中抽样。一般地，受访者在在线固定企业网上注册，同意参与有多种奖励的调查，比如给予的奖励是能够兑换产品或服务的点数。固定样本组成员将大量个人信息披露给在线固定样本组公司。因此，固定样本组公司很容易选择满足客户指定总体标准的固定样本组成员，标准涉及年龄、受教育水平、家庭规模等。在线固定样本组抽样公司有成千上万名潜在的受访者，选择的依据是客户指定标准或抽样要求。固定样本组公司特别擅长提供“目标样本”，因为它们拥有庞大的关于人口统计、财产、生活方式、疾病等信息的数据库，这些信息可用于选择小组成员作为受访对象。虽然在线固定样本组很受欢迎，但我们对于在线固定样本组公司提供样本的真实代表性的担忧挥之不去，因为在线固定样本组公司的抽样框并不完善。当考虑使用在线固定样本组时，调研人员应该问对网络交流感到非常舒适的人多大程度上能够代表总体。在某些情况下，比如对千禧一代的研究，在线样本可能是非常合适的；但在其他情况下，比如对退休老年人的研究，他们可能代表了一个糟糕的抽样框。

流量抽样

流量抽样（river sample）是通过使用横幅、弹窗或者其他在线设置邀请网站访问者参与调查。“流量”是指网站访客川流不息，流量抽样比喻将受访者从互联网流中抽取出来。当然，可以使用在线问卷甄别问句进行筛选，只有合格的潜在受访者才被允许参与调查。流量样本的抽样框是发出邀请的网站的访客流，只要邀请的持续时间、表现形式或相关性都正常，则流量抽样可视为这些样本框中的随机抽样。

电子邮件清单抽样

电子邮件清单抽样（email list sample）是从个人或公司购买，或以其他方式获得电子邮件清单，清单汇编了所感兴趣的顾客的电子邮件地址。卖家公司可以从其清单中随机抽取样本，并且可以根据客户指定的选择标准来提取样本以满足客户的需求。拥有清单的公司可能销售这些清单，也可以自己发出电子邮件邀请，以保持清单的完整性。显然，主源清单就是抽样框，所以如果清单公司尽职，电子邮件清单样本将能很好地代表总体。然而，如果清单公司没有尽职，电子邮件清单就会产生抽样框误差。

8.7　抽样方案设计

我们已经对抽样进行了全面的讨论，不同的抽样方法看起来似乎是分散的和相互独立的，在逻辑上却是相互联系的，并且遵循一定的步骤，由这些步骤所构成的就是**抽样方案**（sample plan），调研人员按照这些步骤最终会得到样本。[25] 这些步骤的描述见表 8－3。

表 8－3　抽样方案的实施步骤

步骤	行动	描述
1	定义总体	使用人口统计特征、购买者行为及其他相关概念清楚地描述被调查的群体。
2	获取样本框	在样本框误差最小的情况下，获取主要渠道来唯一地识别总体中的所有单位。
3	决定抽样方法	基于调查目的和限制，尽量选择最好的概率抽样方法，或者选择最好的非概率抽样方法。
4	决定样本容量	如果是概率抽样方法，使用下一章的计算公式。
5	抽样	使用选定的抽样方法，运用必要的步骤选择样本框中的潜在受访者。
6	验证样本	通过检查样本的一些相关特征（如男性和女性的分布、年龄等）来判断它与所知总体在这些特征的分布上的匹配程度。

本章就业技能

通过学习本章内容，你已经掌握了：

批判性思维技能

- 描述和定义总体、样本、样本单位、普查、抽样框和抽样框误差。

- 列举实施抽样的原因。
- 区分概率抽样和非概率抽样方法。
- 描述并区分四种概率抽样方法：简单随机抽样、系统抽样、整群抽样、分层抽样。
- 描述并区分四种非概率抽样本方法：便利抽样、链式推荐抽样、目的抽样和配额抽样。

知识应用和分析技能

- 使用简单随机抽样抽取一个样本。
- 使用系统抽样抽取一个样本。
- 使用整群抽样抽取一个样本。
- 使用分层抽样抽取一个样本。
- 使用便利抽样抽取一个样本。
- 使用链式推荐抽样抽取一个样本。
- 使用目的抽样抽取一个样本。
- 使用配额抽样抽取一个样本。
- 使用正式的抽样方案来完成抽样计划中的各个步骤。

信息技术应用和计算技能

评估一种在线抽样方法，如在线固定样本组抽样、流量抽样或电子邮件清单抽样。

小　结

抽样方法是不需要对总体进行普查而进行调研的方法。样本是人口普查中能够节省大量时间和成本的具有代表性的成员集合。然而，营销调研人员必须努力避免抽样框误差，其中包括遗漏和不准确之处，因为这些会对样本产生不利影响。

使用抽样是因为对总体进行普查成本很高，而样本具有足够的信息来代表总体。抽样方法有两种：概率抽样和非概率抽样。有四种概率抽样方法，它们都会使总体的每一个成员以已知的概率被抽中。简单随机抽样使用设计或设置（比如随机数字）来保证总体中每一个成员有相同的概率被选为样本。系统抽样使用随机起始点和依据清单得到的间隔进行抽样。整群抽样可以应用于诸如细分区域，因此只有少数区域被选择进行调查与抽样。分层抽样是在子群间有差异时使用，并对每个子群内的成员随机抽样。

我们还描述了四种非概率抽样，它们是有偏的，因为总体的所有成员都不是以同样的概率选入样本。便利抽样使用人流量大的位置，如商场，可以很容易地访问被拦截的受访者。链式推荐抽样依赖于受访者给出他们朋友的名字进行调查。目的抽样依赖于人的主观判断，即哪些人应该被选入样本。配额抽样是给定配额的便利抽样，对指定受访者的数量进行限制。

随着在线调查的普及，固定样本组公司可以提供在线样本，利用网站的在线访问者的流量样本，以及电子邮件清单样本已经变得普遍。通过对抽样方法细节的了解，研究人员可以对在线样本满足随机抽样要求的程度进行评价。

最后，我们描述了开发抽样方案的六个步骤：（1）定义总体；（2）获取样本框；（3）决定抽样方法；（4）决定样本容量；（5）抽样；（6）验证样本。

复习题与应用题

1. 概率抽样与非概率抽样有什么区别？哪一种方法更好？为什么？指出概率抽样和非概率抽样方法的优缺点。
2. 简要描述本章中的各个概率抽样方法。
3. “随机”这一术语指什么？下列方法是如何体现随机性的：（1）盲抽；（2）使用随机数字拨号；（3）使用计算机生成随机数字。
4. 在什么情况下系统抽样比简单随机抽样更有效？在什么情况下系统抽样的代表性不如简单随机抽样？
5. 区分整群抽样和简单随机抽样。系统抽样与整群抽样是如何关联的？
6. 单阶段区域抽样与两阶段区域抽样的不同点是什么？什么时候哪一个更好？
7. 偏态总体是什么意思？描述一个偏态总体分布的变量并提供一个例子。
8. 简要描述四种非概率抽样方法。
9. 为什么配额抽样经常用于像商场拦截访问这样的便利抽样方法中？
10. 在线抽样方法有几种类型？描述每一种抽样方法。
11. 对下面的每个总体给出调研人员的定义。
    a. Nest Thermostat 是一家销售基于物联网的家用电器公司，该公司希望确定人们对一种动感摄像头的兴趣，这种摄像头可以在任何人从前门进入住宅时激活。
    b. 学生会的管理者想知道学生是否想要一张能在校园内外使用的“高校”信用卡。
    c. Joy Manufacturing Company 决定实施一项调查，以确定建筑公司使用的新型空气压缩机的销售潜力。
12. 下面有四个不同的总体，每个总体都列出了一种潜在的抽样框。针对每一总体和抽样框进行以下判断：（1）总体成员是不是都在抽样框内；（2）抽样框中的成员是不是都属于总体。也就是说，对于每个总体，你要判断抽样框误差是否可以接受。

总体	抽样框
（1）Scope 漱口水的购买者	《消费者报告》（*Consumer Reports*）订阅者的电子邮箱清单
（2）Sirius XM 公司卫星广播的订阅者	新车购置车主在州里的注册记录
（3）新客户的潜在买家和潜在客户的跟踪软件产品	销售人员和营销经理名单（一个全国性销售经理组织）
（4）防风雨的装饰材料用户（建造户外露台）	在最近的家庭与庭院博览会上注册的个人名单

13. 某营销调研人员在一家 Big Tree 乡村俱乐部进行一项调查。这家私人俱乐部正准备调整其布局，以使高尔夫训练课程更加专业化。为了提高俱乐部高尔夫球员抽样的代表性，调研人员考虑了三种不同的抽样设计：
    a. 以随机方式选择某一天，在第一洞的发球区安排一个访问员，按照问卷说明，在每 10 位高尔夫球手中邀请一位填写一份自我操控问卷。
    b. 在球手登记和租球车的前台放置一摞问卷。在问卷旁设置标志，写明将通过摇奖抽取 3 名填写问卷的球手并提供“俱乐部免费大餐”。
    c. 使用市内电话号码簿，并用加 1 拨号程序对电话号码簿上的名单进行抽样。运用这一程序时，将采用一张随机数字表，从电话号码簿上随机选取一页，并在这一页上随机选取一个名字。对这个名字以及其后的名字运行加 1 拨号程序，直到选出 1 000 名高尔夫球手，并完成所有的电话访问。

请评估抽样的代表性及与抽样有关的一些问题。确定每种情况下应使用的抽样方法。你建议采用哪种方法抽样？为什么？

14. 某调研人员正为撰写即将发布的年度销售预测报告而着手调查俄亥俄州克利夫兰地区的商业公司会购买多少包消毒湿巾。她会询问这些公司购买消毒湿巾的可能性，对于那些“非常可能”购买产品的公司，还希望了解这些公司会购买多少包（每包有 100 张消毒湿巾）。她可以根据克利夫兰办公室的员工数量将公司分为小型公司、中型公司和大型公司。

    a. 应该使用哪种抽样方案？

    b. 为什么？

15. 本田（美国）公司很想了解美国的 1 050 个经销商如何看待它去年开始实行的新服务计划。公司想知道这些经销商是否在使用这个新计划，如果在使用，是否喜欢这个计划。本田（美国）公司并不打算调研所有的经销商，但希望调查结果可以很好地代表所有的经销商。

    a. 应该使用哪种抽样方案？

    b. 为什么？

16. 在过去的两年里 Applebee’s 酒店在广告上花了数十万美元。营销管理人员想知道广告的效果如何。他们决定测量第一提及知名度（top of-mind awareness，TOMA）。TOMA 的得分就是服务区域范围内顾客样本所提到的酒店排名。TOMA 得分最高的酒店意味着在顾客样本中被提及的次数最多。Applebee’s 的管理者要在大都市区域抽取代表性样本进行 TOMA 调查。

    a. 应使用哪种抽样方案？

    b. 为什么？

17. 贝尔克（Belk）在南部拥有一家连锁百货商店。高层管理者要求每个商店经理收集、维护以及答复客户的电话和信件投诉。每个商店经理都要有一个保存所收到的投诉信的文件夹。高层管理者正在考虑建立一个更加正规的监督和评估商店管理人员处理顾客投诉的机制。他们想要一些信息来判断他们是否需要制定这样一个正式的程序，或者他们是否放手让管理人员依据自己的判断来处理投诉。他们想要利用抽样的方式检查一些投诉信和管理人员对这些投诉信的回复。

    a. 应使用哪种抽样方案？

    b. 为什么？

案例 8-1

和平谷小区：郊区的麻烦

和平谷小区位于一个大城市的郊区，约有 6 000 套高档住宅。小区是在大约 10 年前建设的，当时一个开发商在和平河上筑土坝，建成了 20 英亩的和平湖。该湖成为开发的核心，而首批 1 000 个占地半英亩的地块经开发作为湖畔地产售出。现在，和平谷已经全面开发，有 50 条街道，长度大致相同，每条街道两侧约有 120 套房。和平谷住户主要是由年轻的专业人士及一两个学龄儿童组成的双职工家庭。

最近几个月，和平谷的表现与名气相差甚远。郊区督导委员会建议在小区后面四块相邻的空地上修建一个游泳池、一个网球场和一间会议室。估计建造成本为 250 万～300 万美元，成本取决于设施的大小。目前，和平谷业主每年需交纳 2 400 美元（每月 200 美元）用于小区的维护、安全管理和发展。约 75% 的居民支付了此费用。为筹措康乐设施的资金，每个家庭将一次性支付 3 500 美元，根据设施的维护成本，年费估计将增至 3 600 美元。

反对修建康乐设施的人来自不同的区域。对于一些人来说，一次性费用难以接受；对于有些人来说，康乐设施没有吸引力。还有一些居民有自己的游泳池，参加了当地的网球俱乐部，或很少使用会议室。有一些业主看到了康乐设施带来的好处：他们的孩子能学习游泳、打网球，或者在大人的照看下玩耍。

和平谷郊区协会会长决定进行民意调查，了解业主关于游泳池、网球场和会议室的意见和偏好。请检查以下可能的抽样方法，谈谈你如何应对相关的问题。

1. 小区与外界只有一街之隔，会长考虑付钱给他十几岁的女儿，让她下周 7:00～8:30 在小区进出口的红绿灯附近给驶出小区并等红绿灯的开车业主派发问卷。问卷中包括填好了地址且邮资已付、用于回复的信封。指出会长采用的抽样方法，列出其优点和缺点，并说明样本的代表性。

2. 郊区督导委员会主席认为 1 000 个住在湖畔的业主是最好的调查对象，因为他们的地块支付的费用最多，他们的房子更大，他们的居住时间往往比其他居民更长。如果将这 1 000 个业主作为样本，将涉及什么样的抽样方法？其优点和缺点是什么？样本代表性如何？

3. 假设督导委员会主席认为 1 000 个住在湖畔的业主与其他 5 000 个住户不一样。应该如何依据这个事实来抽取有代表性的样本？找出最合适的概率抽样方法，并指出如何应用。

4. 你如何对去年交过和平谷小区协会费用的住户进行简单随机抽样？这里可能出现的样本偏差是什么？

5. 两阶段整群抽样在这里如何使用？识别这种抽样方法并说明它是如何选择住户的代表性样本的。

案例 8-2

Jet's Pet

杰特·布朗（Jet Brown）计划经营一家叫 Jet's 的宠物店。杰特认为在城市的北部设店会有机会，因为那里开发了许多新的住宅区，许多住户已经入住。另外，他知道城市北部至今为止还没有宠物店。住户数量的增长和竞争对手的缺乏暗示着他的宠物店有较大的商机。

杰特以居住在两个邮政编码区域的大约 2 万个家庭为目标市场，希望对它们进行调研。当然，他不能对全部家庭进行调查，所以必须使用抽样。选择抽样方法时考虑以下方面：（1）确定抽样方法的类型；（2）识别抽样框；（3）如果有抽样框，说明存在哪些抽样框误差；（4）表明所得到的样本在多大程度上对居住在上述两个邮政编码区域的所有家庭具有代表性。

1. 在两个邮政编码区域的兽医诊所放置调查问卷，让宠物主人在等待医生检查宠物时填写。

2. 按城市电话簿中的第 100 个人名进行选择；只打电话和访问住在这两个地区的人。

3. 使用随机数字系统在这两个邮政编码区域的某个地方选择一个分区，然后将调查问卷放入该分区每个家庭的信箱中。

4. 在当地报纸上发布一项“最可爱的狗”的竞赛，参赛者发送一张照片和地址信息。使用居住在这两个邮政编码区域的参赛者作为样本。

5. 去当地的动物收容所，获取居住在这两个地区的宠物收养者的电子邮件地址。开展一项在线调查，发送电子邮件邀请其参与调查。

注释

第9章

样本容量

学习目标

在本章你将学习：

- 样本容量的几个定理。
- 确定样本容量的置信区间法。
- 确定样本容量的公式法。
- 确定样本容量时需要考虑的一些实际问题。
- 为什么大多数确定样本容量的替代方法是不可取的。
- 确定样本容量的三种特殊情况。

| 本章位置 |

1. 确定营销调研需求
2. 界定营销问题
3. 明确调研内容
4. 确定调研设计
5. 识别信息类型和来源
6. 确定获取数据的方法
7. 设计调查问卷
☞ 8. 确定抽样方案和样本容量
9. 收集数据
10. 分析数据
11. 撰写和展示调研报告

在前面的章节中，你已知道抽样方法会决定样本的代表性。遗憾的是，很多管理者都错误地认为样本容量与样本代表性之间有关系，事实并非如此。通过本章的学习，你会了解样本容量直接影响的是样本的准确性或抽样误差，样本容量与代表性完全无关。正如你所知，当代技术已经使随机选择数以万计的受访者变得格外容易，然而，也正如你将在这里学到的，在受访者数量有限的情况下，具有准确性的样本可能会更令人满意。

有一个办法可以让你相信样本容量与样本代表性之间没有关系。假设你想知道美国员工在工作时间穿商务休闲装的百分比是多少。我们站在纽约华尔街的路口，抽取便利样本来询问每一个可能回答问题的人，他们是否会穿商务休闲装去上班。一周下来，我们访问了 5 000 多名经过此地的员工。这些人可以代表美国所有的员工吗？当然不能。实际上，他们甚至不能代表纽约市的员工，这是因为我们选取样本时使用的是非概率抽样方法。那么我们用同样的抽样方法再调查 10 000 名纽约人如何？不论样本有多大，该样本依然因抽样方法而对总体不具代表性。

这里有两点很重要。第一，只有通过概率抽样获得的样本（特别是随机样本）才能真正代表总体。第二，随机样本的容量会影响样本结果的准确性。[1] **抽样精确度**（sample accuracy）指的是随机样本的统计值（例如，样本在某个问题上回答“是”的比例）与总体值（总体中表示同意的真实比例）的契合程度。样本容量直接影响样本结果与总体真实值之间的一致性。如一个包含 5 个受访者的随机样本得出的结论比只有 1 个受访者的样本得出的结论准确；10 个受访者所构成的样本得出的结论比 5 个受访者构成的样本准确，依此类推。常识告诉我们，大容量的随机样本得出的结论比小容量的随机样本要准确。但是正如你即将在本章中学到的，样本容量为 5 的样本得出的结论的精确度并不是样本容量为 1 的样本的 5 倍，样本容量为 10 的样本得出的结论的精确度也不是样本容量为 5 的样本的 2 倍。此时要记住的重点是：第一，抽样方法决定样本的代表性；第二，样本容量决定随机样本的精确度。样本容量对精确度的影响究竟有多大将是本章持续关注的问题。

我们关心样本容量，是因为正确地计算和使用样本容量可以节省很多成本。为了应对调研时遇到的高拒绝率，一些调研公司建立了前文提到的受访者的固定样本组，数以万计消费者加入固定样本组，他们同意快速、全面、诚实地回应调查要求。这些固定样本组是代表很多类型消费市场的迷你版总体。固定样本组公司通常根据调查的时长，基于每个受访者的费用来销售样本。如果一个营销调研项目的主管想要有 10 000 个受访者的样本，固定样本组公司以 1 个受访者 5 美元的标准收费，样本费用就是 50 000 美元。1 000 个受访者的样本将花费 5 000 美元。因此，如果 1 000 是“正确”的样本容量，将节约 45 000 美元调研项目成本。当提交调研方案时，成本或费用已经包含在内了。样本容量为 10 000 的费用将显著高于样本容量为 1 000 的样本，这可能就是固定样本组不具有竞争优势的原因。

因此，本章主要关注随机抽样的样本容量的确定方法。可以肯定的是，确定样本容量是个复杂的过程[2~4]，本章的目标是使样本容量理论变得简单和直观。首先，我们介绍一些关于样本容量的定理。这些定理是置信区间法的理论基础，指导决定样本容量。其次，我们进一步介绍变异程度、允许抽样误差及置信水平的含义。这些概念组成了计算样本容量的简单公式，我们将举例说明怎样使用这个公式。再次，我们将介绍四种流行但有较大局限性的确定样本容量的方法。最后，我们简要介绍一下对最终样本容量有影响的一些实际考虑和特殊情况。

9.1 样本容量定理

确定一个具体样本的受访者数量是调研过程中最简单的决策之一。[5] 然而使用公式确定样本容量通常令人困惑。事实上，一般会在理论上的完美方案与实际上的可行方案之间采用折中方式确定样本容量。本章介绍的基本概念是确定样本容量的理论基础。[6]

调研人员之所以应该知道如何确定样本容量有两个原因。首先，许多调研实务工作者有一种**大样本容量偏见**（large sample size bias)，他们错误地认为样本容量决定了样本的代表性。这些人通常会问：“样本容量多大才具有代表性？”我们已经知道样本容量与样本代表性毫无关系，这是确定样本容量的一个基本原理。其次，调研人员必须大致了解如何确定样本容量，因为样本容量往往是影响调研成本的一个主要因素，对于人员调查甚至电话调查和在线调查都很重要。知道如何确定样本容量将有助于管理人员更好地利用资源。

表 9 - 1 列出了关于样本容量与其抽样精确度的八个定理，这些定理有助于纠正营销调研客户对大样本的偏好。定理是一个普适的真理，意味着这种表述是永远正确的。尽管如此，我们仍需指出，这些定理仅在概率抽样中有效，所以它们只有在随机抽样条件下才是定理。记住，无论我们的表述让你感到多么惊讶，只要是随机样本，这些定理就永远成立。当我们描述如何使用置信区间法来确定样本容量时，会解释每一个定理来帮助你理解。

表 9 - 1　样本容量和抽样精确度定理

1. 唯一完全精确的样本是普查。
2. 随机样本总会有误差，这些误差就是抽样平均误差或抽样误差。
3. 随机样本容量越大，精确度越高，抽样误差也就越小。
4. 抽样平均误差可以由一个简单的公式计算得出，并以 ±% 表示。
5. 调查时使用相同样本容量进行重复随机抽样时会有各种结果，同样的结果极可能位于最初样本结果的 ±% 范围内。
6. 在几乎所有情况下，随机样本的抽样平均误差与总体规模无关。
7. 随机样本容量与总体规模之比很小，抽样平均误差也较小。
8. 随机样本容量取决于客户要求的精确度（允许抽样误差）与数据收集成本的平衡。

9.2 确定样本容量的置信区间法

确定样本容量最正确的方法是**置信区间法**（confidence interval approach），即运用精确度（抽样平均误差）、变异程度以及置信区间这三个概念得到一个“正确”的样本容量。各类民意调查公司及大部分调研人员都采用这种方法。为了描述确定样本容量的置信区间法，我们首先需要讨论三个基本概念。

样本容量和精确度

第一个定理是：“唯一完全精确的样本是普查。”这一点很好理解。你应该认识到调研有两种误差：非抽样误差和抽样误差。**非抽样误差**（nonsampling error）是指除样本选择方法和样本容量之外的各种误差，包括问题陈述错误、提问偏差、数据记录误差或者错误的分析。第 8 章介绍的抽样误差就涉及样本选择方法和样本容量。[7] 普查要访问总体中的所有个体，所以没有抽样误差。正是因为普查会调查总体中的每一个个体，在没有非抽样误差的条件下，结果是完全精确的，不存在抽样误差。

然而，考虑到成本和实际情况，普查几乎是不可能的，所以我们必须使用一些随机抽样方法。因此就有了第二个定理：“随机样本总会有误差，这些误差就是抽样平均误差或抽样误差。”这一定理表明，随机样本不能完全代表总体。然而，尽管不是完全精确的，随机样本依然可以很好地代表总体，记住这一点很重要。

第三个定理是：“随机样本容量越大，精确度越高，抽样误差也就越小。”这表明样本容量和样本精确度之间存在某种关系。这种关系在图 9－1 中得到了体现。如图所示，纵轴为抽样平均误差，横轴为样本容量。这张图表明了样本容量从 50 增加到 2 000 时抽样平均误差水平的相应变化。这张图展示了第三个定理：随着样本容量的增加，抽样平均误差会减小。然而你应该明白它们之间的关系不是线性的，也就是说，样本容量增加一倍并不能使抽样平均误差减小一半，它们之间的关系是渐近曲线形的，误差永远不会为 0。

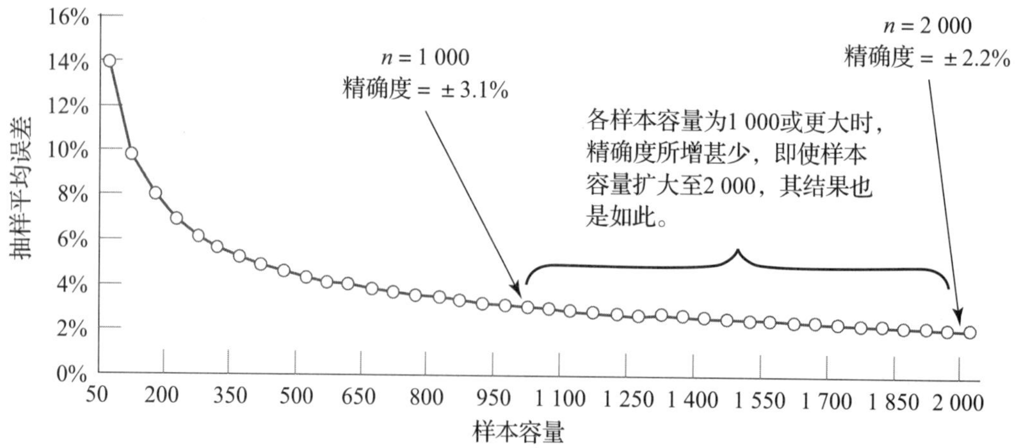

图 9－1　样本容量与抽样误差之间的关系

上面的抽样误差图还有其他重要意义。从图中可以看到，当样本容量为 1 000 左右时，抽样平均误差为 ±3.1%；当样本容量增加时，抽样平均误差下降得越来越缓慢。也就是说，一旦样本容量大于或等于 1 000，样本容量的等量增加并不能使精确度上升同样的幅度。事实上，当精确度达到 ±3.1% 后就没有多少上升空间了。

在样本容量较小值的那端，样本容量增加一点点就会使精确度大幅上升。你可以在表 9-2 中看到抽样误差与较小样本容量之间的关系。例如，样本容量为 50 时，**抽样平均误差**（margin of sample error）为 ±13.9%，而样本容量为 200 时抽样平均就变成了 ±6.9%，这意味着样本容量为 200 时的精确度差不多是样本容量为 50 时的两倍。但是如上所述，精确度大幅上升不会出现在样本容量横轴的另一端，这是由它们的曲线形关系决定的。如果你将样本容量为 2 000（±2.2%）的样本与样本容量为 10 000（±1.0%）的样本进行比较：样本容量增加了 8 000，但是精确度仅仅上升了 1.2 个百分点。所以，虽然精确度会随样本容量的不断增大而提高，但是当样本容量大于 1 000 时，精确度的上升幅度就很小了。

表 9-2　样本容量和抽样平均误差

样本容量（n）	抽样平均误差（精确水平）
10	±31.0%
50	±13.9%
100	±9.8%
200	±6.9%
400	±4.9%
500	±4.4%
750	±3.6%
1 000	±3.1%
1 500	±2.5%
2 000	±2.2%
5 000	±1.4%
10 000	±1.0%

抽样误差值和抽样误差图再现了第四个定理[8]：“抽样平均误差可以由一个简单的公式计算得出，并以 ±% 表示。”抽样平均误差的公式如下：

$$\text{抽样平均误差}(\%) = \pm 1.96 \times \sqrt{\frac{p \times q}{n}}$$

可见，公式很简单。式中，n 表示样本容量；1.96 是常数项。p 和 q 指什么呢？

p 和 q：变异程度的概念

让我们考虑这样一种情形。有一个总体，我们想知道这个总体中有百分之多少的人会对某个问题回答“是”。“下次订比萨的时候你会考虑达美乐吗？”我们将使用随机抽样来估计总体中回答“是”的比例。也许样本中有 100% 的人回答“是”，也许有 0% 的人回答“是”，也可能介于二者之间，有 50% 的人回答“是”。

当我们发现受访者的回答选项大不相同时，就可以说调研结果有很大的变异，换句话说，调研结果并没有呈现受访者的某个回答选项占有很大比例，即受访者的回答选项有很大的不同或差异。**变异程度**（variability）是指受访者对某一具体问题回答的差异性

（或相似性）。如果大多数受访者的回答是相同的，可能是因为受访者的观点高度相似，所以答案分布的变异程度就小。反之，如果针对某一具体问题，受访者平均地选择所有答案，这说明受访者的观点不同，所以答案分布的变异程度就很大。上例中的 100% 和 0% 表明受访者在这个问题上的变异程度很小，因为每个人的回答都相同，而 50% 表明有很大的变异程度，因为每两个人就有一个回答“是”，另一个回答“否”。

你应该意识到抽样误差公式计算出的结果仅仅属于命名数据，或者说回答的题项是类别性的。建议你经常想想这里提到的“是 / 非”问句；相似度越高，也就是你发现总体中回答“是”的人越多，回答的变异程度就越小。例如，我们也许会发现，当问到“下次订比萨的时候你会考虑达美乐吗”这个问题时，结果显示回答“是”和“否”的人的分布大约是 90% 对 10%。如果大多数受访者给出了相同的答案，就意味着这些受访者非常相似，变异程度必然就很小。相反，如果回答“是”和“否”的人是 50/50，整个回答模式是（最大程度上）不相似的，即变异程度很大。你可以从图 9－2 中看出回答的变异程度。右侧图形中表示同意者所占比例很大（90%），这意味着几乎所有人都会考虑达美乐比萨。当然，他们也可以用“否”来表示极大的赞同。而在左侧图形中，人们的答案的变异程度很大，图的两边持平（50%/50%）。

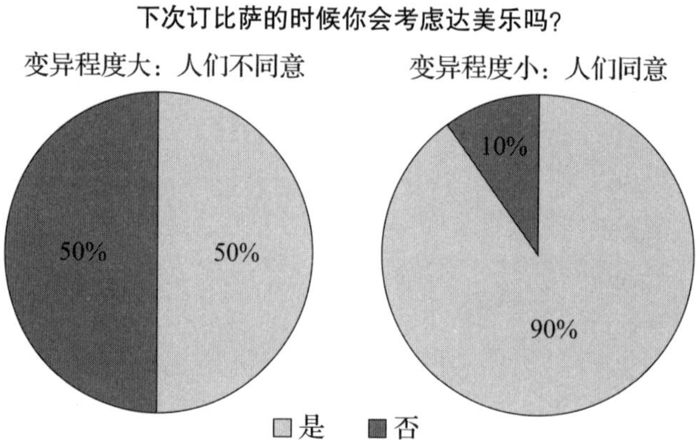

图 9－2　变异程度反映了答案选项的分布情况

在订达美乐比萨的例子中，p 和 q 的意义如下：

p= 回答“是”的人所占百分比；

q=100%－p，或答“否”的人所占百分比。

也就是说，p 与 q 之和永远为 100%，正如在例子中，90% + 10% = 100%, 50% + 50% = 100%。p 代表总体中我们试图估计的感兴趣的变量的百分比。

在抽样误差公式中，p 和 q 是用乘积表示的因子。p 和 q 的最大乘积是 2 500，即 50% 乘以 50%。你可以用 p 和 q 的其他组合来验证这一结论，如 90 × 10（900）, 80 × 20（1 600）, 或 60 × 40（2 400）。每个组合的结果都比 2 500 小，实际上，p 和 q 的差异最大的组合 99 × 1（99）得到的乘积最小。所以，如果我们假设变异程度最大即 50 对 50（p = 50%, q = 50%），则抽样误差公式变得相对简单，可以使用两个常数 1.96 和 2 500 来表示：

p = 50%，q = 50% 条件下的抽样误差为：

$$\pm\text{抽样平均误差}(\%)=\pm 1.96\times\sqrt{\frac{2\,500}{n}}$$

这是**抽样平均误差最大**（maximum margin of sample error）时的公式，用来计算图 9 - 1 所示的抽样误差曲线和表 9 - 2 中的抽样误差百分比。要确定既定随机样本容量下的抽样误差，你只需将样本容量值代入公式即可。

置信区间的定义

第五个样本容量定理是："调查时使用相同样本容量进行重复随机抽样时会有各种结果，同样的结果极可能位于最初样本结果的 ±% 范围内。"这个定理基于置信区间这一概念。

置信区间（confidence interval）是用两个端点构成的范围来定义问题回答的百分比。置信区间是基于统计学中的正态分布或钟形分布曲线构建的。图 9 - 3 展示了正态曲线的性质，即 1.96 倍标准差形成了 95% 的分布。

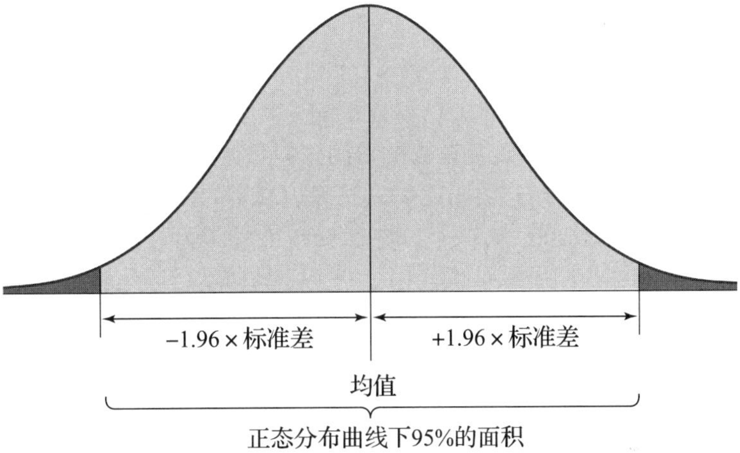

图 9 - 3　95% 部分的正态分布曲线

有一个理论叫作**中心极限定理**（central limit theorem），它是很多统计概念的基础，也是第五个定理的基础。重测是对最初结果的重复，所以如果我们用相同样本容量的新随机样本对达美乐比萨店重复调查很多次——比如 1 000 次，绘制回答"是"的柱状图，中心极限定理将保证我们得到的柱状图呈正态分布。图 9 - 4 显示了如果下次有 50% 的人订购达美乐比萨将可能呈现的图形。

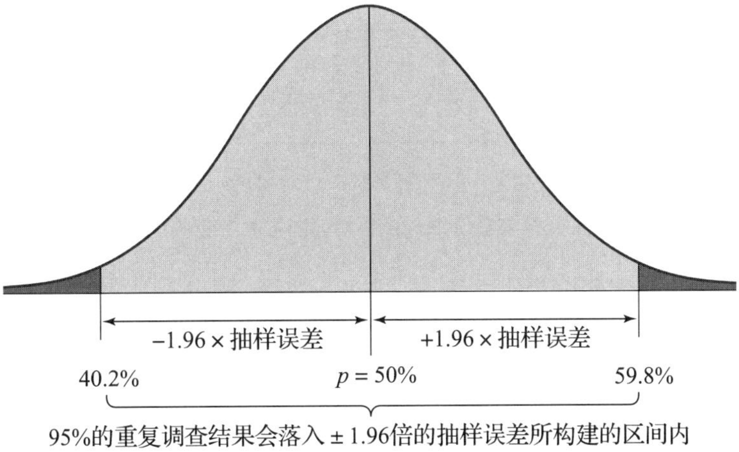

图 9 - 4　重复 1 000 次的达美乐比萨偏好调查分布

图 9－4 表明，95% 的重复调查结果落在 ±1.96 倍的抽样误差所构建的区间内。在我们的例子中有 1 000 个样本容量（n）为 100 的随机样本，计算每个样本中回答“是”的比例，然后将 1 000 个样本中回答“是”的比例绘成图。样本容量为 100 时的抽样误差计算如下：

$$\text{抽样平均误差（\%）} = \pm 1.96 \times \sqrt{\frac{2\,500}{n}} = \pm 1.96 \times \sqrt{\frac{2\,500}{100}} = \pm 1.96 \times \sqrt{25}$$

$$= \pm 1.96 \times 5 = \pm 9.8$$

这意味着在我们的例子中，95% 置信度所构建的置信区间是 50%±9.8%，或者 40.2%～59.8%。

置信区间的计算公式如下：

$$\text{置信区间} = p \pm \text{抽样平均误差}$$

调研人员怎样使用置信区间呢？这是一个由理论确定样本容量转向由实践确定样本容量的好机会。置信区间法使调研人员可以预测（多次重复）调研结果。当然，没有一个调研委托方愿意支付 1 000 次重复调查的费用，但是调研人员可以说：“我发现样本中有 50% 的受访者下次愿意订购达美乐比萨，我确信真实的结果落在 40.2%～59.8%。实际上，我确信如果我调查 1 000 次以上，将有 95% 的结果落在这个范围内。”注意，那 1 000 次重测并没有实施；调研人员仅使用了一个随机样本，运用这个样本中关于 p 和 q 的准确信息，并使用中心极限定理假设来计算置信区间。

置信区间是否太宽了？委托方是否感到 40%～60% 的范围不够精确？图 9－5 展示了样本容量对理论抽样分布形状的影响，更重要的是对置信区间范围的影响。注意，在图 9－5 中，样本容量越大，置信区间越小。为什么？因为样本容量越大意味着抽样误差越小，也就是说抽样结果越精确，并且置信区间的范围或者宽度也会随样本精确度的提高而变得越小。

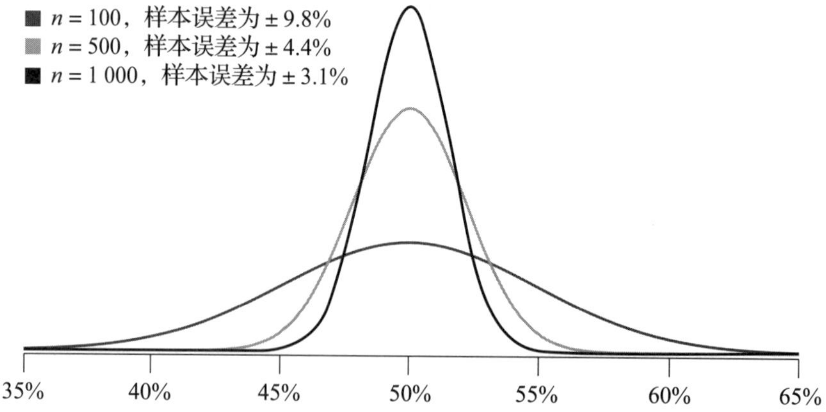

图 9－5　抽样分布显示抽样误差如何随样本容量的增大而减小

总体规模（N）如何影响样本容量

也许你已经注意到，在所有的讨论和计算中都没有提到样本容量第六个定理所强调的内容，“在几乎所有情况下，随机样本的抽样平均误差与总体规模无关”。我们的公式中没有包含 N，即总体规模。我们一直在计算抽样误差和置信区间，但没有考虑总体的大小。这是否意味着样本容量为 100 的样本对于总体为 2 000 万的上届超级碗的观众、200

万舒洁纸巾的用户以及 20 万养苏格兰猎犬的人来说都有相同的抽样误差（±9.8%）及置信区间呢？是的，确实如此。在确定样本容量时唯一需要考虑总体规模的情形是在总体规模较小时[9]，这一内容将在本章稍后部分讨论。

样本容量是独立于总体规模的，所以很容易理解样本容量的第七个定理："随机样本容量与总体规模之比很小，抽样平均误差也较小。"全国的民意测验中使用的样本容量是 1 000 ～ 1 200，抽样误差大约是 ±3% 或者更小。在表 9－2 中你可以看到，样本容量为 5 000 时的误差为 ±1.4%，这是一个很低的误差水平，但是 5 000 还不到 100 万的 1%，而可乐饮用者、公寓业主、借记卡使用者、过敏患者、私家园丁、互联网冲浪者等消费者市场都拥有数百万消费者。这里还有一个例子可以证明我们的观点：一个 500 人的样本不论是代表一个国家的上亿人还是代表一个城市的 20 万人，只要都使用随机样本，抽样误差就是 ±4.4%。

9.3　样本容量公式

现在你已经熟悉了使用置信区间法确定样本容量的核心概念。确定一项调查的样本容量需要考虑三个因素：（1）确信的总体变异程度；（2）允许抽样误差；（3）估计总体值所要求的置信水平。本节介绍用**置信区间法**（confidence interval method）确定样本容量的公式。这个公式有时又称为 Cochran's 样本量公式，我们将更正式地介绍以前已经学过的一些概念。

使用置信区间法确定样本容量

如你所知，这个公式包含三个需要考虑的因素。[10] 在确定百分比后，标准的样本容量的公式如下[11]：

$$n=\frac{z^2(p\times q)}{e^2}$$

式中，n 表示样本容量；z 表示与已定置信水平相对应的标准误的倍数（一般为 1.96）；p 表示总体中估计的百分比；q 表示 100%－p；e 表示允许抽样平均误差。

变异程度：$p\times q$　如果在调查中关注命名量表问句，就要用到这个样本容量公式。例如，在前面有关比萨的例子中，我们主要关注那些会继续购买达美乐比萨的顾客的比例。如果没有人犹豫不决，那么只有两种回答：继续购买或不再购买。前面我们已经指出，如果人们购买比萨的总体差异很小，即几乎所有人（比如 90% 的顾客）比较忠诚，那么这个结果会反映在样本容量公式中。由于总体具有较小的变异程度，因此我们可以使用较小的样本，这是由公式中的 $p\times q$ 决定的。总体估计的百分比 p 在这种机制下可以转化为 q，q 总是由 p 决定，因为 $q=100\%-p$。

允许抽样平均误差：e　在公式中还包含另一个因素——允许抽样平均误差。**允许抽样平均误差**（acceptable margin of sample error）用 e 来表示，它是调研人员在某项调查中可以接受的抽样误差的大小。注意，因为我们要计算样本容量 n，抽样误差被视作一个变量。这意味着调研人员（包括客户）要设定一个可接受的抽样误差程度，然后计算样本容量，以保证允许抽样误差得到控制。抽样误差可用来表示通过多次重复抽样，最终抽样结果与总体比率相接近的程度。也就是说，如果调查时想估计 p 的数值，诸如沃尔玛、IBM、壳牌石油、好事达保险公司或其他任何一家公司的客户都需要设定一个允许抽样误差。精确度要求较高时需要设定一个较小的允许抽样误差，如 ±3% 或更小；精确度要求较低时则对应着一个较大的允许抽样误差，如 ±10% 或更大。

置信水平：z 最后我们需要确定置信水平，即前面的章节中我们算出的置信区间在正态分布曲线下的面积所占的百分比。以前，我们经常使用 1.96，因为 1.96 是与 95% 的置信水平相对应的 z 值。调研人员通常只使用 95% 和 99% 的置信水平。95% 的置信水平最常用，所以在前例中我们将 1.96 作为常数项，因为它所对应的 z 值最常用。

实际上，置信水平可以为 1% ～ 100%，我们可以在 z 值表中查到相应的值。调研人员一般使用 95% 的置信水平，有时也使用 99% 的置信水平。我们在表 9－3 中列出了 99% 和 95% 的置信水平所对应的 z 值。

表 9－3　95% 和 99% 的置信水平所对应的 z 值

置信水平	z
95%	1.96
99%	2.58

现在我们终于准备计算样本容量了。假设变异程度最大（$p=50\%$，$q=50\%$），在 95%（$z=1.96$）的置信水平上允许抽样误差为 ±10%。要确定所需的样本容量，我们计算如下：

$$n=\frac{1.96^2(50\times50)}{10^2}=\frac{3.84\times2\,500}{100}=\frac{9\,600}{100}=96$$

为了加深你对置信区间法的理解，回顾前面提到的民意调查，使用的样本容量是 1 100，要求 ±3% 的精确度（允许抽样误差）。使用 95% 的置信水平，计算过程如下：

$$n=\frac{1.96^2(50\times50)}{3^2}=\frac{3.84\times2\,500}{9}=\frac{9\,600}{9}=1\,067$$

也就是说，民意调查中要求的精确度是 ±3%，使用 95% 的置信水平，所需样本容量是 1 067（约等于 1 100）。下次你在报纸或电视上看到民意调查时，注意关于样本容量和抽样误差的说明。相信你会发现，当精确度接近 ±3% 时，样本容量在 1 100 左右。

如果调研人员使用 99% 的置信区间又会怎样呢？计算结果如下：

$$n=\frac{2.58^2(50\times50)}{3^2}=\frac{6.66\times2\,500}{9}=\frac{16\,650}{9}=1\,850$$

所以，假设总体的变异程度最大（50%），如果调查需要 ±3% 的精确度，在 99% 的置信水平上，样本容量将是 1 850。

调研人员可以使用均值来计算样本容量。调研洞察 9－1 描述了如何使用均值计算样本容量。

调研洞察 9－1　实践应用

使用均值估计样本容量：以量表变异程度为例

我们给出了样本容量的标准公式，其假设是调研人员要考虑百分比（p 和 q）的情况。

然而，当调研人员更关注变量的均值时，百分比的样本容量公式不再适用，调研人员就会用一个包含标准差的样本容量公式。这种情况下用标准差取代 p 和 q 来表示变异大小，此时，均值样本容量公式稍作改动如下：

$$n = \frac{s^2 z^2}{e^2}$$

式中，n 表示样本容量；z 表示与已定置信水平相对应的标准误的倍数（一般为 1.96）；s 表示标准差的估计值；e 表示允许误差，可接受的样本估计总体的误差比率。

虽然这个公式与百分比的公式看起来不一样，但是它们运用了同样的逻辑和概念。[12] 你会看到，公式是用标准差（s）的平方乘以置信水平的值（z）的平方，再除以要求的允许误差（e）的平方。

首先，让我们看看公式中有关总体的变异程度。它由 s 或总体的标准差的估计体现。因为我们要估计总体均值，这意味着我们需要知道或者至少要很好地猜测总体有多大的变异。我们必须使用标准差来反映这种变异。遗憾的是，这与百分比样本不同，其中没有与“50% 对 50% 时变异程度最大”对应的概念。所以需要依据关于总体的先验知识来估计标准差，先验知识可能来源于过去对相同总体的研究或预测试研究的结果。

如果总体变异程度是未知的，而且无法实施预测试，那么调研人员可以利用全距估计，其范围为 ±3 标准差（总共 6 个）。有时，营销调研人员会发现使用的是数值量表，而非命名量表。比如，估计样本容量时的关键变量为 10 级重要性量表或者 7 级满意度量表中的变量。最后，e 表示估计调查总体的均值时关于样本均值的可接受的误差，在公式中，e 必须对测量单位加以合适的表示，比如为 1 ～ 10 级时，e 可能会表示 0.25。

假设在调查中有一个关于客户公司产品满意度的关键问句。如果使用 1 ～ 10 级量表，理论上的范围是 10，10 除以 6 表示一个标准差为 1.7，这样就可以估计变异程度。注意，当不涉及 1 ～ 10 级量表中的所有值或者均值不等于 5 时，这就是一个保守的估计，即 1.7 是最大的估计变异程度。[13]

9.4 确定样本容量的实际考虑

我们已经讨论了如何使用变异程度、允许抽样误差以及置信水平来确定样本容量，但还没有讨论调研人员用来确定这些因素的标准。一般指导原则如下。

如何估计总体变异程度

在使用百分比确定样本容量时，有两种方法：（1）在多个估计的变异程度中选择最大变异程度；（2）对实际的变异程度进行估计。我们已经介绍了使用百分比估计**最大变异程度**（worst case variability）的条件，即当 50% 对 50% 时总体百分比的变异程度最大。这种假设是最保守的，其结果是计算出可行的最大样本容量。

另外，为了减小样本容量，研究者会凭借经验估计 p 或百分比。p 与 q 不相等时的任何组合所计算的样本容量都会小于 p 与 q 相等（50%/50%）时的组合所计算的样本容量，因为 p 与 q 的乘积是样本容量计算公式的分子。小的样本容量意味着付出更少的精力、时间和成本，所以调研人员有理由尽量去估计 p 而不是使用最大变异程度去估计样本容量。

令人惊讶的是，关于目标总体的信息常常以多种形式存在。调研人员可以通过寻找对总体的先前的研究成果或进行小型预测试来估计总体方差。有以二手资料形式呈现的普查资料，也有从商会、当地报纸、州立机构、贸易发展促进会以及其他的类似组织获得的信息汇编和摘要。此外，通过一些正式的早期调研，或者非正式的企业经验，许多调研总体已经为人所知。所有的信息都有助于调研项目经理估计总体变异程度。如果项目主管得到了相互矛盾的信息，或者担心有关总体变异程度的信息的时效性和其他方面，可以使用预测试来更准确地估计 p 值。[14, 15]

如何确定允许抽样误差

一般来说，营销经理凭直觉认为小样本的精确度要小于大样本的精确度，很少从抽样误差的角度来考虑。这就需要调研人员让营销经理明白什么是可接受的或“标准”的抽样误差。

从精确度的角度来看，营销决策者要求的精确度越高，所需的样本容量就越大。所以营销调研人员的任务是从营销决策者那里得到足以做出决定的误差的可接受范围。正如你已经知道的，允许抽样误差有一个正负百分比。也就是说，调研人员可以告诉营销决策者，“我可以将估计值限定在真实值上下 10% 的范围内”。如果管理人员对此概念并不理解，接下来调研人员可以说：“如果我发现 45% 的样本顾客正认真考虑放弃竞争对手的品牌，而选择你的品牌，我会告诉你有 35% ～ 55% 的竞争对手的顾客可能会成为你的顾客。”这种对话将一直持续到营销经理对置信区间感到满意。或者，调研人员可以声称民意调查的结果的误差是 ±3%，并向营销经理推荐这一误差水平。

如何依据置信水平做决定

所有的营销决策都有一定的风险性，在确定样本容量时，必须考虑风险，至少考虑一些不确定性。样本统计量是对总体值的估计，正确的方法是使用样本信息来估计总体值所处的范围。因为抽样过程有缺陷，所以应当使用抽样误差的估计值去计算这个范围。如果用恰当的统计术语来表达，这个范围就是我们所称的置信区间。调研人员应该报告这个置信区间以及他认为总体数值落入该置信区间的可信程度。

正如我们所指出的，调研通常采用的是 95% 的标准置信区间。这个置信水平的 z 值是 1.96。你在学统计课程时可能注意到，置信水平可以为 1% ～ 99.9%，调研人员常常使用的是 99%。99% 的置信水平对应的 z 值是 2.58。99% 的置信水平意味着当 z 值为 2.58 时，利用上述公式可获得样本容量 n，对样本容量为 n 的样本进行多次重复调查，就会有 99% 的样本 p 值落入允许抽样误差（e）范围内。

然而，因为 z 值是样本容量公式中的分子，从 1.96 增加到 2.58 时样本容量也会增加。实际上，对于任何给定的抽样误差，使用 99% 的置信水平将使样本容量增加 73%。换句话说，使用 99% 的置信水平会对样本容量产生显著的影响。现在，你还对于大部分调研人员选择 1.96 作为 z 值感到奇怪吗？

如何平衡样本容量和数据收集成本

确定样本容量的最后一个定理是：“随机样本容量取决于客户要求的精确度（允许抽样误差）与数据收集成本的平衡。”这是一个很重要的定理，因为它描述了几乎所有的样本容量决策都会面对的现实。前面我们讨论过调研成本和调研所获价值的问题。无论何时都要记住，调研成本不要超过期望从调研中获得的信息的价值。考虑到数据收集成本的重要影响，在进行人员访谈或购买在线固定样本组时，要从调研成本与所获价值两个方面来确定样本容量。[16] 使用 99% 的置信水平会对样本容量产生显著的影响，调研人员通常使用 95% 的置信水平。

为了帮助你理解样本容量和数据收集成本之间的关系，让我们来看一个典型的例子。首先，使用 95% 的置信水平，此时 z 值是 1.96。接下来假设 $p = q = 50\%$，这是变异程度最大的一种情况。接着调研人员和营销经理确定初步可接受的抽样误差水平。在此例中，我们假定调研人员和客户最初同意的抽样误差是 ±3.5%。

使用样本容量计算公式，样本容量为 n，计算如下：

$$n = \frac{1.96^2(50 \times 50)}{3.5^2} = \frac{3.84 \times 2\,500}{12.25} = \frac{9\,600}{12.25} = 784 \text{（四舍五入）}$$

假设每完成一个访谈的成本是 20 美元左右，那么这个样本容量的数据收集成本应该是 784 乘以 20 美元，等于 15 680 美元。现在客户已经知道为达到 ±3.5% 的抽样误差所需的样本容量，以及访问这些人的成本。如果客户对此有疑问，调研人员可以根据标准样本容量公式编制一张表，标注不同的精确度和相应的样本容量。表中也应包括数据收集成本估计值，以使客户能够根据可接受的样本容量进行决策。虽然不是所有的调研人员都要编制这样的表格，但是一定要讨论允许抽样误差和各种样本容量的成本，以使调研人员和客户就调查的样本容量达成一致。在很多情况下，最终商定的样本容量是在允许抽样误差与调研成本之间进行平衡的结果。调研洞察 9－2 就描述了这样一个例子。

调研洞察 9－2 实践应用

客户与营销调研人员在样本容量上达成一致

在这个假想的例子中，一个水上公园的老板正在考虑增加一个令人兴奋的新项目——“疯狂水道”，我们描述了如何确定调查这个项目所需要的样本容量。

营销调研人员拉里（Larry）和水上公园老板达纳（Dana）一起确定调研内容和基本的研究设计，以确定疯狂水道是否有足够的收益。昨天，达纳表示她打算使用 ±3.5% 的精确度来实施调查，这比一般的全国民意调查的精确度略低一点。

拉里据此做了一些计算并列成表发给达纳。疯狂水道调查项目的样本容量、抽样误差和样本数据收集成本如下表所示。

样本容量	抽样误差	抽样成本*
784	±3.5%	15 680 美元
600	±4.0%	12 000 美元
474	±4.5%	9 480 美元
384	±5.0%	7 680 美元
317	±5.5%	6 340 美元
267	±6.0%	5 340 美元

* 完成每个访谈的成本估计为 20 美元。

以下是电话交谈的内容：

拉里：资料收到了吗？

达纳：收到了，但这不是我想要的。

拉里：什么意思？

达纳：仅仅收集数据就让我付 15 000 美元是不可能的。

拉里：我们昨天讨论全国民意调查的精确度时提到了这一点。现在我们要做的是你的水上公园的调查，因此我在表中列出了可选择的样本容量、精确度水平和成本。

达纳：你真准备做精确度为 ±6.0% 的调查吗？仅仅对 267 名受访者进行调查？这个样本似乎太小了。

拉里：样本是小，但是考虑到数据收集公司每完成一个电话访谈就收取 20 美元，这一数字已经很大了。你看，总费用超过 5 000 美元了。

达纳：是啊，这比 15 000 美元少很多。那么，样本容量为 384 怎么样？根据你提供的表格，这将需要 7 680 美元，精确度是 ±5%。这个精确度起什么作用？

拉里：这样说吧，如果我发现有 70% 的受访者喜欢水上公园的疯狂水道，那么，你可以确定有 65% ～ 75% 的顾客喜欢它。

达纳：如果数据收集成本是 7 680 美元，整个调查的成本会低于 15 000 美元吗？

拉里：我确定是这样。如果你想要这个方案，我可以给你算出样本容量为 384 时的全部成本。

达纳：看起来不错，什么时候给我？

拉里：我会在周五完成方案，你可以在周末研究一下。

达纳：太好了，我将和投资者在下周召开一个会议来讨论。

9.5 确定样本容量的其他方法

实践中有许多确定样本容量的方法，有些超出了本书的范围。[17] 在本节，我们简要描述最常用的方法。尽管确实有人在使用这些方法，并能够找到使用这些方法的支持者，但大部分方法都有致命的缺陷，并不实用。你已经学习了关于样本容量的八个定理，并且知道如何根据置信区间来计算样本容量，应该能够理解这些方法的不足之处。

教条式"百分比经验法则"

教条式方法（arbitrary approach）以"百分比经验法则"为幌子来陈述样本容量："为保证精确度，样本容量至少应该是总体的 5%。"事实上，营销经理在看到调研人员建议的样本容量后往往会问："怎么还不到总体的 1%？"

教条式百分比经验法则在直观上的确有些吸引力，因为这种方法便于记忆，容易应用。当然，你知道样本容量和总体规模无关，不会受到百分比经验法则的误导。为了让你更加自信，分析一下这些样本容量。如果你选择总体的 5% 作为样本容量，当总体分别为 10 000、1 000 000 和 10 000 000 时，样本容量将分别为 500、50 000 和 500 000。现在回想一下展示样本精确度曲线的图（见图 9－1）。样本容量最大是 2 000，很明显，百分比经验法则所产生的样本容量相对于精确度来讲是非常荒谬的。而且你已经从样本容量定理中了解到，即使样本仅占全部总体很小的比例，也能有很高的精确度。

总之，教条式确定样本容量的方法简单易用，但既无效率也不经济。在抽样时，我们希望用一种经济的方法来从总体中抽取样本，并根据预定的精确度来对总体进行估计。百分比经验法则忽略了抽样的精确度问题，确实违背了一些样本容量定理，而且如你所见，当所研究的总体很大时，这绝不是一种成本低且效率高的方法。

约定式样本容量

约定式方法（conventional approach）使用某个“约定”的数或者认为是正确的数作为样本容量。管理者可能对全国民意调查很了解，而且注意到民意调查的样本容量通常是 1 000 ～ 1 200。他们可能会问调研人员，为什么所推荐的样本容量与这个约定的样本容量不同。另外，某项调研可能是一家公司对某个特定市场进行的一系列调研之一，而且每年的研究都使用相同的样本容量，因为上一年使用的就是这个样本容量。这个约定数量可能是类似研究所用的样本容量的平均值，可能是以往调查采用的样本容量的最大值，也可能是公司偶然发现的其竞争对手进行调查时所采用的样本容量。

百分比经验法则与约定式方法在确定样本容量方面最基本的不同之处在于：前者没有任何站得住脚的逻辑，而后者看上去是符合逻辑的。但这种逻辑也是有缺点的。我们已经介绍了百分比经验法则（如 5% 经验法则）是如何迅速产生巨大的样本容量的；相反，在全国性民意调查中，样本容量为 1 200 是一个常量，它不受总体数量的影响。当然，这个特点是约定式方法的弱点之一，因为它假设：（1）管理者想要一个 ± 3% 左右的精确度；（2）总体中的变异程度最大。

采用过去的调研使用的样本容量或者其他公司的样本容量也受到了批评，因为这两种方法都假定以前的研究所确定的样本容量是正确的，也就是说，确定样本容量的方法没有错误。如果以前的研究使用的方法不正确，你就是在复制错误；即使以前用来确定样本容量的方法正确，前人开展调查的环境和假设与当前的情况也会有很大的不同。所以，采用约定式方法确定样本容量忽视了当前研究环境的变化，而且实践证明，采用约定式方法所需的费用比采用正确的样本容量进行研究要高得多。

“可信区间”方法计算样本容量

估计样本量还有一种方法是使用“可信区间”（credibility interval），但不应将可信区间方法与前面提到的允许抽样误差方法混淆。可信区间方法有时用于在线固定样本组调查，因为这种调查已经选定了受访者，所以不是随机抽样，结果不能代表整个总体。我们可以看到与各种可信区间水平相对应的样本容量[18]，然而，大多数调研协会，如美国公众意见研究协会，建议谨慎使用可信区间[19]，因为可信区间方法的假设与样本量的置信区间方法不是一回事。

统计分析要求的样本容量

有时，样本容量的大小取决于所要采用的**统计分析法**（statistical analysis approach），这意味着调研人员希望进行特定类型的数据分析，而这就对样本容量有所要求。[20] 事实上，本章提到的样本容量公式只适用于最简单的数据分析。[21] 在本书中，我们还未讨论统计过程，但可以肯定的是，有些高级统计方法对样本容量有一个最小值要求，以确保结果可信或者保证统计结果的效度。[22] 基于统计分析标准确定的样本容量可能相当大。[23]

例如，某些调研内容涉及分组分析[24]，这是一种总体中的细分调查。正如你所想到的，各组的情况对样本容量的确定有直接的影响。[25]在对各组进行观察时有必要将每个组视为一个单独的总体，并为每个组确定样本容量，同时运用恰当的方法及其他特定方式了解各组情况。也就是说，如果你用本章讲到的标准样本容量公式确定样本容量，并且要充分分析不止一个组，则总体的样本容量等于使用标准样本容量公式获得的每组样本容量乘以分组数。[26]一旦完成上述工作，就可以将所有的分组合并起来组成一个大的总体，从而获得完全的总体情况。如果研究人员使用统计技术，他应该有一个符合该技术要求的足够大的样本容量。尽管如此，研究人员还需要知道最小的样本容量是否满足精确度水平的要求。

成本约束的样本容量

成本约束法有时也称**“量力而行”法**（“all you can afford” approach），成本可以作为控制样本容量的基础。根据样本容量的第八个定理，管理者和调研专家十分重视数据的收集成本，因为调研成本的增长速度可能很快，尤其是对于人员调查、电话调查，甚至内附小礼物的邮寄问卷调查来说。所以，有时只将成本作为确定样本容量的条件就不足为奇了。

具体地说，成本约束法在应用中差别很大。有些情况下调研预算是事先确定的，每一阶段的研究费用非常具体。比如说，预算中可能包括 10 000 美元的访谈费用，或者 5 000 美元的数据收集费用。另一种应用上的差别是因为全年的调研预算已事先确定，其中包括每个项目的经费。采用这种方法时，调研项目经理受到总规划预算的制约，但可以在不同的项目之间分配资金，而样本容量取决于该笔支出是否在预算之内。

使用之前确定的预算来确定样本容量无异于本末倒置。也就是说，不是将调查所获得的信息的价值作为确定样本容量时优先考虑的因素，而是将预算作为首要的考虑因素，这样做通常会忽视调查结果对管理决策的价值。另外，这种方法明显不考虑样本的精确度。事实上，由于许多管理者倾向于较大的样本容量，调研项目确定的数据收集预算可能过高，实际上较小的样本容量就可以获得很好的效果。

此外，从最后一个样本容量定理可知，调研人员与其客户在不考虑成本因素时不可能确定样本容量。关键是记住何时应考虑成本。在前文描述的成本约束法的例子中，样本容量完全由成本决定。当调研人员有 5 000 美元的访谈费用，而一家数据收集公司告诉我们一次完整的访问的费用为 25 美元时，样本容量就被确定为 200 名受访者。然而，确定样本容量的正确方法是考虑成本和调研对于管理者的价值。如果管理者需要非常精确的信息，调研人员应建议采用大样本，然后估计获得样本的成本。否则，管理者应基于所获得信息的真实价值来考虑成本。借助成本列表概念，调研人员需要与管理者一起讨论各种样本容量、不同的数据收集方法、成本和需要考虑的其他问题。这种情形很好，因为管理者对调查拥有一些所有权，同时会与调研人员建立紧密的伙伴关系。最终，管理者会对样本容量的确定方法及原因有更好的了解。采用这种方法，成本将不再是确定样本容量时唯一需要考虑的因素，但也是值得考虑的因素。

9.6 三种特殊情况的样本容量确定

在总结样本容量分析的最后，让我们探讨三个特例：从小总体中抽样时的样本容量、使用非概率抽样时的样本容量和固定样本组的样本容量。

从小总体中抽样

迄今为止，本章讨论的所有确定样本容量的方法都包含了一个假设，即总体非常大。这一假设是合理的，因为在美国有大量的家庭、注册驾驶员、65 岁以上的人，等等。从非常大的样本中抽样是很普遍的，尤其对于消费品市场和服务市场。然而，有时总体也会非常小，这在 B2B 市场很常见。样本容量第六个定理对此进行了说明："在几乎所有情况下，随机样本的抽样平均误差与总体规模无关。"

按照惯例，**小总体**（small population）是指样本超过总体规模的 5%。需要注意的是，小总体是根据所考虑的样本容量来界定的。如果样本容量小于总体的 5%，你可以认为总体的规模大，你可以运用本章前面介绍的一些程序。如果总体较小，则样本容量公式需要使用有限乘数进行调整。**有限乘数**（finite multiplier）是指不包括在样本中的单位数与总体单位数之比的平方根，它是一个近似的调整因子。例如，假定总体规模是 1 000 家公司，从中选取 500 家作为样本。（1 000 － 500）/1 000=0.5，有限乘数为 0.71，即 0.5 的平方根。这样，我们可以使用只有 355 家（0.71 × 500）公司的样本，它与 500 家公司的样本在调查的精确度方面是相同的。

采用有限乘数计算样本容量的公式如下：

$$\text{小总体样本容量} = \text{样本容量公式}\ n \times \sqrt{\frac{N-n}{N-1}}$$

例如，我们的研究总体由 1 000 家公司组成。假定我们想知道有多少家公司对当地一家医院向员工提供防止药物滥用的咨询服务感兴趣。我们不能确定总体变异程度，因此使用 50/50 的最大变异程度。我们决定采用 95% 的置信水平，而 Claremont 医院的咨询服务主管希望结果的精确度是 ± 5%。计算公式如下：

$$n = \frac{1.96^2(p \times q)}{e^2} = \frac{1.96^2(50 \times 50)}{5^2} = \frac{3.84 \times 2\,500}{25} = \frac{9\,600}{25} = 384$$

因为 384 大于 1 000 家公司总体的 5%，所以我们运用有限乘数对小总体的样本容量进行调整：

$$\text{小总体样本容量} = n \times \sqrt{\frac{N-n}{N-1}} = 384 \times \sqrt{\frac{1\,000-384}{1\,000-1}} = 384 \times \sqrt{\frac{616}{999}}$$

$$= 384 \times \sqrt{0.62} = 384 \times 0.79 = 303$$

换句话说，需要的样本容量是 303，而不是 384，因为我们研究的总体较小。运用有限乘数，可以减少 81 名受访者，获得相同的精确度。如果这项调查需要人员访谈，我们就可以节约一笔可观的开支。

使用非概率抽样时的样本容量

本章已讨论的所有样本容量公式和统计学考虑都假定采用的是某种形式的概率抽样方法。换句话说，样本的选取一定是随机的，唯一可能产生抽样误差的原因是样本容量。请记住，样本容量决定了精确度，而不是样本的代表性。抽样方法决定了样本的代表性。所有的样本容量公式都假定使用了随机抽样方法，从而保证了样本的代表性。

使用非概率抽样确定样本容量的唯一合理的方法是权衡从样本中所获得信息的好处或价值与收集这些信息的成本。这实质上是一种主观的方法，因为管理者可能有很多理由认为信息的价值很高。例如，信息可能使问题明确，可能使管理者对一些重要的难题豁然开朗，甚至可以使管理者意识到以前并不知道的一些细分市场。[27]但是随机抽样过程引入了未知的偏差[28]，不宜使用样本容量公式。对于非概率抽样而言，样本容量的确定主要基于管理者对所偏好信息的价值判断，而不是期望的精确度及其相关成本。一些管理者在知道其局限时仍选择非概率抽样计划。在这些例子中，样本容量是主要的问题，即“选择多少人才能让我觉得这个决策是合适的”。

从固定样本组中抽样

本书多次指出，许多潜在受访者拒绝参与调查，这一事实严重影响了最终样本的准确性。样本容量计算公式假设回复率是 100%，即便有人拒绝参与调查，也假设会有一个完全相同的人来替代。正如前面所描述的，固定样本组公司会招募成千上万的小组成员，对实施各种类型的调查付酬。使用固定样本组公司进行调查的成本高，它只是保证完成特定数量的样本调查的权宜之计。大多数固定样本组公司宣称它们采用的是某种形式的随机抽样，所以得到的像是总体的随机样本。营销调研人员通常会把一个固定样本组样本看作一个随机样本。

然而，固定样本组成员是经常参与调查的志愿者，他们并不能真正代表总体。固定样本组样本最能代表的是用来抽样的固定样本组总体。通常，固定样本组总体是一个合理的抽样框架，企业只是对营销调研人员所称的固定样本组的样本的准确水平比较满意。每个固定样本组都是独一无二的，对从固定样本组中得到的样本完全接受或否定都是不现实的。营销调研行业正在对评估固定样本组抽样的准确性进行审查并制定准则。[29]例如，建议已经提出，要认真审查所有的受访者回复以便查出作弊者和快速答题者，小心定义样本参数和样本选择标准，剔除那些接受过多调查的受访者，审查 IP 地址以确保国际调查参与者确实是位于他们所代表的国家。也就是说，要努力提高固定样本组的完整性和准确性。

本章就业技能

通过学习本章中的内容，你已经掌握了：

批判性思维技能

- 理解样本容量与样本代表性无关。
- 描述随机样本容量和精确度的八个定理。
- 描述抽样平均误差。
- 理解为什么随机样本比一般的全国民意调查（1 000 ～ 1 200）大是不可取的。
- 关于样本容量的确定：
  - 与如何估计变异程度有关。
  - 与可接受的抽样允许误差有关。
  - 与适当的置信水平有关。
  - 要平衡样本容量和数据收集成本之间的关系。

知识应用和分析技能

- 对于样本容量在 50～2 000 的随机样本，将样本容量与精确度之间的关系形状联系起来。
- 找出确定样本容量的“其他”方法中的缺陷，如“经验法则”、约定式方法和“量力而行”法。

信息技术应用和计算技能

- 计算置信区间。
- 使用置信区间公式计算样本容量。
- 使用有限乘数计算小总体的样本容量。

综合练习

这项练习要求的概念和材料来源于以下两章：

第 8 章　抽样方法

第 9 章　样本容量

尼亚加拉大瀑布旅游协会

尼亚加拉大瀑布是美国最热门的旅游景点之一，位于美国纽约州与加拿大的交界处。每年估计有 1 400 万名游客参观尼亚加拉大瀑布。大多数游客是自驾游的美国人，所以汽油成本及家庭经济状况是尼亚加拉大瀑布旅游协会特别关注的。该协会代表着依赖旅游业的尼亚加拉地区所有类型的企业。其成员有 80 家酒店，共拥有约 16 000 间客房。这些酒店中的大部分（约 80%，客房数占总数的 30%）为本地的小型酒店，拥有的客房从 20 间到 600 间不等，大型酒店（剩下的 20%，客房数占总数的 70%）则是全国性连锁大酒店。对于该地区的所有酒店来说，旺季（6 月 15 日—9 月 15 日）的入住率平均在 90% 左右。协会希望实施一项游客调查，以评估游客到访尼亚加拉地区的整体满意度，以及他们推荐朋友、亲戚和同事参观尼亚加拉大瀑布的意向。协会设计了一份面对面访谈问卷，并发出抽样设计的招标公告。协会已收到三份标书，具体描述如下。

标书 1. 辛普森研究公司（当地一家营销调研公司）拟对五个最大的协会会员的酒店抽样，在 7—8 月在这些酒店的大堂完成对 200 名美国游客（每个家庭一人）的访问，完成一次访问需要 10 美元。

标书 2. 纽约州立大学尼亚加拉营销部（当地大学的学术机构）建议在该地区所有的酒店（不限于协会成员）中选择 20 家，然后随机抽取一定比例的房间，即依据选定的酒店选择房间数量。在 6 月 15 日—9 月 15 日完成对 750 名美国游客（每个家庭一人）的访问，访问在他们自己的房间内进行，完成一次访问需要 15 美元。

标书 3. The Maid of the Mist 工会是一家负责运载游客在尼亚加拉河上观看和体验瀑布的公司的员工组织。它提议在游客等待上船和返回的时间里进行访问，工会员工可以在 7 月份的一周内完成对 1 000 名美国成年游客（每个家庭一人）的访问，完成一次访问需要 5 美元。

1. 每份标书中的抽样框是什么？

2. 识别各种抽样方法的类型。针对到尼亚加拉瀑布地区观光的美国游客，评估各样本的代表性。

3. 评估各标书的精确度（抽样误差）。

4. 在本调查中，尼亚加拉大瀑布旅游协会在数据收集方面的预算是 10 000 美元。基于问题 1 ～问题 3 中你的答案并考虑数据收集总成本，你将向尼亚加拉大瀑布旅游协会推荐哪一份标书？给出推荐的理由。

小　结

许多管理者有大样本容量偏见。为反驳这种误解，我们列举了八个确定样本容量的定理，介绍了随机样本容量与精确度的关系，或者说抽样结果接近总体值的程度。这些定理是采用置信区间法确定样本容量的基础，该方法是最正确的方法，因为它依赖的逻辑基础是变异程度、置信区间和抽样误差等统计学概念。

在估计百分比时，调研人员可使用一个标准的样本容量公式，这个公式使用变异程度（$p \times q$）、置信水平（z）和允许抽样平均误差（e）来计算样本容量 n。通常使用的置信水平是 95% 和 99%，相应的 z 值分别是 1.96 和 2.58。在用百分比来测定变异程度时，调研人员可以考虑 50%/50%，此时变异程度最大。在考虑最终样本容量的起点时最好使用标准的样本容量公式，因为还必须考虑数据收集成本。调研人员和管理者通常需要讨论抽样误差水平、数据收集成本来决定最终可接受的样本容量。

还有其他几种均有不足之处的确定样本容量的方法：（1）利用教条式方法确定样本容量；（2）运用约定式方法确定样本容量；（3）依赖“可信区间”方法确定样本容量；（4）根据所用统计程序的要求确定样本容量；（5）根据成本确定样本容量。此外，介绍了两种特殊的抽样情况。当总体较小时，可以运用有限乘数来调整样本容量。运用非概率抽样方法时，应进行成本 – 收益分析。

复习题与应用题

1. 描述以下各种确定样本容量的方法，并指出它们的关键缺陷：
   a. 运用总体规模的百分比经验法则；
   b. 运用诸如典型民意测验等约定式方法；
   c. 运用数据收集的总预算来确定样本容量。
2. 描述下列概念并举例说明：变异程度；置信区间；允许抽样误差。
3. 使用置信区间法估计样本容量时需要考虑的三个基本方面是什么？
4. 在计算样本容量时，调研人员如何确定精确度水平？如何确定置信水平？如何确定百分比的变异程度？
5. 使用正文中提供的公式，估计下列情况下大概的样本容量，所有的精确度均为 ±5%（允许误差）：
   a. 30% 的变异程度，95% 的置信水平。
   b. 60% 的变异程度，99% 的置信水平。
   c. 未知的变异程度，95% 的置信水平。
6. 说明预测试如何帮助调研人员了解总体的变异程度。
7. 为什么调研人员和营销经理讨论调研项目的精确度水平很重要？
8. 知道提议的样本超出总体的 5% 可以得到什么好处？这常常发生在什么样的营销情况下？
9. 根据调研人员的经验得知各种数据收集方法的平均费用如下：

数据收集方法	成本/受访者
人员调查	50美元
商场拦截调查	15美元
电话调查	10美元
在线固定样本组调查	3美元

如果预算中有2 500美元用于数据收集，每种数据收集方法中合适的样本容量可达到的精确度是多少？基于你的发现，评价一下将成本作为确定样本容量唯一手段的不恰当性。

10. 立顿公司去年在全美六个主要的购物中心进行了一项拦截访问调研，发现有20%的消费者更愿意用茶来代替咖啡作为下午茶。今年，立顿公司想进行一次全国性的随机拨号电话调查。在99%的置信水平和±2.5%的精确度下，样本容量应该是多少？在95%的置信水平下，样本容量应该是多少？
11. CheggBooks公司专营销售与租借二手教科书。该公司的在线“卖书”功能允许大学生输入与图书有关的信息，给予他们现金奖励。学生将书寄给CheggBooks获得收入。CheggBooks在其网站上将二手教科书出售给其他学生。二手书通过美国邮政寄给购书的学生。

    在过去四年里，该公司每年都会对在校大学生实施二手书购买调查。在每次的调查中，随机抽取1 000名在校大学生，询问其是否在上一年购买过二手教科书。结果如下：

	***X*年前**			
	1	**2**	**3**	**4**
购买二手教科书的学生所占百分比	45%	50%	60%	70%

    这些数据意味着样本容量是多大？
12. American Ceramics, Inc.（ACI）一直在开发一种能够承受高温且耐用的新型陶瓷。由于产品得到改进，负责开发该项目的工程师认为新型陶瓷将作为目前在火花塞中使用的陶瓷的替代品，参与市场竞争。她与ACI的调研经理谈到关于新型陶瓷材料的潜在购买者的调查。在电话交谈中，调研经理建议选择100家公司来确定市场需求。当天晚些时候，调研经理使用《托马斯注册登记册》（Thomas Register）来查找生产火花塞的公司，从中发现了312家设在美国的公司。这一发现如何影响调查的最终样本容量？
13. 这里有一些数字可以帮你提高确定样本容量时的计算技巧。佳洁士公司正在评估其牙刷购买者的年度调查计划。针对以下每个例子，计算出与变量相对应的样本容量。如缺少信息，则提出恰当的假设。

编号	关键变量	差异程度	允许抽样误差	置信水平
a	佳洁士3D美白牙膏上一年的市场份额	23%	4%	95%

续表

编号	关键变量	差异程度	允许抽样误差	置信水平
b	每周刷牙的人数百分比	未知	5%	99%
c	佳洁士 3D 美白牙膏购买者转换品牌的可能性	上一年的转换率是 30%	5%	95%
d	希望用牙膏美白牙齿的人的比例	两年前为 20%；上一年为 40%	3.5%	95%
e	接受家庭牙医推荐的牙膏品牌的意愿程度	未知	6%	99%

14. 管理者是否真的有大样本容量偏见？访谈管理者不是件容易的事，这里有个替代方案。询问任意 5 名没有上过调研课程的工商管理专业的高年级学生，请他们指出下面的表述是否正确：
（1）一个 500 人的随机样本已经足以代表所有的全日制美国大学生。
（2）一个 1 000 人的随机样本已经足以代表所有的全日制美国大学生。
（3）一个 2 000 人的随机样本已经足以代表所有的全日制美国大学生。
（4）一个 5 000 人的随机样本已经足以代表所有的全日制美国大学生。
关于样本容量偏差，你发现了什么？
15. 根据下面所给的信息计算每个例子的样本容量。

编号	关键变量	标准差	允许抽样误差	置信水平
a	每年出差租车的次数	10	2	95%
b	每月从 iTunes 上下载歌曲的数量	20	2	95%
c	每年开车上班的通勤里程	500	50	99%
d	用 9 级量表测量的品牌满意度	2	0.3	95%

16. Andrew Jergens 公司销售一种女性用保湿霜。公司管理层从之前的研究中了解到，60% 的女性使用皮肤保湿剂，30% 的女性认为皮肤是她们最宝贵的资本。管理层担心女性将这种保湿霜与干爽联系起来，而不相信它能够对皮肤产生保湿的效果。这些关于保湿霜的使用情况和对皮肤美容的关注的信息能否用于确定调查所需的样本量？如果能，说明如何使用这些指标。如果不能，请说明原因，并描述如何确定所需要的样本量。
17. 唐纳德·希尔（Donald Heel）是夏普公司微波炉事业部经理。他提出实施 50 美元的现金回馈计划来促销新型微波炉。不过，董事长要求提供该方案能增加 25% 以上的销售额的证据，所以唐纳德用他的一些研究预算来做一项调查。他请 National Phone Systems 公司采用随机数字拨号进行全国性的调查。该公司是一个整合式电话民调公司，具备提供每日报表的能力。唐纳德决定利用每日报表，而不是指定一个最终的样本容量，他选择让该公司每天完成 50 个访问。在五天的实地访问结束后，得到的结果如下：

天数	1	2	3	4	5
总样本容量	50	100	150	200	250
受访者基于返 50 美元的折扣考虑购买夏普微波炉的百分比	50%	40%	35%	30%	33%

唐纳德的这项调查将持续多少天？给出你的理由。

案例9-1

塔吉特：确定电话号码的数量

塔吉特是一家专门给客户提供优质商品的大型零售连锁企业。目前，塔吉特经营约1 700家门店，包括设在美国48个州主要城市的200多家“超级商店”。塔吉特的核心营销策略之一是确保消费者每次在其商店购物时都有特别的体验，这种购物体验源于塔吉特直观的陈列，例如，将玩具放在体育用品旁边。另一种购物体验源于超宽的购物通道方便购物者轻松快速地通行。第三个特点是货架、产品陈列和季节性商品带给人美的感受。当然，塔吉特持续监控客户的意见和满意度，因为竞争对手正试图超越塔吉特，而客户的偏好也在发生变化。

塔吉特的管理部门承诺实施针对1 000个客户的年度调查，并提供一个客户意见跟踪和预测系统。本次调查包括塔吉特的竞争对手（如沃尔玛、凯马特和西尔斯）的顾客。换句话说，所研究的总体是在塔吉特所在地区的超级市场购物的所有消费者。调研项目经理决定委托一个全国性的数据收集公司进行电话调查，他目前的工作是与抽样调查公司Survey Sampling, Inc. (SSI) 合作，购买居住在塔吉特所在地区的消费者的电话号码。SSI公司的人员已告诉他确定所需电话号码数目的基本公式。

$$\text{需要的电话号码数目} = \frac{\text{完成访谈人数}}{\text{通话率} \times \text{符合率} \times \text{完成率}}$$

式中，通话率为接通的电话所占的百分比；符合率为愿意参与调查的人员所占的百分比；完成率为愿意参与调查的人员中实际完成调查人员所占的百分比。

为方便起见，塔吉特确定了销售量大致相等的四个地区：北部、南部、东部和西部。

	北部		南部		东部		西部	
	高	低	高	低	高	低	高	低
通话率	70%	75%	60%	65%	65%	75%	50%	60%
符合率	65%	70%	70%	80%	65%	75%	40%	50%
完成率	50%	70%	50%	60%	80%	90%	60%	70%

1. 每个地区的最终样本容量为250，这时每个地区应该购买电话号码的最小数量是多少？
2. 每个地区的最终样本容量为250，这时每个地区应该购买电话号码的最大数量是多少？
3. 整个调查需要的电话号码最多是多少，最少是多少？

案例9-2

Bounty纸巾

Bounty纸巾是宝洁公司的一个品牌，是其他几个纸巾品牌的主要竞争对手。在过去的几年里，Brawny一直是纸巾市场的领导者，而Bounty、Viva和Scott一直是市场的追随者。为了使Bounty品牌更具竞争力，品牌经理决定对美国的纸巾市场进行大范围的市场调研，以发现纸巾用户未被满足的潜在需求，并识别竞争对手的优势和劣势。品牌经理希望这次调研令 Bounty 品牌有一些重大改进，可观的市场份额。特别是，他已经决定购买固定样本组的访问权限，这意味着在线调查是由固定样本组公司完成的。固定样本组公司声称固定样本组成员对总体有很好的代表性。固定样本组成员还会提供额外的个人信息，比如人口统计特征、生活方式、产品拥有情况等，这些都收集在固定样本组公司的数据库中。客户可以购买这些信息而不必在调研中再次询问。

在做了一些调查之后，Bounty 营销团队得出结论：几家固定样本组公司可以提供具有代表性的美国家庭样本，其中包括 FocusVision、Innovate 和 Lightspeed GMI，它们的要价和提供的服务都差不多，每完成一套 25 个问句的“综合”在线调查花费 10 美元左右。“综合”意味着既包括数据库中的信息，又包括在线回答的答案。所以固定样本组公司的服务价格主要基于受访者的数量，每个公司会根据样本的性质和样本容量对这项工作进行投标。

Bounty 品牌经理实施这项调研时受到两方面的约束。首先，宝洁公司的最高管理层已经同意支付所有研究的费用，但品牌经理需要谨慎地使用预算。如果在某一项单独的调研活动中使用了大部分预算，比如用于支付在线样本组费用，那么其他的调研活动就难以开展了。其次，Bounty 品牌经理知道宝洁公司的最高管理层希望这个项目有较大的样本容量。根据过去的经验，从抽样误差的角度来看，实际上并不需要太大的样本容量。在确定样本容量时，他必须做好准备来面对最高管理层的质疑、保留意见或者反对意见。为了尽可能地说服高层管理人员，在营销调研专家的帮助下，品牌经理决定做一个表格列出抽样误差和抽样成本。

对下面所列的每一个可能的样本容量，计算出对应的固定样本组的预期成本和抽样误差：20 000；10 000；5 000；2 500；1 000；500。

注释

…………　| 第10章 |　…………

实地访问与数据审核

学习目标

在本章你将学习：

- » 非抽样误差的构成。
- » 现场数据收集期间发生的误差。
- » 现场数据收集误差的控制。
- » 无响应误差。
- » 固定样本组公司如何控制误差。
- » 数据集、数据编码和数据代码本。
- » 数据集的数据质量问题。

| 本章位置 |

1. 确定营销调研需求
2. 界定营销问题
3. 明确调研内容
4. 确定调研设计
5. 识别信息类型和来源
6. 确定获取数据的方法
7. 设计调查问卷
8. 确定抽样方案和样本容量
☞ 9. 收集数据
10. 分析数据
11. 撰写和展示调研报告

本章讨论数据收集问题，包括影响所获调查数据质量的所有因素。调查研究中有两类误差。第一类是抽样误差，这是由调研人员抽样而产生的误差。这些误差的来源已在前几章中讨论过。当受访者未仔细倾听问题，受访者在问与答的过程中失去兴趣，或者调研人员对受访者的陈述置之不理时，也会产生误差，我们将这类误差称为第二类误差，即非抽样误差。本章将讨论非抽样误差的来源，并就调研人员如何使每种非抽样误差的负面影响最小化给出一些建议。我们还会介绍如何计算回应率从而测量非回应误差的大小。我们将调研人员在初始问卷甄别中所寻找的内容与完成调查后所得到的信息相关联，以确认回答问题的受访者所展现出的偏差，如他们对问句的回答总是肯定或否定。

10.1 数据收集与非抽样误差

在前两章中，我们已经知道抽样设计方案和样本容量对于预估抽样误差大小是非常重要的。理解抽样的重要性，关键在于控制抽样误差。[1] 与抽样误差相对应的是**非抽样误差**（nonsampling error），它是指调查中除了抽样设计方案和样本容量所导致的误差之外的所有误差。非抽样误差包括：（1）各类非回应误差；（2）数据收集误差；（3）数据处理误差；（4）数据分析误差；（5）解释误差。事实上，还包括那些在问题界定、问句措辞方面出现的误差。也就是说，除抽样误差之外的其他所有误差都是非抽样误差。

一般而言，大的非抽样误差可能出现在数据收集阶段，因此，我们将讨论数据收集阶段可能出现的误差。**数据收集**（data collection）是营销调研过程中受访者针对调研人员的询问内容向调研人员提供自己的答案或信息的阶段。这种询问可能是现场直接提问、面对面访谈，也可能通过电话访问，还可能是像在线调查那样由受访者自己填写问卷，或者是调研人员决定采用的其他调研形式。由于非抽样误差不可能像抽样误差一样通过公式测定，因此我们介绍数据收集过程的几种控制方法以使非抽样误差最小。[2] 此外，许多营销调研公司利用固定样本组来维持大量的受访者，保证他们能快速准确地填写调查问卷。因此，我们会描述固定样本组公司为确保数据质量而采取的措施。

10.2　数据收集现场可能出现的误差

在数据收集过程中，可能出现许多非抽样误差。我们将这些误差分为两大类，每一类误差还可以进一步细化。一类是**现场工作人员误差**（fieldworker error），即现场工作人员（特别是访问员）在实施问卷调查时产生的误差。[3] 现场工作人员的访问质量因调研人员的来源以及调查环境的不同而不同，但更重要的一点是现场工作人员误差也可能发生在专业的数据收集人员身上，即由于现场工作人员自填问卷而发生。当然，专业的现场数据收集工作人员发生此种误差的可能性要比刚刚参与调研的工作人员和兼职人员小。另一类是**受访者误差**（respondent error），即由受访者造成的误差。此类误差可能与数据收集方法无关，但是有些数据收集方法会使受访者误差较其他数据收集方法大。对于现场工作人员误差和受访者误差，我们都可再细分成两种：故意误差（或有意造成的误差）以及非故意误差（或无意中产生的误差）。[4] 表 10－1 列出了各种误差。本章的前几节阐述数据收集误差，然后讨论营销调研人员使这些误差最小的标准控制方法。

表 10－1　发生在现场工作人员或受访者身上的数据收集误差

	现场工作人员	受访者
故意误差	• 欺骗 • 诱导受访者	• 说谎 • 非回应 • 超速回答
非故意误差	• 个人特征 • 误解 • 疲劳	• 误解 • 猜测 • 注意力减弱 • 干扰 • 疲劳

现场工作人员故意误差

当数据收集人员故意违反调研人员规定的数据收集要求时，就会发生**现场工作人员故意误差**（intentional fieldworker error）。我们在这里描述两种现场工作人员故意误差：访问员欺骗和诱导受访者。这两种误差是所有调研人员应该注意的。

当访问员有意谎报受访者的回答时，**访问员欺骗**（interviewer cheating）就发生了。你可能会问："什么原因会导致访问员有意做假呢？"原因通常来自薪酬体系。[5] 访问员可能按小时工作，但是普遍采用的薪酬体系却是依照其完成的访问数量来支付报酬。一个电话访问员或商场拦截访问员每完成一次访谈可以得到的报酬是 7.5 美元，在每天访问结束时，访问员简单地上交完成的问卷（如果访问员使用的是便携式电脑或者掌上电脑，也可以上传数据文件），完成问卷的数量会记入访问员的工作量。于是，访问员可能会访问一个易于访问的人来替代抽样设计中指定的人，从而产生欺骗。以完成访谈的数量来确定报酬的方法可能会导致这类欺骗行为。[6] 而且，大多数访问员并非全职工作人员[7]，他们也会因薪酬体系不公而工作责任心下降。

你可能会问："为什么不改变访问员的薪酬体系从而解决这个问题呢？"因为这种计件薪酬体系具有一定的合理性。访问员并不是像生产线上的工人那样工作。事实上，在商场拦截访问中会存在非活跃期，这依赖于顾客的流动速度以及受访者的资格。电话访问员经常只能在晚上的有限“黄金时间”内或者等到合适的时间再打电话，以达到调查对回访数量的特殊要求。当然，如你所知，现场工作人员因报酬较低、工作时间长在工作中有时会表现得比较消极。[8] 因此，在面对上交虚假问卷的诱惑时，有些访问员就经受不起。

访问员的第二个故意误差是**诱导受访者**（leading the respondent），即访问员通过措辞、声音或肢体语言影响受访者的回答。最糟糕的情况是访问员改变问句的用词而造成诱导。例如，访问员可能将问句“你关心节约用电吗”改成“难道你不关心节约用电吗”，从而影响受访者的回答。

另一种微妙的诱导方式则来自访问员的暗示。例如，在个人访谈中，访问员可能会对自己不赞同的答案微微摇头，而对自己赞同的答案微微点头。受访者可能会感觉到这些暗示，在访问员读出问句时根据其头部动作所提供的信号来说出符合访问员期望的答案。在电话访问中，访问员可能会传递语言暗示，比如“嗯”表示不赞同，“好”表示赞同，这种持续的反应会微妙地影响受访者的回答。此外，我们将这些现象归为故意误差的原因在于，专业访问员接受过培训，可以避免出现这种情况，如果他们这样做，应该会意识到自己已经违规。

自主学习

你有哪一种欺骗行为

读了上述关于欺骗误差的描述后，学生有时会怀疑这种欺骗行为还在持续。如果你是一个大学生，或许在你的学术生涯中有过此类行为。很惊奇吗？请做以下测试，并选择“是”或“否”。

	陈述	我曾做过	
1	允许他人看你的考试答案。	是	否
2	本该独自完成的作业却与他人合作完成。	是	否
3	抄他人的答案。	是	否
4	在另一个学生参加考试前告诉他考试内容。	是	否
5	在考试前找出考试内容。	是	否
6	对你知道的作弊同学保持沉默。	是	否
7	将与另一位学生合作的作业作为自己的作业交上去。	是	否
8	本该独自完成的作业带回家中与他人合作完成。	是	否
9	谎报或夸大个人或家庭情况，以延长作业期限。	是	否
10	谎报或夸大个人或家庭情况，以拖延参加考试。	是	否
11	在考试过程中传递答案。	是	否
12	允许别人在考试时抄你的试卷。	是	否
13	将额外的帮助或信息存入考试使用的计算器中。	是	否

续表

	陈述	我曾做过	
14	考试中打小抄。	是	否
15	考试正式开始之前已经拿到了一份试卷副本。	是	否
16	让别人来做你的工作，然后把它当作自己的。	是	否
17	考试时离开房间去查找信息或寻求帮助。	是	否
18	修改已评分的测试或作业的答案，然后提交重新评分。	是	否
19	在没有老师允许的情况下取消考试。	是	否
20	在考试中使用手机发送或接收信息。	是	否

1～10 的描述被人们认为是“微不足道”的作弊，大多数大学生承认有这种情况。11～20 的描述被人们认为是“严重”的作弊行为，可能有 20% 的大学生有过这样的行为。因此，如果你在这些作弊行为上选择了“是”，那么你和大多数大学生是一致的。[9] 现在，如果你和大多数大学同学在考试和作业上有欺骗行为，难道你不认为收入不高的访问员也会试图欺骗受访者吗？

现场工作人员非故意误差

当访问员犯了错误却认为自己操作正确时，**访问员非故意误差**（unintentional interviewer error）就发生了。[10] 导致访问员非故意误差的原因有三类：访问员个人特征、访问员误解和访问员疲劳。访问员非故意误差可能源于访问员的个人特征，比如口音、性别及举止行为。在某些情况下，访问员的声音[11]、语速、[12] 性别[13] 或缺乏经验[14] 都会成为产生偏差的根源。[15] 事实上，无论访问员的个人特征如何，其仪表都可能是导致偏差的根源。

当访问员自认为懂得如何进行调查，但实际操作并不正确时，**访问员误解**（interviewer misunderstanding）就发生了。一份问卷可能包括对访问员的指导说明、量表、记录答案说明，以及如何针对受访者进行调整的复杂调研指导。正如你所能猜到的，设计问卷的营销调研人员与执行调查的访问员的受教育程度存在很大差异。这种差异很容易形成沟通障碍，导致访问员对问卷说明迷惑不解。访问员的经验并不能解决糟糕的问卷说明所带来的问题。[16] 当问卷引导晦涩难懂时，访问员通常都会努力迎合调研人员的意愿，但结果往往不尽如人意。[17]

第三类访问员非故意误差是**疲劳造成的误差**（fatigue-related mistake）。当访问员感到疲劳时，这种误差就发生了。疲劳可能发生于访问员向受访者提问和记录受访者回答的过程中，对此你可能会感到奇怪，但访谈是一项劳动密集型工作[18]，冗长且乏味。这项工作要重复多次，在受访者不合作时更是如此。在一天漫长的访谈工作即将结束时，访问员的头脑已不如早晨那样清醒，这会导致疏漏和错误。访问员可能会忘记跳转问题，可能会忘记检查受访者的回答，可能会草草完成问卷的某一部分，也可能在行为或语言方面表现出对受访者的厌烦，使那些本来愿意接受访问的受访者因此而拒绝参与调查。

受访者故意误差

当受访者在调查中有意谎报他们的情况时，就发生了**受访者故意误差**（intentional

respondent error)。在此，至少需要讨论三种主要的受访者故意误差，即非回应、说谎和超速回答。**非回应**（nonresponse）是指某些潜在受访者未参与调查，提前终止访谈，或者拒绝回答问卷上的某些特定问题。事实上，各种非回应行为可能是调研人员所遇到的最普遍的受访者故意误差。某些观察家认为，调研行业目前正处于艰难时期，原因在于公众越来越不愿意参与调查，公众越来越忙，并希望保护隐私。[19]据估计，美国消费者的拒访率大约为90%。[20]虽然多数人认为日益降低的调研合作率会威胁到调研行业，但是某些人依然认为问题不像多数人想的那么严重。[21]一般而言，几乎每项调查都会出现非回应，特别是拒绝访问现象。企业对企业（B2B）营销调研更具挑战性，必须克服额外障碍（比如与“看门人”谈判）、找到合适的人参加调查等成为调研需要关注的问题。在本章的后面，我们将重点介绍非回应误差。

在调查中受访者未说出真相就是**说谎**（falsehood）。受访者可能对访问员的提问感到尴尬，可能想保护个人隐私，也可能怀疑访问员有某种动机，如认为该访问员在做商业推销。[22]某些敏感话题更有可能被曲解。[23]例如，对许多人而言，收入水平是一个敏感话题，让单身女性暴露婚姻状况会令其担忧，年龄对于某些人来说是敏感问题，个人健康问题也会触及某些受访者的隐私。此外，受访者可能由于问句过长而感到厌烦，在访谈过程中感到压抑，发觉访问员过于急躁。由于各种原因，受访者可能想匆忙结束访问。说谎可能是由于受访者刻意隐瞒某些信息[24]，或者只想尽快完成访谈而无心给出正确答案。尽管关于说谎的研究结果并不确定，但一组研究人员声称，谎言更可能出现在女性、年轻受访者和受教育程度较低的受访者中，在有经验的访问员以及对研究持积极态度和有经验的受访者中不太可能出现。[25]调研洞察10－1是关于线上受访者有误导性的人物角色的介绍。

调研洞察10－1　数字营销调研

小心在线受访者的人物角色

一位经验丰富的营销调研人员最近就在线调查受访者向其他调研人员发出了警告。她在文章中指出[26]，互联网和社交媒体催生了新的沟通形式，当人们在线上时，他们参与到一个“表演社会”（performance society）中。换句话说，受访者采用并延续了有助于实现在线互动目标的在线人物角色。例如，当一个人试图找到一份新工作、试图做一个好家长或试图支持一项网络事业时，行为会有所不同。在正常的面对面的线下沟通中，会有大量的信号或线索，如面部表情、肢体语言、语调或外貌，我们通过这些信号或线索来判断对方的诚意和信息的真实性。然而，互联网上的沟通没有这些信号与线索，受访者很有可能发送虚假或捏造的信息而不被发现。

例如，在一项食品送货服务的研究中，研究者描述了受访者在在线调查的时候倾向于诋毁“送货员”，暗示他与送货员是主人与仆人的关系，但是在面对面访问和有网络摄像的访问中，受访者强调他们对送货服务的依赖，因为他们不能或不愿意自己做饭。研究人员得出结论：人们在线上所表现的个性与现实世界中的个性大不相同。当然，在面对面或网络摄像的情况下实施线上调查是不合理的。如果调查研究人员希望尽量减少受访者通过其在线角色互动产生的错误印象，这里有几点建议：

- 通过培养一种让受访者认为自己是团队一员的族群心理，与在线受访者建立一种协作关系。

- 通过将问题和任务与日常生活环境和活动联系起来，挖掘日常生活体验，例如，让受访者告诉一位密友自己对某个品牌的感受。
- 允许只供调研人员观看的“私人的”或“个人的”评论。
- 在面对面访谈、有网络摄像头的访谈或其他不鼓励人物角色反应的环境中进行后续研究。

调研人员最后建议，为了尽量减少受访者故意的错误陈述，所有的营销调研人员都应该努力让受访者相信，虽然他们表达了负面的意见或反应，但他们对现实生活情况诚实、坦率的回答还是非常重要的。

超速回答（speeding）指受访者在没有听懂或看懂问句的情况下匆忙给出答案。超速回答者通常会有一些不同的表现，如只回答量表中的中间选项，或者只选择左边的选项或右边的选项。我们将在本章后面更全面地介绍超速回答模式。显然，为了尽快完成调查，超速回答者是在故意歪曲真实答案。

受访者非故意误差

当受访者提供了无效答案而自己却认为是事实时，**受访者非故意误差**（unintentional respondent error）就发生了。受访者非故意误差有五种：受访者误解、猜测、注意力减弱、干扰以及疲劳。第一种是**受访者误解**（respondent misunderstanding），指受访者未理解问题或没有按照要求进行回答。潜在的受访者误解存在于所有调查过程中。这种误解有简单的错误，如在要求选择一个答案时却选择了两个答案；也有复杂的错误，如误解术语。[27] 例如，受访者可能想到的是上一年的净收入，而调研人员期望了解的却是受访者的税前收入。不论这样的误解有多少，都会给调研带来麻烦。

第二种形式的受访者非故意误差是**猜测**（guessing），即受访者在没有确切把握的情况下回答了问题。在有些情况下，受访者被问及的是他们知之甚少或已遗忘的内容，但又觉得必须回答。为此，受访者可能会猜测答案。所有的猜测都可能包含误差。这里有一个猜测的例子。如果你是受访者，被问及上个月你的用电量是多少千瓦时，你能准确回答吗？

第三种受访者非故意误差发生于受访者对调查的兴趣减小时，这被认为是**注意力减弱**（attention loss）。这类受访者并不像调研人员那样对调查感兴趣，有些受访者在填写问卷的过程中兴趣越来越小。若受访者注意力减弱，就不会认真回答问题，他们提供的是表面的而非经过认真思考的答案，而且可能拒绝继续参与调查。

有时，调查模式或多或少也会造成受访者误差。事实上，在线调查正面临巨大的挑战，因为越来越多的受访者更喜欢用智能手机参与调查。阅读调研洞察10－2，了解受访者对平台的选择如何影响退出误差。

调研洞察 10－2　数字营销调研

手机应答者和其他平台应答者的参与度一样吗？

越来越多的在线受访者使用手机而不是台式电脑、笔记本电脑或平板电脑来回答问题。因此，为了适应更小的屏幕，营销调研行业已经成功地将调研平台从台式电脑调整为智能手机，但这样也存在关于用户参与的严重问题。手机受访者和通过电脑显示屏查看问卷的受访者的参与度一样吗？为了回答这个问题，一家澳大利亚营销调研公司分析了14 111

名澳大利亚在线调查参与者。[28] 研究人员发现，使用台式电脑或笔记本电脑的受访者占 79%，使用平板电脑的受访者占 9%，使用智能手机的受访者占 12%。完成调查所需时间只有微小的差别。所有设备完成问卷的平均时间为 15 分钟。台式电脑和笔记本电脑受访者平均用时 16 分钟，而智能手机受访者平均用时 18 分钟。这表明小屏幕更难让受访者做出回应。从下图中可以看出，智能手机受访者的退出率明显高于使用台式电脑、笔记本电脑或平板电脑的受访者。

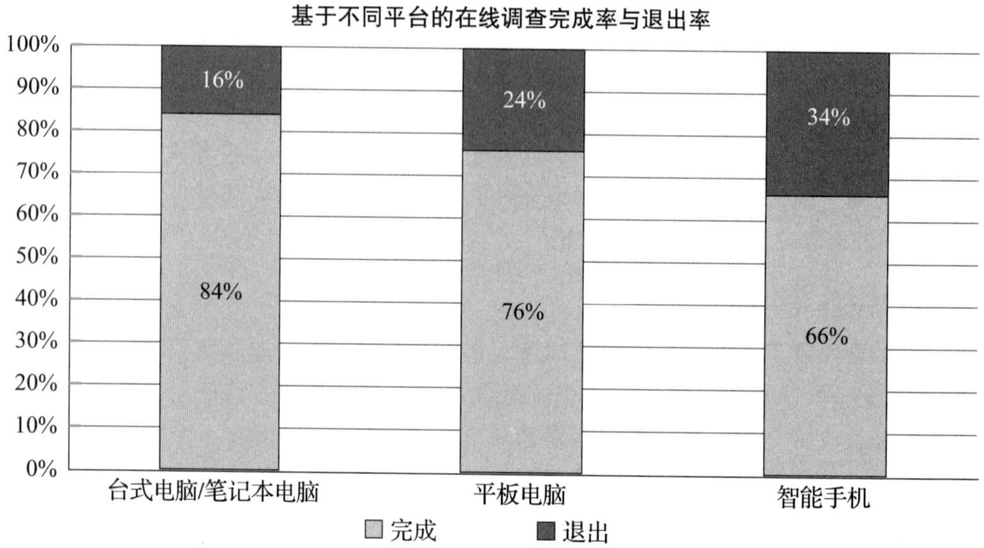

为了进一步了解通过智能手机参与在线调查的受访者的体验，研究者分析了他们对两个问句的回答：（1）该平台容易使用吗？（2）受访者将来是否会在同一平台上参与另一项调查？调查结果显示在下图中。

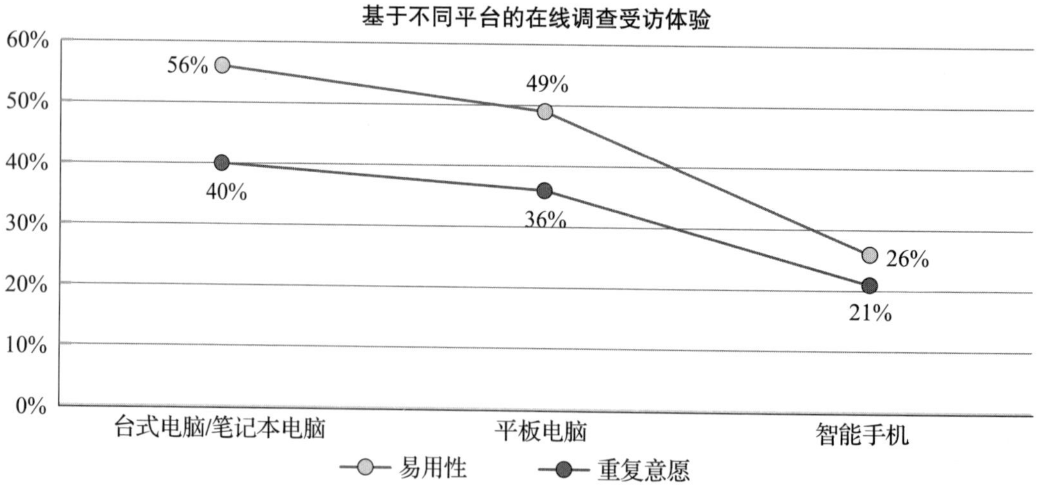

可以看出，智能手机用户的体验明显不如台式电脑、笔记本电脑或平板电脑用户积极。事实上，智能手机用户对易用性和重复意愿的回答比例大约是台式电脑和笔记本电脑用户的一半。研究人员得出结论，与其他平台用户相比，智能手机用户较少参与在线调查，鉴于智能手机在潜在在线调查受访者中的普及率，营销调研公司迫切需要了解作为在线调查平台，智能手机应当如何更好地发挥作用。

第四种是**干扰**（distraction），如打断访问就可能发生在问卷调查的过程中。例如，在商场拦截访问中，当一个熟人走过来跟受访者打招呼时，他可能会分神；身为父母的受访者在电话访问中回答问题时，可能还要照顾蹒跚学步的孩子；受访者在回答在线调查问题时，可能被一封刚刚收到的电子邮件吸引。干扰可能会导致受访者注意力分散，或者不会像调研人员期望的那样认真回答问题。

第五种受访者非故意误差可能以**受访者疲劳**（respondent fatigue）的形式出现，即受访者对参与调查变得厌烦。无论何时，只要受访者对调查感到厌烦，其思考和反应能力就会减弱。受访者的恼怒将会增加，其配合则将减弱。为了尽快结束调查，受访者甚至可能选择“没有意见”作为答案。

自主学习

这是哪种类型的误差

当学生首次了解故意误差和非故意误差以及这些误差给访问员或受访者带来的后果时，可能会感到困惑。为了帮助你学习和记住这些不同种类的数据收集误差，下表列出了不同的数据收集情形，测试你能否正确地指出每一种误差类型。请在对应的空格中打“√”。

数据收集情形	访问员误差		受访者误差	
	非故意	故意	非故意	故意
受访者对每个问句都回答“没有意见”。				
实施商场拦截访问的访问员患了感冒，很少有人愿意接受访问。				
进行电话访问时，如果刚好有另外一个电话进来，受访者会让他的太太完成剩下的问句。				
当受访者心生抱怨时，访问员决定略过询问与受访者有关的人口统计特征的问句。				
失去工作的受访者会将上一年的收入当作今年的收入来回答，因为今年的收入水平较低。				

10.3　现场数据收集质量控制

采取一些预防措施和方法可以使上述各类误差造成的影响最小化。请注意，我们说的是“最小化”而不是“消除”，因为潜在的误差总会存在。然而，通过制定并执行下列控制方法，调研人员可以减小数据收集中的非抽样误差。现场数据收集控制方法可参考表 10－2。

表 10－2 如何控制数据收集误差

误差类型	控制方法
现场工作人员故意误差	
欺骗 诱导受访者	监督 审核
现场工作人员非故意误差	
个人特征 误解	筛选和培训访问员 培训课程和角色扮演训练
疲劳	中断和交替调查
受访者故意误差	
说谎	匿名和保密 激励 核实检查 第三者技术
非回应	匿名和保密 激励 第三者技术
超速回答	量表端点互换 数据质量检查
受访者非故意误差	
误解	周密的问卷设计 直接性问题
猜测	周密的问卷设计 提供回答选项，如“不确定”
注意力减弱 干扰 疲劳	量表端点互换 提示语

对现场工作人员故意误差的控制

防止访问员故意犯错误的两种主要方法是监督和审核。[29] **监督**（supervision）是指派管理人员对现场访问员的工作进行监督。[30] 大多数电话访问公司都有“监听”装置，监听者可以利用这种功能在任何一位访问员进行电话访谈时进行监督。受访者和访问员可能并不知道被监听，但他们已经被告知访问“可能会为了质量控制而进行监听”，所以这些“监听”样本也大致反映了访问员的工作状况。如果访问员诱导或者过分地影响受访者，这些违规现象将被发现，督导会采取正确的行动，如惩戒访问员。在个人访谈中，督导可以陪同访问员，在调查现场观察访问员的调查行为。因为“监听”并没有征得受访者的同意，这可能让受访者觉得自己的隐私受到了侵犯，所以现在许多调研公司在进行电话访问时会告诉受访者所有或部分内容会被监听和 / 或录音。

审核（validation）是指对访问员的工作进行证实。这种策略主要解决篡改和欺骗问题。进行审核的方法有多种。一种是督导重新联系受访者，以核实他们是否参与了调查。行业标准是从完成的调查中随机抽取 10% 进行回访，以审核是否确实进行了访问。甚至可以就一些有问题的样本重新调查，以便前后对比。在不进行回访审核的情况下，有些督导会检查整个问卷的完成情况，以受过训练的眼光辨别出那些令人怀疑的问卷。那些上交伪造问卷的访问员不可能总是对受访者模仿得很逼真。督导可能会发现调查中不一致的情况，例如非常年轻的受访者却有很多孩子，这就会引起其对问卷真实性的怀疑。

对现场工作人员非故意误差的控制

正如你所期望的，督导是减小访问员非故意误差的方法。这里介绍专业的现场调查公司经常采用的四种方法：筛选和培训访问员、培训课程、角色扮演训练[31]和降低疲劳感。访问员的个性特征可能会导致非故意误差，对访问员仔细筛选可以避免这种情况发生。筛选之后，还要对其进行基础培训，从而避免因举止、仪表等引起的误差。**培训**（orientation session）是指督导向现场访问员介绍调查内容和问卷操作要求。[32]督导可能会强调一些限制条件或要求、提示跳问路线以及指导访问员熟悉整个问卷的访问过程，使每个访问员的访问标准化。[33]最后，为了使访问员熟悉问卷要求，需要对访问员进行**角色扮演训练**（role-playing session），这种训练是对问卷调查过程进行彩排，在此过程中，由督导或其他访问员扮演受访者。成功的角色扮演训练可以使访问员熟知问卷调查中需要特别注意的方面。如果可能的话，为了降低培训过程中访问员的疲劳感，有些调研人员要求访问员频繁中断并 / 或交替调查。总之，现场工作人员在接受培训课程和角色扮演训练之后能力提升得越快，潜在的访问员误差就会越小。[34]

对受访者故意误差的控制

要控制受访者故意误差，最大限度减少受访者说谎，非回应倾向和受访者超速回答就变得非常重要。减小受访者故意误差的有效方法包括匿名、保密、激励、核实检查以及第三者技术。[35]**匿名**（anonymity）是指向受访者保证其名字不会与其回答一起公布。**保密**（confidentiality）是指向受访者保证其回答不会被公开。这两种保证都有助于预防说谎。他们的假设是当受访者看到匿名保证时，会更愿意说真话，抑制说谎倾向。[36]

另一种减少说谎和非回应情况的方法是**激励**（incentive），即向受访者许诺如果参与调查就会得到现金、礼物或者其他有价值的东西。[37]受访者参与调查可能会获得现金或者代金券，也可能得到一份礼物，如一支圆珠笔或者一件 T 恤衫。从某种程度上讲，就是通过直接付给受访者报酬来引导其说出真实情况。受访者可能会觉得从道义上讲应该说真话，因为他们得到了补偿。或者说，他们对于接受了激励却没有说真话会有负罪感。遗憾的是，业内人士和学术研究者才刚开始懂得如何吸引受访者参与调查。[38]例如，近年来才有关于提高回应率的相关文献。[39]

减少说谎行为的另一种方法是**核实检查**（validation check），即对受访者在访谈中提供的信息进行验证。例如，在核实检查一项关于学前儿童跳跳蛙教学产品的入户调查中，访问员可以提出看看受访者家中的跳跳蛙产品。另一种不太张扬的核实方法是让一个受过训练的访问员对不真实的回答保持警惕，例如发现外表年老的受访者却说自己年轻、穿着寒酸的受访者却说自己富有等。一个训练有素的访问员会在问卷的空白处标明这是令人怀疑的答案。[40]

最后，调研人员可能会通过问卷设计来减少受访者故意误差。有时，在问句中使用**第三者技术**（third-person technique）有可能减少受访者故意误差。也就是说，并非直接向受访者提问，而是将问句设计成明显针对另一个与受访者相似的第三人来提问。例如，可能对一个中年男人这样提问："你是否认为像你这样的人会使用伟哥？"在这种情况下，受访者更可能结合自己的情况进行思考，因为问题的对象是某个未命名的第三者，该问题不会被视为私人问题。换句话讲，通过讨论虚构的第三者，受访者感觉不会泄露自己的个人信息及隐私。第三者技术可以用来减少说谎和非回应。

超速回答代表了受访者一种有意的策略，这种策略让他们看起来已经按照要求完成了调查，而实际上他们只是试图尽快完成调查。调研人员根据经验知道，一份问卷的完成时间少于或等于平均所需时间的一半时，其受访者通常不会阅读问句，几乎不看选项，给出随机或不真实的答案。在前面对语义差别量表的介绍中，我们讨论了将量表两端点位置互换，而不是将所有的负面形容词放在一边、将所有的正面形容词放在另一边的做法。将少许题项的端点互换的目的是警告受访者，他们必须对每个题项的两极描述给出反应。在同意 – 不同意的陈述中，应对策略是不时地使用反向问句，促使受访者关注每一个陈述句。如果受访者意识到量表中每个题项的方向，他们的答案就会不一致，那么这些策略就可以在一定程度上减缓答题速度。在调查完成后，调研人员使用数据检查很容易地识别出超速回答者。本章的“数据质量问题”部分会描述这些内容。

对受访者非故意误差的控制

对受访者非故意误差的控制方法多种多样[41]，包括详细的问卷介绍和范例、量表端点互换、利用提示语等。[42]详细的**问卷介绍和范例**（questionnaire instructions and examples）通常是避免受访者非故意误差的主要方法，这些在问卷设计部分已经讲过。调研人员有时也使用直接提问来评估受访者的理解程度。例如，先在“赞同—反对”的 5 级量表中做如下描述：1= 非常同意，2= 同意，3= 没有意见，4= 不同意，5= 非常不同意；然后要求访问员问受访者：“这些描述清楚吗？”如果受访者的回答是否定的，访问员就继续解释，直到受访者理解为止。使用“没有意见”“回忆不起来”“没有把握”这样的选项可以引起受访者的注意，减少猜测行为。

量表端点互换（reversals of scale endpoints）是一种提醒受访者独立思考两端的每对词的方法。较长的问卷还需要经常使用一些**提示语**（prompter）（如“我们快完成了”或“这是最难回答的问题”），或者策略性地安排其他一些语言来鼓励受访者继续接受访问。有时，访问员会感觉到受访者注意力减弱或者有些疲劳，此时应该利用提示语或一定的评论来引导受访者继续全力参与调查。在线调查通常使用“已完成的百分比”提示受访者当前的回答进度。

对传统调查的数据收集误差控制的最后评论

如你所知，在营销调研过程中的数据收集阶段，访问员和受访者都会出现各种非抽样误差。同样，也有多种预防及控制方法用于使非抽样误差最小化。每项调查都有其独特之处，所以我们不能提供一套万能的方案。然而，我们强调，一份设计周密的问卷对于减少这些误差是很重要的。此外，专业的数据收集公司的存在依赖于它们有效地控制访问员和受访者误差，向客户提供真正有价值的服务。

10.4 非回应误差

在前面关于邮寄问卷调查的讨论中已提到非回应问题，现在将全面阐述这个概念，包括各种类型的非回应，如何评估非回应误差的程度，以及针对调查中的非回应问题的调整和弥补措施。非回应是指部分潜在受访者拒绝参与调研或者拒绝回答问卷中的某些特定问题。非回应问题是营销调研行业中最大的问题[43, 44]，很多跨国公司都存在这样的问题。[45] 使这一问题复杂化的原因是调查数量的整体增加，这意味着人们被邀请参与调查的可能性也在增加。业内的一些观察家认为，产生非回应的原因在于受访者担心其隐私是否会受到侵犯，参与调研能否得到好处，以及调查是不是电话推销的幌子。当然，强迫或诱惑人们去回答问题是不道德的。调研协会伦理准则明确指出，受访者有权拒绝参与调查或在任何时候退出任何调查。请看调研洞察 10－3。

调研洞察 10－3 伦理思考

调研协会伦理准则：受访者参与

第 2 章 初级数据收集

透明度，注意和选择

1. 调研人员必须及时介绍自己的身份，资料主体必须能够轻松地验证调研人员的身份和真实性。

2. 调研人员必须尽快明确阐述调研的一般目的。

3. 调研人员必须确保参与是自愿的，且是基于调查的一般目的及其研究性质的信息。

4. 调研人员必须尊重资料主体拒绝参与调查的权利。

5. 调研人员必须允许资料主体随时退出调查或拒绝额外或其他形式参与调研要求的权利。

对应上面的要求，准许资料主体查阅、更正或更新所持有的关于他们的个人资料。

调研人员必须：

1. 调研人员必须在参与研究和收集个人身份信息时获得资料主体的同意。

2. 调研人员必须通知资料主体是否有任何涉及再次联系的活动，并且资料主体必须同意调研人员与其再次联系。

3. 调研人员必须容许资料主体在任何时候撤回其同意的表示。

4. 当资料主体同意的方式与之前资料主体同意的方式有实质区别时，调研人员必须获得资料主体的同意。

对非回应进行必要的识别、控制和调整是成功调查的关键。在调查中，至少存在三种不同类型的潜在非回应误差：拒绝参与调查、访谈中断、拒绝回答某些特定问题或题项漏答。表 10－3 简要描述了每类非回应问题。

表 10－3 调查中的三类非回应

名称	描述
拒绝	潜在受访者谢绝参与调查。
中断	受访者在调查过程中停止回答问题。
项目遗漏	受访者并未回答某一特定问题，但回答了该问题之后的问题。

拒绝参与调查

当一个潜在受访者谢绝参与调查时，**拒绝**（refusal）访问就发生了。权威人士评论说[46]：“如今，每一个访问经历三次甚至更多的拒绝是很常见的。”拒绝率因所处地区环境和人口统计特征不同而不同。拒绝的原因有多种。[47]比如，受访者很忙或者对调查不感兴趣[48]，受访者可能因访问员的口音或态度拒绝接受访问，调查的主题对于受访者而言太过敏感[49]，拒绝对于某些人来讲是一种标准的反应。[50]拒绝也可能源于受访者过去参与调查的负面经历。[51]拒绝参与调查的原因还可能是受访者不想在调查上花时间，或者他们认为调查会侵犯自己的隐私。受访者拒绝参与调查甚至可能与固定样本组有关。[52]

访谈中断

当调查进行到一定程度，受访者决定不再回答更多的问题时，**访谈中断**（break-off）就发生了。造成访谈中断的原因有很多。例如，访谈的时间可能超过了受访者最初的估计；访谈主题及特定问题让受访者感到不愉快，或者涉及个人隐私，或者访谈很单调；问句说明让人感到迷惑不解；调查太复杂[53, 54]，或突然受到了干扰。

拒绝回答特定问题（题项漏答）

即使未出现拒绝参与调查或者访谈中断，调研人员有时也会发现某些特定问题的回应率比其他问题低。事实上，如果营销调研人员预期某些特定问题（如受访者上一年的年收入）在某种程度上将会被拒绝回答，那么设计问卷时可以加上“可不回答”选项。当然，在受访者自我填写的问卷中设计这种选项并不明智，因为某些受访者会利用这一选项逃避回答，而如果没有这些选项，受访者可能会提供准确的答案。**题项漏答**（item omission）用来衡量受访者拒绝回答某个特定问题的百分比。[55]研究表明，敏感问题会产生更多的题项漏答；要求思考的问题越多，回答“不知道”的人可能越多。[56]无论调查方式或问题类型如何，题项漏答都存在。[57]所以，调研人员在问题设计中增加“不知道”这一选项对减少题项漏答是有用的。

完整的访谈是什么样的

几乎所有的调查都有漏答、中断和仅完成一部分的情况。尽管如此，这些受访者还是提供了一些信息。在什么情况下，中断仍然是一个完整的访谈呢？[58]什么程度的漏答被称为不完整的调查呢？调研人员必须明确每次调查中“完整访谈”的定义或标准。最终，对于这个问题的回答要依据不同的营销调研而定。只有在极少数情况下，才有必要让所有的受访者回答所有的调查问题。大多数情况下，调研人员可以制定某些标准来定义完整和不完整的访谈。例如，大多数调研中存在一些围绕调研的主要内容而设计的问句。同样，也存在一些为了解受访者如何回答主要问题而设计的问句。这样的次要问句经常包括在一系列人口统计问句中，这些问句在本质上更个性化，通常放在问卷的最后。因为这些次要问题并不是调研的焦点，所以一个**完整的访谈**（completed interview）可以被定义为所有主要问句都得到了回答的访谈。这样，营销调研者就有了主要问题的数据和次要问题的大部分数据。调研人员可以告诉访问员怎样算是完成了调查，例如“如果受访者回答了前 18 个问句，就算完成了一次访谈”。（从第 19 个问句开始是人口统计问句。）同样，调研人员必须采用决策规则来确定项目遗漏的程度，避免调查或特定问题无效。美国公众意见研究协会（Association for Public Opinion Research）提供了以下指导方针：回答了 80% ～ 100% 的问句，可以看成完整调查；回答了 50% ～ 80% 的问句，可以看成部分完成；回答了小于 50% 的问句，可以看成中断调查。[59]

测量调查中的非回应误差

大多数营销调研都会报告调研的回应率。目前公认的计算回复率的方法基于 1982 年美国调查研究组织理事会（Council of American Survey Research Organizations，CASRO）的报告，该报告为回复率的计算提供了统一的定义和方法。[60] CASRO 和美国民意调研协会（American Association for Public Opinion Research，AAPOR）对回应率的定义为完成访谈的受访者数量与样本中符合条件的受访者数量之比。[61] 其计算公式为：

$$\text{回应率} = \frac{\text{完成访谈的受访者数量}}{\text{样本中符合条件的受访者数量}}$$

在大多数调研中，调研人员通过甄别问句或限定性问句来确定受访者是否合格。例如，如果我们调查某一商店的厨具部门，为了确定受访者是否符合条件，会问他们一些甄别问题，如："你经常在 Acme Department Store 买东西吗?" 如果受访者回答 "是"，那么我们会问："在过去的三个月中，你曾在厨具部门买过东西吗?" 如果受访者回答 "是"，那么他就符合条件，可以参与调查。

我们可以假定有 1 000 个购物者的样本，调查结果如下：

完成访问数 = 400

不符合条件数 = 300

拒绝访问数 = 100

未能接触数 = 200

利用这一信息，你可以计算样本单位的数量：（1）符合条件的样本单位数；（2）不符合条件的样本单位数；（3）由于未能接触到而不确定的样本单位数。在计算回应率时，我们有了作为分子的完成数量，而在分母项，我们用完成访问的样本量加上那些拒绝参与、繁忙、符合条件却不在家的样本量。既然我们没有对那些拒绝接受访问（在甄别之前）、没有回答、繁忙及不在家的受访者进行访问，那么该如何确定这些本来符合条件的受访者的百分比呢？我们可能用已访问过的符合条件的受访者的百分比与这些数量相乘。我们这样做的前提是假定访问过的人群中与没有访问过的人群（由于拒绝、不回答、繁忙或不在家而未进行访问）中符合条件的受访者的百分比相同（在 700 个接受访问的人中，57% 是符合条件的）。对于这种情况，计算回应率的 CASRO 公式为：

$$\text{回应率} = \frac{\text{完成访问数}}{\text{完成访问数} + \dfrac{\text{完成访问数}}{\text{完成访问数} + \text{不符合条件数}} \times (\text{拒绝访问数} + \text{未能接触数})}$$

具体的计算结果为：

$$\text{回应率} = \frac{400}{400 + \left(\dfrac{400}{400+300}\right)(100+200)} = \frac{400}{400 + 0.57 \times 300} = 70.0\%$$

虽然这个例子适用电话调查，但目前绝大多数调查都是在线的，因此应该相应地调整公式。美国民意研究协会（AAPOR）对回应率有多种定义[62]，其依据如下：（1）部分完成的访谈是否被计算为全部完成；（2）非受访者的资格如何确定。例如，一个研究者可能会认为任何回答了 50% 或 50% 以上问句的访谈都视为“完全完成”，而另一个研究者可能认为需要回答 80% 的问句才能认为是一个完整的访谈。关于合格性，研究者可以假设所有的非受访者都合格，或者研究者基于先验知识或主观判断估计非受访者资格的概率。表 10－4 显示了 4 个示例[63]，可以比较研究人员对公式的使用与回复率计算的差异。

表 10－4　AAPOR 定义和在线受访者回应率的计算

定义	合格	完成	计算	回应率（%）
1	对于 1 和 2，假设所有非受访者都符合条件（A）	全部完成（B）	B/(A + B + C)：1 000/(3 000 + 1 000 + 200)	0.24
2		全部完成和部分完成（C）	(B + C)/(A + B + C)：(1 000 + 200)/(3 000 + 1 000 + 200)	0.29
3	对于 3 和 4，估计非受访问者资格的概率，例如：(或 0.25 × A)	全部完成（B）	B/(0.25 × A + B + C)：1 000/(0.25 × 3 000 + 1 000 + 200)	0.51
4		全部完成和部分完成（C）	(B + C)/(0.25 × A + B + C)：(1 000 + 200)/(0.25 × 3 000 + 1 000 + 200)	0.62

注：1 000 个完全完成的访谈；200 个部分完成的访谈；3 000 个非受访者；0.25 非受访者资格（即 1/4 的非受访者不符合调查资格）。

自主学习

如何使用 CASRO 公式．计算回应率

虽然 CASRO 公式看上去简单直接，但在处理每个调研项目时如何解释仍是一个问题。我们提供自主学习的练习，以便你能够掌握回应率的计算。

假设你正在做一个班级项目的调研，你的任务是电话访问。你拥有一份可随机抽取的电话号码清单，并被告知需要完成五次成功的访问。你被告知至少需要尝试三次才能放弃一个电话号码。同时，你有一张呼叫记录单来记录每一次电话联系的结果。你每拨打一个号码，就在对应的栏目中记录下结果。你可以记录的结果有：

未能接通（D）——电话公司说不再为该号码提供服务。

错误目标（WT）——所拨打的号码是商业用电话，而你感兴趣的是住宅电话。

不符合条件的受访者（IR）——家庭中没有人符合参与调查的资格。

拒绝（R）——受访者拒绝参与调查。

终止（T）——受访者在完成所有问题前终止访问过程。

完成（C）——问卷顺利完成。

忙碌（BSY）——电话忙音；如果不是第三次尝试，稍后尝试再拨。

无人接听（NA）——没有人接听电话或电话转入语音信箱。如果不是第三次尝试，你可以留言并说明稍后会再拨。

重拨（CB）——受访者示意你可以在其更合适的时间再拨；记录再拨时间，如果不是第三次尝试的话。

我们假设你的电话号码清单如下表所示：

电话号码	第一次访问	第二次访问	第三次访问
474-2892	无人接听	无人接听	完成
474-2668	忙碌	不符合条件的受访者	
488-3211	未能接通		
488-2289	完成		
672-8912	错误目标		
263-6855	忙碌	忙碌	忙碌
265-9799	终止		
234-7160	拒绝		
619-6019	重拨	忙碌	忙碌
619-8200	不符合条件的受访者		
474-2716	不符合条件的受访者		
774-7764	无人接听	无人接听	
474-2654	未能接通		
488-4799	错误目标		
619-0015	忙碌	完成	
265-4356	无人接听	无人接听	完成
265-4480	错误目标		
263-8898	无人接听	无人接听	无人接听
774-2213	完成		

你应该注意到你用 19 个电话号码完成了五个完整的访问。看看你记录的最后一个代码并对每个代码计数。把这些数代入下列公式来计算回应率。

$$\text{回应率} = \frac{C}{C + \left(\dfrac{C}{C + IR + WT}\right)(BSY + D + T + R + NA)} = \underline{\qquad\quad}\%$$

注意如何在公式中处理不符合条件数。IR 和 WT 被计为不符合条件的。这里的逻辑是：那些与你通话的受访者中符合条件的百分比与没有通话（BSY，D，T，R 和 NA）的受访者中符合条件的百分比是一样的。

请注意，对于那些被联系和要求参加在线调查的个人的资格的认知或假设可能会极大地影响回复率的计算。如果研究者认为大部分的非应答者不符合接受访问的条件，回复率就会相应提升，而将部分完成的访谈计算为完全完成的访谈将会在一定程度上提升回复率，这取决于研究者对“完成的访谈”的定义。

10.5 固定样本组公司控制误差的方法

急剧上升的不回应率和在线调查的普及促使许多公司采用**固定样本组公司**（panel company）的服务，固定样本组公司是通过招聘数量庞大、特征多样的消费者和企业作为受访者来出售访问权的公司。固定样本组成员能够非常迅速和完整地完成在线调查，并因此得到报酬。此外，固定样本组公司通常会收集每个小组成员的丰富的个人信息。固定样本组成员在应聘和注册的时候会向公司提供丰富的个人信息（人口统计特征、生活方式、财产等），这些数据可能会与其填写的调研问卷一起销售给客户。固定样本组公司声称其能够提供不同总体的代表性样本，包括不同国家的公民；它们也可以通过只邀请那些符合特定标准的小组成员参与某个指定的调查，提供非常具体的消费者类型的样本。然而，最近一项针对几个在线固定样本组的研究发现，"同一人属于多个固定样本组的情况并不少见，同一人同时属于五个或更多的固定样本组的比例高达 45%……"[64]

在线固定样本组的广泛普及催生了大量的固定样本组公司，其中一些公司曾因数据质量控制松懈而受到批评。尤其面临风险的是 DIY 营销调研人员和其他没有认识到固定样本组的数据质量缺陷的人。事实上，几乎每个研究协会都有某种形式的正式建议、最佳实践、标准或警告，以指导调研人员在考虑他们的服务时确定最高质量的固定样本组公司。例如，欧洲社会民意和市场调查（ESOMAR）公开了它的 28 个问题来帮助研究在线固定样本组的购买，顺便说一句，这是本章结尾案例 10－2 的基础。描述固定样本组质量控制的所有细微差别超出了本书的范围，但是我们构建了表 10－5，其中列出了 Interactive Marketing Research Organization 所提倡的具有代表性的在线固定样本组的最佳实践。[65]

表 10－5 在线固定样本组质量保证最佳实践举例

最佳实践	解释
固定样本组的目的。确保该固定样本组仅用于营销调研	有些固定样本组公司的成员是通过第三方注册的方式招聘的，而不是出于"营销调研目的"
招聘。小组成员应受到邀请，或与固定样本组公司建立"选择加入"关系，以参与真正的营销调查	一些固定样本组公司使用垃圾邮件、网络蜘蛛或其他可疑和不道德的方法来获得受访者
隐私。应就小组成员的个人资料的匿名性、机密性和隐私制定正式、公开的隐私政策	尊重隐私的研究人员必须得到固定样本组公司的保证，即小组成员的数据是不可泄露的
数据安全。应采取措施确保小组成员的可识别信息的安全	应确保小组成员的机密性受到防火墙或其他适当的数据库服务器的保护
数据质量管理。小组成员不应在短时间内参与多次调查。此外，还应防止直接回答、仓促回答、不合逻辑的回答和自动回答	消除"专业应答者"，并限制个别小组成员在调查中的过度代表性
固定样本组轮换。小组成员每年应当保持自然减员和更换	IMRO 指出，因会员失去兴趣或被除名，自然流失率（有时也称为"流失率"）每年应在 25%～30%
筛选和配额管理。应该有丰富的、最新的小组成员分类信息	客户通常希望对非常具体的亚群体进行抽样

注：此表基于调研协会网站（www.insightsassociation.org）上发布的信息整理。

10.6 数据集、数据编码和数据编码本

即使调研人员对反应误差最小化已有一些控制方法，在进行实质性分析之前检查原始数据的错误也是一个很好的做法。在数据质量分析阶段，研究人员要使用数据集、编码和数据编码本进行工作。本节将对每一种方法进行描述。对于绝大多数调查，受访者的答案都包含在一个电子**数据集**（dataset）中，它是一种主要以行和列为矩阵的数字排列，类似于 Microsoft Excel 或其他电子表格。每一行记录每个受访者根据问卷的提问所做出的回答，每一列代表问卷的问句。当然，如果一个问句有多个部分，那么这个问句会占用几列单元格。每个问句的答案因受访者而异，有时先把这些问句或问句部分称为变量。通常，研究人员在数据矩阵的第一行中放置一个标签，如“年龄”、“性别”或“满意度”，标识出与数据矩阵中每一列相关的问句或问句部分。这些通常称为变量标签或变量名称。

通常我们利用**数据编码**（data coding）来构建数据集。数据编码是将问卷中每个问句的可能答案配以相对应的数值。你在问卷设计的章节学习过数据编码，在该章节我们把同样的操作称为预先编码。具体来说，这些编码是用数字表示的，因为数据能快速且简单地输入，同时与字母或文本编码相比，计算机能更有效率地处理数字。在大型项目，特别是那些数据输入是由外包商来完成的案例中，调研人员使用**数据编码本**（data code book）来识别：（1）问卷上的问句；（2）与每个问句或问句某个部分相对应的变量名称或标签；（3）与每个可能的答案相对应的编码数值。有了能描述数据文件的编码本，不管分析人员在早前的项目阶段是否参与进来，他们中的任何人都能处理数据集合。你很快会得知，在一个 SPSS 数据集完全设立后，数据编码本已经包含在数据集中。

由于预先编制好的问卷已有与各种答案相关的编码，因此创建编码本很容易。然而毫无疑问，调研人员将会遇到因为受访者未能回答而导致的数据缺失。为缺失的回答而设置的最早且最易让人接受的编码是空白项，这意味着对于没有回答的问句，什么都不填即可。实际上，所有数据分析项目都把空格当作“缺失数据”处理，因此一个空格被普遍默认为表示缺失数据的编码。

在在线调查中，随着受访者提交完成的问卷，数据文件在“构建”或“增长”。也就是说，通过在线软件或在线问卷设计人员将代码自动编入问卷文件。这些代码对回答者是不可见的，通常只有在问题编辑模式下问卷设计人员才可见。在基于网络的调查中，编码本至关重要，因为它是研究人员破译数据文件中的数字并将其与问卷上的答案联系起来的唯一地图。

在进行数据分析时，使用问卷上的标签（如“男”或“女”）比使用编号（如“1”和“2”）要方便得多。因此，几乎所有的统计分析程序都具有识别数字代码及其相关的单词标签的功能。利用 SPSS 软件，在数据集设置完成后，很容易获得编码。图 10－1 说明了在 SPSS 数据集中，SPSS 变量视图窗口是如何表示每个变量的编码的。换言之，当最终完成数据集的构建之后，SPSS 数据集会使每个用户都能使用完整的数据编码本。

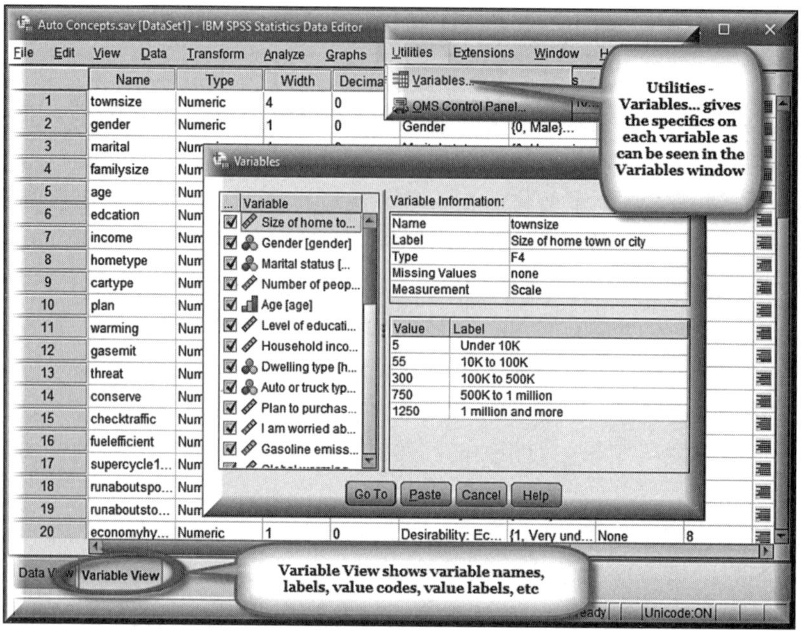

图 10－1 IBM SPSS 变量窗口和变量指令再现数据集编码

10.7 数据质量问题

在每个实际操作的营销调研中都存在非回应误差。与此同时，一些受访者提供的答案模式也会令人怀疑。这两种情况的发生迫使在营销调研过程中不同的数据准备阶段都要检查数据库中受访者的答案。数据质量是营销调研人员关注的焦点。[66] 显然，调研人员的目标是处理那些甚少由于人为原因造成数据质量问题的数据集。因此，在进行数据分析之前，对数据质量问题的检查是调研人员必须完成的工作。

在原始数据检查中应该寻找什么

正如之前所说，原始数据检查的目的是确定是否存在“不良”受访者，从而排除有严重问题的数据。有问题的受访者通常表现为以下五种类型：不完整回答、对特定问题不回答、全赞成回答模式、全反对回答模式、中间路线回答模式。在表 10－6 中，我们对每个问题举例说明。用行业术语来讲，这些都是“例外”，对调研人员而言，它们意味着可能会出现现场数据收集误差。

表 10－6 在原始数据矩阵中发现的数据质量误差

案例	数据矩阵列标签									误差类型－误差描述
	Q1	Q2	Q3	Q4	Q5	Q6	Q7	Q8	Q9	
A	1	2	3							不完整回答：问卷没有完成，Q3 后没有答案。
B	1	2	1		4	2		4	5	题项漏答：受访者拒绝回答特定问题，但是回答了其他问题。Q4 和 Q7 没有回答。

续表

案例	数据矩阵列标签									误差类型 – 误差描述
	Q1	Q2	Q3	Q4	Q5	Q6	Q7	Q8	Q9	
C	1	2	2	3	5	5	5	5	5	全赞成：受访者表现出回答肯定的趋势，Q5 ～ Q9 的答案都是表示强烈同意的"5"。
D	2	1	3	1	1	1	1	1	1	全反对：受访者表现出回答否定的趋势，Q5 ～ Q9 的答案都是表示强烈不同意的"1"。
E	2	1	3	1	3	3	3	3	3	中间路线：受访者对 Q5 ～ Q9 的回答填写的都是表示"中立"的编码"3"。

编码本：问句 Q1 ～ Q3：1= 是，2= 否，3= 没有意见；问句 Q5 ～ Q9：1= 强烈不同意，2= 不同意，3= 中立，4= 同意，5= 强烈同意。

不完整回答 不完整回答（incomplete response）是指那些受访者在中途就停止回答问句。我们可能不知道受访者不完成问卷的原因。在表 10－6 中，受访者 A 在问句 Q3 后就停止回答了。

对特定问题不回答（题项漏答） 出于一些原因，受访者有时不会回答某些问句。在电话访谈中，他们可能拒绝回答问题，访问员可能会用"ref"（拒绝）或者其他编码注明这种情况，表明受访者没有回答这个问句。在表 10－6 中，受访者 B 没有回答问句 Q4 和 Q7。

全赞成或全反对回答模式 即使受访者回答了问句，也可能会存在缺陷。**全赞成**（yea-saying）模式是指问卷上所有的回答都是"是"或"非常同意"。[67] 在表 10－6 中，受访者 C 对问句 Q5 ～ Q9 的回答的编码都为"5"。选择全赞成的人不管对什么问题都表现出一致的肯定，这就意味着这些回答是无效的。与全赞成相反的是**全反对**（nay-saying），即对所有问句都表现出一致的否定。在表 10－6 中，受访者 D 对问句 Q4 ～ Q9 的回答的编码都是"1"。对于这种矩阵式问句给出相同的回答预示着存在数据质量问题。[68]

中间路线回答模式 中间路线回答模式（middle-of-the-road pattern）是指回答都是"没意见"。在表 10－6 中，受访者 E 对问句 Q5 ～ Q9 的回答的编码都是"3"。没意见实际上是没回应，而且问卷上有大量没意见的回答意味着受访者对此问题不感兴趣，缺乏注意，甚至厌恶参与调查。事实上，受访者可能对一个主题没意见，但是如果许多回答都是没意见，那么这个受访者的回答对调查是否有用就值得怀疑了。在表 10－6 中全赞成、全反对或中间路线回答都是极端例子；有时这些回答的出现趋势为所有"4""5"都代表赞成，"1""2"都代表反对，而所有"中立"的回答都代表中间路线误差。在线调查的那些全赞成、全反对或提供中立意见的在线问卷受访者有时被称为"速度追求者"，因为他们为了快速回答而没有仔细阅读问句。他们也被称为"直线回答者"，因为他们在同一量表上给出相同的答案。[69] 不幸的是，全世界都有这种回应趋势。

其他数据质量问题 营销调研人员可能会在问卷筛选时遇到其他棘手的问题。例如，当问句为单项选择时，受访者或许选择了不止一个回应选项；他们或许没有留意到问卷的背面而遗漏问句。通常，觉察出这些错误需要认真地检查问卷。对于在线问卷，可以在问卷程序中设置选择或要求来避免问题的发生。

如何处理数据质量问题 当调研人员遇到上述数据质量问题时，有三种选择。第一，如果有多种较大的错误，调研人员可能排除受访者的全部数据。第二，如果错误很小且不会误导调研结果，调研人员将在数据集中保留受访者的全部数据。第三，如果数据中既包含错误的回答也包含有效的回答，调研人员可以选择将错误的数据留白，在后续的分析中只使用质量良好的数据。

本章就业技能

通过学习本章内容，你已经掌握了：

批判性思维技能

- 识别现场数据收集期间可能出现的错误。
  - 有意的（如欺骗）和无意的（如误解）现场数据收集误差。
  - 有意的（如谎言）和无意的（如猜测）回应误差。
- 确定控制现场数据收集误差的方法。
  - 有意的（例如，监督）和无意的（例如，培训）现场数据收集误差。
  - 有意的（如匿名）和无意的（如周密的问卷设计）受访者误差。

知识应用和分析技能

- 描述调查中不回答的三种类型（拒绝、中断和题项漏答）。
- 为“完整的面试”创建指导原则。
- 用 CASRO 公式计算回应率。
- 根据 AAPOR 定义计算回应率。
- 确定一些说明性的在线固定样本组质量保证的最佳实践。

信息技术应用和计算技能

- 使用 SPSS 变量视图访问数据集的代码本。

数据处理技能

- 识别数据库中各种数据质量问题（不完整回答、全赞成等）。

小　结

调查的总误差包括抽样误差和非抽样误差。抽样误差可以通过抽样设计方案和样本容量控制。调查人员必须了解非抽样误差的来源以及如何将总误差的影响降至最小。营销调研的数据收集阶段最可能发生非抽样误差。访问员和受访者都会发生故意误差和非故意误差，必须加以控制。影响现场工作人员的主要因素包括欺骗、误解和疲劳；影响受访者的因素包括说谎、超速回答、拒绝、误解和疲劳。有几种用于解决上述误差问题的方法和程序，如监督、审核、筛选和访问员培训。另外，调研人员可以使用匿名、保密、激励、核实检查、第三者技术，撰写良好的问卷介绍和范例、诸如“不确定”等回答选项，使用量表端点互换和提示语等方法减少受访者误差。

各种非回应误差产生于数据收集阶段，包括拒绝参与调查、访谈中断、题项漏答或拒绝回答特定问题等。对于非回应误差，可以用 CASRO 公式或 AAPOR 公式来计算回应率。

调研人员日益依赖固定样本组公司。固定样本组公司拥有大量同意快速、完整地完成调查的潜在受访者。即使这些公司能够将非回应现象控制到最少，并且提供看起来有代表性的样本，数据质量仍然是一个问题。固定样本组公司应该严格遵守表 10-5 所列的政策和程序。

受访者对问卷的回答可以录入由行和列组成的数据库。调研人员利用数据编码本来表示编码如何与问卷中的问句回答相对应。在进行数据分析之前，应当检验数据库中的数据质量，例如：不完整回答、全赞成、全反对、中间路线和其他令人怀疑的回答。应该将这些答案从数据集中剔除。

复习题与应用题

1. 抽样误差与非抽样误差的区别是什么？
2. 计算非抽样误差并非易事，谨慎的调研人员应当如何处理非抽样误差？
3. 指出不同类型的现场工作人员故意误差，并讨论使之最小化的控制方法。指出不同类型的现场工作人员非故意误差，并讨论使之最小化的控制方法。
4. 指出不同类型的受访者故意误差，并讨论使之最小化的控制方法。指出不同类型的受访者非故意误差，并讨论使之最小化的控制方法。
5. 给出非回应的定义。指出调查中三种非回应类型。
6. 调研人员应该如何定义“完整访谈”？
7. 为什么甄别在构建数据集的初期是必要的？
8. 指出调研人员在数据甄别过程中会遇到的五种问题。
9. 什么是“例外”？每一种“例外”应该用什么具体方式处理？
10. 一家新的商场拦截访问调研公司在一家折扣店附近设了一个办事处，调研公司总裁给你工作的保险公司打电话以拓展业务。碰巧你所在的保险公司正要对一项新的人寿保险方案做市场调研，以增加产品线。该保险计划以每年200美元的价格全面覆盖家具、电子产品和个人物品因盗窃、火灾或水灾而造成的损失。请列出一份你需要从商场拦截访问调研公司总裁那里得到信息的提纲，以评估其服务质量。
11. Acme Refrigerant Reclamation公司专业处理受污染的冷冻剂，这项业务受到美国环境保护署的限制。Acme公司想知道哪些类型的公司需要这项服务，所以营销主管设计了一份电话访谈问卷。受访者是工厂工程师、安全工程师以及美国各大公司的主管。Acme公司是否应该雇用专业的数据收集公司收集数据？为什么？
12. 你在一家电话营销公司做兼职。你的报酬以你用电话营销方式拉到的信用卡申请者的数量为基础。公司老板发现信用卡的申请业务在下滑，所以她决定做一项电话调查。当你在星期一开始工作时，她告诉你去做电话访问并给你一堆问卷让你完成。在这种情况下，可能发生哪种现场工作人员故意误差？
13. 指出以下问卷中哪些是故意回应误差，哪些是非故意回应误差。
    a. 疾病控制中心发出邮寄问卷来调查关于艾滋病预防的态度和做法。
    b. Eyemasters使用商场拦截问卷来确定用户对隐形眼镜的意见和使用情况。
14. 今天是你在O-Tay调研公司进行营销实习的第一天。主管给了你一张关于昨天电话访问员录音的清单。她让你分析清单，并在下午5点前提交报告。

	龙尼	玛丽	帕姆	伊莎贝尔
完成	20	30	15	19
拒绝	10	2	8	9
不符合条件	15	4	14	15
忙碌	20	10	21	23

续表

	龙尼	玛丽	帕姆	伊莎贝尔
未能接通	0	1	3	2
中断	5	2	7	9
无人接听	3	2	4	3

案例 10-1

Alert! Squirt

经过头脑风暴，创业学院的两名学生想出了一款完美的个人防护 App。其中一名主修工科的学生设计了一款带有喷嘴的手机壳。使用 Alert! Squirt 应用程序，用户可以将手机对准攻击者，按“9”就会释放胡椒喷雾。如果胡椒喷雾接触到眼睛等敏感部位，不仅会立即使人无力，还会有一种非常难闻的气味。连续按三次“9”则自动拨打 911 电话，该应用程序通过 GPS 定位器将发送者的位置通知 911 接线员。

另一个学生的主修专业是市场营销，他认为 Alert! Squirt 应用程序的理想目标市场是女大学生。他指出，晚上在校园的任何一个地方，尤其是停车场，我们可以看到女大学生一边走路一边使用手机，或者手里拿着手机。他认为，担心个人安全的女大学生会急于购买 Alert! Squirt 应用程序和带有胡椒喷雾功能的手机壳，因为她们的手机总是处于“待机”状态。

当然，这两个大学生的研究缺少资金支持，因为他们有学费、生活费等压力。然而，他们的创意在全校的“最佳萌芽想法”大赛中获胜，获得 1 000 美元用于营销。主修市场营销的学生向他的营销调研教授咨询，教授建议他们对在学校注册的女性进行调查。考虑到预算不足，教授建议他们利用美国营销协会（AMA）学生分会的资源进行数据收集，从而降低成本。因为 Alert! Squirt 应用程序必须由受访者演示和测试，所以个人访问是必要的。

尽管创业学院的企业家对这项调查感兴趣，但他们对学生的研究能力表示怀疑。教授主动提出与这些企业家还有 AMA 学生分会的市场研究项目主任会面。他告诉 AMA 学生分会主席这是一个好机会，并建议营销调研项目主管起草一份 Alert! Squirt 个人访谈的质量控制保障方案，由 10 名 AMA 学生分会的访问员（5 个小组）在校园交通要道附近实施访问。

1. 假设你是营销调研项目主管，起草一份针对访问员的访问质量控制方案，以使所收集数据的质量可以与专业访问公司所提供数据的质量相媲美。

2. 美国营销协会学生分会主席打电话给营销调研项目主管：“我关注的是问卷的长度。受访者完成这份问卷需要 20 多分钟。这样的问卷长度是不是有问题？”同样，假设你是营销调研项目主管，请指出问卷长度会引起哪些非回应问题，并推荐解决这些问题的一些办法。

案例 10-2

索尼电视 LED 4K 超高清 HDR 智能电视调查

索尼移动通信公司位于日本东京，是世界电子市场上一个强势的竞争对手。因为 LED 超高清系列产品的销量停滞不前，它决定通过在线固定样本组公司来收集数据，调查消费者对索尼产品的态度和认知以及他们对其主要竞争对手如三星和 LG 的看法。这样做的原因主要有：（1）可利用在线调查问卷；（2）确保样本可以代表美国家庭总体；（3）有较高的回应率；（4）数据收集迅速；（5）对特定问题的拒绝率低；（6）总成本较合理；（7）人口统计特征、电子产品拥有量和生活方式等数据都可以在在线固定样本组公司的数据库中找到。这些数据无须再次收集。

基于固定样本组公司的网站描述、电子邮件和电话沟通以及其他因素，领导这项调查的索尼营销调研专家已经将选择范围缩小到两家在线固定样本组公司。从成本角度考虑，这两家公司都没有明显的优势。为了做出选择，调研小组研究了由欧洲社会民意和市场调查（ESOMAR）发布的一组问句，名为“帮助在线样本购买者选择服务商的 28 个问句”。[70] 调研团队针对数据质量选择了 5 个问句。每个参与竞标的在线固定样组公司都为这 5 个问句准备了简短的回答。你的任务是审核 A 公司和 B 公司的回复，并推荐一个公司。在决策时，请记住保证数据质量是最重要的考虑因素。

问题 1. 你的公司在为营销调研提供在线样本方面有哪些经验？	
公司 A：我们从 1999 年开始就一直从事营销调研。我们是唯一利用计算机技术并提供具有全美代表性的在线固定样本组公司。	公司 B：我们从 1999 年开始就一直提供美国在线样本，从 2000 年开始提供欧洲样本，2005 年亚洲样本也开始投入使用。在过去 10 年里，我们为客户提供了大概 5 000 个在线样本。
问题 2. 描述并解释如何选择样本组成员。	
公司 A：我们会通过网站来告知在线样本组的个体志愿者，并根据他们参与调研的数量给予一定的回报。	公司 B：我们邀请他们加入样本组，并告知他们可以在新产品或者新服务的开发中发表自己的意见。他们得到的回报则是一种“信用”，据此他们可以得到想要的产品。
问题 3. 贵公司采用什么方式使你们的样本对目标总体具有代表性？	
公司 A：我们的固定样本组拥有 100 000 多个成员。他们的人口统计特征分布情况与美国人口普查的 10 个人口特征（如性别、受教育水平、收入、婚姻状况）分布情况相同。	公司 B：客户可以使用 1 000 个变量中的任意一个来指定目标市场总体，包括人口统计、所有权、购买行为和其他变量。我们会邀请符合客户要求的小组成员参与调查。
问题 4. 你们有哪些固定样本组成员的个人信息？如何管理这些信息？	
公司 A：我们拥有约 1 000 个变量的个人信息，其中包括人口统计特征、家庭特征、经济状况、购物和商品的拥有权情况、生活方式等。所有信息每年更新一次。	公司 B：关于每个样本组成员，我们有大概 2 500 项数据，包括人口统计特征、所拥有的产品和服务的分类、市场细分 / 生活方式的影响因素、与健康相关的问题、政治观点、旅游情况、经济状况、网络的使用、休闲活动、会员关系等。信息每年更新一次。
问题 5. 解释一下受访者是如何被邀请参加调研的。	
公司 A：一般来讲，调研的邀请函通过电子邮件发送给固定样本组成员，并挂在每个被选中的固定样本组成员的个人主页上，该主页有一个在线调查的链接：“点击这里开始你的调查”。电子邮件邀请每天都会发送给选中的样本组成员，直到问卷填写好为止。	公司 B：基于客户对样本的要求，我们通过电子邮件给选中的固定样本组成员发送一个在线调研的链接。如果 48 小时后他们没有参加调研，我们会发送一份提醒的电子邮件。如果提醒邮件发出 48 小时后选中的成员仍然未参加调研，我们会继续发送提醒邮件。

注释

第 11 章

描述分析、参数估计和假设检验

学习目标

在本章你将学习：

» 营销调研中使用的统计分析的不同类型。
» 什么是描述分析以及如何进行描述分析。
» 何时使用特定的描述分析指标。
» 如何利用 SPSS 进行描述分析。
» 如何向客户报告描述统计量。
» 样本统计量与总体参数的区别。
» 如何利用置信区间估计总体百分率或均值。
» 如何利用 SPSS 获得置信区间。
» 如何向客户报告置信区间估计结果。
» 什么是假设检验以及如何进行假设检验。
» 如何向客户报告假设检验的结果。

| 本章位置 |

1. 确定营销调研需求
2. 界定营销问题
3. 明确调研内容
4. 确定调研设计
5. 识别信息类型和来源
6. 确定获取数据的方法
7. 设计调查问卷
8. 确定抽样方案和样本容量
9. 收集数据
☞ 10. 分析数据
11. 撰写和展示调研报告

11.1 营销调研中使用的统计分析的类型

如第 10 章所述，营销调研人员处理的是数据集，即按行与列对（主要是）数字进行的排列。各列代表对调查问卷中不同问题的回答，各行则对应各个受访者。营销调研人员处理数据集时面临的问题是**数据分析**（data analysis），即通过计算反映数据特征的一组统计量来描述数据集的过程。数据分析在提炼数据集的同时保留了足够的信息，以使客户能够想象出它的显著特征。[1]

为了概括数据集的特征，营销调研人员可以使用五种基本的统计分析方法：描述分析、推断分析、差异分析、关系分析和回归分析（见表 11－1）。每种方法在数据分析过程中都具有独特的作用，但它们通常可以结合使用，以满足调研目标。这些方法的复杂程度逐渐提高，随着复杂程度的提高，它们可以将原始数据转化成更有用的信息。

表 11－1 营销调研人员使用的五种统计分析方法

类型	描述	示例	统计概念
描述分析（第 11 章）	总结样本的基本特征	描述典型受访者；描述各个受访者与典型受访者的相似程度（差异程度）	集中趋势指标：均值、中位数、众数 差异性指标：频数分布、全距、标准差
推断分析（第 11 章）	确定总体参数；假设检验	估计总体值；假设值是否得到支持	标准误差、原假设、置信区间
差异分析（第 12 章）	确定是否存在差异	评估样本中两个群组的均值之间差异的统计显著性	百分率或均值差异的 t 检验、方差分析
关系分析（第 13 章）	确定关系	确定两个变量之间是否存在系统关系	相关系数、交叉列表
回归分析（第 14 章）	确定数据集中变量之间的复杂关系	确定一个因变量与几个自变量的关系	多元回归、β 系数、R^2

以下介绍概述了本章和其他统计分析章节的主要内容。由于本章只是初步介绍，我们在此仅提出这些统计方法的名称，不进行定义或描述。本书后面部分将深入讨论各种

具体方法。重要的是，你必须了解营销调研人员可以使用的统计分析方法的各种类型，并大致理解它们的含义。

描述分析

均值、众数、标准差和全距等特定指标都是**描述分析**（descriptive analysis）的常用指标，营销调研人员可以用它们来描述样本数据集，以描绘出“典型”受访者的特征，并揭示应答的一般模式。描述指标通常用于统计分析过程的早期，是后续分析的基础。[2]

推断分析

推断分析（inference analysis）是营销调研人员通过样本结果归纳出总体特征的统计分析过程。换句话说，调研人员可以利用这种统计方法，根据样本数据集提供的信息得出关于总体的结论。推断分析包括假设检验和对总体真值进行的置信区间估计。本章将介绍基本的统计推断方法。

差异分析

有时，营销调研人员需要确定两个群组之间是否存在差异。例如，在关于信用卡使用情况的调查中，调研人员可能想要了解高收入者与中等收入者使用美国运通卡（American Express）的频率是否存在差异。调研人员可以利用统计方法来比较高收入者与中等收入者使用美国运通卡结算的年均消费金额。重要的市场细分信息也许就来自这种分析。此外，调研人员可能会进行实验，以了解哪种备选广告主题能够给人留下最佳印象。调研人员可以利用**差异分析**（difference analysis）确定总体中存在的真实和普遍差异的程度，以帮助管理人员明智地选择广告主题。统计差异分析包括群组间显著性差异的 t 检验以及方差分析。第12章将对此进行定义和介绍。

关系分析

调研人员可以使用其他统计方法来确定变量之间的系统关系。**关系分析**（association analysis）研究两个变量之间是否存在关系以及关系如何。例如，对某品牌广告的记忆程度是否与对该品牌的购买意愿存在正向关系？销售团队的培训费用是否与销售绩效存在正向关系？关系分析可以利用不同的统计量来表明调查问卷中两个问题之间的关系强度和关系方向。第13章将介绍交叉列表和相关分析，它们是营销调研中使用的基本关系分析方法。

回归分析

调研人员还可以使用一些方法来确定更复杂的关系模式，但这些方法大多超出了本书的范围。不过，有一个例外：一些统计方法和模型可以帮助营销调研人员根据其他变量的状况或变化来了解和预测他们感兴趣的变量。例如，调研人员可能发现低收入家庭往往会大量观看网飞，因为父母负担不起经常带孩子去电影院的费用。这种方法就属于**回归分析**（regression analysis）。营销调研人员通常利用回归分析来了解这种复杂的关系。营销经理通常会同时考虑多个因素，因此他们必须了解这些因素之间的关系，才能洞察数据集中变量之间的多重关系。第14章将深入介绍回归分析。

本书的目的并不是使你成为统计分析专家。统计分析章节的首要目标是让你熟悉每种方法所涉及的基本概念。在营销生涯中，你难免需要进行基本的统计分析，也很可能会遇到以统计术语表述的信息。因此，理解常用统计方法的概念对你来说非常重要。本书旨在介绍各种统计方法适用于何时何处，并在得到统计结果报告后帮助你解释其意义。本书将大量使用计算机统计程序的输出结果，因为在公司的营销信息系统及营销调研报告中会涉及。

11.2 理解描述分析

下面介绍调研人员用来总结受访者样本数据的几种描述分析工具。在本章和其他关于数据分析的章节中，我们将使用汽车研发中心的调查数据集，该数据集已保存为名为 Auto Concepts.sav 的 SPSS 数据文件。这样，你就可以利用 SPSS 重新对该数据集进行数据分析。

有两组指标广泛应用于描述样本信息。第一组是集中趋势指标，即描述“典型”受访者或应答的指标。第二组是差异性指标，即描述各个受访者或应答与“典型”受访者或应答的相同（或不同）程度的指标。还有一些其他类型的描述指标，但它们没有集中趋势指标和差异性指标那么常用。事实上，这些指标很少报告给客户。

集中趋势指标：总结“典型”受访者

所有**集中趋势指标**（measures of central tendency）的基本数据分析目标是描述对一个问题的最典型应答，并通过一条信息加以报告。集中趋势这一术语适用于以某种方式反映典型或常见应答的任何统计指标。[3] 有三个集中趋势指标经常被用作数据分析工具[4]：众数、中位数和均值。下面逐一介绍。

众数　**众数**（mode）是一个描述分析指标，是指一组数值中出现频率最高的那个值。换句话说，当你扫视数据集中构成一个字段的一组数值时，众数就是出现次数最多的那个值。

需要注意的是，众数并不要求大多数应答都是该值。它仅仅是指出现最频繁的那个值，但不要求其出现频率在 50% 以上。众数可以取任何值，只要它出现频率最高。如果出现两个众数，该分布称为“双峰分布”。如果存在三个众数，则称为“三峰分布”。

中位数　另一个集中趋势指标是**中位数**（median），它表示一组有序数值中居于中间位置的那个值。也就是说，所有其他数值中有一半大于这个值，另一半则小于这个值。因此，中位数可以告诉我们按升序或降序排列的一组或一串数值的大致中点，同时它还考虑到每个值的出现频率。如果数值的个数是奇数，中位数总是会等于其中一个值；如果数值的个数是偶数，中位数则会落在两个相邻的值之间。

为了确定中位数，调研人员可以针对按升序（或降序）排列的一串数值创建频数分布或百分率分布。除原始百分率外，调研人员还可以计算累积百分率，并通过考察这些百分率来确定中间分界点。需要注意的是，中位数提供的信息比众数多，因为众数可能位于数值串的任何位置，但中位数总是位于中点。

均值　第三个集中趋势指标是**均值**（mean），有时称为平均数。均值不同于众数和中位数，因为它需要通过计算来确定。均值的计算公式如下：

$$均值（\bar{x}）=\frac{\sum_{i=1}^{n}x_i}{n}$$

式中，n 表示值的个数；x_i 表示各个值；$\sum$ 表示对所有的 x_i 值求和。

正如该公式所示，对一组 n 个数值中的各个值（以 x_i 表示）求和，然后除以数值的个数 n，得到的结果就是均值，该指标表明了这些值的集中趋势。它近似于这组值中的典型值。通过该公式确定的均值可以将这组数值中的每个值都考虑在内，因此均值比中位数更有意义。均值可以提供大量信息，它也是一个几乎人人都能理解的统计概念。

差异性指标：描述受访者的多样性

集中趋势指标极其有用，但不足以描述一组特定数值的特征。也就是说，它们无法表明对特定问题的应答的差异性，也无法描述调查中的受访者在某些特征上的多样性。要想了解一组数值的多样性或差异性，营销调研人员必须借助差异性指标。所有**差异性指标**（measures of variability）都可以描述一组数值中各个值之间的"典型"差异。一位资深的营销调研人员在回顾其经历时建议"仔细考察数据的差异性"。[5]

知道众数等集中趋势指标是一回事，了解其他数值与一个集中趋势指标的接近程度则是另一回事。对数据差异性的了解会极大地影响基于该组数据的营销决策，因为它可以表明受访者之间在特定调查问题方面的相似程度。例如，如果 Dr. Dre Beats 耳机购买者的平均年龄为 35 岁，但其年龄范围为 18 ～ 75 岁，那么仅使用"针对三十多岁受众"的广告诉求就会失去大部分潜在市场。有三个差异性指标：频数分布、全距和标准差。每个指标都可以提供独特的信息，以帮助调研人员描述应答的多样性。

频数分布和百分率分布　**频数分布**（frequency distribution）是一组值中每个不同的值出现次数的列表。频数本身是绝对次数，但为了便于比较，通常会换算成百分率。换算方法很简单，将每个值的频数除以所有观察值的总个数会得到一个百分率，经过这种转换的分布就是**百分率分布**（percentage distribution）。当然，这些百分率之和必须等于 100%。

详细地说，频数分布列出了一组数值中各个不同值的出现次数。它可以迅速显示一组数值中的所有不同值，并表明这些值之间的相似（或差异）程度。百分率分布经常与频数分布结合使用，或用来代替频数分布，因为人们更容易解释百分率。此外，百分率分布很容易展示为饼状图或条形图[6]，这些可视化工具有助于调研人员向客户或他人报告调研结果。

全距　**全距**（range）表示一组有序数值中最低值（最小值）与最高值（最大值）之间的距离。换句话说，全距表示一组有序数值的两个端点之间的差距。全距提供的信息没有频数分布那么多，但它能够说明一组数值的取值区间。全距也无法告诉你最大值和最小值的出现频率，但是通过表明两个极值之间的距离，它可以提供关于离散趋势的一些信息。

标准差　**标准差**（standard deviation）可以表明数值的差异程度或多样性程度，可用"正态"分布或钟形曲线分布加以说明。营销调研人员进行基本分析时经常使用标准差，并在调研结果报表中报告标准差。因此，值得花一点时间来介绍这个统计概念。

图 11－1 显示了呈钟形（正态）分布的数值的属性。正如关于确定样本容量的章节

所述，该对称分布的作用显而易见：中点（曲线的顶点）两侧各分布着 50% 的数值。正态曲线的中点也是均值，在图中表示为总体均值 μ。标准差（表示为 σ）是横轴上的标准化计量单位。它与正态曲线的一些假设有直接关系。例如，中点两侧各 1.64 倍标准差的范围覆盖了曲线下方总面积的 90%。由于钟形分布是一个理论上或理想的概念，因此这一属性永远不变。此外，在均值两侧任何倍数标准差的范围内，曲线下方面积所占的百分比都是完全可知的。通常，营销调研人员只对其中两三个值感兴趣。具体地说，均值 ±2.58 倍标准差的范围覆盖了曲线下方面积的 99%；均值 ±1.96 倍标准差的范围覆盖了曲线下方面积的 95%；均值 ±1.64 倍标准差的范围覆盖了曲线下方面积的 90%。注意，我们必须假设数值的频数分布形状近似于正态曲线，在阅读以下示例时请牢记这一点。

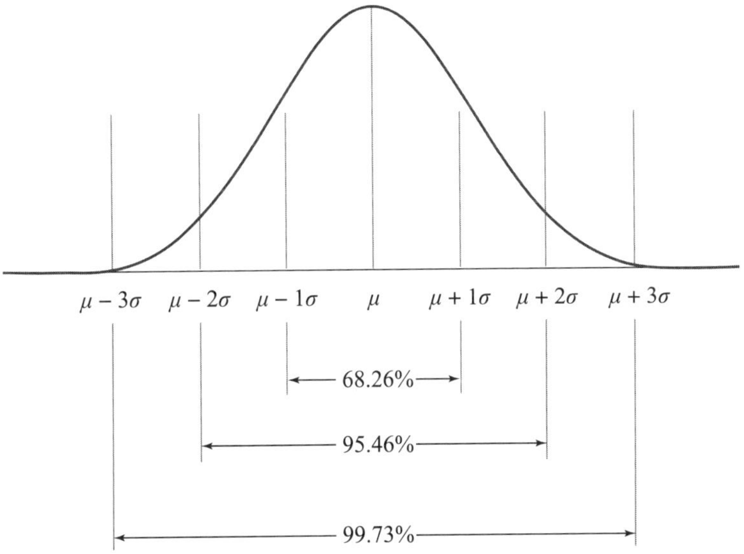

图 11－1　标准差的正态曲线解释

现在，我们需要回顾一下标准差的计算。通常，标准差的计算公式如下：

$$\text{标准差}(s)=\sqrt{\frac{\sum_{i=1}^{n}(x_i-\bar{x})^2}{n-1}}$$

式中，n 表示值的个数；x_i 表示各个值；$\bar{x}$ 表示均值（平均数）；$\sum$ 表示对所有的 x_i 值求和。

详细地说，标准差是衡量所有观察值与均值之间差异的一个指标，表示为一个数值。为了计算标准差，必须先算出均值，然后计算每个观察值与均值之差，再求差值的平方。求差值的平方看起来有点奇怪，计算出平方和之后除以（$n-1$），然后取平方根即可。如果不对差值进行平方运算，得到的结果将有正有负；进行求和计算时，就会产生抵消效应。也就是说，大的负差值会抵消大的正差值，最后分子就会接近零。但是，我们知道当数值的差异程度较大时，标准差应该表明这种情况；上述结果与此相悖。因此，为了解决这个问题，在求和之前应先计算这些差值的平方。平方运算将所有的负值转换为正值，当然，正值的平方依然是正的。然后，对所有差值的平方求和，再除以 $n-1$。将观察值的个数减 1 是为了得到通常所说的标准差的“无偏”估计值。但是这时每个差值都被平方了，结果可能会过大。为了进行调整，在所有运算之后还要求取平方根。最后这一步将该数值调回至原始单位（即标准单位，而非平方的单位）。顺便说一下，如果最后未取平方根，所得的值称为**方差**（variance），它是表示数据差异性的一个术语。方差就是标准差的平方。

现在，每当你得知均值和标准差时，你的脑海中就应该呈现出一幅特定的画面。假设该分布是钟形的，标准差的大小可以帮助你想象出各个应答与均值的相同或不同程度。如果标准差很小，则分布会很集中。如果标准差很大，则分布会向两端延伸。

11.3 何时使用各个描述分析指标

如第 7 章所述，变量的测量等级会影响所采用的统计分析方法。例如，名义变量的问句所包含的信息量要少于数值变量的问句。你应该还记得，第 7 章给出了等距变量和比率变量的定义和示例。SPSS 可以用来区分变量类型，它使用“scale”标签来表示等距变量或比率变量。从此处开始，本书将使用 SPSS 的标签。类似地，不同的集中趋势指标和离散趋势指标所提供的信息量也有所不同。按照一般规则，提供信息量最大的统计指标应该用于所包含的信息量最大的变量，提供信息量最小的指标则应该用于所包含的信息量最小的变量。变量的测量等级决定适当的指标，否则指标将无法解释。

初读时，这条规则可能令人费解。但是，深思之后你就会明白，每个问题的测量等级决定应该使用什么指标。关于这一点，你必须知道编码方案具有任意性。例如，在关于宗教信仰的人口统计问题中，如果“天主教”的编码是“1”，“基督教”的编码是“2”，“犹太教”的编码是“3”，由此可以计算出均值。但是，如何解释宗教信仰的均值是 2.36 呢？这没有实际意义，因为均值应该用于等距变量或比率变量（SPSS 中的“scale”），但宗教信仰属于名义变量。对于这类应答，众数才是恰当的集中趋势指标。

表 11－2 说明了测量等级与三种集中趋势指标及差异性指标之间的关系。该表提醒你，清楚地理解问卷中每个问题的测量等级是至关重要的，因为调研人员必须选择合适的统计方法，然后用计算机来执行。但是，计算机无法区分测量等级，根据惯例，为方便起见，我们通常以数值形式存储和处理数据。

表 11－2　何时使用何种描述统计量

示例	测量等级	集中趋势（典型应答）	差异性（应答的相似程度）
你的性别是什么？	名义变量	众数	频数分布和 / 或百分率分布
请按照你的偏好程度对这五个品牌进行排序。	顺序变量	中位数	累积百分率分布
请按 1～5 级评价星巴克咖啡饮料的多样性。	等距变量*	均值	标准差和 / 或全距
上周你大约购买了几次快餐作为午餐？	比率变量*	均值	标准差和 / 或全距

*SPSS 使用“scale”标签来表示等距变量或比率变量。

11.4　汽车研发中心调查：利用 SPSS 获得描述统计量

综合案例

在本章以及后续所有关于统计分析的章节中，我们通过两种方法说明如何使用 SPSS。第一种方法是按步骤讲解利用 SPSS 进行统计分析的过程，并在相关章节中提供 SPSS 输出结果的示例。第二种方法是利用 SPSS 学生助手。你现在对 IBM SPSS 学生助手已经非常熟悉了，因此我们会提示你查看统计分析的部分，学习如何操作 SPSS，以及如何在 SPSS 的输出中找到特定的统计结果。

利用 SPSS 打开并使用汽车研发中心的数据集

请你快速参考以下信息：这项调查是通过在线方式进行的，在一家面板数据调研公司的帮助下，合格的受访者回答了问题，并在该在线调查规定的期限内提交了问卷。对某些问题（如与人口统计特征和汽车所有权有关的问题）的应答购自该公司的数据库。该调查的数据库数据已被整理、合并和保存在 SPSS 中，并设置了变量名称和值标签。最终数据集包含 1 000 名受访者及 36 个变量，保存为名为“ Auto Concepts.sav”的 SPSS 数据文件。你应尽早下载该文件，并利用 SPSS 查看汽车研发中心调查所采用的问题和应答形式。在讲解如何利用 SPSS 进行本章及后续章节所介绍的各种分析时，我们将提及其中一些问题和应答。

为了与其测量值保持一致，一些比率变量已重新编码。例如，问卷中“居住城镇规模”的编码为 1、2、3、4 和 5，分别代表“10 000 人以下”“10 000 ～ 100 000 人”“100 000 ～ 500 000 人”“500 000 ～ 1 000 000 人”和“1 000 000 人以上”。这些方便但具有任意性的编码已转换为 5、55、300、750 和 1 250，分别代表以千为单位的各个人口范围的中点。运行 SPSS 的“Utilities-Variables”命令，查看对“年龄”“受教育水平”“家庭收入水平”等变量所采用的类似的中点编码。

从现在开始，你将详细了解营销调研人员如何分析该数据集。如你所知，SPSS 数据集由行和列构成（在“ Data View”窗口中查看）。其中，各列代表问卷中的问题所对应的变量，各行则对应各个受访者。为了查看该调查所采用的应答类别和变量，你可以使用 SPSS 的“Variable View”窗口和 / 或“Utilities-Variables”命令。

利用 SPSS 获得频数分布和众数

汽车研发中心调查中的许多问题都涉及名义变量。对名义变量来说，众数是适当的集中趋势指标，并且必须通过查看不同类别的应答的分布来评估差异性。

为了说明如何获得汽车研发中心数据集中 1 000 名受访者的频数分布和百分率分布，并确定其众数，我们将使用“居住户型”变量，因为它属于名义变量。图 11－2 显示了确定汽车研发中心调查数据集中“居住户型”这一变量的众数的点击流程。如图所示，按照“ ANALYZE-DESCRIPTIVE STATISTICS-FREQUENCIES”的顺序点击主菜单可以打开变量选择窗口，选定需要分析的变量，然后点击“ Statistics”按钮就会弹出统计量选择窗口。我们想获得的仅是众数，因此只需勾选“ Mode”即可。点击“ Continue”关闭该窗口，再点击“ OK”关闭变量选择窗口，然后 SPSS 就会创建频数分布并得出众数。

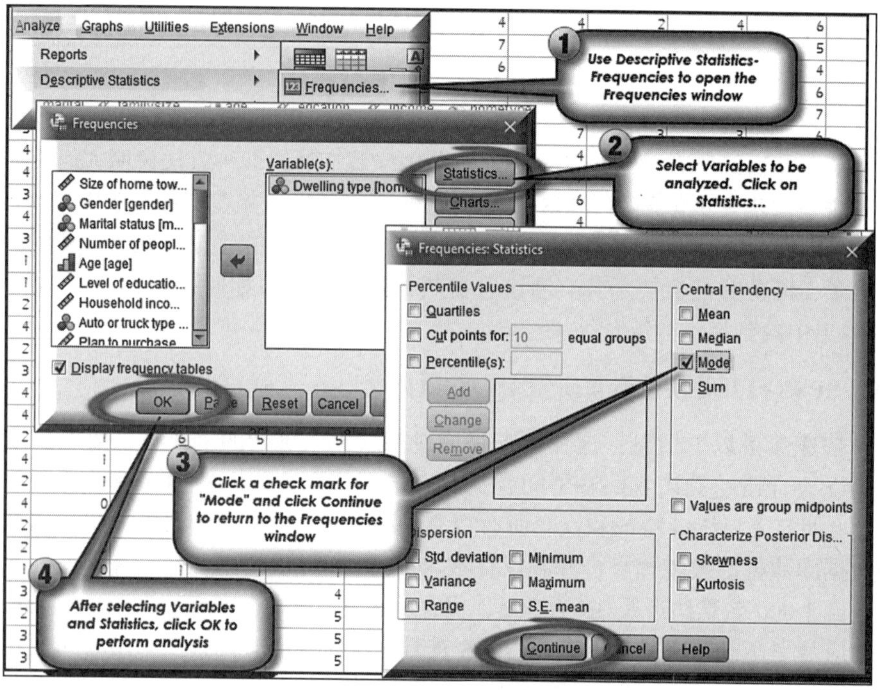

图 11－2　获得频数分布和众数的 IBM SPSS 点击流程

图 11－3 显示了输出结果：编码“2”所代表的应答即为众数；此外，频数分布显示选择“Multiple family”（多户）居住户型的受访者为 377 人，占总数的 37.7%。

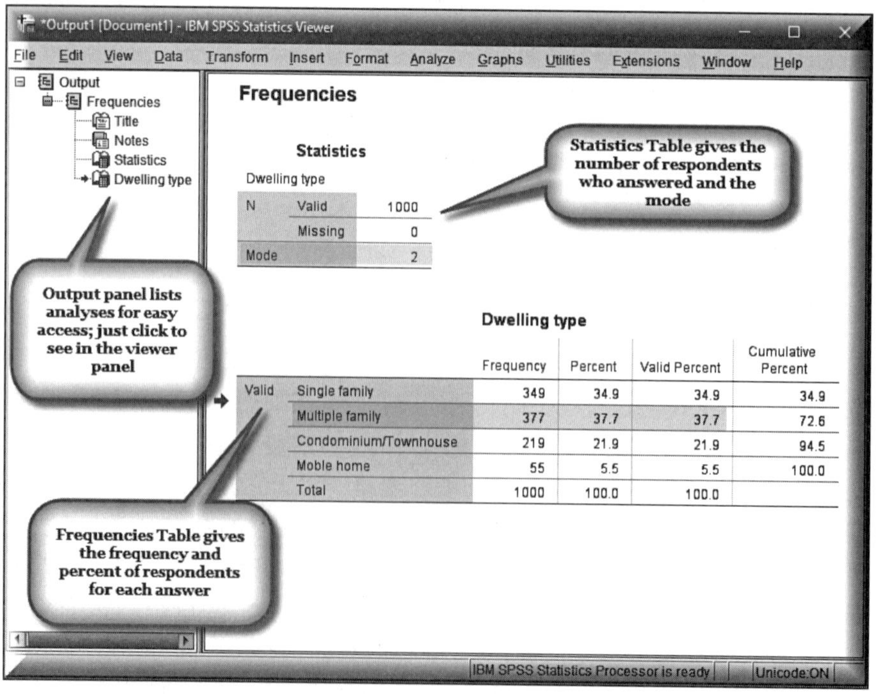

图 11－3　获得频数分布和众数的 IBM SPSS 输出结果

你在查看输出结果时应该注意到，变量标签和值标签都已得到定义和显示。“DESCRIPTIVE STATISTICS-FREQUENCIES”这一步骤可以创建对每个问题的应答的频数分布和百分率分布。其输出结果为一张统计量表格，以及一张包括变量标签、值标签、频数、百分率、有效百分率和累积百分率的表格。

这个汽车研发中心调查数据集不具有典型性，因为其中不存在缺失的应答，这是由于该数据集是从一家消费者面板数据调研公司购买的，该公司保证了 100% 的应答率。但是，正如第 11 章所述，受访者拒绝回答或无法回答某问题是很常见的现象。此外，如果之前的应答导致受访者失去继续回答下一问题的资格，那么受访者可能会被要求跳过该问题。在上述情况下，如果该受访者仍被包含在数据集中，“缺失的数据”就会产生。这对于 SPSS 和大多数其他数据分析程序来说并不是问题，但输出结果应调整，以弥补缺失的数据。

利用 SPSS 确定中位数

按照“ANALYZE-DESCRIPTIVE STATISTICS-FREQUENCIES”的顺序点击菜单来确定中位数也很简单。如前文所述，要想将中位数作为适当的集中趋势指标，数据至少要具备顺序变量的属性。例如，“居住城镇规模”变量的取值如下：（1）10 000 人以下；（2）10 000 ～ 100 000 人；（3）100 000 ～ 500 000 人；（4）500 000 ～ 1 000 000 人；（5）1 000 000 人以上。这些取值的初始编码分别为 1 ～ 5，但是后来我们采用人口范围的中点将其重新编码为 5、55、300、750 和 1 250（以千为单位）。

这些编码具有顺序变量的属性，10 000 人以下的城镇规模小于 10 000 ～ 100 000 人的城镇，依此类推至 1 000 000 人以上的城镇。确定汽车研发中心数据集中“居住城镇规模”的中位数非常简单。其步骤与确定众数类似：第一步，在变量选择窗口选择变量“Size of home town”（居住城镇规模）；第二步，在统计量选择窗口勾选“中位数”，而不是“众数”。参考图 11－3，想象一下选择“居住城镇规模”变量和勾选“中位数”而非“众数”的过程。

SPSS 的输出结果会显示“居住城镇规模”变量的频数分布，还会显示编码“750”（代表“500 000 ～ 1 000 000 人”）是该变量的中点，即中位数。

利用 SPSS 确定均值、全距和标准差

如前文所述，计算机统计程序无法区分不同问题的测量等级，分析人员必须明确测量等级并选择正确的分析方法。在汽车研发中心的调查中，有些问题要求受访者以 7 级李克特量表（从“非常强烈不同意”到“非常强烈同意”）作答，相关变量就属于等距变量。

为了对这类变量进行快速分析，我们不需要频数表，原因有二。第一，采用李克特量表的变量属于等距变量；第二，频数表将报告所有取值的百分率，还会包括一些没有意义的众数和中位数。在这种情况下，我们可以利用等距变量或比率变量的均值等描述统计量。具体来讲，我们执行“ANALYZE-DESCRIPTIVE STATISTICS-DESCRIPTIVES”命令，选择“Gasoline emissions contribute to global warming”（汽车尾气排放导致全球变暖）作为分析变量，然后点击“Options”按钮。在该选项面板中，你可以选择均值、标准差和全距等统计量。图 11－4 显示了这一点击流程。

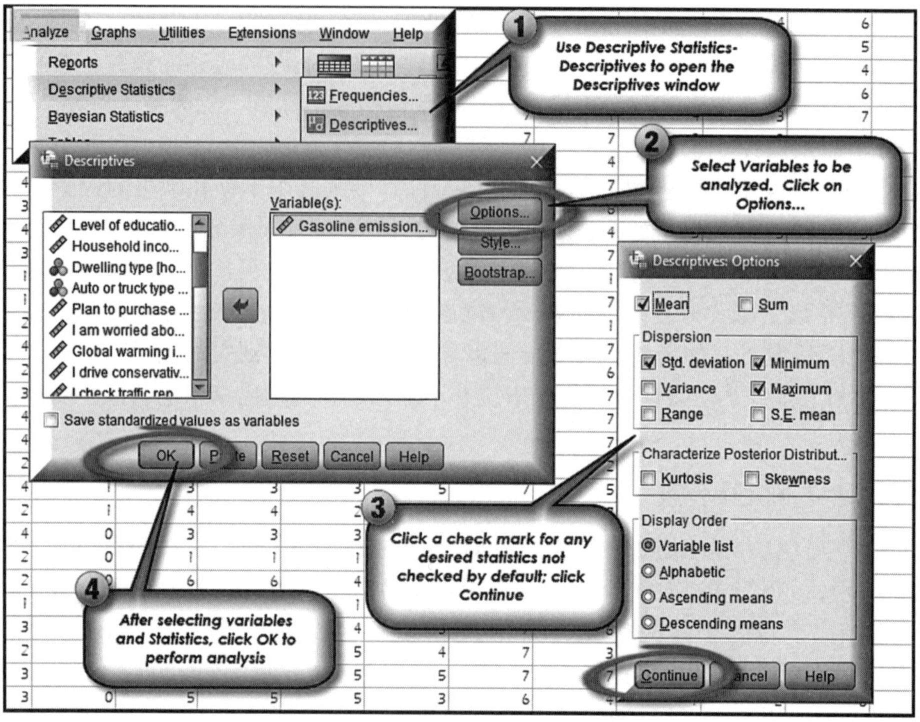

图 11－4　获得均值、标准差和全距的 IBM SPSS 点击流程

图 11－5 显示了输出结果。在汽车研发中心的调查中，结果显示对“汽车尾气排放导致全球变暖”这一说法的平均反应为 4.62。该变量属于等距变量（1＝非常强烈不同意，

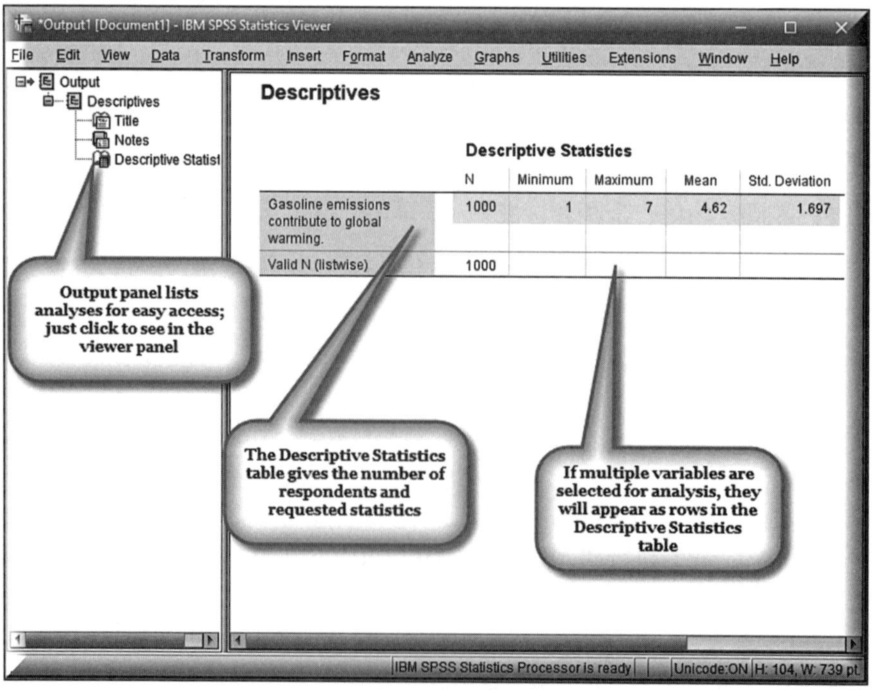

图 11－5　均值、标准差和全距的 IBM SPSS 输出结果

2 = 强烈不同意，3 = 不同意，4 = 没有意见，5 = 同意，6 = 强烈同意，7 = 非常强烈同意)，而 4.62 接近“5”，意味着受访者的平均反应是“同意”该说法。标准差为 1.697，说明差异性较大。此外，你还可以看到最低应答值（最小值）为 1，最高应答值（最大值）为 7，说明样本受访者的应答覆盖了该变量的整个取值范围。

11.5　向客户报告描述统计量

营销调研人员应如何报告各种描述统计量以总结调查结果呢？调研人员有责任创建表格或采用数据可视化等其他展示方法，以高效地向管理人员报告基本的调查结果。例如，调研人员可以借助表格形式显示一个变量或一组相关变量的均值、标准差和全距。如果计算了百分率，调研人员可以制作或从统计输出结果中“截取”百分率表。调研洞察 11 - 1 提供了关于数据分析结果报表的准则和示例。

调研洞察 11 - 1　实践应用

以表格形式展示数据分析结果的准则

虽然数据可视化技术已经成为常规，但表格仍然是展示数据分析结果的基本工具。最有用的表格是那些通过快速查看就能揭示调查结果的基本模式或精髓的表格。有效的表格很容易转换成高效的数据可视化展示形式。因此，了解如何创建有效的表格至关重要。

创建表格的准则如下[7]：

- 尽量简化表格；
- 使用行来列出变量（数值数据）或类别（类别数据）；
- 使用列来列出集中趋势指标和差异性指标；
- 使用描述性和解释性强的标签；
- 通常，在一张表格中仅列出采用相同量表的变量；
- 在适当的时候，根据所使用的描述指标，将变量按逻辑顺序排列，通常按升序或降序排列；
- 突出显示关键指标。

此外，以下准则可以确保表格具有高度的可信性，因此应该得到重视。

- 使用一位小数，除非存在其他惯例（例如，货币金额需要保留两位小数）；
- 使用量表时，在表格里添加注释以说明其测量尺度；
- 不要报告多余的指标；
- 只报告有意义或有用的结果；
- 使用规范的专业格式。

报告数值数据（比率变量和等距变量）

总结数值数据可以使用以下描述指标：均值、中位数、众数、标准差、最小值和最大值。通常，调研人员处理的是与调研目标有关或在逻辑上相关的多个变量或问题。这些问题通常使用相同的量表。例如，一项调研可能会涉及十几个与态度有关的问题，或者多个关于产品使用频率的问题。合理且高效的做法是，将这些相关问题的结果汇总在同一张表格中。关于数值变量的标准报表应该包括哪些指标的建议如表 11－3 所示。

表 11－3　数值变量的标准报表应包括的指标

描述指标	数值变量的标准报表	说明
均值	必须报告，因为均值是数值数据最常用的集中趋势指标。	将均值放在与变量描述最近的一列中，并按均值升序或降序排列各个变量。
中位数、众数	不需要报告。	管理人员不关心数值数据的中位数或众数。
标准差	通常需要报告。	如果大多数标准差近乎相等，则不需要报告，以免冗余。
最小值、最大值	数据出现不同的最小值或最大值时需要报告。	没有必要将相同的数值反复报告。

表 11－4 是一个数值变量报表的例子。注意，所有的标签都很容易理解，并且已突出显示均值，以表明其重要性。这些特征是按均值降序排列的，因此很容易识别表现最佳的特征（面包种类）与表现最差的特征（口味独特性）。标准差也列出来了，因为它们有所不同。表中没有列出最小值和最大值，因为在几乎所有情况下最小值和最大值都是 1 和 5。你还要注意，表格的注释说明了评分所使用的尺度。

表 11－4　三明治店的绩效

三明治店的特征	均值*	标准差
面包种类	4.5	0.5
三明治的多样性	4.3	0.7
浇料的多样性	4.0	0.8
面包新鲜度	3.9	0.8
浇料新鲜度	3.8	0.7
服务速度	3.7	1.0
设施整洁程度	3.7	0.9
物有所值程度	3.6	1.1
浇料的用量	3.5	1.0
口味独特性	3.2	1.3

* 基于量表，其中 1 代表“很差”，5 代表“很好”。

报告名义数据或类别数据

总结名义数据可以使用以下描述指标：频数、频数分布、百分率、百分率分布和众数。值得注意的是，通常一张表格只报告一个类别变量，因为每个变量下的类别都是独特的（如性别中的男与女、顾客类型中的购买者与非购买者）。关于类别变量的标准报表应该包括哪些指标的建议如表 11－5 所示。

表 11－5 类别变量的标准报表应包括的指标

描述指标	类别变量的标准报表	说明
频数、频数分布	如果调研人员希望读者注意样本的某些特征，则需要报告频数。例如，在容量非常小的样本中，少数几个受访者会极大地影响频数分布。	将频数放在与变量群组标签（如男性与女性）最近的一列中。在适当的时候，按频数升序或降序排列各个类别。在底部报告合计频数。
百分率、百分率分布	必须报告，因为百分率是名义数据最常用的描述指标。	将百分率放在与变量群组标签（如男性与女性）最近的一列中；如果报告了频数，则将其放在频数旁边的一列。在适当的时候，按百分率升序或降序排列各个类别。在底部报告合计百分率 100%。
众数	突出显示。如果很明显，则不需要报告。	在百分率分布中，百分率最高的群组通常非常明显，尤其在升序或降序排列时。

表 11－6 是一个名义（或类别）变量报表的例子。回答这个问题的受访者人数很多，因此没有报告频数。表中按时间顺序列出了每个时间段，其百分率显示为黑体的即为众数。合计 100% 说明这张表格罗列了所有时间段。

表 11－6 你通常在一天中的什么时间光顾这家三明治店？

时间段	百分率
中午 12 点以前	5.3%
中午 12 点至下午 3 点	**56.8%**
下午 3 点至晚上 6 点	24.2%
晚上 6 点以后	13.7%
合计	100.0%

11.6 统计推断：样本统计量与总体参数

如前文所述，集中趋势指标和差异性指标可以充分总结调查结果。但是，从总体中抽取概率样本时，仅仅报告样本的描述统计量是不够的，因为这些指标包含因抽样过程导致的一定程度的误差。每个样本都可以提供关于总体的一些信息，但是正如你在学习样本容量时所了解的，总存在一些必须考虑的抽样误差。根据样本信息计算出来的值称为样本**统计量**（statistics），从完整的普查中计算得出的能够准确有效地描述总体的值则称为**参数**（parameter）。统计学家通常用希腊字母（α、β 等）表示总体参数，用英文字母（a、b 等）表示样本统计量。每个样本统计量都对应一个总体参数。例如，百分率作为统计量时用 p 来表示，作为参数时则用 π 来表示；均值分别用 $\bar{x}$（统计量）和 μ（参数）来表示。普查是不切实际的，调研人员往往使用样本统计量来估计总体参数。接下来介绍估计各种总体参数的方法。

推断（inference）是一种逻辑归纳形式，即根据对一个群体中小部分成员的观察，对整个群体做出一般性陈述（概括）。简言之，推断就是从少量证据（如样本）中得出结论。**统计推断**（statistical inference）是根据样本容量和样本统计量对相应的总体参数进行估计的一套方法。也就是说，统计推断以样本统计量为依据，考虑基于样本容量的抽样误差，并采用规范的步骤估计总体参数（概括）。现在，让我们用样本统计量——百分率 p 来估计总体百分率 π，以了解样本容量在统计推断中的作用。假设道奇公司（Dodge）怀疑存在一些不满意的顾客，于是委托专业公司开展两次独立的营销调研，以确定顾客群体中的不满意率。（当然，道奇公司的这个例子完全是虚构的。我们并不是在暗示道奇汽车的性能令人不满。）

第一次调研调查了 100 名在过去的 6 个月内购买了道奇汽车的顾客，发现有 30 名受访者（30%）表示不满意。该结果可以用于推断在过去的 6 个月内购买了道奇汽车的顾客总体，因此可以说不满意率是 30%。但是，由于样本是概率样本，必然会存在一些抽样误差，因此不得不说总体不满意率大约是 30%。换言之，如果进行普查，实际结果可能大于或小于 30%，因为样本提供的仅仅是一个估计值。

第二次调研调查了 1 000 名受访者，是第一次调研的 10 倍，发现有 35% 的受访者表示不满意。同样，该估计值包含抽样误差，因此也只能说总体不满意率大约是 35%。这意味着我们得到对道奇汽车不满意度的两个估计值，一个是大约 30%，另一个则是大约 35%。

如何将上述回答（二者均使用了“大约”一词）转化为更准确的数字形式呢？可以用大致范围来表述。例如，对于 100 人的样本，可以说“不满意率是 $30\% \pm x\%$”；对于 1 000 人的样本，可以说“不满意率是 $35\% \pm y\%$”。如何比较 x 和 y 呢？要知道，证据越多，做出的推断就越有力。也就是说，样本容量越大（即证据越多），你就会越发确定样本统计量是总体真值的准确估计值。换句话说，样本容量越大，用来估计总体真值的范围就会越小。实际上，y 的范围要小于 x 的范围，因为样本容量大则抽样误差小。

在估计百分率或均值等总体参数时，样本统计量是统计推断的起点，然后需要计算一个范围来估计总体参数。样本容量 n 在计算过程中的作用至关重要，你将在本章介绍的所有统计推断公式中看到这一点。

本章介绍营销调研人员经常使用的两种统计推断方法：参数估计和假设检验。参数估计是使用置信区间来估计总体值（参数）。假设检验是将样本统计量与调研之前预期的（假设的）总体值进行比较。

11.7 参数估计：估计总体百分率或均值

参数估计（parameter estimation）是利用样本信息计算一个区间的过程，该区间描述了总体均值（μ）或总体百分率（π）等参数的范围。它涉及三个值的使用：样本统计量（如均值或百分率）、统计量的标准误差以及期望的置信水平（通常是 95% 或 99%）。下面讨论如何确定每个值。

样本统计量

均值是一组数值数据的平均数。例如，你可以将一组高尔夫球手作为样本，研究他们每月购买高尔夫球的平均数量。或者，你可以调查高中生每天在正餐之间购买零食的平均支出。对于百分率，你可以研究只购买 Titleist 品牌高尔夫球的球手所占的百分比，你也可以调查在正餐之间从塔可钟（Taco Bell）购买零食的高中生所占的百分比。在每种情况下，均值或百分率都来自样本，因此它们是样本统计量。

标准误差

样本中通常存在一定程度的差异性。也就是说，不是所有的高尔夫球手每月购买的高尔夫球数量都相同，他们也不会都购买 Titleist 品牌的高尔夫球。不是所有的高中生都在正餐之间吃零食，吃零食的高中生也不是都光顾塔可钟。如本章前文所述，标准差可以说明数据值与均值的差异程度。使用百分率时，百分率分布可以用来描述差异性。此外，从理论上讲，如果你抽取许多样本，绘制出均值或百分率的频数分布图，它将近似于一条钟形曲线，该曲线称为抽样分布。**标准误差**（standard error）是衡量抽样分布的差异性的指标，其前提是理论上我们可以从同一总体中抽取众多相互独立的样本。我们在第 9 章中介绍了标准误差的计算公式，这里再次给出，因为标准误差对于统计推断至关重要，它与样本容量和样本差异性密切相关。

均值的标准误差公式如下：

$$s_{\bar{x}}=\frac{s}{\sqrt{n}}$$

式中，$s_{\bar{x}}$ 表示均值的标准误差；s 表示标准差；n 表示样本容量。

百分率的标准误差公式如下：

$$s_p=\sqrt{\frac{p\times q}{n}}$$

式中，s_p 表示百分率的标准误差；p 表示样本百分率；$q=(100-p)$；n 表示样本容量。

在这两个公式中，样本容量 n 都在分母上。这意味着样本容量越大，标准误差越小；样本容量越小，标准误差越大。同时，这两个公式都揭示了样本差异性对标准误差的影响。对均值来说，差异性用标准差 s 来表示；对百分率来说，差异性则用（$p\times q$）来表示。在每个公式中，差异性都在分子上，因此差异性越大，标准误差就越大。可见，标准误差同时考虑了样本容量和样本中的差异性。下面的例子说明了这个事实。

为了说明这一点，我们以两种情况为例。《纽约时报》(*New York Times*) 对人们每天阅读报纸的时长开展了两次调查，结果如下：（1）标准差为 20 分钟；（2）标准差为 40 分钟。两次调查的样本容量都是 100 人。均值的标准误差的计算结果如下：

	标准差 = 20（分钟）	**标准差 = 40（分钟）**
计算均值的标准误差，标准差分别为 20 分钟和 40 分钟。	$s_{\bar{x}}=\frac{s}{\sqrt{n}}$ $=\frac{20}{\sqrt{100}}$ $=\frac{20}{10}$ $=2$（分钟）	$s_{\bar{x}}=\frac{s}{\sqrt{n}}$ $=\frac{40}{\sqrt{100}}$ $=\frac{40}{10}$ $=4$（分钟）

如你所见，只要两个样本的样本容量相等，差异性小（20 分钟）的样本均值的标准误差就会小于差异性大（40 分钟）的样本均值的标准误差。实际上，当样本容量相等时，如果差异性增加一倍（从 20 分钟增加到 40 分钟），标准误差也增加一倍（见图 11 - 6）。

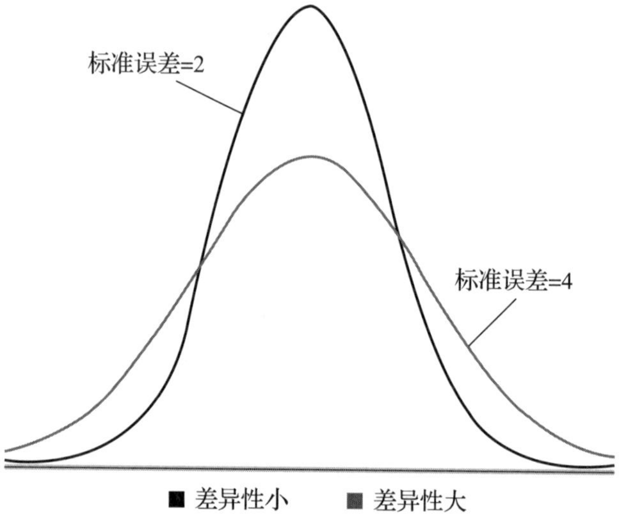

图 11 - 6 样本差异性直接影响标准误差

百分率的标准误差也反映了这种逻辑，尽管公式看起来有所不同。如前文所述，计算百分率的标准误差时，差异程度隐含在公式的（$p \times q$）项中。如果 p 值与 q 值相差很大，差异程度就会很小。例如，一项针对 100 名麦当劳早餐购买者的调查结果显示，有 90% 的受访者在购买麦满分时点了咖啡，10% 的受访者没点。在这种情况下，差异程度就很小，因为几乎每个人在购买早餐时都点了咖啡。在另一种情况下，如果样本结果显示点咖啡与没点咖啡的顾客各占 50%，差异程度则大得多，因为任意两个顾客所点的饮料都可能不一样。以下计算结果说明，在给定的样本容量下，应答的差异性越大，百分率的标准误差就越大。

计算百分率的标准误差： （1）$p = 90$，$q = 10$ （2）$p = 50$，$q = 50$	$\boldsymbol{p = 90}$，$\boldsymbol{q = 10}$ $s_p = \sqrt{\frac{p \times q}{n}}$ $= \sqrt{\frac{90 \times 10}{100}}$ $= \sqrt{\frac{900}{100}}$ $= \sqrt{9}$ $= 3\%$	$\boldsymbol{p = 50}$，$\boldsymbol{q = 50}$ $s_p = \sqrt{\frac{p \times q}{n}}$ $= \sqrt{\frac{50 \times 50}{100}}$ $= \sqrt{\frac{2\,500}{100}}$ $= \sqrt{25}$ $= 5\%$

置信区间

抽取样本时总是存在一些抽样误差，因此有必要使用一个范围来估计总体参数。在前面道奇汽车的例子中，我们就是这样做的。影响该范围大小的因素之一是，调研人员期望在多大程度上确信该范围包含真实总体百分率（参数）。通常，调研人员首先确定期望的信心程度；也就是说，调研人员会正式选择一个置信水平。样本统计量是估计的起点，但是由于存在抽样误差，需要在样本统计量上"加"和"减"相同的量，以确定估计范围的最大值和最小值。**置信区间**（confidence interval）是一个具有上限和下限的范围，调研人员期望的准确程度用置信水平来表示。

通常，营销调研人员会选择 99%、95% 或 90% 的置信水平，它们分别对应 ±2.58、±1.96 和 ±1.64 倍标准误差。这些值表示为 z_α，因此 $z_{0.99}$ 代表 ±2.58 倍标准误差。目前，营销调研中的**常用置信水平**（most commonly used level of confidence）是 95%[8]，它对应 1.96 倍标准误差。实际上，95% 通常是 SPSS 等统计分析程序的默认置信水平。既然标准误差与样本差异性指标（标准差或百分率）之间的关系是显而易见的，确定总体参数的估计范围就很简单了。我们使用样本统计量 $\bar{x}$ 或 p 计算标准误差，然后选择我们期望的置信水平。置信区间的计算公式如下：

均值的置信区间的计算公式：	百分率的置信区间的计算公式：
$\bar{x} \pm z_\alpha s_{\bar{x}}$ 式中： $\bar{x}$ = 样本均值 $s_{\bar{x}}$ = 均值的标准误差	$p \pm z_\alpha s_p$ 式中： p = 样本百分率 s_p = 百分率的标准误差
z_α = 95% 或 99% 置信水平上的 z 值	

这些公式与推断有什么关系呢？别忘了我们正在估计总体参数。也就是说，我们期望确定一个能够包含真实总体参数的范围。该范围的大小取决于通过样本获得的一些关于总体的信息。最后一个因素是置信水平，也就是我们在估计总体参数时想要达到的正确程度。如果我们比较谨慎，期望达到 99% 的置信水平，那么这个范围会大于 95% 置信水平上的范围，因为 99% 的置信水平对应 ±2.58 倍标准误差，95% 对应 ±1.96 倍标准误差。

如果由 100 名《纽约时报》读者构成的样本的平均阅读时长为 45 分钟，标准差为 20 分钟，可以使用上述公式计算均值的 95% 置信区间（$z = 1.96$），见下表左半部分。类似地，如果 100 名麦当劳顾客中有 50% 点了咖啡，可以使用上述公式计算百分率的 95% 置信区间（$z = 1.96$），见下表右半部分。

计算均值的 95% 置信区间	计算百分率的 95% 置信区间
$\bar{x} \pm 1.96 \times s_{\bar{x}}$ $= \bar{x} \pm 1.96 \times \frac{s}{\sqrt{n}}$ $= 45 \pm 1.96 \times \frac{20}{\sqrt{100}}$ $= 45 \pm 1.96 \times 2$ $= 45 \pm 3.9$ $= 41.1 \sim 48.9$（分钟） 式中： $\bar{x} = 45$（分钟） $s = 20$（分钟） $n = 100$	$p \pm 1.96 \times s_p$ $= p \pm 1.96 \times \sqrt{\frac{p \times q}{n}}$ $= 50 \pm 1.96 \times \sqrt{\frac{50 \times 50}{100}}$ $= 50 \pm 1.96 \times 5$ $= 50 \pm 9.8$ $= 40.2\% \sim 59.8\%$ 式中： $p = 50\%$ $q = 50\%$ $n = 100$

当然，如果选择 99% 的置信区间，就要使用 ±2.58 倍标准误差进行计算。当样本容量和差异性均相等时，99% 的置信区间总是比 95% 的置信区间要宽。表 11－7 列出了计算均值或百分率的置信区间的五个步骤。

表 11－7　如何计算均值或百分率的置信区间

第 1 步： 确定样本统计量——均值 $\bar{x}$ 或百分率 p。
第 2 步： 确定样本容量 n。
第 3 步： 确定抽样分布的差异性——标准误差。

均值的标准误差：$s_{\bar{x}}=\frac{s}{\sqrt{n}}$

百分率的标准误差：$s_p=\sqrt{\frac{p\times q}{n}}$

第 4 步： 选择期望的置信水平，以确定 z 值：$z_{0.95}$（1.96）或 $z_{0.99}$（2.58）。
第 5 步： 计算置信区间，如 95% 的置信区间：$\bar{x}\pm1.96s_{\bar{x}}$ 或 $p\pm1.96s_p$。

如何解释总体均值或百分率的估计范围

如何解释这些范围呢？当你理解了抽样分布这一基本的理论概念，解释起来就很容易。如果使用 95% 的置信水平，多次重复抽样过程，并逐次计算样本统计量，这些样本统计量的频数分布（抽样分布）将呈钟形曲线。其中 95% 的样本结果会形成一个包含总体参数的范围。

显然，对于一个特定的营销调研项目，营销调研人员只会抽取一个样本，这也是必须进行估计的原因。此外，概率抽样方法的谨慎应用使我们能够利用抽样分布的概念。可见，统计推断过程可以将概率抽样设计与数据分析直接联系起来。你还记得我们在决定样本容量时必须先选择置信水平吗？现在我们处于相反的情况，也就是说，必须将样本容量用于推断过程。估计总体参数时必须使用置信区间，而置信区间总是受随机样本容量的影响。

11.8　汽车研发中心调查：如何利用 SPSS 获得并使用均值的置信区间

计算均值的置信区间比较复杂也很乏味，幸运的是，SPSS 程序可以帮助你。为了说明如何使用 SPSS 的这一功能，我们先来看看公众认同“使用汽油存在弊端”这一观点的证据。你应该记得，在有关均值的描述分析的例子中，我们发现，在回答是否同意“汽车尾气排放导致全球变暖”这一说法时，平均反应是 4.62 分，也就是“同意”。

图 11－7 显示了使用 SPSS 获得均值的 95% 置信区间的点击流程。正确的 SPSS 操作是选择“One-Sample T Test”（单样本 T 检验），你可以按照“ANALYZE-COMPARE MEANS-ONE SAMPLE T TEST”的顺序点击菜单来打开这个窗口。如图 11－7 所示，你只需在检验变量区域选择“Gasoline emissions contribute to global warming”（汽车尾气排放导致全球变暖），然后点击“OK”即可。“Test Value”（检验值）默认为零，本章稍后将解释这个概念。

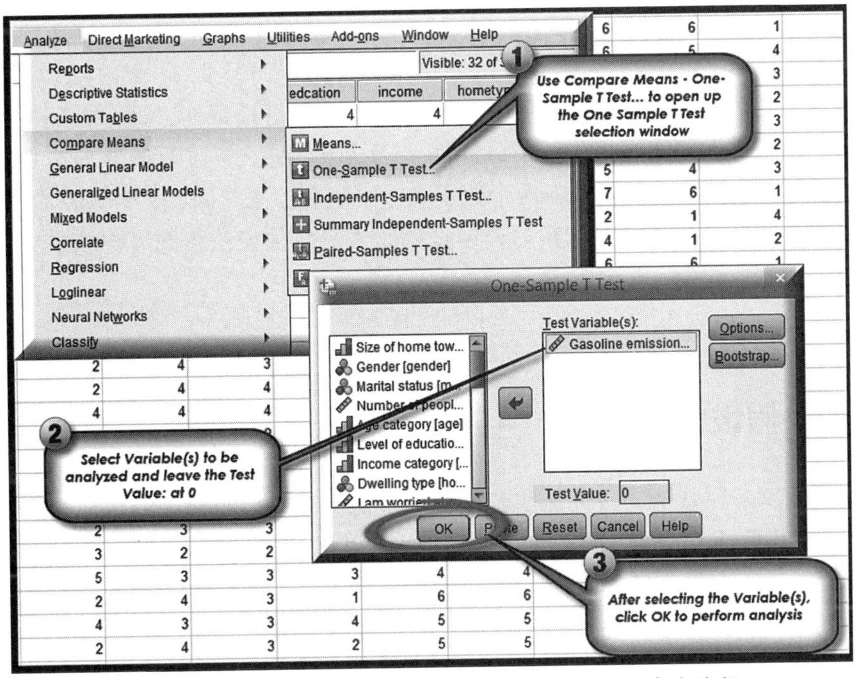

图 11－7　获得均值的 95% 置信区间的 IBM SPSS 点击流程

图 11－8 显示了运行“ANALYZE-COMPARE MEANS-ONE SAMPLE T TEST”命令对变量“汽车尾气排放导致全球变暖”的分析结果。如图所示，均值为 4.62，95% 的置信区间为 4.51 ～ 4.72。尽管代表“同意”的编码是“5”，但这个置信区间已经足够接近 5，因此可以断定它相当于“同意”。我们对这个结果的解释是：如果使用相同的样本容量进行多次重复调查，会发现 95% 的样本均值落在 4.51 ～ 4.72。

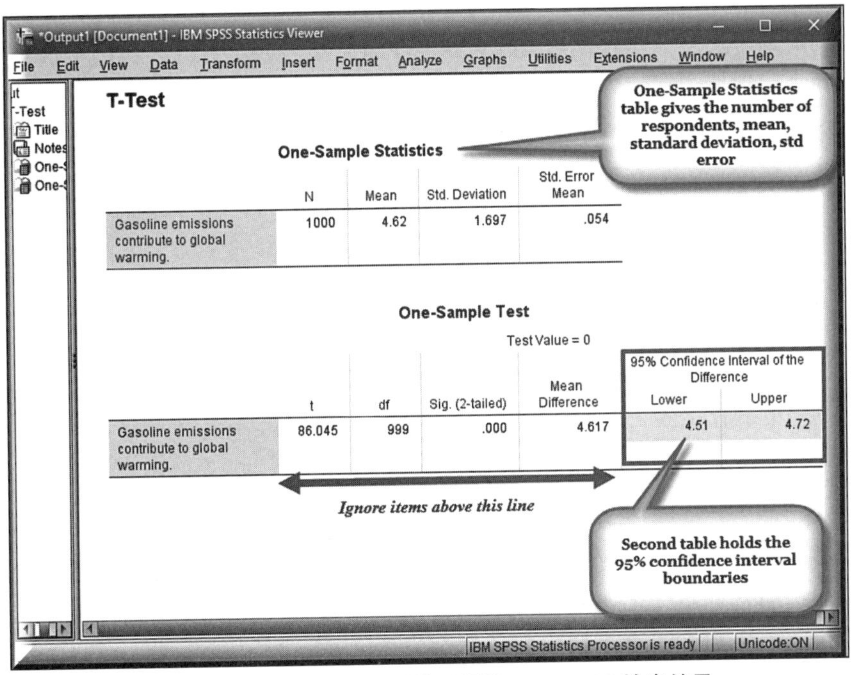

图 11－8　均值的 95% 置信区间的 IBM SPSS 输出结果

11.9 向客户报告置信区间

营销调研人员如何向客户报告置信区间呢？你会惊讶地得知，通常无须报告详细的置信区间。设想一下，如果报告置信区间的全部结果，那么需要计算并向客户报告多少数字？对于每个结果都需要多报告两个数字——下限和上限。因此，令人左右为难的是：客户不愿意在这么多细节上浪费精力，但是调研人员必须设法告知客户结果中存在抽样误差。

11.10 假设检验

在某些情况下，营销调研人员或营销经理可能会根据先验知识、猜想或直觉陈述关于总体参数（均值或百分率）的观点。这种观点称为**假设**（hypothesis），其常见形式是对总体参数值的确切说明。

假设检验（hypothesis test）是一种基于样本证据“接受”或“拒绝”假设的统计方法。[9] 你应该牢记，在所有的假设检验中，样本是目前关于总体信息的唯一来源。样本是随机的且代表总体，样本结果可以用来确定是“接受”还是“拒绝”关于总体参数的假设。[10]

这些听起来好像非常专业，但这是你每天都在使用的推断方式，只不过没有使用“假设”或“参数”这些术语罢了。以下例子可以说明假设检验在生活中很常见。你的朋友比尔（Bill）开车不系安全带，因为他认为现实中只有少数驾驶员系安全带。但是比尔的车坏了，在修车期间他只好搭乘同事的车上下班。在一周内，比尔搭乘了 5 位同事的车，发现他们当中有 4 个人系安全带。一周后，比尔自己驾车时也开始系安全带，因为他没有找到证据来支持“只有少数驾驶员系安全带”这一假设。因此，比尔改变了自己的观点，以与现实保持一致。

总体参数值的假设检验

假设的总体参数（hypothesized population parameter）值可以用百分率或均值来确定。总体百分率的假设检验公式如下：

$$z=\frac{p-\pi_H}{s_p}$$

式中，p 表示样本百分率；π_H 表示假设的总体百分率；s_p 表示百分率的标准误差。

总体均值的假设检验公式如下：

$$z=\frac{\bar{x}-\mu_H}{s_{\bar{x}}}$$

式中，$\bar{x}$ 表示样本均值；μ_H 表示假设的总体均值；$s_{\bar{x}}$ 表示百分率的标准误差。

可见，按照这些公式的逻辑，样本均值（$\bar{x}$）在与假设的总体均值（μ_H）进行比较。类似地，样本百分率（p）在与假设的总体百分率（π_H）进行比较。在这里，“比较”意味着“取差值”。将这个差值除以标准误差，可以确定样本统计量与假设的参数的距离是多少个标准误差。你应该记得，标准误差既考虑了样本的差异性，也考虑了样本容量。一个容量较小而差异性较大的样本会产生较大的标准误差，因此样本统计量可能在数值上与均值相距甚远，但在特定情况下，距离仍然会小于一个标准误差。从样本中发现的所有关于总体的信息都包含在这些计算中。我们可以运用有关正态曲线下方面积的知识来将这个距离转变成支持假设的概率。如果计算所得的 z 值大于 1.96 或小于 –1.96，则我们有 95% 的信心认为样本证据不支持假设的总体参数值。

下面使用“比尔假设只有 10% 的驾驶员系安全带”的例子进行简单说明。假设比尔看到了哈里斯调研公司（Harris）的一项调查结果：在一个包含 1 000 名驾驶员的全国性样本中，有 80% 的受访者使用了安全带。假设检验的计算过程如下（注意，我们在第二步代入了 s_p 的公式）：

$$z=\frac{p-\pi_H}{s_p}=\frac{p-\pi_H}{\sqrt{\dfrac{p\times q}{n}}}=\frac{80-10}{\sqrt{\dfrac{80\times 20}{1\,000}}}=\frac{70}{\sqrt{\dfrac{1\,600}{1\,000}}}=\frac{70}{\sqrt{1.6}}=55.3$$

注：假设的总体百分率 $\pi_H=10$；样本百分率 $p=80$；样本 $q=100-p=20$；样本容量 $n=1\,000$。

统计假设检验的关键是**抽样分布**（sampling distribution）。我们的实际样本是许多理论样本之一，假设所有可能的理论样本结果呈钟形曲线分布，该分布以假设值为中心。如果提出假设的人是正确的，得到的样本结果接近假设值的概率会大于样本结果偏离假设值的概率。因此，如果样本结果最终落在假设值 ±1.96 或 ±2.58 倍标准误差的范围内，则它在 95% 或 99% 的置信水平上支持提出假设的人，因为它落在曲线下方面积 95% 或 99% 的区域内。

但是，如果样本结果不在这个范围内呢？假设正确还是调研者的样本结果正确？该问题的答案总是一样的：样本信息肯定比假设更准确。当然，抽样过程必须严格遵循概率抽样的要求，并且确保样本具有代表性。如你所见，比尔完全弄错了，因为他提出的假设（只有 10% 的驾驶员系安全带）与全国性调查结果（80%）的距离是 55.3 倍标准误差。

下面的例子描述了均值的假设检验过程。金融服务公司 Northwestern Mutual 启动了一个实习项目，该项目致力于为大学生提供培训计划，使其在一个学期内成为现场代理。根据对该项目的了解，地区代理雷克斯·雷根（Rex Reigen）假设：一般的大学生代理在参与项目的第一个学期就能赚大约 2 750 美元。为了检验雷克斯的假设，公司对 100 名大学生代理进行了调查，得到的样本均值为 2 800 美元，标准差为 350 美元。

样本结果 2 800 美元与假设值 2 750 美元相差 50 美元。这个差距是否足以让人怀疑雷克斯的假设呢？换句话说，样本均值与假设均值的距离是否远得足以拒绝假设呢？为了回答这些问题，我们计算如下（注意，我们在第二步代入了均值的标准误差公式）：

$$z=\frac{\bar{x}-\mu_H}{s_{\bar{x}}}-\frac{\bar{x}-\mu_H}{\dfrac{s}{\sqrt{n}}}=\frac{2\,800-2\,750}{\dfrac{350}{\sqrt{100}}}=\frac{50}{35}=1.43$$

注：假设的总体均值 $\mu_H=2\,750$；样本均值 $\bar{x}=2\,800$；标准差 $s=350$；样本容量 $n=100$。

样本差异性和样本容量被用来确定假设的抽样分布的标准误差。在这个例子中，均值的 1 倍标准误差等于 35 美元（均值的标准误差公式：$350/\sqrt{100}$）。用差值 50 美元除以

35 美元，就能确定样本统计量与假设均值的距离是 1.43 倍标准误差。如图 11－9 所示，1.43 倍标准误差位于雷克斯假设的均值 ±1.96 倍标准误差的范围之内。这说明假设得到支持，因为样本均值落在接受区域内。

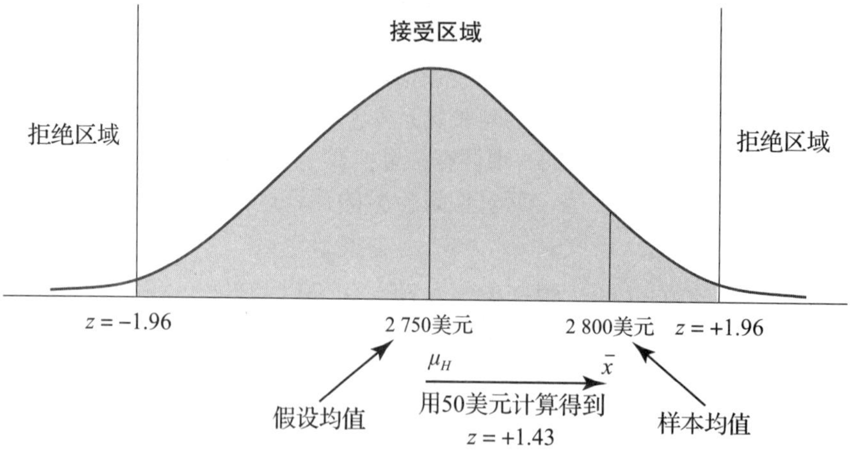

图 11－9　本例中的样本结果支持假设

方便的做法是记住两个数字：1.96 和 2.58。如前文所述，这两个数字分别对应 95% 和 99% 的置信水平，它们是营销调研行业的标准。任何时候，如果计算出的 z 值的绝对值超过 2.58/1.96，则假设得到支持的概率为 0.01/0.05 或以下。当然，SPSS 等统计程序会提供准确的概率，因为程序设定的是在 z 表中查找概率，正如你通过手工计算进行检验并希望得到准确的概率时所做的那样。表 11－8 列出了假设检验的五个基本步骤。

表 11－8　假设检验的五个基本步骤

第 1 步： 提出你对总体均值（μ_H）或总体百分率（π_H）的假设。

第 2 步： 抽取随机样本并确定样本均值（$\bar{x}$）或样本百分率（p）。

第 3 步： 计算统计量与假设参数的差值，然后将差值除以标准误差，计算出 z 值。

$$z = \frac{\bar{x} - \mu_H}{s_{\bar{x}}} \qquad z = \frac{p - \pi_H}{s_p}$$

第 4 步： 如果 z 值在 ±1.96/±2.58 之间，则样本结果在 95%/99% 的置信水平上支持假设。（此外，SPSS 的输出结果可以报告假设得到支持的准确概率。）

第 5 步： 如果样本不支持假设，则须使用置信区间公式修正假设，以使其与样本统计量相符。

汽车研发中心调查：如何利用 SPSS 进行均值的假设检验

我们可以对汽车研发中心调查中的任一数值变量（等距变量或比率变量）的均值进行假设检验。举例说明，假设公众对“我担心全球变暖”的回答是中立的。你应该记得，在我们的量表中，“没有意见”对应编码“4”。你可以利用 SPSS 轻松地进行均值的估计或假设检验。

进行均值的假设检验时，SPSS 会提供一个“Test Value”（检验值）框，可以在此输入假设的均值。如图 11－10 所示，运行“ANALYZE-COMPARE MEANS-ONE SAMPLE T TEST”一系列命令就可以打开检验值框。然后选择变量“I am worried about global warming”（我担心全球变暖）。接下来，输入检验值“4”，再点击“OK”。

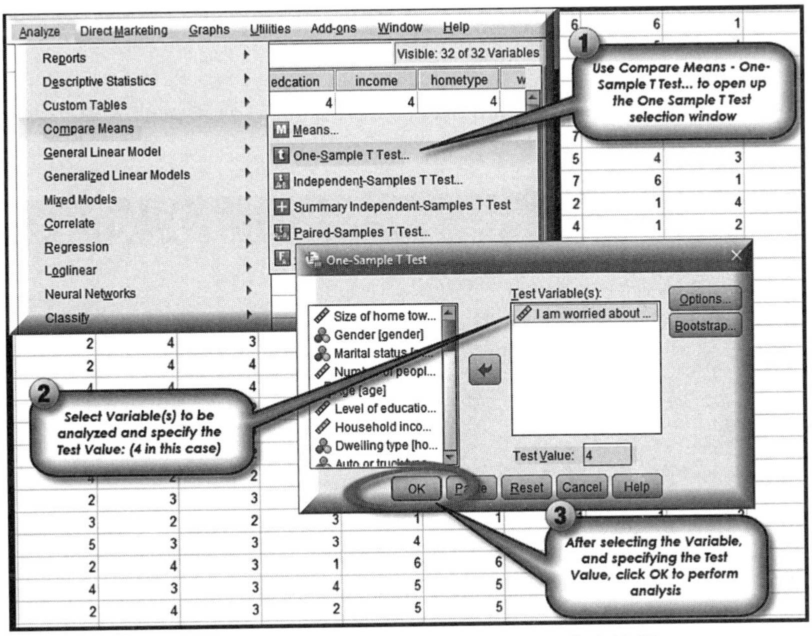

图 11－10　均值假设检验的 IBM SPSS 点击流程

图 11－11 显示了输出结果，其格式与之前的输出表格相同。在上部的“One-Sample Statistics”（单样本统计量）表格中，结果显示检验值为 4。下部的“One-Sample Test”（单样本检验）表格报告了总体参数估计值的 95% 置信区间（总体参数是假设均值与样本均值之差，期望为 0）。样本均值 4.88 减假设均值 4 所得之差为 0.880，标准误差是上部表格中的 0.042。用 0.880 除以 0.042 所得的 t 值为 20.952，它对应着双尾显著性水平 0.000。（暂时假设 t 值就是公式和解释中的 z 值。）也就是说，汽车研发中心调查的样本均值 4.88 不支持该变量（“我担心全球变暖”）的假设检验值 4。

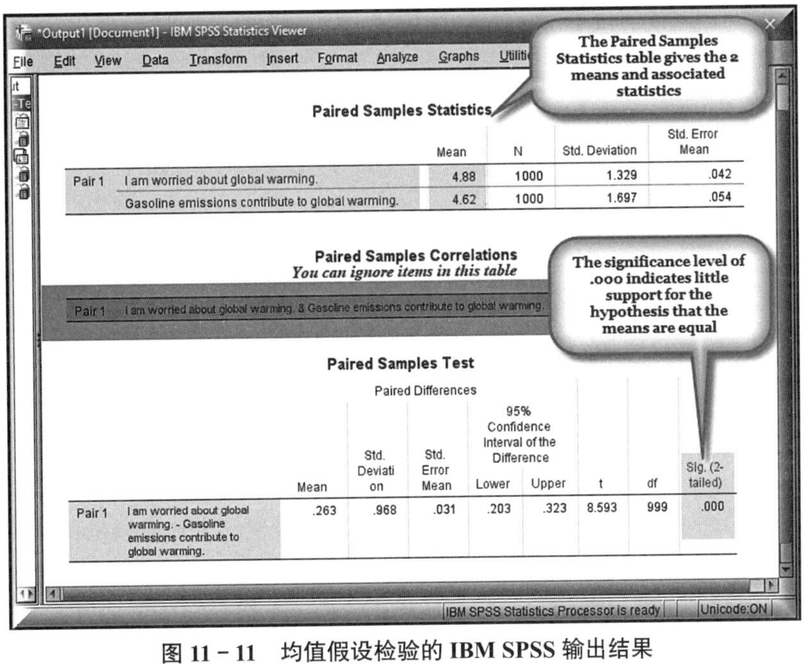

图 11－11　均值假设检验的 IBM SPSS 输出结果

11.11 向客户报告假设检验结果

营销调研人员有时需要做出明确的假设。每当此时，营销调研人员必须进行适当的假设检验并解释其结果。

本章就业技能

通过学习本章内容，你已经掌握了：

知识应用和分析技能

- 描述营销调研人员使用的五种统计分析类型。
- 区分逻辑推断与统计推断。
- 掌握假设检验的基本步骤。
- 区分样本统计量与总体参数。
- 解释置信区间。
- 解释假设检验结果。

信息技术应用和计算技能

- 计算集中趋势指标（均值、众数、中位数）。
- 计算差异性指标（频数分布或百分率分布、全距、标准差）。
- 计算均值或百分率的置信区间。
- 利用 SPSS 进行以下分析：
  - 集中趋势指标；
  - 差异性指标；
  - 均值的置信区间；
  - 均值的假设检验。

数据处理技能

- 根据变量的测量等级确定适当的指标。
- 描述集中趋势指标（众数、中位数、均值）。
- 描述差异性指标（频数分布和百分率分布、全距、标准差）。

沟通技能

- 向客户报告描述统计量。
- 向客户报告置信区间。
- 向客户报告假设检验结果。

小　结

本章介绍了调研人员如何使用描述统计来揭示数据集的基本模式。我们概述了五种统计分析方法：描述分析、推断分析、差异分析、关系分析和回归分析。描述分析使用均值、众数或中位数等集中趋势指标，这些指标都可以描述典型受访者或对调研问题的典型回答。本章提供了确定这些集中趋势指标的公式和示例。频数分布、全距和标准差等差异性指标为揭示所有受访者与典型受访者之间的相似程度奠定了基础。本章也提供了确定这些差异性指标的方法和公式。基本上，描述分析可以描绘样本受访者如何回答调查中的各种问题。

本章还使用汽车研发中心调查数据集来介绍如何利用 SPSS 进行描述分析，并展示了分析的点击流程和输出结果。

然后，本章解释了样本统计量与相应总体参数的区别。接着介绍了统计推断的概念，即根据样本结果得出总体一般结论的一系列方法。推断的关键因素是样本容量 n。之所以出现在统计推断公式中，是因为它影响抽样误差的大小：当差异性相同时，大样本的抽样误差小于小样本。利用标准误差的公式计算置信区间，可以对均值或百分率等总体参数进行估计。调研人员还可以利用样本结果来检验关于均值或百分率的假设。

本章利用 SPSS 和汽车研发中心调查数据，说明了如何利用 SPSS 计算均值的 95% 置信区间，以及如何进行均值的假设检验。二者都是通过 SPSS 的单样本 T 检验完成的。进行百分率的参数估计和假设检验时，你可以使用 SPSS 来确定百分率，但是你必须使用本章所介绍的公式来计算置信区间或进行显著性检验。

复习题与应用题

1. 什么是数据分析？它有哪些作用？
2. 定义并区分以下各项：（1）描述分析；（2）推断分析；（3）关系分析；（4）回归分析；（5）差异分析。
3. 什么是集中趋势指标？它描述的是什么？
4. 什么是差异性？在描述对问卷中特定问题的应答时，差异性有什么作用？
5. 举例说明在一项生活方式调研中，频数分布（或百分率分布）如何揭示对李克特类型问题的应答的差异性。举两个极端的例子，一个差异性很大，一个差异性很小。
6. 什么是全距？在什么情况下使用全距作为样本的离散趋势指标？
7. 参考标准差的计算公式，说明它如何衡量受访者之间的差异程度。
8. 在下列情况下，解释为什么均值是不合适的集中趋势指标：（1）调查受访者的性别（男性或女性）；（2）调查婚姻状况（单身、已婚、离婚、分居、丧偶及其他）；（3）在一次偏好测试中，调查受访者对三种啤酒的选择顺序。
9. 在第 8 题的每种情况下，合适的集中趋势指标是什么？
10. 在一项关于效率应用程序的调查中，受访者写下了他们在过去的六个月内安装应用程序的数量。可以使用哪些集中趋势指标？哪个指标最合适？为什么？
11. 如果你使用标准差作为样本的差异性指标，这意味着你采用了什么统计假设？
12. 进行统计推断时需要考虑哪些基本因素？
13. 参数估计的含义是什么？它对调研人员有什么作用？
14. 均值的参数估计与百分率的参数估计有什么区别？
15. 分别列出统计假设检验与“直觉”假设检验的步骤。它们有哪些异同点？
16. 调研人员表示“假设在 95% 的置信水平上得到了支持”，这意味着什么？
17. 以下计算练习可以帮助你选择恰当的公式，并学习如何进行必要的计算。对每个问题进行必要的计算，并将答案写在“你的置信区间”或“你的检验结果”两列的横线上。

（1）确定以下每种情况下的置信区间：

样本统计量	样本容量	置信水平	你的置信区间
均值：150 标准差：30	200	95%	________

续表

样本统计量	样本容量	置信水平	你的置信区间
百分率：67%	300	99%	________
均值：5.4 标准差：0.5	250	99%	________
百分率：25.8%	500	99%	________

（2）检验以下假设并解释你的检验结果：

假设	样本结果	置信水平	你的检验结果
均值 =7.5	均值：8.5 标准差：1.2 $n = 670$	95%	________
百分率 =86%	$p = 95$ $n = 1\ 000$	99%	________
均值 =125	均值：135 标准差：15 $n = 500$	95%	________
百分率 =33%	$p = 31$ $n = 120$	99%	________

18. 阿拉莫租车公司（Alamo Rent-A-Car）的高管认为公司拥有的凯迪拉克汽车大约占所有凯迪拉克出租车的 50%。为了检验该观点，调研人员随机指定了 20 个可以现场租车的大型机场。观察人员被派往各个地点，以记录四个小时内归还至各租车公司的凯迪拉克汽车的数量。结果一共观察到 500 辆车，其中 30% 被归还至阿拉莫租车公司。这一结果对该公司高管的观点有什么意义？

案例 11－1

L’Experience 餐厅调查的描述分析和推断分析

除了汽车研发中心的调查，CMG 调研公司的科里 · 罗杰斯（Cory Rogers）还与杰夫 · 迪安（Jeff Dean）有合作。杰夫认为可以在大都市地区的某地开设一家名叫“L’Experience”的高档餐厅。下面是对这家拟开业餐厅的描述：

> 这家餐厅装潢典雅，在宽敞、半私密的环境中提供非常私人化的服务，由国际知名厨师烹饪各种传统和特色菜肴。该餐厅的环境、食物和服务都符合高档餐厅的标准。菜单中的每道菜都单独定价，即“菜品单点”，价格也符合人们对高档餐厅的期望。

科里的团队在网上发布了问卷，并收集到一个具有代表性的样本。下表是 SPSS 数据集的编码手册。

问题	编码	标签
你是否至少每两周在高档餐厅用餐一次？	1, 2	是；否（如果回答“否”，结束调查）
你每月在餐厅的消费总额是多少（仅餐费）？	实际金额	无标签
你光顾这家拟开业高档餐厅的可能性有多大？	1, 2, 3, 4, 5	非常不可能；……；非常有可能
你期望这家餐厅一份普通的晚餐主菜的定价是多少？（如果对上一题的回答不是“非常不可能”。）	实际金额	无标签
你是否听广播？	1, 2	是；否
（如果回答“是”）你经常收听什么类型的广播节目？	1, 2, 3, 4, 5	乡村音乐；轻音乐；摇滚乐；脱口秀 / 新闻；没有偏好
你是否收看当地电视新闻？	1, 2	是；否
（如果回答“是”）你经常收看什么时段的新闻？	1, 2, 3, 4	早 7 点；午间；晚 6 点；晚 10 点
你是否每天阅读或上网浏览当地报纸？	1, 2	是；否
（如果回答“是”）你经常阅读当地报纸的哪个版面？	1, 2, 3, 4, 5	社论；商业；当地新闻；分类广告；生活、健康和娱乐
你是否订阅《都市》杂志？	1, 2	是；否
你每月利用在线评论选择产品和服务的频率如何？	0, 1, 2, 3, 4	从不；1 ～ 2 次；3 ～ 4 次；5 ～ 7 次；超过 7 次
你对这家拟开业餐厅以下各项特征的偏好程度如何？ ● 滨水景观 ● 不到 30 分钟车程 ● 服务员身着正式燕尾服 ● 与众不同的甜品 ● 品种丰富的主菜 ● 与众不同的主菜 ● 简单的装潢 ● 典雅的装潢 ● 背景音乐是古典音乐 ● 背景音乐是 Top Forty 榜单上的热门歌曲	1, 2, 3, 4, 5	非常不喜欢；有些不喜欢；无所谓喜不喜欢；有些喜欢；非常喜欢
年龄	实际年龄	无标签
你的最高学历是什么？	1, 2, 3, 4, 5, 6, 7, 8	低于高中；高中肄业；高中毕业；大学肄业；大专；本科；硕士研究生；博士研究生
你的婚姻状况如何？	1, 2, 3,	单身；已婚；其他
包括共同居住的 18 岁以下子女在内，你的家庭人口数是多少？	实际子女人数	无标签
请选择包含你的住地邮政编码的字母（使用的是邮编的最后两位数字）。	1, 2, 3, 4	A (01 & 02)；B (03, 04 & 05)；C (07, 08 & 09)；D (10, 11 & 12)

续表

问题	编码	标签
你的税前家庭收入是多少?	1, 2, 3, 4, 5, 6, 7	50 000 美元以下；50 000 ～ 74 999 美元；75 000 ～ 99 999 美元；100 000 ～ 149 999 美元；150 000 ～ 199 999 美元；200 000 ～ 249 999 美元；250 000 美元以上
你的性别是什么?	1, 2	男；女

科里还忙于其他营销调研项目，并与现有和潜在客户订下许多会议之约，因此他找来营销实习生克里斯汀·于（Christine Yu）。克里斯汀是一所大学营销专业四年级学生，上学期选修了营销调研课程。科里说："克里斯汀，我们为杰夫·迪安所做的调查该进行一些分析了。现在我们来了解一下数据的情况。应该做哪些基本分析就交给你来判断。咱们明天下午两点半见面，让我听听你的结果。"

你的任务是扮演营销实习生克里斯汀·于的角色。SPSS 数据文件的名称为 L'Experience.sav。

1. 确定哪些变量是类别型的（名义变量或顺序变量），进行适当的描述分析并解释结果。

2. 确定哪些变量是数值型的（等距变量或比率变量），进行适当的描述分析并解释结果。

3. 以下各项的总体估计值是多少?

（1）对轻音乐广播节目的收听偏好。

（2）收看晚 10 点当地电视新闻。

（3）订阅《都市》杂志。

（4）家庭户主的平均年龄。

（5）在餐厅的月平均消费总额。

4. 这将是一家高档餐厅，因此它主要面对高收入消费者。投资商期望收入水平在 200 000 美元以上的家庭占 15%。检验这个假设。

5. 对于那些"非常有可能"光顾 L'Experience 餐厅的人，杰夫认为他们将"非常喜欢"或"有些喜欢"以下各项：（1）服务员身着正式燕尾服；（2）与众不同的甜品；（3）品种丰富的主菜；（4）与众不同的主菜；（5）典雅的装潢；（6）背景音乐是古典音乐。调查结果是否支持杰夫的假设？解释你得到的结果。

案例 11-2 综合案例

汽车研发中心调查的描述分析和推断分析

CMG 调研公司的科里·罗杰斯很高兴地打电话通知尼克·托马斯，汽车研发中心调查数据已收集完毕，目前准备进行分析。当然，科里还忙于其他营销调研项目，并与现有和潜在客户订下许多会议之约，因此他找来数据分析员西莱斯特·布朗（Celeste Brown）。科里说："西莱斯特，我们为尼克·托马斯所做的调查该进行一些分析了。我要将这个重要项目的所有数据分析任务交给你。现在我们来了解一下数据的情况。你先进行一些描述分析，了解一下数据的基本模式和差异性。咱们明天下午三点半见面，让我听听你的结果。"

在本案例中，你的任务是扮演数据分析员西莱斯特·布朗的角色。汽车研发中心调查数据集已经可供描述分析了。SPSS 数据文件的名称为 Auto Concepts.sav。你的营销调研老师会告诉你如何获取该 SPSS 数据集。数据集样本代表了美国家庭，其中既包括汽车所有者，也包括没有汽车的人，因为任何待研发的新车型都难以在未来 3 ～ 5 年进入市场。

问题	编码	标签
居住城镇规模	5, 55, 300, 750, 1 250	10 000 人以下；10 000 ～ 100 000 人；100 000 ～ 500 000 人；500 000 ～ 1 000 000 人；1 000 000 人以上
性别	0, 1	男；女
婚姻状况	0, 1	未婚；已婚
家庭人口数	实际人数	无标签
年龄	25, 35, 45, 55, 65	20 ～ 29 岁；30 ～ 39 岁；40 ～ 49 岁；50 ～ 59 岁；60 岁以上
受教育水平	0, 4, 6, 8, 10	低于高中；高中毕业；大专；本科；硕士或博士研究生
家庭收入水平	25, 63, 88, 125, 175	50 000 美元以下；50 000 ～ 75 000 美元；76 000 ～ 100 000 美元；101 000 ～ 150 000 美元；150 000 美元以上
居住户型	1, 2, 3, 4	独户；多户；双拼 / 联排；活动房
拥有的车型	1, 2, 3, 4	没有车；经济型；标准型；豪华型
计划在未来一年内购车或租车	0, 1	否；是
我担心全球变暖。 汽车尾气排放导致全球变暖。 全球变暖是真正的威胁。	1, 2, 3, 4, 5, 6, 7	非常强烈不同意；强烈不同意；不同意；没有意见；同意；强烈同意；非常强烈同意
我谨慎驾驶，以节省燃油。 我查询交通状况，以避免拥堵。 我驾驶节能汽车。	1, 2, 3, 4, 5, 6, 7	非常强烈不同意；强烈不同意；不同意；没有意见；同意；强烈同意；非常强烈同意
对以下车型的偏好： 超级摩托车：1 座全电动摩托车 运动型小型车：2 座全电动运动型车 装载型小型车：2 座油电混合动力车 经济型混合动力车：4 座油电混合动力车 经济型汽油车：4 座经济型汽油车	1, 2, 3, 4, 5, 6, 7	非常不喜欢；不喜欢；有些不喜欢；中立；有些喜欢；喜欢；非常喜欢
生活方式：前卫者 生活方式：创新者 生活方式：领潮者 生活方式：先行者 生活方式：主流者 生活方式：传统者	1, …, 7	跟我完全不符；……；跟我完全相符

续表

问题	编码	标签
最喜欢的电视节目类型	1, 2, 3, 4, 5, 6, 7	喜剧；戏剧；电影 / 微电影；新闻 / 纪录片；现实题材；科幻；体育
最喜欢的广播节目类型	1, 2, 3, 4, 5, 6	经典流行与摇滚音乐；乡村音乐；轻音乐；爵士与布鲁斯；流行音乐排行榜；脱口秀
最喜欢的杂志类型	1, 2, 3, 4, 5, 6, 7, 8	商业与金融；音乐与娱乐；家庭与育儿；运动与户外；家居与园艺；烹饪、美食与葡萄酒；卡车、轿车与摩托车；新闻、政治与时事
最喜欢的当地报纸版面	1, 2, 3, 4, 5, 6, 7	社论；商业；当地新闻；国家新闻；体育；娱乐；不读报纸
使用在线博客 使用内容社区 使用社交网站 使用在线游戏 使用虚拟世界	0, 1, 2, 3	少于 1 小时；大约 1 小时；大约 2 小时；大约 3 小时或以上（每天）

在下列问题中，确定每个变量的类型，利用 SPSS 进行适当的描述分析，并加以解释。

1. 样本的人口构成如何？
2. 受访者对“担心全球变暖”和“对节省燃油承担个人责任”的态度如何？
3. 受访者最喜欢什么车型？最不喜欢什么车型？
4. 描述受访者对传统媒体的使用情况。
5. 描述受访者对社交媒体的使用情况。
6. 有百分之多少的美国人计划在未来一年内购车或租车？
7. 有百分之多少的美国人拥有经济型车及标准型车？
8. 汽车研发中心负责人认为美国大众对以下车型的偏好程度如下：

车型	偏好 *
超级摩托车：1 座全电动摩托车	3
运动型小型车：2 座全电动运动型车	4
装载型小型车：2 座油电混合动力车	4
经济型混合动力车：4 座油电混合动力车	3
经济型汽油车：4 座经济型汽油车	2

* 以 7 级量表测量。

利用调查结果检验这些假设。

注释

………… 第 12 章 …………

差异分析

学习目标

在本章你将学习：

» 为什么差异非常重要。
» SPSS 如何解决小样本的问题。
» 如何检验两个群组之间的显著性差异（百分率和均值）。
» 方差分析：检验多个群组的均值之间的显著性差异。
» 如何向客户报告群组差异检验结果。
» 如何检验同一样本（配对样本）的两个均值之间的差异。
» 本章介绍的各种差异检验的原假设。

| 本章位置 |

1. 确定营销调研需求
2. 界定营销问题
3. 明确调研内容
4. 确定调研设计
5. 识别信息类型和来源
6. 确定获取数据的方法
7. 设计调查问卷
8. 确定抽样方案和样本容量
9. 收集数据
☞ 10. 分析数据
11. 撰写和展示调研报告

12.1 为什么差异非常重要

也许最有用的营销管理概念之一就是市场细分。从根本上说，市场细分的依据是不同类型的消费者有不同的需求，而需求上的差异可以为营销策略提供依据。例如，Iams 宠物食品公司针对宠物犬的年龄（幼犬、成年犬、老年犬）、体重（小型、中型、大型）和活跃程度（少动、正常、适度、多动）销售 20 多种干狗食。丰田汽车公司销售 26 种车型，其中包括 7 种轿车、2 种卡车、9 种混合型车和 6 种 SUV 越野车。波音公司生产 7 种不同类型的商用飞机，还专门设立了一个针对商务旅行的商用机部门。[1]

让我们再从消费者的角度看看需求差异。每个人都需要洗手，但所需的香皂种类不同。周末在花园里劳作之后，园丁的指甲缝里会留有泥污；工厂里的工人手上会沾有溶剂；儿童的脸上和手上经常会黏着饮料残渍；爱美的女孩子则希望让双手看起来完美无瑕。各个细分市场的需求千差万别，因此机智的营销人员应该针对每个目标市场的独特需求制定营销组合。[2]

这些差异显而易见，但是随着竞争日益激烈，许多行业的公司都开始关注市场细分和目标营销。因此，聚焦于消费者的营销人员有必要研究不同消费者群体间的差异，聚焦于企业间电子商务（B2B）的营销人员则需要研究各企业间的差异。市场细分的基础是发现统计上显著、有意义、稳定和可操作的差异。我们将以一家研发与销售感冒药的制药公司为例，简要讨论这四个要求。

差异必须在统计上显著。如你所知，统计显著性的概念是营销调研的基础。[3] **统计上显著的差异**（statistically significance of difference）意味着样本中的差异真实存在于作为随机样本来源的总体中。对于细分市场之间的表面差异，必须通过检验来评估其统计显著性，这是本章将要介绍的内容。以上述制药公司为例，我们可以询问感冒患者：“减轻……症状的感冒药对你来说有多重要？”受访者将以 10 级量表（其中 1 代表“不重要”，10 代表“非常重要”）来衡量每种感冒症状（如发烧、咽喉痛、鼻塞、肌肉酸痛等）的重要程度。利用本章介绍的统计检验方法，我们可以确定应答之间是否存在显著性差异。在这些感冒患者中，我们可能会发现两个群组之间存在统计上显著的差异：鼻塞患者更渴望减轻呼吸困难和鼻塞问题，肌肉酸痛患者则更渴望缓解肌肉酸痛症状。

差异必须有意义。统计上显著的差异并不一定“有意义”。事实上，数据挖掘需要分析数以万计的记录，在线调查收集到的受访者成千上万，用其他方法也可以得到非常大的样本。这些情况会导致一种风险，即统计上的显著差异很可能没有意义，因为统计显著性在很大程度上取决于样本容量。[4] 通过考察本章给出的公式，你将发现样本容量 n 会影响计算所得的 z 值，而 z 值决定显著性水平。即使群组之间的绝对差异非常小，容量超过 1 000 的大样本之间也经常会产生统计上的显著差异。**有意义的差异**（meaningful difference）是指营销经理可能用来作为营销决策依据的显著性差异。

在感冒药的例子中，你会得到一些有意义的启示：一组患者无法畅快呼吸，另一组患者则感到肌肉酸痛；值得庆幸的是，一些感冒药的成分可以缓解鼻塞，另一些则能够减轻疼痛。制药公司能否在一种感冒药中同时添加两种成分呢？研究表明，鼻塞患者不希望药物中含有减轻疼痛的成分，这会令他们昏昏欲睡；肌肉酸痛患者则不希望药物中含有缓解鼻塞的成分，这会让他们感觉喉咙干涩和鼻腔不适。可见，这些差异对消费者和制药公司都是有意义的。

差异必须稳定。稳定性意味着我们正在处理的差异并非短期的或暂时的。**稳定的差异**（stable difference）是指在可预见的将来仍然会存在的差异。鼻塞患者的持续症状很可能归因于某种呼吸道缺陷，他们也许有过敏或呼吸问题等前症，也可能经常接触重度污染或其他影响呼吸的病源。肌肉酸痛患者可能是非常爱动但没有呼吸道缺陷的人，他们在生活中很重视运动（如定期锻炼），或者他们的职业可能涉及体力劳动。当感冒病毒来袭时，患者很有可能一次又一次地遭受同样的不适：鼻塞或肌肉酸痛。也就是说，两组患者之间的差异是稳定的。制药公司可以有针对性地开发不同的感冒药，因为管理人员从经验和研究中得知，特定感冒患者寻求的药品功效是始终如一的。

差异必须可操作。市场细分必须使用标准的或具有创新性的细分基础，这些细分基础能够区分不同的群体，使营销人员可以对其进行分析和目标营销。**可操作的差异**（actionable difference）意味着营销人员可以针对不同的细分市场采用不同的产品设计或广告等营销战略和战术，以强调这些细分之间的差异。有很多可操作的细分基础，如人口统计特征、生活方式和产品功效等。在上述例子中，感冒患者表现出许多不同的症状，我们从中识别出两个有意义且稳定的群体。因此，针对每个群体分别开发感冒药生产线是可行的。看看当地药店里的感冒药专柜就可以证实，根据感冒症状进行市场细分具有可操作性。

你可能会对有意义的差异和可操作的差异感到困惑。回想一下，我们定义有意义的差异时使用了“可能”这个词。在感冒药的例子中，制药公司有可能针对每个有不同人口统计特征或不同生活方式的群体所表现的每种感冒症状来研发并销售感冒药。例如，可以研发一种感冒药来缓解高中运动队里十几岁女孩流鼻涕的症状，也可以研发另一种感冒药来缓解高中运动队里十几岁男孩打喷嚏的症状。但是，生产这么多不同种类的感冒药是不经济的，营销人员必须根据细分市场规模和利润率来评估差异的可操作性。然而，根本性差异需要根据统计显著性、意义和稳定性来评估。

本章主要讨论统计上显著的差异，因为这是高效的市场细分和目标营销的起点。差异的意义、稳定性和可操作性并不属于统计问题，这些需要营销经理做出判断。

12.2 小样本容量：使用 t 检验还是 z 检验，SPSS 如何解决该问题

本章介绍的大部分公式都涉及 z 值的计算。如第 11 章所述，计算 z 值时必须假设所考察的大多数统计量的原始数据呈正态或钟形分布。但是，统计学家已经证实，当样本容量等于或小于 30 个观察值时，数据不具备正态曲线的属性。[5] 在这种情况下，可以计算 t 值来代替 z 值。**t 检验**（t test）是用于小样本容量的统计推断检验。当样本容量等于或大于 30 时，则需要使用 **z 检验**（z test）。

使用统计分析程序的最大优势是它们可以计算正确的统计量。换句话说，不需要你来决定是计算 t 值、z 值还是其他值。在 SPSS 中，所有的差异分析都称为 t 检验，不论是 t 检验还是 z 检验，SPSS 都会确定正确的显著性水平，因此你不必担心应该使用哪个统计量。你需要掌握的技能是如何解释 SPSS 输出结果中的显著性水平。调研洞察 12－1 介绍了一种"信号灯"类比方法，很多学生反映这种方法有助于理解显著性水平。

调研洞察 12－1　实践应用

数据分析中的绿色信号灯和统计显著性

所有统计分析程序的输出结果都可以视作"信号灯"。绿灯亮起说明存在统计显著性。只有在这个时候，才应该进一步考察并确定调研结果所揭示的模式。如果信号灯不是绿色的，你就不必浪费时间了。解读这种统计上的信号灯时，你需要知道两件事：第一，信号灯出现在哪里；第二，信号灯是什么颜色的。

信号灯出现在哪里？

实际上，每种统计检验方法都涉及某个关键统计量的计算，该统计量可以用来确定结果的统计显著性。采用的检验方法及假设不同，关键统计量的名称也就不同，但是通常以 z、t 或 F 等字母来表示。统计分析程序能够自动识别并计算正确的统计量，因此你不必事先知道需要计算哪个统计量，尽管这会对你有所帮助。此外，统计量本身并不是信号灯，它只是决定信号灯颜色的必要计算结果。

计算机程序会提供信号灯，但其名称随所使用的检验方法而有所不同。在计算机输出结果中，被统计学家称为"p 值"的信号灯以"significance"（显著性）或"probability"（概率）表示，有时简写为"Sig."或"Prob."。为了找到信号灯，你需要在分析结果中找到"Sig."或"Prob."，并查看它的值。该值将是一个小数，也许低至 0.000，最高为 1.000。找到它就意味着你已经找到了统计显著性的信号灯。

信号灯是什么颜色的？

每当你开车遇到信号灯时，绿灯意味着你可以继续前进，红灯则意味着你必须停下来。考虑到本书的目的，我们用 95% 的置信水平来解释。也就是说，如果你对绿灯亮着有 95% 的信心，你就可以踩油门前进。如前文所述，统计分析结果中所报告的显著性或概率值的范围是 0.000 ～ 1.000，它代表原假设（无差异）得到支持的程度。用 1 减去所报告的显著性水平，得到的就是分析结果的置信水平。例如，如果显著性水平为 0.03，用 1 减 0.03，就会得到 0.97 或 97% 的置信水平。每当这个值等于或大于 95% 时，你就应该意识到绿灯亮了，接下来可以解释结果了。如果这个值小于 95%，说明你遇到了红灯，你应该停下来，因为进一步的分析也是徒劳无益的。

12.3 检验两个群组之间的显著性差异

在最简单的情况下（如在感冒药的例子中），调研人员往往想要比较两个感兴趣的群组。也就是说，调研人员可能对两个独立的群组（如新顾客与老顾客）感兴趣，想要比较他们对同一问题的应答。该问题可能涉及名义变量，也可能涉及数值变量。对于名义变量，调研人员需要比较百分率；对于数值变量，则需要比较均值。如你所知，检验百分率与检验均值的公式有所不同。

两个群组（独立样本）的百分率之间的差异

在比较两组受访者以确定他们之间是否存在统计上的显著差异时，营销调研人员将他们视为两个具有潜在差异的总体。需要回答的问题就是：他们各自的总体参数之间是否存在差异。但是，调研人员通常只能得到样本结果。因此，他们必须根据统计显著性确定样本统计量之间的差异是不是总体之间的真实差异。你很快就会发现，差异检验的逻辑与第 11 章介绍的假设检验的逻辑非常相似。

我们先来看一下你每天在比较两个事物时采用的直觉推断方法。假设你阅读了《商业周刊》（*Business Week*）上一篇关于大学生招聘的文章，这篇文章引用了哈里斯调研公司的一项调查结果。该调查结果显示：在随机抽取的 100 家公司中，有 65% 的公司会前往大学校园面试商科专业的学生。文章还指出，在去年进行的一项针对 300 家公司的类似调查中，这一比例只有 40%。这个重大新闻意味着，今年会有更多公司前往你们校园进行招聘面试。但是，由于抽样误差，你不能完全相信这个令人欣喜的结论。如果两个百分率之间的差异非常大（例如，今年是 80%，但去年是 20%），你会更加确信发生了真正的变化。但是，如果你发现差异基于较小的样本容量（如每年仅调查 10 家公司），对于“今年与去年的大学生招聘存在差异”这一推断，你就不会那么确信。从直觉上来说，在确定两个样本的百分率或均值之间是否存在统计上的显著差异时，你考虑了两个关键因素：两个统计量之间的差异（65% 与 40%）和样本容量的差异（100 与 300）。

为了检验两个群组的百分率之间是否存在真实差异，我们需要检验**原假设**（null hypothesis），即假设两个总体参数之间的差异为零。对立假设则是二者之间存在真实差异。检验**两个百分率之间差异的显著性**（significance of differences between two percentages）需要三个步骤，其中每个百分率都涉及一个独立的群组。第一步需要比较两个百分率，也就是算出它们之间的算术差值。第二步需要计算这个差值距离假设值“零”有多少个标准误差。第三步，一旦得知有多少个标准误差，运用有关正态曲线下方面积的知识就可以评估原假设得到支持的概率。

两个百分率之间差异的显著性检验公式如下：

$$z=\frac{p_1-p_2}{s_{p_1}-s_{p_2}}$$

式中，p_1 表示样本 1 的百分率；p_2 表示样本 2 的百分率；$s_{p_1}-s_{p_2}$ 表示两个百分率之间差异的标准误差。

两个百分率之间差异的标准误差是利用两个样本百分率各自的标准误差计算得到的，其公式如下：

$$s_{p_1}-s_{p_2}=\sqrt{\frac{p_1\times q_1}{n_1}+\frac{p_2\times q_2}{n_2}}$$

式中，$q_1=100-p_1$；$q_2=100-p_2$；n_1, n_2 表示样本 1 和样本 2 各自的样本容量。

如果将这些公式与第 11 章介绍的假设检验公式进行比较，你会发现其逻辑是相同的。显著性检验公式的分子为一个样本的统计量（p_1）减去另一个样本的统计量（p_2），正如我们在假设检验中用样本百分率减去假设的百分率一样。你应该注意到，我们使用了下标 1 和 2 来代表两个不同样本的统计量。抽样分布概念体现在分母上。但是，现在考虑的是百分率之间差异的抽样分布，而不是假设检验中简单的百分率的标准误差。也就是说，假定多次重复抽样，并逐次计算两个样本统计量之间的差异。如果原假设是真实的，这些差异的分布呈正态曲线，其均值为 0，标准误差为 1。与假设检验一样，我们将接受这个（原）假设，除非它得不到统计检验的支持。因此，经过多次重复抽样比较，两个样本百分率之间差异的均值将为 0。换句话说，我们现在考虑的抽样分布是经过多次抽样比较后两个样本统计量之间差异的分布。[6] 下面的例子可以说明这一点。

在哈里斯调研公司关于大学校园招聘的调查中，去年调查的 300 家公司中有 40% 的公司会进行校园招聘，在今年调查的 100 家公司中，该比例则为 65%。由此可计算得出：

$$z=\frac{p_1-p_2}{s_{p_1-p_2}}=\frac{65-40}{\sqrt{\frac{65\times35}{100}+\frac{40\times60}{300}}}=\frac{25}{\sqrt{22.75+8}}=\frac{25}{5.55}=4.51$$

注：$p_1=65\%$；$p_2=40\%$；$n_1=100$；$n_2=300$。

通过比较计算所得的 z 值与 95% 置信水平上的标准 z 值 1.96，我们发现计算所得的 z 值 4.51 大于 1.96。如果计算所得的 z 值大于标准 z 值 1.96，说明在 95% 的置信水平上原假设没有得到支持。这意味着两个百分率之间存在统计上的显著性差异。我们确信，如果多次重复比较大量的独立样本，至少 95% 的样本之间会存在显著性差异。当然，我们不可能重复比较那么多次，但这是统计学家使用显著性水平的基本原理。

对于两个群组来说，利用上述公式确定两个百分率之间差异的显著性非常简单，因为我们需要的仅仅是每个群组的样本容量。

如何利用 SPSS 处理两个群组的百分率之间的差异

与大多数统计分析程序一样，SPSS 不提供两个群组的百分率之间差异的显著性检验。但是，你可以利用 SPSS 确定你感兴趣的变量的样本百分率和样本容量。你需要运行 SPSS 的“FREQUENCIES”命令，然后对另一样本重复进行该描述分析，得到所需的所有值（p_1、p_2、n_1 和 n_2），再通过人工或电子表格程序进行计算。（你可以根据“$p+q=100\%$”这一关系计算 q_1 和 q_2。）

两个群组（独立样本）的均值之间的差异

检验两个不同群组（两个不同样本或同一样本中的两个不同群体）的**两个均值之间差异的显著性**（significance of differences between two means）的过程，与检验两个百分率的过程是类似的。但是，因为涉及数值变量，公式有所不同。

两个均值之间差异的显著性检验公式如下：

$$z=\frac{\bar{x}_1-\bar{x}_2}{s_{\bar{x}_1-\bar{x}_2}}$$

式中，$\bar{x}_1$ 表示样本 1 的均值；$\bar{x}_2$ 表示样本 2 的均值；$s_{\bar{x}_1-\bar{x}_2}$ 表示两个均值之间差异的标准误差。

两个均值之间差异的标准误差取决于每个样本的差异性和样本容量。由于处理的是均值，我们需要在两个均值之间差异的标准误差公式中使用标准差：

$$s_{\bar{x}_1-\bar{x}_2}=\sqrt{\frac{s_1^2}{n_1}+\frac{s_2^2}{n_2}}$$

式中，s_1 表示样本 1 的标准差；s_2 表示样本 2 的标准差；n_1 表示样本 1 的容量；n_2 表示样本 2 的容量。

我们举例说明如何计算差异的显著性。“男性青少年与女性青少年的运动型饮料的饮用量是否存在差异？”让我们来看看对这一问题的回答。在最近的一项调查中，青少年被要求回答一般一周饮用多少瓶 20 盎司的运动型饮料。描述统计显示，男性平均饮用 9 瓶，女性则平均饮用 7.5 瓶。标准差分别是 2 和 1.2。两个样本均包括 100 名参与者。将数值代入显著性检验公式，得到的结果如下：

$$z=\frac{\bar{x}_1-\bar{x}_2}{\sqrt{\frac{s_1^2}{n_1}+\frac{s_2^2}{n_2}}}=\frac{9.0-7.5}{\sqrt{\frac{2^2}{100}+\frac{1.2^2}{100}}}=\frac{1.5}{\sqrt{0.04+0.0144}}+\frac{1.5}{0.233}=6.43$$

注：$\bar{x}_1=9.0$；$\bar{x}_2=7.5$；$s_1=2.0$；$s_2=1.2$；$n_1=100$；$n_2=100$。

图 12－1 显示了这个例子中两个样本均值的抽样分布的对比情况。在图的下半部分，我们提供了均值为零（原假设）的差异钟形曲线的标准误差。看看图中标出的“计算所得的 z 值”的位置，你就会知道两个均值没有差异的原假设得到支持的概率小于 0.05，因为此例中计算所得的标准误差的倍数 6.43 远远大于 1.96。

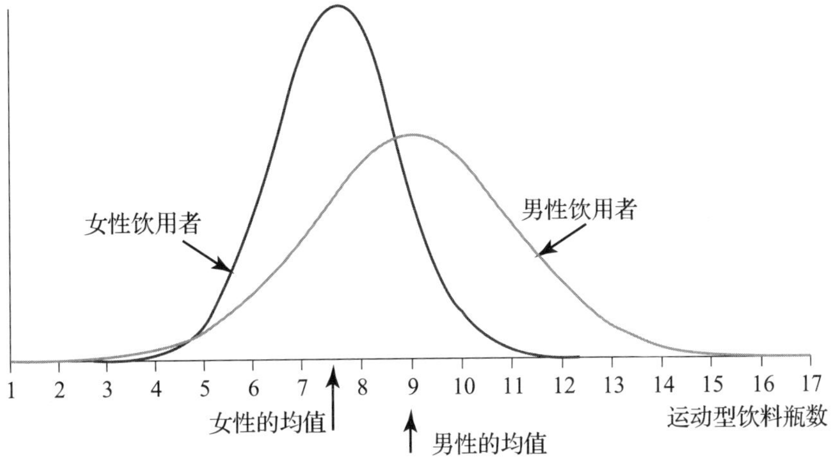

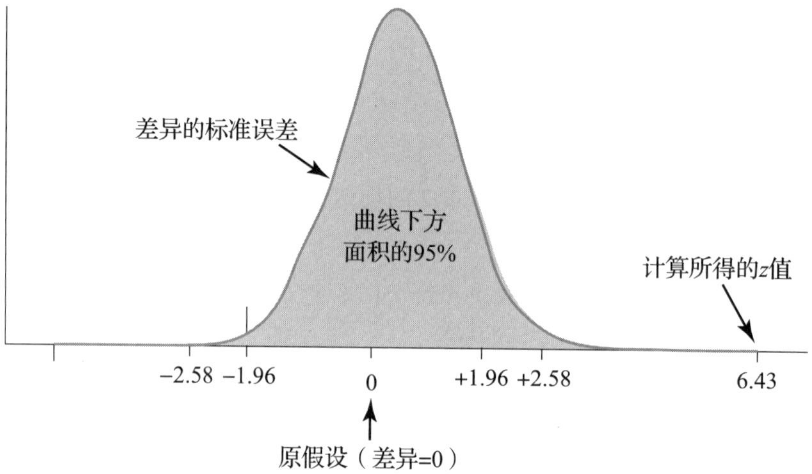

图 12－1　两个均值之间存在显著性差异，因为计算所得的 z 值大于 1.96（95% 的置信水平）

如何解释差异的显著性检验呢？我们的解释总是基于抽样分布概念。如果原假设是真实的，当我们抽取许多样本并逐次进行比较时，95% 的差值就会落在 0 ± 1.96 倍标准误差的范围内。当然，我们只能进行一次比较，因此你必须根据抽样分布的概念及其假设来确定这个特例中的信息是否支持两个群组的均值之间没有显著性差异的假设。

■ 综合案例

汽车研发中心调查：如何利用 SPSS 进行均值之间差异显著性的独立样本检验

为了说明均值之间差异显著性的独立样本检验，我们以市场细分对汽车研发中心是否很重要这个问题为例。首先考察性别这一潜在的细分变量，以及不同性别的人对 4 座经济型汽油车的偏好。两个群组分别为男性与女性。我们可以检验他们对 4 座经济型汽油车的偏好（以 7 级量表测量，其中 1 代表“非常不喜欢”，7 代表“非常喜欢”）的均值。

图 12－2 显示了利用 SPSS 进行均值之间差异显著性的独立样本 t 检验的点击流程。如图所示，你可以按照“ANALYZE-COMPARE MEANS-INDEPENDENT SAMPLES T-TEST”的点击顺序打开选择菜单。将“Desirability: Economy Gasoline-4 Seat Economy Gasoline”（偏好：经济型汽油车－4 座经济型汽油车）这一变量选入“Test variable”（检验变量）区域，并将“Gender”（性别）变量选入“Grouping Variable”（分组变量）框。点击“Define Groups”（定义群组）按钮将打开一个窗口，我们需要在此设定两个群组的编码（0= 男性，1= 女性）。这样就设置好了 t 检验，然后点击“OK”开始运行。

图 12－3 显示了带有注释的输出结果。第一张表格显示：560 名男性的均值为 3.51，440 名女性的均值为 2.83。第二张表格显示了两个均值之间差异的统计检验结果。但是，SPSS 会通过两种不同的方法计算检验结果，一种称为“假设方差相等”（equal variances assumed），另一种称为“假设方差不等”（equal variances not assumed）。在前面的介绍中，我们省略了关于两个均值之间差异的显著性检验的一个细节。在某些情况下，两个样本的方差（标准差）大致相等；也就是说，它们没有显著性差异。如果是这样；你就要使用“假设方差相等”那一行的结果。但是，如果两个标准差在统计上存在显著性差异，你就应该使用“假设方差不等”那一行的结果。

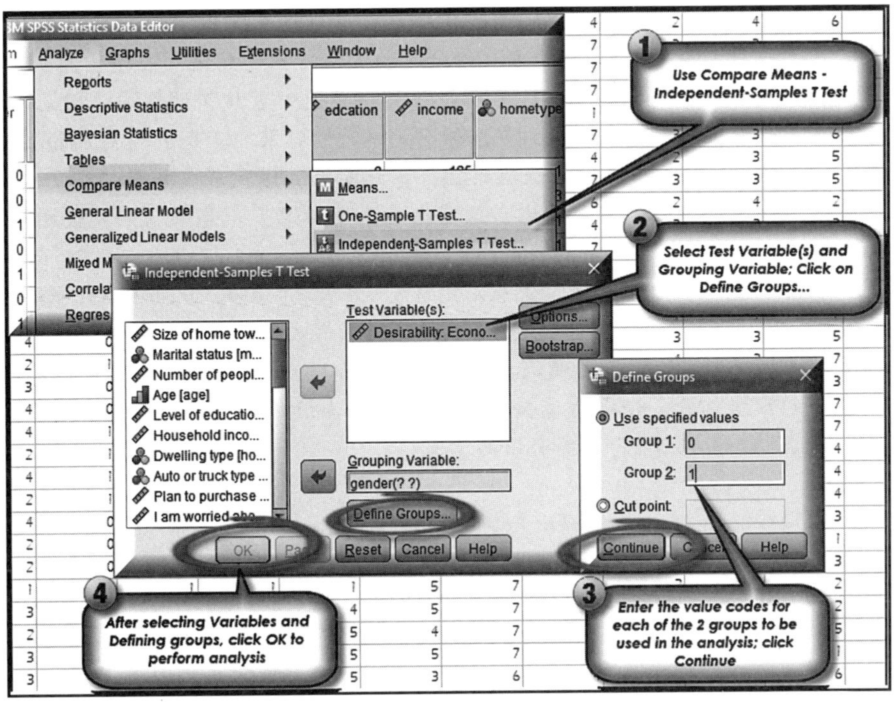

图 12 - 2　独立样本 t 检验的 IBM SPSS 点击流程

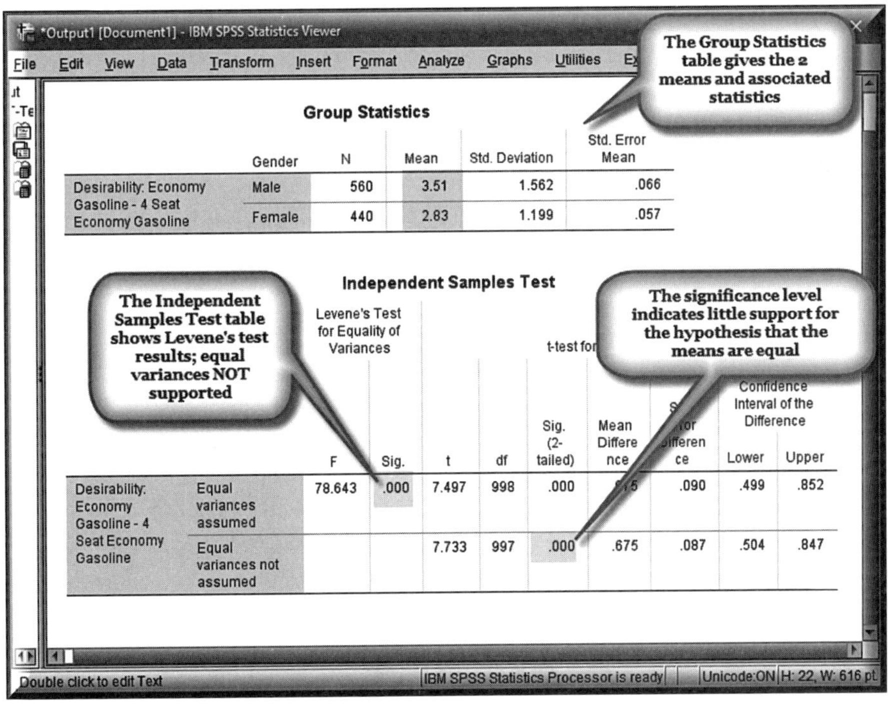

图 12 - 3　独立样本 t 检验的 IBM SPSS 输出结果

如何判断应该使用哪一行的结果呢？这里的原假设是两个方差（标准差）之间没有差异，可以用 F 值来检验，这个值显示在独立样本检验表格的第一行。F 检验是另一种统计检验，适用于此处。（我们此前介绍过，SPSS 总是可以自动选择正确的统计检验并进行计算。）F 值是基于一种称为“Levene 等方差检验”的方法得出的结果。在输出结果中，F 值为 78.643，显著性（概率）为 0.000。这里所报告的概率是方差相等的概率，因此当这个概率大于 0.05 时，你就应该使用“假设方差相等”那一行的结果。如果 F 值对应的概率很小，如等于或小于 0.05，那么方差相等的原假设就得不到支持，你就应该使用“假设方差不等”那一行的结果。如果你忘记了这条规则，只需查看两个标准差。如果它们大致相等，你就可以使用“假设方差相等”那一行的 t 值。

使用“假设方差不等”这一行的结果，你将发现计算所得的 t 值为 7.733，与此对应的支持男性偏好的均值与女性偏好的均值没有差异这一原假设的概率为 0.000。换句话说，它们存在显著性差异，即男性比女性更喜欢经济型汽油车，因此汽车研发中心可以根据性别来进行该车型的市场细分。但是你需要注意，男性的均值本质上代表的是“中立”态度，因此也许采用其他细分方法会得出更有用的结果。

12.4 检验多个群组的均值之间的显著性差异：方差分析

如前文所述，两个群组均值之间差异的显著性检验比较简单。但是，调研人员有时需要比较 3 个、4 个、5 个或更多群组的均值。方差分析可以用来进行这种比较。[7] 使用“方差”一词容易令人误解，因为方差分析并不是用来比较多个群组的标准差（方差）。不可否认的是，方差分析既考虑了标准差，也考虑了样本容量，这一点与所有均值之间差异的检验公式是一样的。从本质上说，**方差分析**（analysis of variance，ANOVA）是检验多个群组的均值之间差异的一种方法，用来确定是抽样误差还是真实的总体差异解释了这些均值不相等的原因。[8] 也就是说，此处的“方差”一词表示两个或多个群组的均值之间的差异——它们之间是否有显著性差异。“方差分析”或“ANOVA”这样的术语听起来非常专业，也不过是用来比较多个群组的均值的一种统计方法。在关于市场细分的讨论中，我们注意到市场通常是由多个而不仅仅是两个细分市场组成的，因此 ANOVA 是考察多个细分市场之间差异的一种宝贵工具。下面介绍方差分析涉及的基本概念，以及如何将其应用于营销调研。

方差分析的基本原理

使用方差分析时，不论样本中有多少群组，调研人员想要确定的是任何两个群组的特定变量的均值之间是否存在统计上的显著性差异。方差分析的最终结果可以向营销调研人员显示，在选定的显著性水平上，是否至少有两个群组的均值之间存在显著性差异。各个群组的均值之间都可能存在显著性差异，但方差分析的结果无法表明有多少对均值之间存在统计上的显著性差异。

具体地说，方差分析是一种**“绿色信号灯”方法**（green light procedure），意思是如果至少有一对均值之间存在统计上的显著性差异，方差分析就会通过标示显著性来发出信号。然后，调研人员需要进一步检验（称为“事后检验”），以确定实际存在多少个统计上的显著性差异以及它们存在于哪两个群组之间。如果绿色信号灯没有亮起，调研人员就可以得出“不存在显著性差异”的结论。

接下来详细介绍方差分析的原理。方差分析需要使用一些复杂的公式，根据以往的经验，我们发现营销调研人员没有必要记住它们。但是，调研人员需要理解方差分析的基本目的，并且能够熟练地解释其结果。假定有 A、B 和 C 三个群组。理论上讲，方差分析可以进行每一对均值之间显著性差异的独立样本 t 检验，即在本例中分别比较 A 与 B、A 与 C 及 B 与 C 之间的差异。方差分析之所以很有效率，是因为它可以同时进行比较。但是，如果你想进行独立样本 t 检验，就必须单独比较每一对均值。方差分析的原假设是：任何一对均值之间都不存在显著性差异。由于检验的是多个群组中的多对均值，方差分析使用 F 检验统计量，F 检验结果中的显著性水平（有时称为 p 值）是原假设得到支持的概率。

下面的例子可以帮助你理解方差分析的原理以及何时使用。一家大型百货商店开展了一项调查，其中一个问题是："你上次在哪个部门购买了单价超过 250 美元的商品？"受访者的回答集中在四个部门：（1）电子产品部；（2）家居园艺用品部；（3）体育用品部；（4）汽车用品部。调查中的另一个问题是："你下次在该部门购买另一件单价超过 250 美元的商品的可能性有多大？"受访者以 7 级量表作答，其中 1 代表"非常不可能"，7 代表"非常有可能"。很容易计算出每个群组再次光顾同一部门购买另一件高额商品的可能性的均值。

负责分析的调研人员决定在统计上比较这些均值，于是进行了六个不同的均值之间显著性差异的独立样本 t 检验。表 12－1 概括了检验结果。从中你会发现，汽车用品部的重复购买可能性的均值显著小于其他三个部门。此外，其他三个部门的均值之间没有显著性差异。也就是说，结果表明从这家百货商店的汽车用品部购买过单价超过 250 美元的商品的顾客的满意度不像从其他部门购买过高额商品的顾客那么高。

表 12－1 顾客再次购买高额商品的可能性的六个独立样本 t 检验结果

群组比较	群组均值*	显著性
汽车用品部：电子产品部	2.2 : 5.1	0.000
汽车用品部：家居园艺用品部	2.2 : 5.3	0.000
汽车用品部：体育用品部	2.2 : 5.6	0.000
电子产品部：家居园艺用品部	5.1 : 5.3	0.873
电子产品部：体育用品部	5.1 : 5.6	0.469
家居园艺用品部：体育用品部	5.3 : 5.6	0.656

两个群组之间存在统计上的显著性差异

* 基于 7 级量表，其中 1 代表"非常不可能"，7 代表"非常有可能"。

表 12－2 显示了简略的方差分析输出结果。调研人员不用像查看表 12－1 那样去查看多个显著性值，只需查看 F 检验的显著性水平（Sig.），即我们的信号灯。其结果为 0.000，小于 0.05，这意味着至少有一对均值之间存在显著性差异。可见，调研人员遇到了绿色信号灯，因此需要在下半部分表格中查找哪几对均值之间存在显著性差异。该表将没有显著性差异的均值排在同一列中，将存在显著性差异的均值排在其他列中，并将同一列中的数值集中在一起，分别形成子集。每一列均值都按从小到大的顺序排列，显然汽车用品部存在问题。

表 12－2 顾客再次购买高额商品的可能性的方差分析结果

F	Sig.
226.991	0.000

至少有两个群组之间存在统计上的显著性差异

部门	子集*	
	1	2
汽车用品部	2.2	
电子产品部		5.1
家居园艺用品部		5.3
体育用品部		5.6

电子产品部、家居园艺用品部及体育用品部的均值相等，但汽车用品部的均值要小得多。说明汽车用品部有问题。

* 同一列中的均值之间没有显著性差异；不同列中的均值之间存在显著性差异。

在检验均值之间差异的显著性时，与进行多个独立样本 *t* 检验相比，方差分析有两个明显的优势。第一，如果存在显著性差异，方差分析能够立即发出信号，因为调研人员只需查看 Sig. 值，即我们所说的信号灯。第二，如上例所示，SPSS 在输出结果中对均值进行了排列，因此很容易确定显著性差异的所在之处并对其进行解释。

具体地说，Sig. 值就是我们之前所说的信号灯。当绿灯亮起时，调研人员就应该查看下半部分表格，以找出哪几对均值之间存在显著性差异。一旦你学会如何解读 SPSS 的方差分析输出结果，就很容易识别这些情况。当然，如果 *F* 检验的 *p* 值信号灯不是绿色的，即 *p* 值大于 0.05，就不必浪费时间寻找差异了，因为在 95% 的置信水平上不存在统计上的显著性差异。

事后检验：确定哪些群组的均值之间存在显著性差异

如前文所述，**事后检验**（post hoc test）可以用来确定哪一对（几对）均值之间存在统计上的显著性差异。你很快将在我们提供的 SPSS 示例中了解到，事后检验的方法有很多，其中包括 Scheffe 检验和 Tukey 检验等，本书不做详细介绍。我们仅采用其中一种——邓肯多重范围检验，以示范如何确定差异。**邓肯多重范围检验**（Duncan's multiple range test）的输出结果可以表明哪些群组的均值之间存在显著性差异，它的统计专业性不像其他事后检验那么强，因此我们仅采用这种方法来做示范。邓肯多重范围检验输出结果中采用的排列均值的方法与表 12－2 相同。

利用数据可视化工具展示方差分析结果时，应密切注意事后检验结果，否则就有可能歪曲这些结果。调研洞察 12－2 以对波兰牛肉消费者的调查为例，介绍了如何正确地展示这些结果。

调研洞察 12－2 全球应用

如何用图表展示显著性差异的方差分析的事后检验结果

在使用单因素方差分析对多个变量进行分析时，邓肯多重范围检验等事后检验在确定显著性差异方面是非常有价值的。以下实例基于一项对波兰牛肉消费者的调查。为了帮助波兰的牛肉生产商[9]，调研人员对 501 名消费者进行了调查。这些消费者为家庭购买食品，表示每周至少购买一次牛肉。调研人员的问题还涉及其他因素，如对牛肉的使用和兴趣、购买牛肉的动机、促使消费者增加牛肉消费量的因素，以及一些人口统计因素。基于对波兰牛肉消费情况的了解，调研人员确定了三个不同的细分市场：爱好者——对牛肉消费持积极态度，是牛肉的重度购买者；保守者——对牛肉消费持中立态度，是牛肉的适度购买者；极端保守者——通常对关于牛肉的信息和购买牛肉不感兴趣。

问卷中的一个部分询问了受访者对一些可能会促使他们增加牛肉消费量的因素的反应。受访者以7级量表作答，其中1代表“它肯定不会促使我增加牛肉消费量”，7代表“它肯定会促使我增加牛肉消费量”。调研人员通过单因素方差分析发现，各细分市场在10个因素上存在显著性差异。图12－4显示了各细分市场在每个因素上的均值。

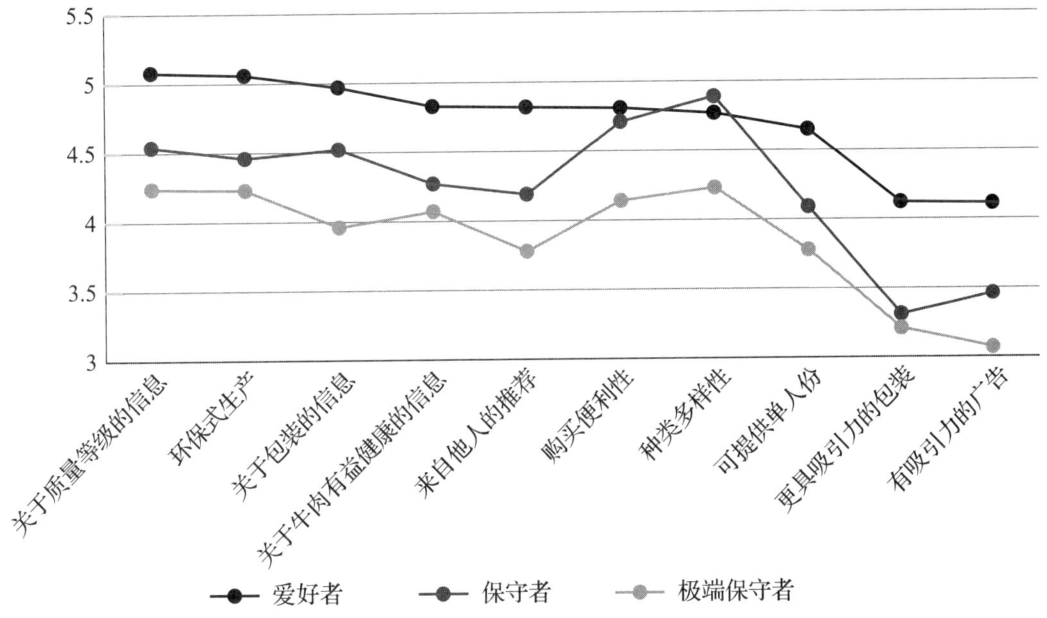

图12－4　促使牛肉消费量增加的因素：误导性图表

该图具有误导性，因为它表明所有三个细分市场在这10个因素上的均值之间都存在统计上的显著性差异。值得庆幸的是，调研人员进行了事后检验，并报告了检验结果。当针对三个群组的方差分析结果显著时，事后检验可能会得到两个结果：所有三个群组的均值之间都存在显著性差异；或者，两个群组的均值没有显著性差异，但第三个群组的均值与其他两个群组都存在显著性差异。当两个群组的均值没有显著性差异时，将其各自的均值分别描绘出来就会具有误导性，如图12－4所示。相反，这两个群组的均值应该相同，具体来说，应该展示为基于各个群组样本容量的加权均值。调研人员根据事后检验结果对原始表格进行重新计算，并在图12－5中正确展示了各个群组的均值。

如图12－5所示，极端保守者细分市场与保守者细分市场在7个因素上的均值都相同，意味着它们仅在3个因素上存在统计上的显著性差异。此外，爱好者细分市场与保守者细分市场仅在3个因素上均值相同，意味着它们在7个因素上存在统计上的显著性差异。

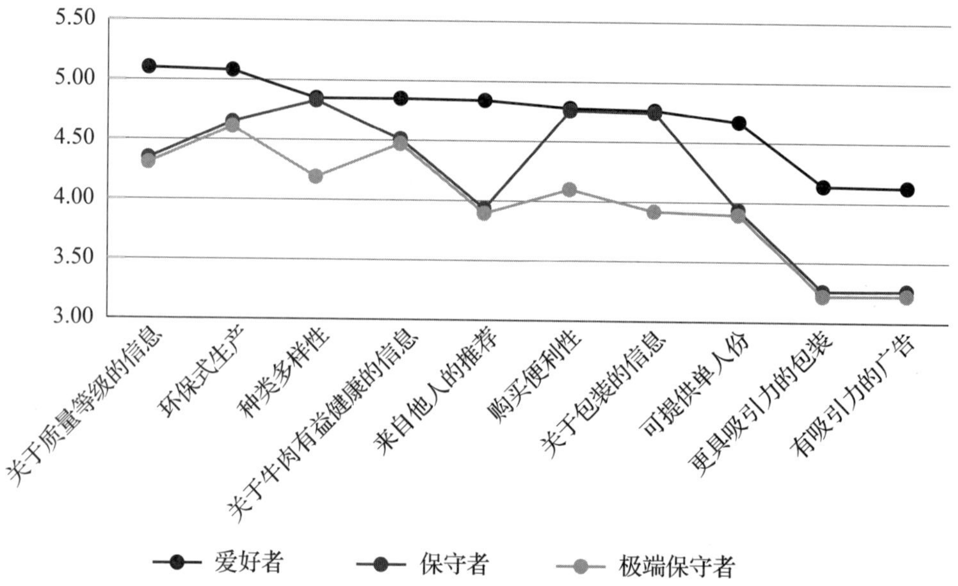

图 12－5　促使牛肉消费量增加的因素：显著性差异

■ 综合案例

汽车研发中心调查：如何利用 SPSS 进行方差分析

在汽车研发中心的调查中，多个类别变量都涉及两个以上群组。例如，年龄分为五个群组：20 ～ 29 岁；30 ～ 39 岁；40 ～ 49 岁；50 ～ 59 岁；60 岁以上。

单因素方差分析（one-way ANOVA）仅使用一个分组变量。在此情况下，如图 12－6 所示，运行“ANALYZE-COMPARE MEANS-ONE-WAY ANOVA”这一系列菜单命令，在打开的窗口中设置方差分析。将需要比较均值的变量选入“Dependent list”（因变量列表），再将分组变量选入“Factor”（因素）。在本例中，“对 4 座经济型汽油车的偏好”是因变量，“年龄”则是分组变量。图 12－6 还显示了如何在“Post Hoc…Tests”（事后检验）菜单中选择邓肯多重范围检验。返回选择窗口，点击“OK”运行方差分析。

图 12－7 显示了带有注释的方差分析输出结果。第一张表格包含一些中间和附加的计算结果，但我们应该关注的是“Sig.”这一列，因为它会显示没有任何一对均值存在显著性差异的原假设是否得到支持。由于 Sig. 值为 0.000，我们确信至少有一对均值存在显著性差异。第二张表格显示的是邓肯多重范围检验的输出结果。具体地说，该表将均值按从小到大的顺序从左上方向右下方排列，每一列中的群组均值与其他列中的各个群组均值之间都存在显著性差异。如图所示，“20 ～ 29 岁”年龄组的均值 1.80 最小，并且与其他列中的各年龄组的均值都存在显著性差异，因为它单独处于第 1 列中。类似地，你可以从第 2 列中看出，“30 ～ 39 岁”（2.71）与“40 ～ 49 岁”（3.10）两个年龄组的均值之间不存在显著性差异。“50 ～ 59 岁”年龄组的均值 4.00 单独处于第 3 列中，因此它与其他各年龄组的均值都存在显著性差异。最后，“60 岁以上”年龄组的均值为 4.84，与其他各年龄组的均值都存在显著性差异。此外，由于这一列排在最右边，所以这是均值最大的年龄组。我们由此发现，高龄者细分市场最喜欢 4 座经济型汽油车。让我们思考一下这个结果。最有可能的是，高龄消费者对电动车或油电混合型车的动力持怀疑态度，或者他们只是不愿意改变几十年来驾驶汽油车的习惯。

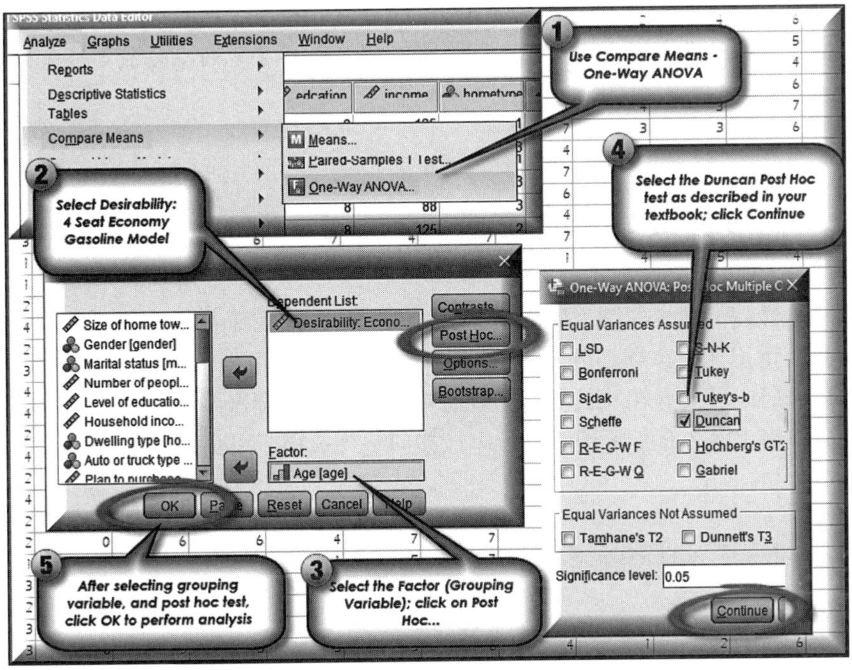

图 12－6　方差分析的 IBM SPSS 点击流程

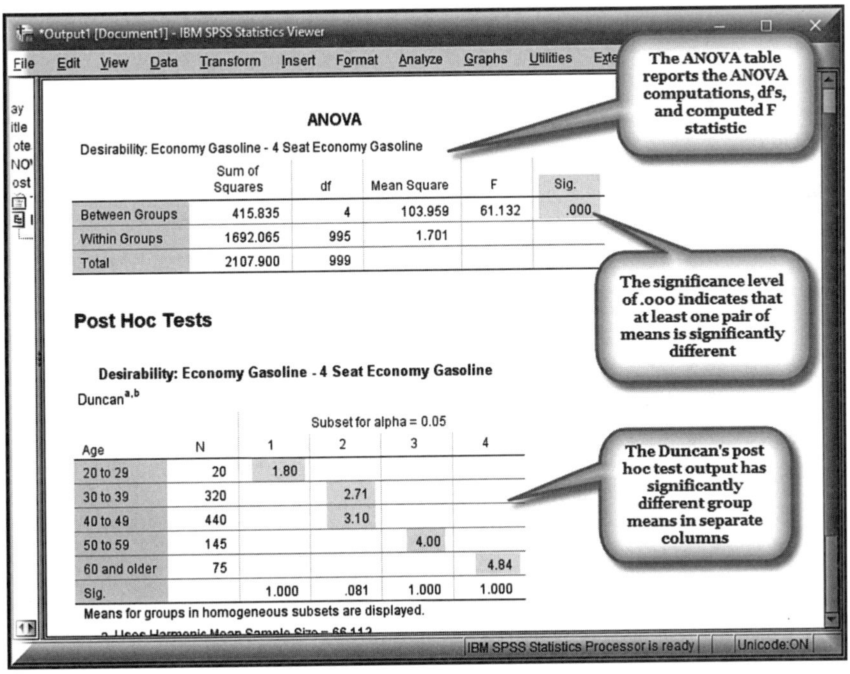

图 12－7　方差分析的 IBM SPSS 输出结果

解释方差分析结果

我们如何解释方差分析的结果呢？应该这样理解：如果重复这项调查数百次，我们能够发现的这些年龄组之间的差异将与这次调查的结果一模一样。当然，均值的大小可能会有微小的波动，但是至少有 95% 的重复调查结果会与图 12－7 所示的邓肯多重范围检验的结果一致。此外，我们得到了一个有意义的差异分析结果："60岁以上"年龄组的均值为4.84，位于偏好量表中肯定态度的一侧，并且明显大于其他四个较低年龄组的均值范围1.80～4.00。

12.5 向客户报告群组差异检验结果

发现显著性差异会令营销调研人员感到振奋，因为这意味着他们可以向客户报告一些有用的结果。请记住，市场细分非常普遍，而显著性差异可以为市场细分带来重要启示。但是，如果调研人员没有在冗长的营销调研报告中特别强调这些差异，它们就不易被客户察觉。调研洞察12－3介绍了调研人员应该如何整理表格，以高效地报告有用的差异检验结果。

调研洞察 12－3 实践应用

报告差异检验结果的准则

在使用数据可视化工具向客户报告群组差异时，营销调研人员通常会制作**群组比较图**（group comparison figure），以高效地展示显著性差异。对两个群组的比较往往采用聚簇柱状图，图中以不同颜色的柱形代表不同群组，并且仅使用存在显著性差异的变量。通常，需要为百分率差异与均值差异分别创建比较图。当然，设计数据可视化展示以清楚地报告差异是调研人员义不容辞的责任。仔细研究针对下面这家三明治店的调查中两个群组之间差异的数据可视化展示示例（见图12－8和图12－9）。

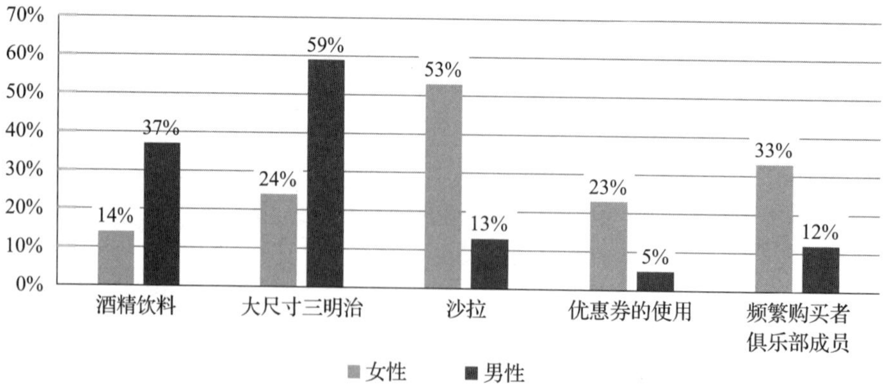

图12－8 男性与女性的差异

如图12－8所示，调研人员从以下五个方面比较了这家三明治店的男性顾客与女性顾客：酒精饮料的购买、大尺寸三明治的购买、沙拉的购买、优惠券的使用，以及顾客是不是频繁购买者俱乐部成员。显而易见，男性顾客购买酒精饮料和大尺寸三明治的百分率更高，女性顾客购买沙拉、使用优惠券以及属于频繁购买者俱乐部成员的百分率则更高。如图12－9所示，男性顾客在物有所值、快速服务和总体满意度三个方面对该店的评分都高于女性顾客。这两张图仅展示了八个方面的差异，暗示着男性顾客与女性顾客在其他方面的百分率和均值之间的差异并不显著。

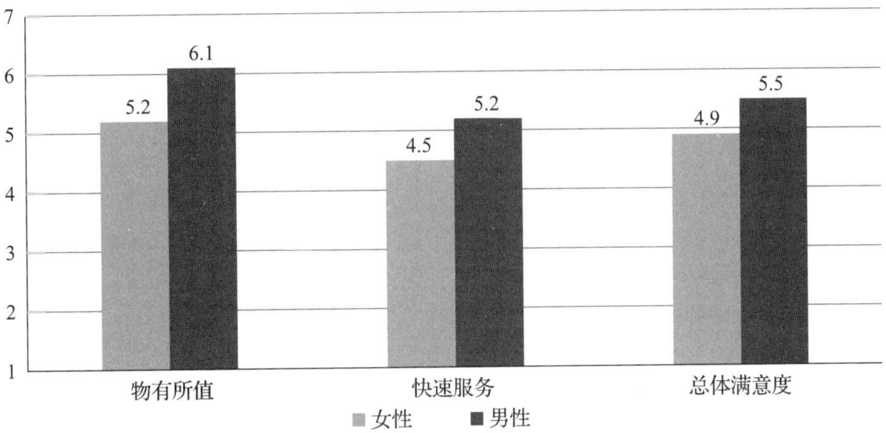

图 12-9 男性与女性的观点*

*基于7级量表，其中1代表"非常差"，7代表"非常好"。

此外，调研人员还利用方差分析比较了三类顾客（堂食顾客、外带顾客和免下车顾客），发现他们对该三明治店的三个不同特征的评分存在显著性差异（见图12-10）。在对快速服务的评分方面，外带顾客与免下车顾客之间没有差异，但堂食顾客的均值小于其他两组顾客。在对物有所值的评分方面，三组顾客的均值之间都存在显著性差异。在对员工友好的评分方面，堂食顾客的均值大于外带顾客和免下车顾客，但后两组顾客的均值之间不存在显著性差异。

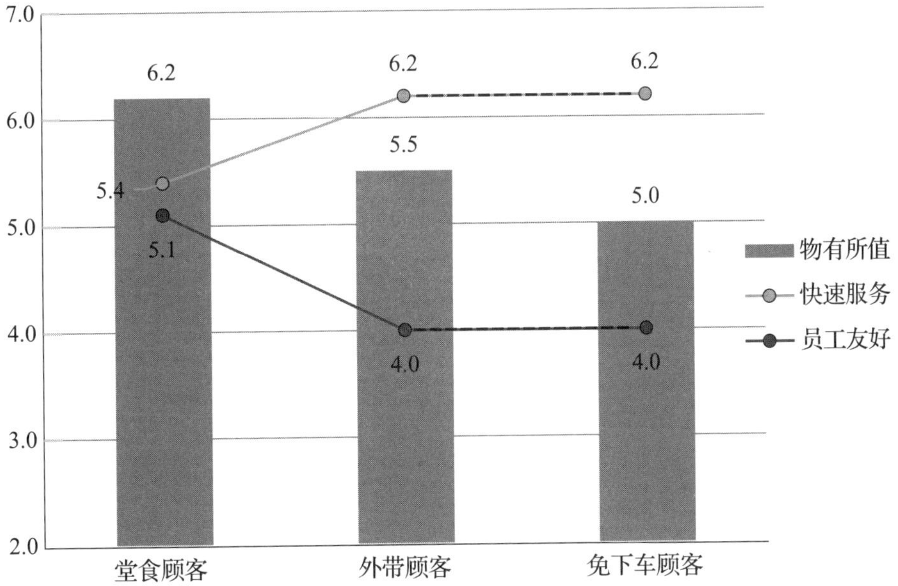

图 12-10 顾客类型之间的差异

当调研人员报告从方差分析中发现的差异时，由于可能存在非显著性差异与显著性差异的重叠，数据可视化展示会更具挑战性。就本书的目的而言，我们建议调研人员使用邓肯多重范围检验对结果进行修正，然后再创建数据可视化展示，如本例所示。为了如实报告方差分析的结果，调研人员在此将不存在显著性差异的均值设置为相等（即设为不存在显著性差异的样本均值的简单平均数）。该数据可视化展示结合使用了柱状图与线形图。如图所示，堂食顾客对物有所值的评分最高，外带顾客和免下车顾客则对快速服务的评分最高，且对员工友好的评分最低。类似地，该图仅展示了三个特征方面的差异，暗示着在其他特征方面没有发现有意义的显著性差异。实际上，方差分析结果的数据可视化展示并不普遍，这种图也不是受推崇的标准方法。

在公开发布调研结果时，营销调研人员负有重大的道德责任，因为他们必须确保报告准确、有效且不会产生误导。阅读调研洞察 12－4 中介绍的调研协会伦理准则，你会发现调研人员在这方面必须至少满足五项要求。

调研洞察 12－4　伦理思考

调研协会伦理准则：报告调研结果

第 11 章：公开发布的调研报告

调研人员必须：

1. 确保他们发布的结果准确地描述了调研数据，并对所有数据的准确性进行了仔细核实。

2. 提供包括技术细节在内的基本信息，以便独立评估所展示数据以及所得出结论的质量和有效性，除非受到合法专利或合同限制的禁止。

3. 当客户计划发布调研项目的结果时，竭力确保就出版物的形式和内容为其提供咨询。客户和调研人员都有责任确保所发布的结果不会产生误导。

4. 不得将其姓名或组织名称与调研项目结论的发布相关联，除非这些结论得到数据的充分支持。

5. 如果发现任何公开发布的结果不正确，应采取适当的措施更正信息。

12.6　同一样本（配对样本）的两个均值之间的差异

本章还将介绍最后一种并非用于市场细分的差异检验。有时，调研人员想要检验同一样本在两个变量上的均值之间的差异。例如，在前文所述的制药公司研制感冒药的例子中，可以利用一项调查来确定“减轻……症状的感冒药对你来说有多重要”。受访者将以 10 级量表（其中 1 代表“不重要”，10 代表“非常重要”）来衡量每种感冒症状的重要程度。如果将问题改为：“是否有任何两个平均重要性水平之间存在显著性差异？”为了回答这个问题，我们必须进行**两个均值之间差异的配对样本检验**（paired samples test for the differences between two means），该检验用于确定同一样本中的相同受访者在回答采用相同量表的两个不同问题时，其均值之间是否存在显著性差异。当然，变量必须以相同的量表测量，否则就是在检验两个逻辑上没有可比性的变量之间的差异，如将支出金额与驾驶里程进行比较。

由于相同的受访者同时回答了两个问题，你并没有得到两个独立的群组，而是得到了一个群组对两个独立问题的回答。我们介绍过的逻辑和公式依然适用，但是仅涉及一个样本，必须使用调整因子。本书不提供其检验公式，但在下面的 SPSS 示例中，我们将介绍如何进行配对样本 t 检验并解释检验结果。[10]

■ 综合案例

汽车研发中心调查：如何利用 SPSS 进行均值之间差异显著性的配对样本 t 检验

通过配对样本检验，我们可以检验样本中的相同受访者对任何两个问题的回答的均值之间差异的显著性。让我们考虑一下汽车研发中心需要解决的一个关键问题：对“我担心全球变暖”与“汽车尾气排放导致全球变暖”这两个问题的回答是否存在差异？如果二者之间的差异在统计上不显著，我们重复该调查时就没有必要再关注这一差异。使用配对样本差异检验就可以确定其统计显著性。

图 12 - 11 显示了利用 SPSS 进行均值之间差异显著性的配对样本 t 检验的点击流程。如图所示，按照“ANALYZE-COMPARE MEANS-PAIRED SAMPLES T-TEST”的顺序点击菜单会打开选择窗口，点击鼠标选择“I am worried about global warming”（我担心全球变暖）和“Gasoline emissions contribute to global warming”（汽车尾气排放导致全球变暖）作为要检验的配对变量。这样就设置好了 t 检验，点击“OK”开始运行。

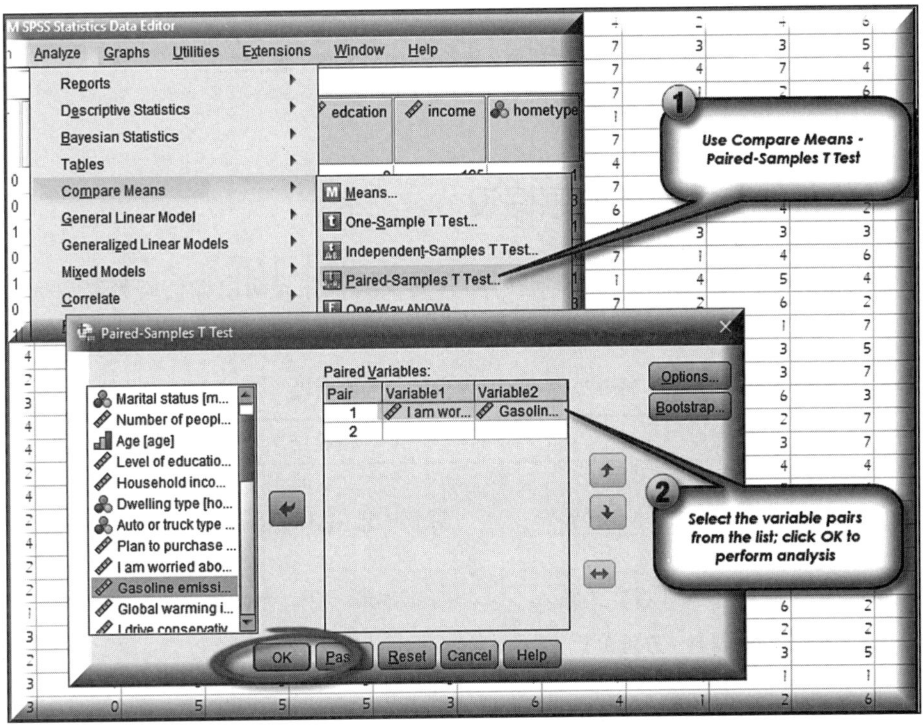

图 12 - 11　配对样本 t 检验的 IBM SPSS 点击流程

图 12 - 12 显示了带有注释的输出结果。注意，该表格与独立样本检验的结果类似，但不完全相同。重要的信息包括：（1）1 000 名受访者对每个问题都给出了回答，SPSS 对此进行了分析；（2）“我担心全球变暖”和“汽车尾气排放导致全球变暖”的均值分别为 4.88 和 4.62；（3）计算所得的 t 值为 8.593；（4）双尾显著性水平为 0.000。由此可见，检验结果不支持均值相等的原假设。因此，平均而言，人们对这两种说法都表示赞同，但是与“汽车尾气排放导致全球变暖”这一说法相比，他们更加认同的是“我担心全球变暖”。

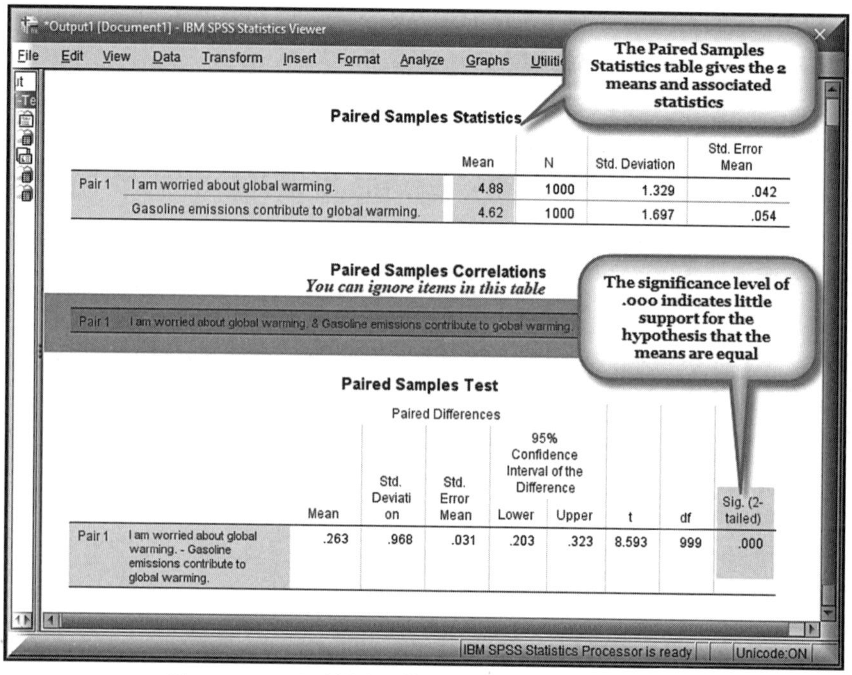

图 12－12 配对样本 *t* 检验的 IBM SPSS 输出结果

12.7 各种差异检验的原假设

要记住各种差异检验的原假设，理解所有的公式，并弄明白如何解释结果，似乎比较困难。因此，我们提供了表 12－3，以汇总本章介绍的各种群组差异检验的原假设。

表 12－3 各种差异检验的原假设

原假设	检验结果不支持原假设的含义
两个群组的百分率之间的差异	
两个群组（总体）的百分率之间不存在差异。	两个群组（总体）的百分率之间存在差异。
两个群组的均值之间的差异	
两个群组（总体）的均值之间不存在差异。	两个群组（总体）的均值之间存在差异。
多个群组的均值之间的差异（方差分析）	
每对群组（总体）的均值之间都不存在差异。	至少有一对群组（总体）的均值之间存在差异。
两个变量的均值之间的差异（配对样本）	
两个变量的均值之间不存在差异。	两个变量的均值之间存在差异。

综合学习

该案例分析有助于你综合掌握以下各章所介绍的内容：

第 10 章：实地访问与数据审核

第 11 章：描述分析、参数估计和假设检验

第 12 章：差异分析

最近，一家名为 Pets, Pets, & Pets（PPP）的宠物用品商店委托调研公司开展了一项调查。该商店有一份上一年在该店购买过商品的 10 000 名顾客的名单，从中随机抽取 400 名顾客参与了调查。以下是一些重要的结果（见表 12－4 至表 12－7）。

表 12－4　PPP 调查表 1

你养哪种宠物？	狗	猫	其他	合计
	45%	34%	21%	100%

表 12－5　PPP 调查表 2

	样本（是）	狗主人	猫主人
你是否经常光顾 PPP？	44%	50%	38%
你是否会将 PPP 推荐给朋友？	82%	91%	75%
你是否记得上个月看见过 PPP 的户外广告？	53%	50%	55%
你是否记得上个月看见过 PPP 的优惠券？	47%	53%	40%

表 12－6　PPP 调查表 3

请对 PPP 的以下方面进行评分*	样本		狗主人		猫主人	
	均值	标准差	均值	标准差	均值	标准差
商品品类	4.6	2.1	4.9	1.6	4.5	1.9
员工友好	4.6	2.1	4.7	1.3	4.5	2.2
结账速度	4.4	1.9	4.6	0.9	4.2	1.8
停车便利	4.1	1.9	4.5	1.6	3.8	2.4
价格优惠	4.0	2.0	4.3	1.9	4.0	1.9
商店布局	3.8	2.1	4.3	1.6	3.6	1.6
员工帮助	3.4	1.9	3.7	1.8	3.3	2.1
宠物食品品牌的多样性	3.4	2.1	3.4	1.8	3.4	1.9
店址便利	2.8	1.9	3.3	1.5	2.8	1.6
对 PPP 的总体满意度	4.6	1.5	4.9	1.2	4.2	2.2

* 基于 5 级量表，其中 1 代表“非常不满意”，5 代表“非常满意”。

表 12－7　PPP 调查表 4

你的家庭收入水平是多少？	样本	狗主人	猫主人
拒绝回答	5%	0%	25%
60 000 ～ 80 000 美元	10%	15%	10%
80 000 ～ 100 000 美元	20%	25%	10%
100 000 美元以上	65%	60%	55%
合计	100%	100%	100%

1. 进行适当的差异检验（95%的置信水平）并回答："对于PPP调查表1中的问题，狗主人与猫主人的回答之间是否存在差异？"如果存在，差异如何？

2. 进行适当的差异检验（95%的置信水平）并回答："对于PPP调查表2中的问题，狗主人与猫主人的回答之间是否存在差异？"如果存在，差异如何？

3. PPP的管理层认为，有75%的顾客养宠物狗。检验该假设，如果该假设在95%的置信水平上没有得到支持，则计算置信区间。

4. PPP的管理层认为，所有顾客在总体上对PPP"非常满意"。检验该假设，如果该假设在95%的置信水平上没有得到支持，则计算置信区间。

5. 根据PPP调查表4，如果PPP将家庭收入在100 000美元以上的顾客作为目标，就应该重点经营宠物狗商品。审核表中数据质量，并评估该结论是否正确。一定要在95%的置信水平上进行适当的统计检验。

本章就业技能

通过学习本章内容，你已经掌握了：

批判性思维技能
- 说明用于市场细分的差异必须满足哪些要求。
- 描述各种差异检验的原假设。

知识应用和分析技能
- 掌握如何利用SPSS进行t检验或z检验。
- 理解如何使用差异分析作为市场细分的基础。

信息技术应用和计算技能
- 利用SPSS进行以下各种差异分析：
  - 两个群组的百分率之间的差异；
  - 两个群组的均值之间的差异；
  - 多个群组的均值之间的差异（方差分析）；
  - 配对样本的均值之间的差异。

数据处理技能
- 利用SPSS的差异分析评估统计显著性。
- 解释差异分析的结果。

沟通技能
- 利用数据可视化工具展示统计上的显著性差异。

小　结

了解差异对营销经理而言非常重要。市场细分大多基于差异分析。重要的是，差异不仅要在统计上显著，从营销策略的角度来看，差异还必须有意义、稳定和可操作。

可以对两个样本的百分率或均值之间差异的统计显著性进行检验。本章介绍了如何确定两个独立样本的百分率之间是否存在显著性差异。对于两个独立样本的均值之间差异的显著性，可以使用SPSS的t检验。本章利用汽车研发中心调查数据集示范了如何利用SPSS进行这种分析。

当调研人员想要比较多个群组的均值时，正确的分析方法是方差分析，即 ANOVA。ANOVA 是一种“信号灯”方法，用于检验多个群组的每对均值之间的差异。如果至少有一对均值之间存在统计上的显著性差异，ANOVA 就会通过表格中的 Sig. 值来表明。如果 Sig. 值大于 0.05，调研人员就不必浪费时间寻找均值的差异了。但是，如果 Sig. 值等于或小于 0.05，调研人员可以使用邓肯多重范围检验等事后检验来确定哪一对（几对）均值之间存在显著性差异。最后，本章还讨论了配对样本检验，以及如何利用 SPSS 进行这种检验并对检验结果进行解释。

复习题与应用题

1. 什么是差异？营销调研人员为什么关注差异？营销经理为什么关注差异？
2. 什么是“小样本”？统计学家为什么关注这个概念？营销调研人员为什么关注它？
3. 当营销调研人员比较两个不同群组对同一问题的回答时，这个过程叫作什么？
4. 关于差异检验，简略定义和描述：（1）原假设；（2）抽样分布；（3）显著性差异。
5. 当涉及以下问题时，指出适用的两个群组之间差异的显著性检验公式并说明其组成部分：（1）“是或否”型问题；（2）数值变量的问题。
6. 在以下三种情况下，两个样本结果之间是否存在显著性差异？

样本 1	样本 2	置信水平	你得到的结果
（1）均值：10.6 标准差：1.5 样本容量：150	均值：11.7 标准差：2.5 样本容量：300	95%	
（2）百分率：45% 样本容量：350	百分率：54% 样本容量：250	99%	
（3）均值：1 500 标准差：550 样本容量：1 200	均值：1 250 标准差：500 样本容量：500	95%	

7. 何时应该使用单因素方差分析？为什么？
8. 当调研人员在方差分析中发现显著的 F 值时，为什么可以将它视作“绿色信号灯”？
9. 什么是配对样本检验？具体说明如何对样本进行“配对”。
10. 《每日主张》（*Daily Advocate*）的发行部经理委托调研公司开展一项营销调研，以确定订阅量下降的影响因素。具体而言，该调查旨在比较目前的订阅者与上一年停止订阅的读者。对两组读者进行调查后，得到的重要结果如下表所示。请你向发行部经理解释这些结果。

题项	目前的订阅者	流失的订阅者	显著性
在该城市的居住年限	20.1 年	5.4 年	0.000
已订阅年限	27.2 年	1.3 年	0.000
观看当地电视新闻节目	87%	85%	0.372
观看全国新闻节目	72%	79%	0.540

续表

题项	目前的订阅者	流失的订阅者	显著性
通过互联网获取新闻	13%	23%	0.025
对以下各项的满意度*			
报纸的版面设计	5.5	4.9	0.459
当地新闻报道	6.1	5.8	0.248
全国新闻报道	5.5	2.3	0.031
当地体育赛事报道	6.3	5.9	0.462
全国体育赛事报道	5.7	3.2	0.001
当地社会新闻报道	5.8	5.2	0.659
报纸的社论立场	6.1	4.0	0.001
物有所值	5.2	4.8	0.468

* 基于 7 级量表，其中 1 代表“非常不满意”，7 代表“非常满意”。

11. 一位调研人员正在为一家体育用品商店调查不同类型的顾客。在调查中，受访者被要求利用运动追踪设备（Fitbit、Altra、iWatch 等）报告他们上周的运动量，应答采用“少于 1 小时”“1 ～ 2 小时”“2 ～ 3 小时”等类别。受访者还对该体育用品商店在 12 个特征（如物有所值、店址便利性、销售人员的帮助等）方面的表现进行了评分。调研人员使用 7 级量表对这 12 个特征进行测量，其中 1 代表“表现很差”，7 代表“表现很好”。对于运动量不同的受访者，调研人员应如何检验他们的评分之间的差异呢？
12. 一家网络电子产品销售公司的营销经理根据目标顾客的收入进行了市场细分。四个细分市场是：（1）低收入者；（2）中等收入者；（3）高收入者；（4）富有者。该公司的数据库存有每个顾客在过去几个月内的购买记录。该营销经理利用 Microsoft Excel 对数据库进行了分析，得到的四个群组的平均购物总金额如下：

细分市场	平均购物总金额（美元）
低收入者	101
中等收入者	120
高收入者	231
富有者	595

基于本章所讨论的邓肯多重范围检验的概念，创建一张结果表格，说明低收入者与中等收入者之间不存在差异，但是其他各个群组之间都存在显著性差异。

案例 12－1

L’Experience 餐厅调查的差异分析

（该案例的必要背景参见案例 11－1。）

CMG 调研公司的科里·罗杰斯与客户杰夫·迪安举行了会议，营销实习生克里斯汀·于也参加了会议。会议开始时，科里回顾了经杰夫确认的调研目标。大约 20 分钟之后，克里斯汀列出了以下六个杰夫特别感兴趣的问题。

你的任务是扮演克里斯汀的角色。使用 L'Experience 餐厅调查的 SPSS 数据集对以下问题进行适当的分析，并解释分析结果。

1. 杰夫想知道 L'Experience 餐厅对女性的吸引力是否大于男性，或者相反。进行适当的分析，解释结果，并回答杰夫的问题。

2. 关于 L'Experience 餐厅的选址，对"滨水景观"的偏好程度是否大于"不到 30 分钟车程"？

3. 关于该餐厅的环境，对"背景音乐是古典音乐"的偏好程度是否大于"背景音乐是 Top Forty 榜单上的热门歌曲"？

4. 对"与众不同的主菜"的偏好程度是否大于"与众不同的甜品"？

5. 通常，高档设施对高收入家庭的吸引力大于低收入家庭。L'Experience 餐厅是否也如此？

6. 杰夫和科里猜测，以邮政编码划分的不同地理区域的居民光顾这家高档新餐厅的可能性会存在差异。调研结果是否支持他们的猜测？进行适当的分析并解释你得到的结果。

案例 12-2 综合案例

汽车研发中心调查的差异分析

CMG 调研公司的科里·罗杰斯与尼克·托马斯举行了会议，数据分析员西莱斯特·布朗也参加了会议。会议开始 20 分钟后，西莱斯特发现汽车研发中心的主管从调查结果中受到了鼓舞，因为调查结果表明，市场对各种替代燃料车型的需求都很大。从研发费用、价格和其他财务因素来看，推出任何一种新车型或同时推出几种车型都是可行的。他们的下一步计划是识别每种车型的目标市场。这一步对制定营销策略至关重要，因为对目标市场的界定越精确，营销策略就越具体、越有针对性。在进行初步市场细分时，调研人员使用了下列常用的人口统计因素：

- 居住城镇规模；
- 性别；
- 婚姻状况；
- 年龄；
- 受教育水平；
- 家庭收入水平。

你的任务是使用汽车研发中心调查的 SPSS 数据集中的偏好指标，进行适当的差异分析，确定并描述下列五种车型的目标市场。

1. 超级摩托车：1 座全电动摩托车。制造商建议零售价为 18 000 ～ 22 000 美元，续驶里程为 300 英里。

2. 运动型小型车：2 座全电动运动型车。制造商建议零售价为 28 000 ～ 34 000 美元，续驶里程为 170 英里。

3. 装载型小型车：2 座油电混合动力车。制造商建议零售价为 30 000 ～ 36 000 美元，充满电后的续驶里程为 150 英里，加满油后的续驶里程为 100 英里。

4. 经济型混合动力车：4 座油电混合动力车。制造商建议零售价为 36 000 ～ 45 000 美元，充满电后的续驶里程为 125 英里，加满油后的续驶里程为 150 英里。

5. 经济型汽油车：4 座经济型汽油车。制造商建议零售价为 38 000 ～ 42 000 美元，耗油量为 50 英里 / 加仑。

注释

第13章

关系分析

学习目标

在本章你将学习：

- 两个变量之间关系的各种类型。
- 如何描述两个变量之间关系的特征。
- 什么是相关系数和共变。
- 什么是皮尔逊积差相关系数以及如何利用 SPSS 获得皮尔逊积差相关系数。
- 如何向客户报告相关分析结果。
- 什么是交叉列表以及如何计算交叉列表。
- 什么是卡方分析以及如何将其用于交叉列表分析。
- 为什么百分率的卡方检验是交叉列表分析的一种有用的变化。
- 如何向客户报告交叉列表分析结果。
- 进行相关分析和交叉列表分析等关系分析时应特殊考虑的问题。

| 本章位置 |

1. 确定营销调研需求
2. 界定营销问题
3. 明确调研内容
4. 确定调研设计
5. 识别信息类型和来源
6. 确定获取数据的方法
7. 设计调查问卷
8. 确定抽样方案和样本容量
9. 收集数据
10. ☞ 分析数据
11. 撰写和展示调研报告

本章介绍除简单的描述分析、统计推断和差异检验之外的统计分析方法的用途。这些分析方法适用于调查中收集的成百上千的定量数据点。通常，营销人员感兴趣的是变量之间的关系。例如，菲多利公司想知道哪类人在什么情况下会选择购买奇多、多力多滋、乐事薯片或公司的其他产品。通用汽车公司（General Motors）的庞蒂克分部想知道哪类人会赞成改进 Solstice 车型的提案。一家报社想了解订阅者的生活方式特征，以改变版面适应读者。此外，这家报社还渴望获得不同类型的订阅者的信息，以帮助广告商设计文案并选择不同的报纸版面刊登广告。在所有这些情况下，都可以使用名为“关系分析”的统计方法来确定问题的答案。

正如第 7 章所述，每个变量都有独特的描述符，有时称为“水平”或“标签”，用以确定变量的测量等级。术语“水平”表明变量是等距变量或比率变量；术语“标签”则表明变量通常是名义变量。一个简单的标签可以是“是”或“否”，例如，它可以表明受访者是某特定产品或服务的购买者（是）还是非购买者（否）。**关系分析**（associative analyses）可以确定两个变量之间是否存在稳定的关系，这是本章的主题。本章首先介绍两个变量之间可能存在的四种关系类型，然后介绍相关系数，说明皮尔逊积差相关系数的用途。接下来讨论交叉列表，说明如何使用交叉列表来确定两个变量之间是否存在统计上的显著关系。与前面关于统计分析的章节一样，本章将展示利用 SPSS 进行这些分析的步骤和输出结果。

13.1 两个变量之间关系的类型

关系（relationship）是两个变量之间的一种稳定且系统的联系。对数值变量来说，关系存在于它们的水平之间，例如，老年消费者购买的维生素比年轻消费者更多。对名义变量来说，关系存在于它们的标签之间，例如，PayPal 用户往往也是亚马逊 Prime 的用户。两个变量之间的这种联系是统计意义上的，并不一定是因果关系。[1] 因果关系可以确定一个变量对另一个变量有影响，但统计上的联系无法确定这种影响，因为其他变量可能也会造成一定的影响。尽管统计上的联系或关系不一定代表因果关系，但我们通常仍然可以从中有所领悟。例如，如果我们发现大多数每天锻炼的人都购买了某种品牌的运动型饮料，就会明白运动型饮料的成分对于那些想要保持健康的人很重要。关系分析非常有用，因为它可以确定一个变量的出现（标签）或大小（水平）与另一个变量的出现（标签）或大小（水平）之间是否存在稳定且系统的关系。两个变量之间的关系有四种基本类型：线性关系、曲线关系、单向关系和非单向关系。下面逐一讨论。

线性关系与曲线关系

首先介绍一种精确的关系形式，它很容易理解。**线性关系**（linear relationship）是指两个数值变量之间的“直线关系”。在线性关系中，利用已知的两个变量之间的线性或直线公式，当知道一个变量的值时，就可以导出另一个变量的值。**直线公式**（straight-line formula）的通常形式为：

$$y = a + bx$$

式中，y 表示被估计或被预测的因变量；a 表示截距；b 表示斜率；x 表示用来预测因变量的自变量。

你应该很熟悉术语“截距”和“斜率”，如果你不是很清楚，别担心，下一章将详细介绍直线公式。显然，线性关系非常精确，包含大量信息。给定任意 x 值，简单地代入 a 和 b 的值，就可以确定精确的 y 值。例如，如果 Jack-in-the-Box 快餐店估计每位顾客的午餐消费约为 12 美元，很容易利用线性关系根据特定店址的顾客人数来估计该店的收入。其使用的公式如下：

$$y = 0 + 12 \times \text{顾客人数}$$

在本例中，x 是顾客人数。如果有 100 位顾客光顾一家 Jack-in-the-Box 快餐店，那么预期的收入总额就是 $0 + 12 \times 100$，即 1 200 美元。如果预计有 200 位顾客光顾，预期的收入总额则是 $0 + 12 \times 200$，即 2 400 美元。当然，200 位顾客带给 Jack-in-the-Box 的收入不一定正好是 2 400 美元，但是这种线性关系可以表明平均的预期收入。

曲线关系（curvilinear relationship）是指一个变量与另一个变量之间存在关系，但是只能用曲线描述它们的关系，而不能用直线。换言之，我们使用的是曲线关系的公式，而不是直线公式。曲线关系可能有多种模式。例如，关系可能呈 S 形、J 形或其他曲线形状。曲线关系超出了本书的范围，但你应该知道这是一种可以使用特殊的统计方法加以研究的关系类型。

单向关系

对于**单向关系**（monotonic relationship），调研人员可以确定两个变量之间关系的总体方向。单向关系有两种类型：递增型和递减型。单向递增关系是指一个变量随另一个变量的增加而增加；单向递减关系则是指一个变量随另一个变量的减少而增加。你应该注意，在这两种情况下，当一个变量变化时，另一个变量的变化量是无法确定的。“单向”意味着只能从总体方向上描述关系，除此之外缺乏精确的描述。例如，如果一家公司增加广告投放，我们可以预期它的销售额也会增加，但是不知道销售额会增加多少。单向关系也超出了本书的范围，我们在此仅简单提及这种可以加以研究的关系类型。

非单向关系

非单向关系（nonmonotonic relationship）是指一个变量的标签出现（或不出现）与另一个变量的标签出现（或不出现）存在系统关系。术语“非单向”意味着这种关系没有明确的方向性，但关系确实存在且可描述。例如，早餐顾客一般会购买咖啡，但午餐顾客一般会购买软饮料。这种关系不是没有例外——无法保证早餐顾客总是点咖啡或午餐顾客总是点软饮料。然而总的来讲，这种关系的确存在，如图 13－1 所示。这种非单向关系只是简单地说明早餐顾客倾向于购买鸡蛋、饼干等早餐和咖啡，午餐顾客则倾向于购买汉堡包、薯条等午餐和软饮料。因此，标签“早餐”与标签“咖啡”之间存在关系，标签“午餐”则与标签“软饮料”之间存在关系。换言之，非单向关系说明，当一个变量的某个标签出现时，另一个变量的某个特定标签也会出现：早餐顾客通常会购买咖啡。但是，这种关系是非常笼统的，因此我们必须用语言对其进行描述。换句话说，对于非单向关系，我们仅仅知道标签出现或不出现的大致模式。

图 13－1　非单向关系举例：顾客在麦当劳购买的饮料与餐食类型

13.2　变量之间关系的特征

根据关系的类型，关系的特征可能表现在三个方面：关系存在、关系模式和关系强度。在讲解如何对两个变量之间的关系进行特定的统计分析之前，我们有必要先介绍这些特征。

关系存在

关系存在是指总体中我们感兴趣的两个变量之间存在系统的联系。关系存在是一个统计意义上的问题。这一说法的含义是营销调研人员可以利用统计显著性检验来确定样本是否提供了充分的证据支持总体中存在特定关系的假设。本书关于统计推断的章节已介绍了原假设的概念。关系分析的原假设是总体中不存在关系，需要采用适当的统计检验来验证这一假设。如果检验结果否定了原假设，我们就可以推断总体中存在关系（在特定的置信水平上）。本章稍后部分将介绍用于关系分析的统计检验。

关系模式

如前文所述，我们可以描述单向关系和线性关系的关系方向。对于线性关系，如果 b

（斜率）为正，则线性关系递增；如果 b 为负，则线性关系递减。因此，线性关系的关系模式可以是正向或负向的。

但是，正、负方向不适用于描述非单向关系，因为我们只能用语言来描述这种关系的大致模式[2]，如“早餐顾客通常会购买咖啡”。本章稍后部分的介绍将让你明白，由于变量的测量等级问题，无法描述非单向关系的方向。尽管如此，我们可以用语言描述这种关系的模式（参见前面的例子），这种陈述代替了对关系方向的描述。

关系强度

最后，当两个变量之间存在统计上显著的关系时，我们可以从强度方面来描述它们的关系，通常使用“强”“中”“弱”或其他类似词语。也就是说，当发现两个变量之间存在稳定且系统的关系时，营销调研人员就需要确定其关系的强度。强关系是指无论关系类型如何，两个变量之间很有可能呈现出一种依赖关系。反之，弱关系是指两个变量之间呈现出依赖关系的可能性很小。也就是说，两个变量之间存在关系，但不够明显。

表 13－1 列出了确定关系的存在、方向和强度的步骤。如该表所示，你必须首先确定感兴趣的两个变量之间存在何种类型的关系：非单向关系或线性关系。这个问题的答案取决于变量的测量等级：名义变量之间只能表现出笼统的关系模式，数值变量（等距变量或比率变量）之间则能够表现出非常精确的线性关系。识别出正确的关系类型（非单向关系或线性关系）之后，你就需要确定这种关系是否真实存在于你所分析的总体中。这一步必须采用统计检验，本章下一节将介绍如何使用相关分析（用于数值变量之间的线性关系）和交叉列表分析（用于名义变量之间的非单向关系）。

表 13－1　两个变量之间关系分析的步骤

步骤	描述
第 1 步：选择要分析的变量。	选定你认为可能存在关系的两个变量。
第 2 步：确定所选变量的测量等级。	就本章的目的而言，两个变量必须都是数值（等距或比率）变量或都是类别（名义）变量。
第 3 步：使用正确的关系分析方法。	对于两个数值（等距和 / 或比率）变量，应使用相关分析；对于两个名义变量，应使用交叉列表分析。
第 4 步：确定关系是否存在。	如果分析结果显示关系在统计上显著（通常在 95% 的置信水平上），则说明关系存在。
第 5 步：如果关系存在，则需确定关系方向。	线性（数值变量）关系可以是递增或递减的；对于非单向关系（名义变量），则需寻找其关系模式。
第 6 步：如果关系存在，则需评估关系强度。	对于相关分析，相关系数的大小可以表明关系强度；对于交叉列表分析，则需使用克莱姆 V 系数。

通过正确的统计检验确定总体中确实存在关系之后，你就需要确定关系的方向或模式。关系类型决定了如何描述关系方向。你也许需要通过图表来考察关系方向，或者只需查看计算出的统计量前面的正负号。最后，你需要判断关系强度。一些关系分析的统计量（如相关系数）能够直观地说明关系强度，也就是根据它们的绝对值大小来判断。但是，对于名义变量，你通常需要根据克莱姆 V 系数判断关系强度。接下来，我们介绍相关分析，如何判断关系强度，以及如何使用交叉列表及克莱姆 V 系数。

13.3 相关系数和共变

你肯定听说过或者使用过相关分析，因此我们现在详细介绍相关分析的使用。**相关系数**（correlation coefficient）是取值在 ±1.0 范围内的一个数值指标，用来表示两个数值变量之间线性关系的强度和方向。关系强度由相关系数的绝对值表示，它的符号则表示关系方向。换言之，相关系数表明了两个变量之间的共变程度。**共变**（covariation）是指一个变量的变化量与另一个变量的变化量之间存在系统关系。相关系数的绝对值越大，两个变量之间的共变程度也越大，或者说它们的关系越强。[3]

我们首先介绍相关系数的统计显著性。无论绝对值多大，在统计上不显著的相关系数都是毫无意义的。这是因为原假设是总体相关系数为零。如果原假设遭到拒绝（统计上显著相关），那么你可以确信总体相关系数不为零。但是，如果样本相关系数不显著，总体相关系数则为零。这里有一个问题，如果你能够正确地回答，说明你理解了相关系数的统计显著性。这个问题是：如果你多次重复一项针对相关系数的调查，并且计算出的相关系数的均值不显著，那么你的结论是什么？（答案是总体相关系数为零，因为如果样本相关系数不显著，原假设就是正确的，总体相关系数就是零。）

表 13－1 中的第 4 步"确定关系是否存在"要求进行统计检验。那么你如何确定相关系数的统计显著性呢？一些统计表格可以给出特定样本容量下显著相关系数的最小值，但是大多数计算机统计程序都会显示计算出的相关系数的统计显著性水平。SPSS 提供的显著性水平表示原假设得到支持的概率。在查看 SPSS 相关分析的输出结果时，我们需要关注的是 Sig. 值。

相关强度的经验法则

在确定相关系数具有统计显著性之后，我们就可以讨论关系强度的一些通用经验法则了。绝对值落在 0.81 ～ 1.00 的相关系数通常表示关系"非常强"，绝对值落在 0.61 ～ 0.80 的相关系数通常表示"强"关系，绝对值落在 0.41 ～ 0.60 的相关系数通常表示"中等"关系，绝对值落在 0.21 ～ 0.40 的相关系数通常表示"弱"关系。最后，营销调研人员一般对绝对值等于或小于 0.20 的任何相关系数都不感兴趣，因为它表示两个变量之间几乎不存在有意义的关系。当然，这个范围包含等于零的相关系数，即没有任何关系，因此 ±2.0 与 –2.0 之间的相关系数表示关系"非常弱"。

表 13－2 可以作为这些经验法则的参考。当你使用这些法则时，请记住两点：第一，我们假设已经确定相关系数具有统计显著性；第二，调研人员可以自行制定经验法则，因此你可能会发现有些人的法则与该表所示略有不同。[4]

表 13－2 相关系数大小的经验法则 *

相关系数的范围	关系强度
±0.81 ～ ±1.00	非常强
±0.61 ～ ±0.80	强
±0.41 ～ ±0.60	中等
±0.21 ～ ±0.40	弱
0.00 ～ ±0.20	非常弱

* 假设相关系数具有统计显著性。

在任何情况下，考察相关系数与 0 或 ±1.00 的接近程度都会很有帮助。接近 0 的显著相关系数说明两个变量之间不存在系统关系，接近 ±1.00 的显著相关系数则表明变量之间存在某种系统关系。

相关系数的符号：关系方向

相关系数的符号代表什么呢？相关系数的符号可以表明关系的方向。正号表示正向关系；负号表示负向关系。例如，如果你发现受教育年限与浏览《国家地理电子版》(*National Geographic Digital*) 杂志的时长之间的显著相关系数为 0.83，则意味着受教育水平越高的人浏览该杂志的时间越长。如果你发现受教育年限与吸烟频率之间的显著相关系数为负，则意味着受教育水平越高的人吸烟越少。

使用散点图展示共变

在介绍相关系数时，我们提出了两个变量之间共变的概念。现在我们使用数据可视化工具来展示共变。请看以下示例：一位营销调研人员正在调查领先的全球制药企业诺华公司（Novartis）在某个特定地区的总销售额与分派到这里的销售员人数之间的关系。调研人员掌握了诺华公司在美国 20 个不同地区的销售额和销售员人数的数据。

我们可以使用散点图来展示这两个变量的原始数据，如图 13－2 所示。**散点图**（scatter diagram）绘制的是对应于每对 x 和 y 变量值的点。在图 13－2 中，纵轴代表诺华公司在某一地区的销售额，横轴代表该地区销售员的人数。这些点的排列或分布呈一个长椭圆形。任何两个存在系统共变的变量在散点图上都将形成一个椭圆形。当然，这个特定的散点图描绘的仅仅是这位营销调研人员收集到的每个地区的销售额和销售员人数的数据。实际上，散点图可能呈任何形状，这取决于两个变量之间的关系。[5]

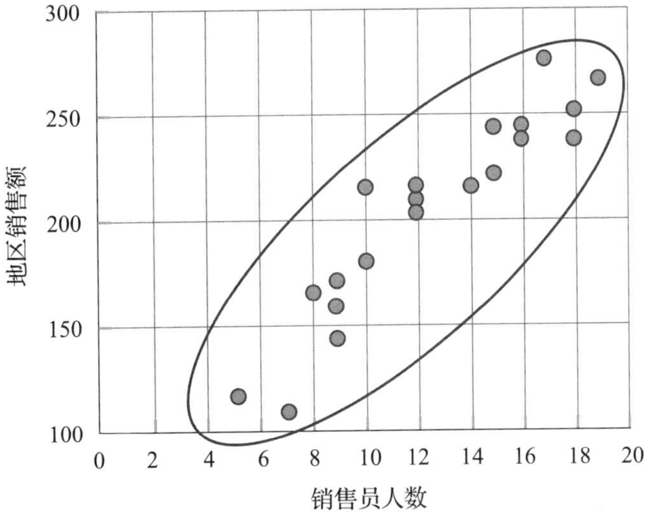

图 13－2　展示共变的散点图

图 13－3 展示了几种不同类型的散点图。每个散点图表明了不同的共变程度。例如，图 13－3（a）所示的散点图表明两个变量之间没有明显的关系，因为这些点没有形成任何可识别的模式，它们只是形成了一个较大且不规则的形状。图 13－3（b）

中的散点表明变量 x 与变量 y 之间存在负向关系，因为 x 值增大的同时 y 值减小。图 13－3（c）与图 13－3（b）相似，但是椭圆的角度或斜率不同。这样的斜率表明 x 与 y 之间存在正向关系，因为 x 值增大的同时 y 值也增大。

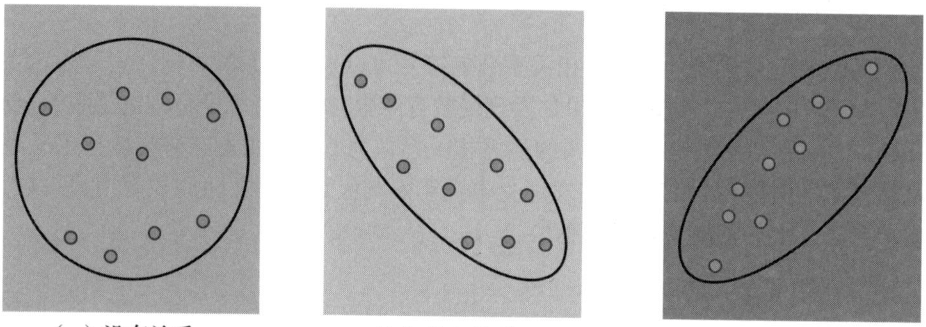

（a）没有关系　（b）负向关系　（c）正向关系

图 13－3　表明不同关系的共变散点图

散点图与相关系数有什么联系呢？这个问题的答案基于本章前面介绍的线性关系。注意，图 13－2 和图 13－3 中的散点都被圈了起来，在大多数情况下，其边界会形成椭圆形。想象一下，当拉伸椭圆的两端时，它会变长变窄，直到所有的点都落在一条直线上。如果你碰巧得到了一些数据，它所形成的椭圆中的所有散点正好都落在一条直线上，在计算相关系数时，你会发现它正好等于 1.0（椭圆向右上方倾斜时为 +1.0，向右下方倾斜时则为 –1.0）。现在想象一下，推压椭圆的两端直到它变成图 13－3（a）所示的形状。它不会形成明显的直线，当然也就不存在系统共变。球形散点图表示相关系数为零，因为不存在明显的线性关系。换言之，相关系数可以表明两个变量之间的共变程度，并且你可以利用散点图来展示这种关系。散点图的形状和角度分别由相关系数的大小和符号表示。

13.4　皮尔逊积差相关系数

皮尔逊积差相关系数（Pearson product moment correlation）可以测量两个等距变量和/或比率变量（数值变量）之间的线性关系，正如散点图所示的那种关系。两个变量之间的相关系数是测量散点与直线的接近程度的指标。你已经知道，如果所有的点正好落在一条直线上，相关系数将为 +1 或 –1。如果散点无法形成椭圆形，如图 13－3（a）所示，则相关系数接近 0。当然，相关系数正好为 ±1.00 或 0.00 的情况极其少见。通常，你会得到中间的值，如果相关系数具有统计显著性，利用之前给出的经验法则，可以将其解释为强相关、中等相关或弱相关等。

皮尔逊积差相关系数的计算公式如下：

$$r_{xy}=\frac{\sum_{i=1}^{n}(x_i-\bar{x})(y_i-\bar{y})}{ns_xs_y}$$

式中，x_i 表示每个 x 值；$\bar{x}$ 表示所有 x 值的均值；y_i 表示每个 y 值；$\bar{y}$ 表示所有 y 值的均值；n 表示配对数目；s_x，s_y 表示 x 和 y 各自的标准差。

现在我们简单介绍这个公式的构成，以帮助你理解该公式与之前所讨论的概念之间的联系。用统计术语来说，公式的分子是“交叉乘积和”，它代表 x 与 y 之间的共变或“协方差”。将交叉乘积和除以 n，得到每对 x 值与 y 值的共变的均值。再将这个均值除以两个标准差，以调整计量单位上的差异。这样计算得到的相关系数的取值范围为 –1.0 ～ +1.0。

下面是计算皮尔逊积差相关系数的一个简单示例。你得到了 10 个县的人口与零售额的一些数据。人口数与零售额之间有关系吗？你快速地计算得出：各县的平均人口是 690 000 人，平均零售额是 954 万美元。标准差分别为 384.3 和 7.8，交叉乘积和为 25 154。相关系数的计算结果如下：

$$r_{xy}=\frac{\sum_{i=1}^{n}(x_i-\bar{x})(y_i-\bar{y})}{ns_xs_y}=\frac{25\,154}{10\times 7.8\times 384.3}=\frac{25\,154}{29\,975.4}=0.84$$

注：交叉乘积和 = 25 154；$n = 10$；x 的标准差 = 7.8；y 的标准差 = 384.3。

计算出的值 0.84 是一个较大的表明正向关系的相关系数。它说明一个县的居民越多，其零售额就越大。

总之，皮尔逊积差相关系数不仅能说明关系强度，还能说明关系方向，因为正如前文所述，相关系数的符号说明了关系方向。负的相关系数揭示的是负向关系：随着一个变量值增大，另一个变量值减小。正的相关系数则表示正向关系：随着一个变量值增大，另一个变量值也增大。必须注意，椭圆的角度或斜率与相关系数的大小没有关系，一切都取决于椭圆的宽度。第 14 章“回归分析”将进一步讨论斜率。

■ 综合案例

汽车研发中心调查：如何利用 SPSS 获得皮尔逊积差相关系数

使用 SPSS 只需点击几下就能计算相关系数。你对汽车研发中心的调查已经很熟悉了，因此我们将再次使用该案例。该调查使用 7 级等距量表来测量受访者对五种车型的偏好。CMG 调研公司还购买了受访者的生活方式数据。六种生活方式为：前卫者、创新者、领潮者、先行者、主流者和传统者。每种生活方式都以 7 级等距量表来测量，其中 1 代表“跟我完全不符”，7 代表“跟我完全相符”。相关分析可以用来确定哪种生活方式与对特定车型的偏好相关。也就是说，高度正相关表明喜欢特定车型的消费者对某种生活方式的评分较高。相反，弱相关或负相关则表明二者不匹配。我们在此仅研究对其中一种车型的偏好，在本章末尾的综合案例中你可以分析对其他车型的偏好。

我们想要对 4 座经济型汽油车的偏好与六种生活方式进行相关分析，以确定哪种生活方式与对该车型的偏好相关。如图 13 – 4 所示，点击流程是“ANALYZE-CORRELATE-BIVARIATE”，在打开的选择框中选定要进行相关分析的变量。注意，我们选择了对 4 座经济型汽油车的偏好和所有六种生活方式。这里有不同的相关系数选项，我们选择的是皮尔逊积差相关系数，程序默认采用双尾显著性检验。

图 13 – 5 显示了运行该命令的输出结果。如图所示，当你利用 SPSS 计算相关系数时，输出的都是对称的相关系数矩阵，矩阵的行和列分别对应各个变量。矩阵中的每个单元格

包含三项内容：（1）相关系数；（2）显著性水平；（3）样本容量。图 13－5 显示了计算所得的“偏好：经济型汽油车－4 座经济型汽油车”与“前卫者、创新者、领潮者、先行者、主流者和传统者”六种生活方式之间的相关系数。

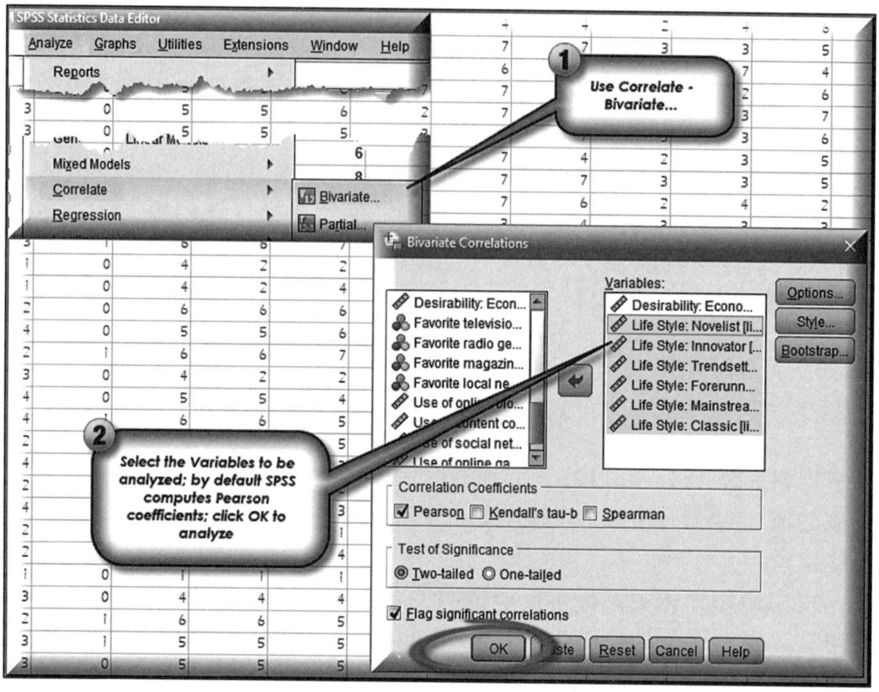

图 13－4　获得相关系数的 IBM SPSS 点击流程

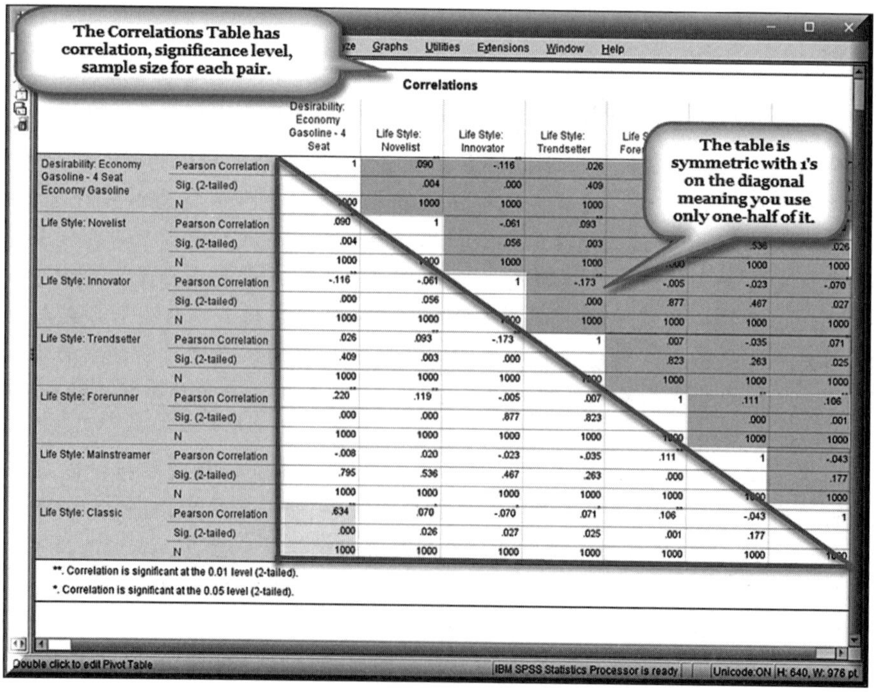

图 13－5　获得相关系数的 IBM SPSS 输出结果

看一下相关系数的输出结果，你会注意到每个变量与自身的相关系数都是 1。这个结果看似奇怪，但它旨在提醒你，通过这种方法生成的相关系数矩阵是对称的。换言之，矩阵中所有的 1 形成的对角线上方与下方的相关系数相同。当变量个数较少时，很容易看出这一点。但是，在对多个变量同时进行比较时，对角线上的那些 1 就可以成为参照点。

对于相关系数的统计显著性，SPSS 用一个星号来标注显著性水平低于 0.05 的相关系数，并用两个星号来标注显著性水平低于 0.01 的相关系数。在这些情况下，我们知道相关系数具有统计显著性，即显著不为零，就可以评估相关强度了。查看第一列数值，我们发现只有一个显著的相关系数 0.634 的值较大，它对应的是“传统者”。换句话说，只有一种生活方式与偏好之间存在正向且稳定的强关系。对这一结果的解释是：那些喜欢 4 座经济型汽油车的人通常比较传统，也不愿意改变他们的生活方式。

13.5 向客户报告相关分析结果

表 13 - 1 中的第 4 步非常重要：在报告结果之前，调研人员必须检验并确定所得到的相关系数具有显著性。当统计分析程序以复杂的格式输出大量相关系数时，数据分析新手完全有可能忽略这一步。据我们所知，关于如何向客户报告统计上显著的相关系数，在营销调研行业中还没有标准。我们的建议是：在报告相关分析结果时，必须考虑相关系数的符号和大小。

13.6 交叉列表

交叉列表和相应的卡方值可以用来判断两个名义变量之间是否存在非单向关系。你应该记得，非单向关系是指一个名义变量的某个标签出现时，另一个名义变量的某个标签也同时出现。

交叉列表分析

在考察两个名义变量之间的关系时，调研人员通常会使用**交叉列表**（cross-tabulation table），也称交叉表，这种表格用行和列的形式来比较数据。交叉列表有时又称“$r \times c$”表，因为它是由行和列组成的。行与列的交叉部分称为**交叉列表单元格**（cross-tabulation cell）。我们以一项调查为例进行说明。该调查中有两类个体：Michelob Ultra 啤酒的购买者与非购买者。还有两类职业：专业工作者（也称“白领”员工）与体力工作者（也称“蓝领”员工）。

如表 13 - 3A 所示，SPSS 的变量频数表显示，有 200 名受访者参与了调查。在职业状况方面，有 160 人称自己为“白领”，有 40 人称自己为“蓝领”。在购买 Michelob Ultra 品牌的啤酒方面，有 166 名“购买者”与 34 名“非购买者”。如表所示，交叉列表分析同时使用两个名义变量，并以多种方式计算**单元格频数**（cell frequency），即白领购买者、蓝领购买者、白领非购买者和蓝领非购买者的人数。

表 13－3A　Michelob Ultra 啤酒调查的变量频数表和交叉列表

变量频数表（列表）

		频数	百分率		频数	百分率
有效	白领	160	80.0	购买者	166	83.0
	蓝领	40	20.0	非购买者	34	17.0
	合计	200	100.0	合计	200	100.0

观察频数表（交叉列表）

		购买者或非购买者		
		购买者	非购买者	合计
职业状况	白领	152	8	160
	蓝领	14	26	40
合计		166	34	200

行频数表（交叉列表）

		购买者或非购买者					
		购买者		非购买者		合计	
职业状况	白领	152	+	8	=	160	白领行合计
						+	
	蓝领	14	+	26	=	40	蓝领行合计
						=	
合计						200	总合计

列频数表（交叉列表）

		购买者或非购买者				
		购买者		非购买者		合计
职业状况	白领	152		8		
		+		+		
	蓝领	14		26		
		=		=		
合计		166	+	34	=	200
		购买者列合计		非购买者列合计		总合计

在交叉列表分析中，行与列的数目不一定要相等，我们只是使用 2×2 交叉列表作为一个简单的示例。表 13－3A 中的“观察频数表”展示了 Michelob Ultra 啤酒调查的交叉列表。表中各列垂直对齐，分别表示 Michelob Ultra 啤酒的“购买者”与“非购买者”，各行则表示“白领”与“蓝领”职业。此外，每行、每列都有一个“合计”。交叉分类频数表实际上是彼此重叠的两张单独的表格，即行频数表和列频数表。

我们将这张交叉列表拆分为两张单独的表格，以描述如何计算这些“合计”。在**行频数表**（row frequency table）中，我们计算并列出了每行的各单元格频数，使用箭头分别标注了白领和蓝领的单元格频数，并利用“+”和“=”显示了获得行合计的计算方法。例如，白领行合计为160，等于152加8；蓝领行合计则为40，等于14加26。总合计为200，等于白领行合计160加蓝领行合计40。

在**列频数表**（column frequency table）中，我们进行了类似计算，即计算了每列的各单元格频数。但是，各列是垂直对齐的，因此购买者列合计166等于白领购买者频数152加蓝领购买者频数14。类似地，非购买者列合计34等于白领非购买者频数8加蓝领非购买者频数26。总合计200则等于购买者列合计166加非购买者列合计34。请你花几分钟时间熟悉一下表13－3A中的这些术语和计算方法，因为在后续讨论中它们还会被提及。你至少应该了解以下术语及其计算方法：单元格频数、行合计、列合计和总合计。

交叉列表中的频数和百分率的类型

表13－3B中的第一张表格显示，用各原始频数除以总合计频数可以得到各原始百分率。**原始百分率表**（raw percentage table）列出了各原始频数的百分率。总合计频数的百分率为100%（即200/200）。在其上方分别是样本中白领受访者与蓝领受访者的原始百分率80%与20%。计算几个单元格的原始百分率，以验证你理解了其计算方法。例如，152÷200＝76%（表中一些百分率的计算结果已四舍五入）。

表13－3B　Michelob Ultra啤酒调查的百分率交叉列表

原始百分率表

职业状况与购买行为的交叉列表

			购买者或非购买者		
			购买者	非购买者	合计
职业状况	白领	占总合计频数的百分比	76%	4%	80%
	蓝领	占总合计频数的百分比	7%	13%	20%
合计		占总合计频数的百分比	83%	17%	100%

行百分率表

职业状况与购买行为的交叉列表

			购买者或非购买者		
			购买者	非购买者	合计
职业状况	白领	占各职业状况行合计频数的百分比	95%	5%	100%
	蓝领	占各职业状况行合计频数的百分比	35%	65%	100%
合计		占各职业状况行合计频数的百分比	83%	17%	100%

列百分率表

职业状况与购买行为的交叉列表

			购买者或非购买者		
			购买者	非购买者	合计
职业状况	白领	占各购买行为列合计频数的百分比	92%	23%	80%
	蓝领	占各购买行为列合计频数的百分比	8%	77%	20%
合计		占各购买行为列合计频数的百分比	100%	100%	100%

另外两张表格在揭示关系方面更有价值。**行百分率表**（row percentage table）列出了各单元格的原始频数在行合计原始频数中的占比。各单元格的行百分率的计算公式如下：

$$单元格的行百分率=\frac{单元格频数}{行合计频数}$$

列百分率表（column percentage table）列出了各单元格的原始频数在列合计原始频数中的占比。各单元格的列百分率的计算公式如下：

$$单元格的列百分率=\frac{单元格频数}{列合计频数}$$

例如，行百分率表显示，白领受访者中有 95% 是购买者，有 5% 是非购买者。蓝领受访者中则有 35% 是购买者，有 65% 是非购买者。换句话说，白领员工显然倾向于购买 Michelob Ultra 啤酒，但蓝领员工并非如此。我们可以从中发现非单向关系。这种关系模式在列百分率表中也比较明显：Michelob Ultra 啤酒的购买者大部分是白领员工，非购买者大部分是蓝领员工。

在这个例子中，几个单元格中的百分率都不相等，这说明可能存在非单向关系。如果四个单元格中每个都分布着大约 25% 的样本，就无法发现任何关系，也就是说，任何一个人是 Michelob Ultra 啤酒购买者或非购买者的可能性以及是白领员工或蓝领员工的可能性都相等。但是，在这个例子中，个体密集地集中于两个特定的单元格内，这说明 Michelob Ultra 啤酒的购买者是白领员工的可能性很大，同时非购买者很可能是蓝领员工。换言之，在这个样本所代表的总体中，职业状况与个体购买行为之间可能存在关系。但是，如表 13－1 中的第 4 步所指出的，在下结论之前，我们必须检验表面关系的统计显著性。

13.7 卡方分析

卡方（χ^2）分析［Chi-square (χ^2) analysis］可以检验交叉列表中两个名义变量的频数，以确定变量之间是否存在统计上显著的非单向关系。[6] 卡方分析的第一步是调研人员提出统计上的原假设，即假设总体中的两个变量之间没有关系。实际上，调研人员没有必要将这个假设正式地表述出来，因为卡方分析总是以此作为原假设。换句话说，在使用交叉列表进行卡方分析时，我们总是首先假设所分析的两个名义变量之间不存在关系。[7]

观察频数和期望频数

下面详细介绍卡方分析方法。表 13－3A 中的交叉列表显示了**观察频数**（observed frequency），即交叉列表中各单元格的实际频数。与观察频数进行比较的是**期望频数**（expected frequency），即从两个变量没有关系的假设中推导出来的理论频数。观察频数偏离期望频数的程度用一个数值表示，称为卡方检验统计量。将计算所得的卡方检验统计量与卡方表中的值（在选定的显著性水平上）进行比较，可以确定计算所得的值是否显著不为零。

期望频数是两个变量没有关系时的频数。记住，这是原假设。卡方分析的唯一难点就是期望频数的计算。其计算公式如下：

$$单元格的期望频数=\frac{列合计频数\times 行合计频数}{总合计频数}$$

该公式计算的是关系不存在时各单元格的频数。在 Michelob Ultra 啤酒的例子中，样本中有 160 个白领和 40 个蓝领消费者，其中购买者为 166 人，非购买者为 34 人。假设关系不存在，每个单元格的期望频数计算如下：

$$\text{白领购买者的期望频数} = \frac{160 \times 166}{200} = 132.8$$

$$\text{白领非购买者的期望频数} = \frac{160 \times 34}{200} = 27.2$$

$$\text{蓝领购买者的期望频数} = \frac{40 \times 166}{200} = 33.2$$

$$\text{蓝领非购买者的期望频数} = \frac{40 \times 34}{200} = 6.8$$

注：购买者列合计 = 166；非购买者列合计 = 34；白领行合计 = 160；蓝领行合计 = 40；总合计 = 200。

χ^2 的计算

接下来，将观察频数与期望频数进行比较以计算卡方值。**卡方公式**（Chi-square formula）如下：

$$\chi^2 = \sum_{i=1}^{n} \frac{(\text{观察频数}_i - \text{期望频数}_i)^2}{\text{期望频数}_i}$$

式中，观察频数$_i$ 表示单元格 i 的观察频数；期望频数$_i$ 表示单元格 i 的期望频数；n 表示单元格个数。

将该公式应用于 Michelob Ultra 啤酒的例子，计算出的卡方值为：

$$\chi^2 = \frac{(152-132.8)^2}{132.8} + \frac{(8-27.2)^2}{27.2} + \frac{(14-33.2)^2}{33.2} + \frac{(26-6.8)^2}{6.8} = 81.64$$

注：各单元格的观察频数参见表 13－3A；各单元格的期望频数参见前面的计算结果。

如该公式所示，通过做减法，我们将每个期望频数与观察频数进行比较，再通过平方运算去掉负值，以避免正负值的抵消效应。然后，用这个值除以期望频数，以调整单元格频数大小上的差异。最后，将所有单元格的这些数值加总。如果有许多观察频数都与期望频数存在较大的偏离，计算出的卡方值将会较大；但是，如果偏离较小，计算出的卡方值将会较小。换句话说，计算所得的卡方值能够表明观察频数偏离期望频数的程度。因此，它反映了样本结果与没有关系的原假设之间的背离程度。

卡方分布

你已经学习了如何计算卡方值，现在你需要知道它是否具有统计显著性，即行百分率表和列百分率表所揭示的表面关系是否真实存在于总体中。前面的章节介绍了计算机统计程序如何使用正态曲线或 z 分布、F 分布及 t 分布来确定显著性水平，这些分布都有表可查。卡方分析需要使用一种不同的分布，因为我们处理的是名义变量。**卡方分布**（Chi-square distribution）呈右拖尾形，其拒绝区域总是位于分布的右尾端。它与正态分布和 t 分布的区别是：它的形状因情况而异，并且没有负值。图 13－6 展示了两个卡方分布的例子。

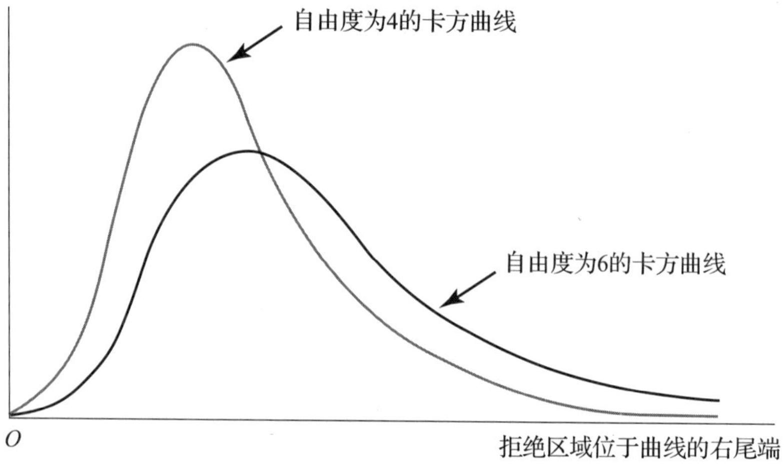

图 13－6　卡方曲线的形状取决于自由度

卡方分布的形状取决于自由度。如图所示，自由度越大，曲线的尾部越靠右侧。换句话说，自由度越大，卡方值就必须越大，才能落在原假设的拒绝区域。

确定自由度非常简单。在交叉列表中，自由度的计算公式如下：

$$自由度=(r-1)(c-1)$$

式中，r 表示行的数目；c 表示列的数目。

卡方值表列出了在不同显著性水平上接受区域与拒绝区域之间的临界值。它也考虑了与每条曲线相关的自由度。也就是说，计算出的卡方值本身没有意义——你必须考虑交叉列表中的自由度，因为在同一显著性水平上，自由度越大表明卡方临界值越大。这与交叉列表中单元格的个数有关。单元格越多，观察频数偏离期望频数的概率就越大。对于卡方表中较大的值，随机因素可能导致数值过大的问题已做过调整。毕竟，我们想检测的是真实的非单向关系，而不是虚假的关系。

SPSS 和几乎所有的计算机统计分析程序都有内置的卡方表，并能输出原假设得到支持的概率。我们重申一点：程序本身会考虑自由度的数值，并且能够确定原假设得到支持的概率。这个概率是计算出的卡方值右侧的区域占卡方曲线下方面积的百分比。当原假设遭到拒绝时，我们的结论是：两个变量之间存在统计上显著的非单向关系。[8] 在 Michelob Ultra 啤酒的例子中，自由度为 1，卡方临界值为 3.841，由于 81.64 大于 3.841，因此原假设得到支持的概率小于 5%。也就是说，两个变量之间存在统计上显著的关系。

如何解释卡方分析结果

如何解释卡方分析的结果呢？如果调研人员使用独立样本多次重复调查，卡方分析能够得出其中支持原假设的样本数量。现在你应该很熟悉多个独立样本的概念了。例如，如果卡方分析得到的支持原假设的显著性水平是 0.02，调研人员就可以断定，在多个独立样本中，只有 2% 的样本结果会支持原假设。原假设没有得到支持，这意味着存在显著关系。通常，确定计算出的卡方值的显著性水平就足够了，但高级用户可能还会查看 Phi 值或克莱姆 V 系数等统计量，以确定关系的强度。[9] 这两个统计量的取值范围都是 0 ～ 1，当自由度为 1 时，任何等于或大于 0.5 的值都表示强关系。当自由度增加时，表示强关系的值就会减小：当自由度为 2 时，其值为 0.35；当自由度为 3 时，其值为 0.29；

当自由度为 4 时，其值为 0.25；当自由度为 5 时，其值为 0.22。[10] 在 Michelob Ultra 啤酒的例子中，Phi 值和克莱姆 V 系数都是 0.639，意味着关系非常强。

必须指出，卡方分析只是确定两个变量之间是否存在统计上显著的非单向关系的一种简单方法。卡方分析无法表明关系的性质，只能根据卡方值的大小粗略地表明关系强度。因此，最好在卡方分析的基础上进一步考察两个变量并确定它们之间的关系性质。也就是说，卡方检验是另一种“信号灯”，它告诉我们是否值得考察所有的行百分率和列百分率。阅读调研洞察 13－1，看一看如何使用交叉列表结果来调查精酿啤酒品牌涌入美国市场的情况。

调研洞察 13－1　实践应用

精酿啤酒占据市场主导地位吗？

精酿啤酒的市场地位正在迅速崛起。与百威（Budweiser）和库尔斯（Coors）等传统的美国品牌相比，Dogfish Head、Harpoon 和 Long Trail 等精酿啤酒品牌的质量和知名度日渐提升。一所重点大学的一位硕士生决定研究这一增长趋势。[11] 他调查了 207 名参加俄克拉何马州俄克拉何马市精酿啤酒节的啤酒饮用者，请他们评论各自的饮酒情况，特别是根据场合（如在餐馆、与朋友在家、在酒吧等）评论他们对精酿啤酒、传统啤酒、葡萄酒和烈性酒的偏好。

该调研人员发现，饮酒者分为多种类型，下面描述其中五种：

- 保守者：“普通”饮酒者，他们往往是白人，受过高等教育，收入和年龄都处于平均水平。
- 冒险者：“寻求刺激”的饮酒者，他们比较年轻，通常在读大学，种族和性别各异，但收入最低。
- 从商者：全部是中年男性，大多数是白人，受教育水平低，但年收入很高。
- 学习者：喜欢新奇事物的知识分子，他们的收入、种族、性别和年龄各异，其中一些人的年龄在 21～40 岁。
- 维护者：那些重视稳定性的消费者，往往年龄较大，种族多样化，经济状况稳定。

该调研人员利用这五个生活方式细分市场及其在不同场合最喜欢的酒精饮料方面的数据，研究了多个交叉列表。结果显示，在酒吧饮酒的情况下，卡方值具有统计显著性，图 13－7 显示了所发现的关系。

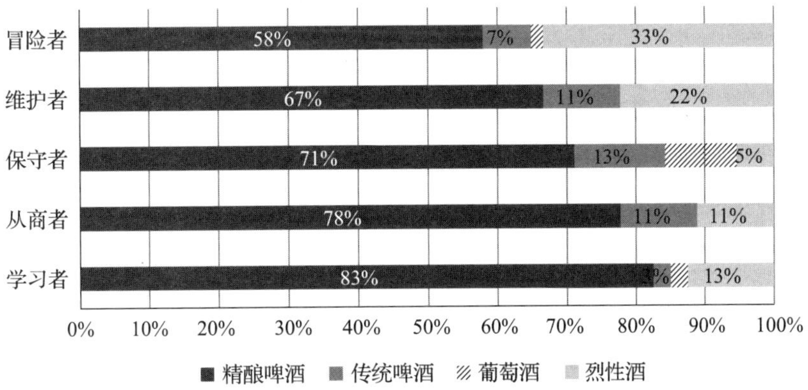

图 13－7　在酒吧的酒精饮料消费情况

如图所示，就在酒吧购买酒精饮料而言，学习者最有可能选择精酿啤酒（超过 80% 的学习者会这样做）。从商者的情况与学习者非常相似，但冒险者和维护者大不相同。虽然这些群体中的大多数人会选择精酿啤酒品牌，但也有相当一部分人更喜欢烈性酒。总而言之，最有趣的发现是，在这五个不同的生活方式细分市场中，没有任何一个细分市场青睐传统啤酒品牌。这些调查结果的确表明，精酿啤酒品牌已经完全超越了近年来主导市场的传统品牌。

■ 综合案例

汽车研发中心调查：利用 SPSS 进行卡方分析以确定交叉列表中的显著关系

我们将使用汽车研发中心的调查数据来展示如何利用 SPSS 进行交叉列表分析并解释分析结果。该数据集包含性别和婚姻状况等多个人口统计变量。我们将“婚姻状况”作为第一个名义变量，将“最喜欢的当地报纸版面”作为第二个名义变量。也就是说，我们考察的是婚姻状况（未婚和已婚）与最喜欢的当地报纸版面（社论、商业、当地新闻、国家新闻、体育、娱乐、不读报纸）之间可能存在的关系。

利用 SPSS 进行卡方检验的点击顺序是“ANALYZE-DESCRIPTIVE STATISTICS-CROSSTABS”，在打开的对话框中选择卡方分析的变量。如图 13－8 所示，我们选择“Marital status”（婚姻状况）作为列变量，选择“Favorite local newspaper section”（最喜欢的当地报纸版面）作为行变量。在对话框的底部有三个选项按钮。点击“Cells…”按钮后，可以在打开的菜单中选择想要输出的观察频数、期望频数、行百分率和列百分率等。我们仅选择观察频数（原始频数）和列百分率。点击“Statistics…”按钮会打开统计量菜单，你可以在这里选择想要计算的统计量。当然，我们只需选择卡方值。注意，这里还有 Phi 值和克莱姆 V 系数的选项，一旦我们确定了统计上显著的关系，就可以用它们来评估关系强度。

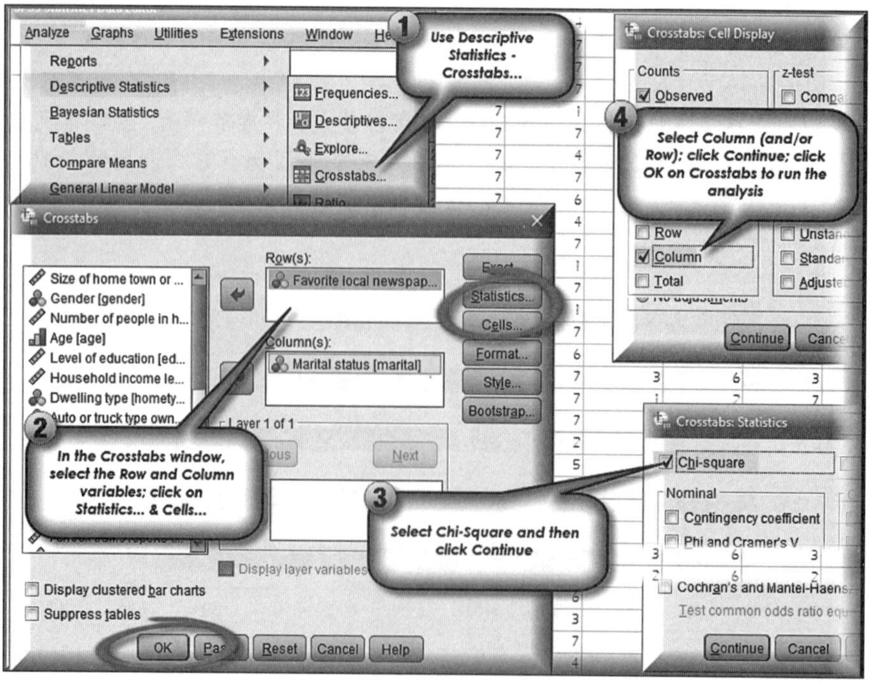

图 13－8　交叉列表和卡方分析的 IBM SPSS 点击流程

输出结果如图 13－9 所示。第一张表格显示了变量标签和值标签，每个单元格内的第一项结果是原始频数。此外，表格还分别报告了“Unmarried”(未婚）和“Married”(已婚）这两列的列合计百分率 100%。

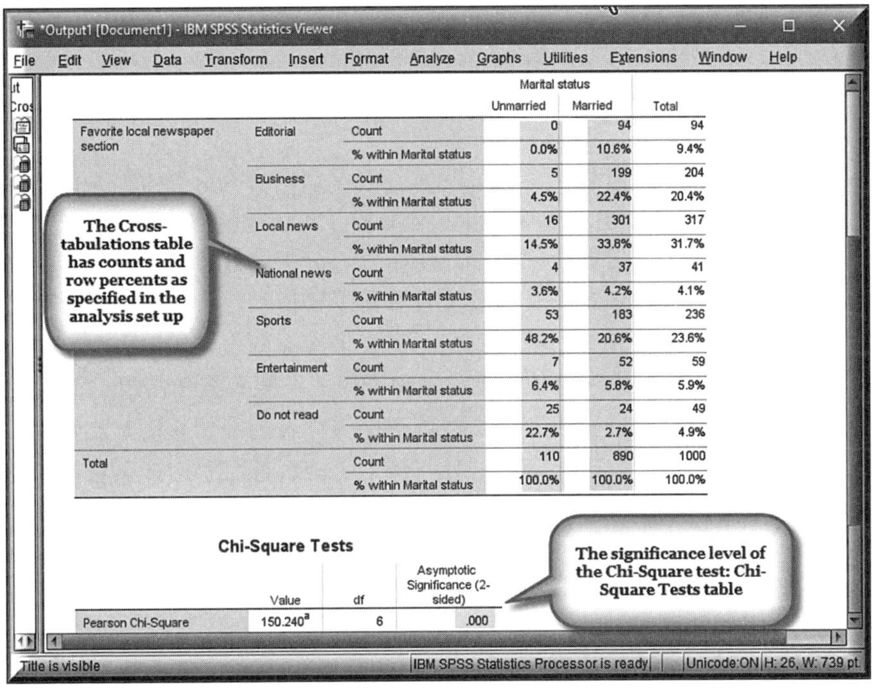

			Marital status		
			Unmarried	Married	Total
Favorite local newspaper section	Editorial	Count	0	94	94
		% within Marital status	0.0%	10.6%	9.4%
	Business	Count	5	199	204
		% within Marital status	4.5%	22.4%	20.4%
	Local news	Count	16	301	317
		% within Marital status	14.5%	33.8%	31.7%
	National news	Count	4	37	41
		% within Marital status	3.6%	4.2%	4.1%
	Sports	Count	53	183	236
		% within Marital status	48.2%	20.6%	23.6%
	Entertainment	Count	7	52	59
		% within Marital status	6.4%	5.8%	5.9%
	Do not read	Count	25	24	49
		% within Marital status	22.7%	2.7%	4.9%
Total		Count	110	890	1000
		% within Marital status	100.0%	100.0%	100.0%

Chi-Square Tests

	Value	df	Asymptotic Significance (2-sided)
Pearson Chi-Square	150.240a	6	.000

图 13－9　交叉列表和卡方分析的 IBM SPSS 输出结果

第二张表格提供了卡方分析结果。就本书的目的而言，唯一需要关注的统计量是“Pearson Chi-square”(皮尔逊卡方值)，计算结果为 150.240。df 列显示自由度为 6。Asymp. Sig. 表示原假设得到支持的概率。本例中的显著性水平为 0.000，这意味着婚姻状况与最喜欢的当地报纸版面之间没有关系的原假设实际上没有得到支持。换言之，它们之间存在关系。

SPSS 完成了确定非单向关系的第一步。卡方分析结果显示确实存在统计上的显著关系。下一步是弄清关系的性质。记住，对于非单向关系，你必须考察其模式并用语言进行描述。我们可以这样问：“不同婚姻状况的读者更喜欢当地报纸的哪个版面?”记住，关系模式涉及的是关系强度，而不是“是否存在关系”。查看图 13－9 中的列百分率，你会发现未婚读者阅读当地报纸的特征如下：“Sports”(体育）约占 48%；“Do not read”(不读报纸）约占 23%。对于已婚读者，占较大百分比的版面包括：“Local news”(当地新闻）约占 34%；“Business”(商业）约占 22%；“Sports”(体育）约占 21%。无论婚姻状况如何，“Editorial”(社论)、“National news”(国家新闻）和“Entertainment”(娱乐）版面所占的百分比相对来说都很小。

你可以这样解释该分析结果：如果汽车研发中心想要向潜在的未婚汽车购买者进行宣传，就应该在当地报纸的体育版面投放广告；如果想要向潜在的已婚购买者进行宣传，则应该在当地新闻、商业和体育版面投放广告，因为约 3/4 的已婚读者倾向于阅读这三个版面。

换句话说，由于显著性水平小于 0.05，我们有必要进一步考察和解释交叉列表中的百分率。这样我们才能确定关系的模式或性质，因为百分率可以表明关系的相对强度。更重要的是，分析结果显示关系具有统计显著性，因此你可以确信这种关系在样本所代表的总体中是真实存在的。

13.8 百分率的卡方检验：交叉列表分析的一种有用的变化

交叉列表分析通常用于分析两个名义变量，但营销调研人员经常将其应用于研究群组之间的差异。如第12章所述，方差分析（ANOVA）可以检验多个群组的均值之间是否相等，均值仅适用于等距变量或比率变量。使用方差分析的效率远远高于多次进行两个群组的均值之间的差异分析。对名义变量进行分析需要使用百分率，卡方分析可以同时检验多个群组的百分率是否相等，因此我们不需要多次对两个群组的百分率进行差异分析。下面这个简单的例子可以解释该原理。一位调研人员想要按年龄组（如20多岁、30多岁、40多岁等）对消费者进行研究。虽然调查中受访者的确切年龄是已知的，但他们仍然可以归入这些年龄组，以进行市场细分。每个受访者都需要选择其最喜欢的社交媒体网站：脸书、推特、领英和Instagram或其他。这样，我们就可以分别得到每个年龄组对各社交媒体网站偏好的百分率。例如，对“20多岁”年龄组来说，脸书的列百分率可能为10%，推特为10%，领英为20%，Instagram为40%，其他为10%。实际上，每个年龄组都会有其独特的一组百分率。

如果卡方分析结果显示，这些百分率都相等的原假设没有得到显著支持，这意味着至少有一个年龄组的百分率与其他年龄组之间存在差异。由于社交媒体网站属于名义变量，我们不可能使用邓肯多重范围检验等事后检验来找出确切的差异。在这种情况下，调研人员应该将每个年龄组的百分率与其他各组进行比较，以得到有意义的营销策略启示。例如，“20多岁”年龄组使用Instagram的比例可能远远高于“50多岁”年龄组，后者倾向于使用脸书。这意味着，如果将“20多岁”年龄组作为目标市场，Instagram就是最适合用来投放广告的社交媒体平台；但是，如果将“50多岁”年龄组作为目标市场，脸书则是最佳选择。卡方检验用于检验群组的百分率，正如F检验用于检验群组的均值：调研人员必须首先发现统计显著性，这意味着群组之间不存在差异的原假设没有得到支持，然后才有理由进一步考察和应用群组之间的表面差异。调研洞察13-2展示了如何将交叉列表和卡方分析应用于四个不同的群组。

调研洞察13-2 全球应用

美女形象在全世界是否一致？

一位广告调研人员想要确定美女模特的形象在不同文化或国家之间的一致程度。[12] 因此，她调查了两大洲四个国家（阿根廷、智利、匈牙利和罗马尼亚）的消费者。她使用真实的照片识别出了四种不同类型的美女模特形象：古典型、性感型、可爱型（或邻家女孩型）和时尚型。通过交叉列表和卡方分析，她确定美女类型与国家之间存在显著关系。克莱姆V系数为0.16，自由度为6，这表明关系比较强。图13-10显示了调查结果。

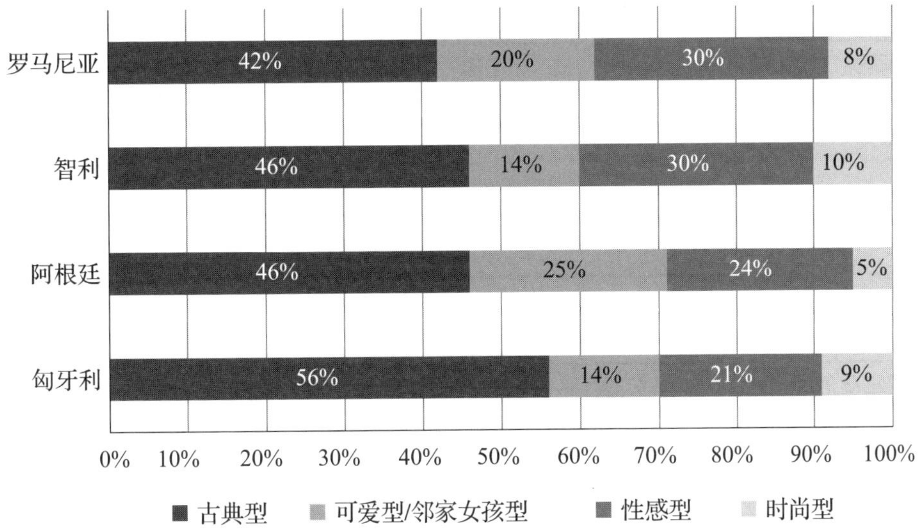

图 13－10 对美女广告模特形象的偏好

如图所示，只有匈牙利的大多数广告观众喜欢古典美女形象，其百分率接近 60%。但是在罗马尼亚，只有约 40% 的观众喜欢古典形象，同时性感形象（30%）和可爱形象（20%）也比较受欢迎。在所有被调查的国家中，有一个结果是相同的：无论在哪个国家，与其他三类形象相比，时尚美女模特形象都是最不受欢迎的，喜欢这类形象的观众所占的比例都不超过 10%。

13.9 向客户报告交叉列表分析结果：使用数据可视化工具

每当调研人员发现交叉列表中存在统计上的显著关系，就需要报告这个结果。在介绍关系分析的概念时我们指出，描述非单向关系的方向和强度等特征是不可能的，因为涉及的是名义变量。名义变量没有顺序或大小，它们只是一些能够区分数据的简单类别或标签。从关于交叉列表的各种表格的介绍中你已经了解到，百分率很容易计算，并且可以很有效地说明非单向关系。此外，为了揭示交叉列表中显著的非单向关系，调研人员经常使用数据可视化工具，因为图形展示或信息图表可以非常充分地说明这种关系。调研洞察 13－3 介绍了向客户报告交叉列表分析结果的准则。

调研洞察 13－3 实践应用

报告交叉列表分析结果的准则

使用列百分率和行百分率

当调研人员发现交叉列表中存在统计上的显著关系时，马上就会问：“我应该报告行百分率还是列百分率？”这个问题的答案取决于调研目的，调研中有关名义变量的问题也是基于调研目的来设计的。下面我们举例说明：表 13－4 和表 13－5 显示了对一家三明治店的交叉列表分析的显著结果。

表 13-4　列百分率表

所购买三明治的尺寸	男性	女性
超大尺寸	**50%**	5%
大尺寸	**40%**	20%
常规尺寸	10%	**75%**
合计	100%	100%

表 13-5　行百分率表

所购买三明治的尺寸	男性	女性	合计
超大尺寸	**90%**	10%	100%
大尺寸	**67%**	33%	100%
常规尺寸	13%	**87%**	100%

如果调研问题是“每种尺寸的三明治的购买者通常是男性还是女性”，那么使用行百分率表是适当的，因为该表显示男性倾向于购买超大尺寸和大尺寸的三明治（分别为 90% 和 67%），女性倾向于购买常规尺寸的三明治（87%）。但是，如果调研问题是“男性顾客与女性顾客通常购买什么尺寸的三明治”，那么列百分率表是适当的，因为该表显示男性通常购买超大尺寸和大尺寸的三明治（分别为 50% 和 40%），女性通常购买常规尺寸的三明治（75%）。你应该记得，我们曾介绍过，非单向关系是一种可以识别的关系，它表示一个变量的出现（或不出现）会伴随着另一个变量的出现（或不出现）。但是，这种关系并非那么绝对，它仅表示总体中在多大程度上存在这种关系，或者说它只是一种相对的概念。仔细研究这两张表格你会发现，我们对一些百分率使用了粗体数字，以强调较强的关系。

使用堆积条形图

用来说明非单向关系的一种方便的数据可视化工具是堆积条形图。使用堆积条形图，可以将两个变量同时展示在同一条形图中。图中每个条形的高度都是 100%，根据变量之间的关系按比例将其划分。可见，堆积条形图能够非常直观地展示交叉列表中的行百分率或列百分率。如图 13-11 和图 13-12 所示，我们使用这家三明治店的两个百分率交叉列表创建了这两个堆积条形图。

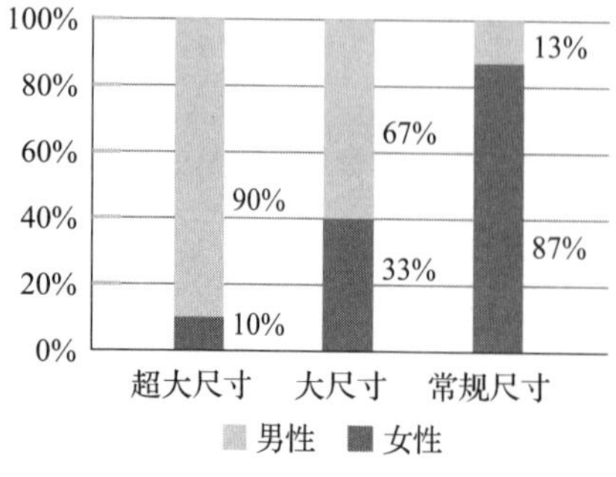

图 13-11　每种尺寸三明治的购买者性别

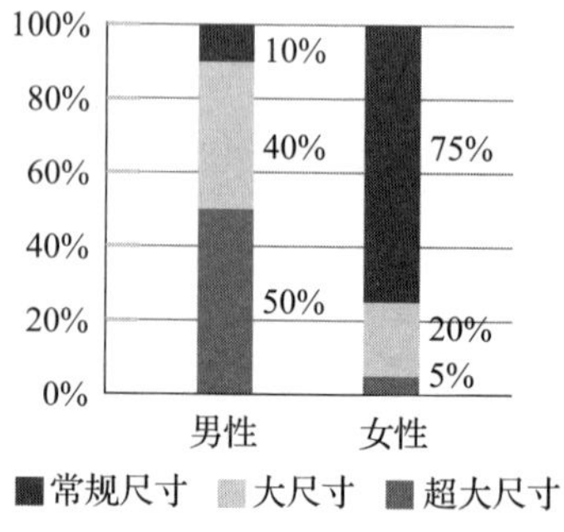

图 13-12　男性与女性所购买的三明治尺寸

13.10 进行关系分析时应特殊考虑的问题

虽然“交叉列表”不是一个常用术语，“相关”一词却是日常用语，这意味着客户有时会对统计相关性产生误解。[13] 在进行关系分析（相关分析或交叉列表分析）时应该牢记四个注意事项，我们接下来逐一讨论。首先，我们再次重申，讨论相关系数的前提是两个变量至少都是等距变量。如果两个变量是名义变量，调研人员就应该使用交叉列表分析。其次，本章介绍的关系分析仅考虑两个变量之间的关系，而不考虑与任何其他变量的交互作用。事实上，你必须明确地假设所有其他变量对所分析的两个变量之间的关系没有影响，即所有其他因素都被认为是常数或固定不变的。

再次，关系分析（特别是相关系数）不能说明**因果关系**（cause-and-effect relationship），因果关系是指一个变量的变化导致另一个变量的变化。例如，尽管你也许认为公司销售人员越多带来的销售额就越大，或者竞争对手在某个地区的销售人员增加导致了公司销售额下降，但是你不应该将“相关”解释成因果关系。[14] 因为影响销售额的因素还有很多，包括价格、产品质量、服务政策、人口和广告等。假设只有一个因素影响销售额是错误的。相关系数只考察两个变量之间线性关系的存在、强度和方向。类似地，交叉列表只考察两个变量之间非单向关系的存在和模式。

最后，皮尔逊积差相关系数只能解释线性关系。因此，近似于零的相关系数不一定意味着根据这两个变量绘制的散点图会形成一个不规则的形状，它仅仅说明散点没有形成一个边界清晰的椭圆形。它们可能形成其他曲线形状，如 S 形或 J 形，但线性相关系数无法向营销调研人员说明这些模式是否存在。皮尔逊积差相关系数只能识别两个变量之间的线性或直线关系。事实上，当调研人员发现两个变量之间不存在显著或较强的线性关系，但仍然认为它们之间存在某种关系时，可以通过绘制散点图来确认。这样，调研人员可以直观地查看散点，并有可能发现系统的非线性关系。SPSS 软件有一个显示散点图的选项，你可以利用散点图来了解两个变量之间的关系。

本章就业技能

通过学习本章内容，你已经掌握了：

批判性思维技能

- 区分不同的关系类型：线性关系、单向关系和非单向关系。
- 确定变量之间关系的三种特征：存在、方向（或模式）和强度。
- 区分正向关系与负向关系。
- 描述关系分析的四个注意事项或应特殊考虑的问题：变量的测量等级；其他因素固定不变；关系分析不能说明因果关系；皮尔逊积差相关系数只能解释线性关系。

知识应用和分析技能

- 描述两个变量之间关系分析的四个步骤。
- 使用共变散点图展示符号不同和大小不同的相关系数。
- 应用相关系数强度的经验法则。
- 区分交叉列表中的以下各项：单元格频数、观察频数、原始百分率、列百分率和行百分率。

信息技术应用和计算技能

- 利用 SPSS 进行相关分析。
- 基于交叉列表中的观察频数计算卡方值。
- 利用 SPSS 进行交叉列表分析。

数据处理技能

- 解释皮尔逊积差相关系数的结果。
- 解释显著的交叉列表分析结果。

沟通技能

- 报告相关分析结果。
- 使用数据可视化工具报告交叉列表分析结果。

小　结

本章讨论的是营销调研人员如何确定同一次调查中两个问题的应答之间是否存在关系。有四种可能的关系类型。第一，线性关系的特征是，如果将两个变量的值一一对应地绘制成散点图，它将呈直线形。第二，曲线关系意味着该图形呈特定的曲线形状。第三，非单向关系是指一个名义变量的某个标签的出现（或不出现）与另一个名义变量的某个标签的出现（或不出现）存在系统关系。第四，单向关系说明一个变量的变化方向与另一个变量的变化方向有关。对于线性关系和非单向关系，本章介绍了如何通过关系分析对其进行统计评估。

关系的特征包括关系存在、关系方向和关系强度，分析方法取决于所比较的两个变量的测量等级。相关分析可以揭示所有这些特征。相关系数的取值范围为 –1.00 ～ +1.00，它可以说明两个数值变量之间的关系强度和方向。符号说明关系方向，绝对值则说明关系强度。通常，相关系数的绝对值大于 0.8 说明关系非常强。对于两个采用等距和 / 或比率测量等级的问题（在 SPSS 中的标签为“scale”的变量），应使用皮尔逊积差相关系数来确定线性关系。散点图可以用来考察其关系模式。

卡方分析使用交叉列表比较两个名义变量，计算卡方检验统计量可以确定观察频数（通过调查得到的频数）与期望频数（两个变量不存在非单向关系时的频数）之间是否存在显著差异。如果不存在关系的原假设遭到拒绝，调研人员就需要深入分析各单元格的百分率，以识别潜在的关系模式。克莱姆 V 系数可以用来确定交叉列表分析所揭示的关系的强度。

进行相关分析和交叉列表分析时，重要的是记住所考察的只是两个变量之间的关系，必须明确地假设所有其他变量对这种关系没有影响。此外，不应该断定两个变量之间存在任何“因果关系”，这种做法并不少见。相关分析只能用来解释两个变量之间的线性关系。对于交叉列表分析所揭示的关系，应该使用表格或条形图来展示关系模式，并用适当的百分率加以解释。

复习题与应用题

1. 解释统计关系与因果关系之间的区别。
2. 定义以下每种关系类型，并举例说明：（1）线性关系；（2）曲线关系；（3）非单向关系；（4）单向关系。

3. 描述两个变量之间关系的三方面特征。
4. 列出关系分析的步骤。
5. 简述下列术语之间的联系：共变、散点图、相关系数和线性关系。
6. 在以下每种情况下，利用散点图说明数据点的大致分布形状：（1）正向强相关；（2）负向弱相关；（3）不相关；（4）相关系数为 –0.98。
7. 解释术语“显著相关”的含义。
8. 使用皮尔逊积差相关系数的前提是变量采用什么测量等级？
9. 什么是交叉列表？举例说明。
10. 关于卡方分析，描述或区分以下各项：（1）$r \times c$ 表；（2）频数表；（3）观察频数；（4）期望频数；（5）卡方分布；（6）显著关系；（7）测量等级；（8）行百分率与列百分率；（9）自由度。
11. 下面列出了营销经理感兴趣的可能存在关系的多种因素。针对每种情况，回答以下问题：（1）识别关系类型；（2）说明关系的性质或方向；（3）对这种关系的了解如何帮助营销经理制定营销策略。
    a. 一家体育用品零售店：每天阅读（或浏览）星期日报纸特定版面所花费的时间（分钟）与读者的年龄。
    b. 一家公共广播电台在募集资金时使用的某项电话营销服务：订阅当地有线电视服务还是在线收看电视节目与家庭收入水平（低或高）。
    c. 试图向企业提供折扣的一家快速汽车服务连锁店：企业车辆的行驶里程与服务需求，如机油更换、发动机调整和过滤器更换等。
    d. 位于蒙特哥贝的一家一价全包型度假酒店 Sandals：牙买加五日游计划与牙买加元与其他国家货币之间的汇率。
    e. Ace 五金店：房主选择亲手维修房屋与经济状况（如经济衰退或经济繁荣）。
12. 说明中型车的购买与以下各项因素之间是否存在关系及其关系性质和强度：（1）价格；（2）织物内饰或真皮内饰；（3）外饰颜色；（4）折扣程度。
13. 在以下各例中，合理描述各因素之间可能存在的关系，并绘制堆积条形图说明这种关系。
    a. 佩戴牙套以矫正牙齿：私立学校的儿童与公立学校的儿童。
    b. 收藏珍稀艺术品：饲养杜宾犬作为警卫犬与使用家庭安全警报系统。
    c. 采用美国农业部推荐的 MyPlate 饮食方式与家族心脏病史。
    d. 学龄前儿童的家长购买玩具作为礼物：在圣诞节购买与在一年中其他时间购买。
14. 以下是关于糖果购买的一项邮件调查中 10 名受访者的信息。使用 SPSS 创建四种不同的交叉列表。为每张表格注明标签，并说明你从数据中发现的大致关系。

受访者	购买原味 M&M's	购买花生味 M&M's
1	是	否
2	是	否
3	否	是
4	是	否
5	否	否
6	否	是
7	否	否

续表

受访者	购买原味 M&M's	购买花生味 M&M's
8	是	否
9	是	否
10	否	是

15. 莫顿·奥德尔（Morton O'Dell）是莫氏餐厅（Mort's Diner）的老板，该餐厅位于佐治亚州亚特兰大市中心。自12个月前开业以来，餐厅运营良好，但莫顿总是为每周订购什么食品而操心，因为餐厅有时会库存过剩（例如，有时买的鱼太多，只能扔掉）。莫顿的女儿玛莉（Mary）是佐治亚州立大学的工商管理硕士，她主动提出帮助父亲。她请父亲提供过去10周内顾客所购买的食品重量（磅）的数据。虽然遇到了一些困难，但莫顿最终提供了以下数据：

周次	肉	鱼	家禽	蔬菜	甜品
1	100	50	150	195	50
2	91	55	182	200	64
3	82	60	194	209	70
4	75	68	211	215	82
5	66	53	235	225	73
6	53	61	253	234	53
7	64	57	237	230	68
8	76	64	208	221	58
9	94	68	193	229	62
10	105	58	181	214	62

玛莉用这些销售数据创建了散点图，以展示过去10周内莫氏餐厅购买的各种食品类型之间的基本关系。她告诉父亲，散点图对于解决每周库存订购问题有很大帮助。利用SPSS创建散点图，并说明它们对莫顿有什么帮助。利用SPSS进行适当的关系分析并解释你得到的结果。

16. Hungry Dragon是一家专营湖南菜的中国餐厅。它没有网站，但有推特账户，顾客可以在此发表评论。在12周的促销活动期间，每隔一周，Hungry Dragon对下午6点之前所购买的任何食品提供25%的价格折扣。该餐厅指派了一名员工负责查看推特账户上的帖子，并判断关于以下各项的评论是否占1/3以上：（1）抱怨；（2）节省时间；（3）对Hungry Dragon的“品牌热爱”。调查结果的数据集如下。在该表格中，“1”代表应答为“是”，“2”代表“否”。

周次	价格促销	抱怨	品牌热爱	节省时间
1	1	2	1	2
2	2	1	2	1
3	1	2	1	1
4	2	1	2	1
5	1	2	1	1
6	2	2	2	1

续表

周次	价格促销	抱怨	品牌热爱	节省时间
7	1	2	1	1
8	2	1	2	1
9	1	2	1	2
10	2	1	1	1
11	1	2	1	1
12	2	2	2	2

将数据输入 SPSS，并采用适当的关系分析方法。关于价格促销与对 Hungry Dragon 的抱怨、对 Hungry Dragon 的品牌热爱、在 Hungry Dragon 就餐可以节省时间之间的关系，Hungry Dragon 顾客的推特帖子揭示了什么结果？

案例 13－1

L'Experience 餐厅调查的关系分析

（该案例的背景参见案例 11－1 和案例 12－1。）

科里・罗杰斯找来了营销实习生克里斯汀・于，对她说："我要去旧金山参加为期三天的 AMA 营销调研会议，在此期间希望你能够在 L'Experience 餐厅的调查上取得一些进展。我知道你可能对这个项目感到手足无措，你可以看一下项目提案，看看在我离开期间你能做哪些进一步的分析。让托尼娅（Tonya）从档案中找出提案拿给你。"克里斯汀研究了调研提案，记下了需要处理的一些调研问题。

使用 L'Experience 餐厅的 SPSS 数据集进行适当的分析，解释你得到的结果。

1. L'Experience 餐厅顾客对"不到 30 分钟车程"的偏好与对该餐厅其他特征（如滨水景观、服务员身着正式燕尾服等）的偏好之间是否存在关系？如果存在，关系如何？

2. 对菜品的偏好与年龄之间是否存在关系？也就是说，老年人和年轻人是否喜欢与众不同的甜品和 / 或与众不同的主菜？

3. 使用可以区分 L'Experience 餐厅的"可能光顾者"（对光顾可能性的回答为 3、4 或 5）与"不可能光顾者"（对光顾可能性的回答为 1 或 2）的变量。如果将可能光顾者作为该餐厅的目标市场，那么其人口构成是怎样的？使用性别、婚姻状况和邮政编码等人口统计数据。

4. 杰夫・迪安是否可以使用《都市》杂志作为广告媒介？此外，还有哪些可行的促销媒介是杰夫应该了解的？

案例 13－2 综合案例

汽车研发中心调查的关系分析

CMG 调研公司的科里・罗杰斯对汽车研发中心项目的进展非常满意。数据分析员西莱斯特・布朗对将要开发的各种车型的偏好进行了差异分析，发现了每种车型的目标市场的独特人口统计特征。西莱斯特将她的分析结果进行了总结，并制作了专业的 PowerPoint 演示文稿。昨天，科里和西莱斯特顺利地向尼克・托马斯及其团队经理展示了分析结果。当得知五种车型都有可能“胜出”时，尼克的开发团队成员非常振奋。会议结束时，尼克决定为每种车型制定初步的营销方案。

尼克告诉科里和西莱斯特，所有的汽车公司都非常重视宣传，每年斥资数百万美元投放各类广告，以使潜在顾客确信它们的车型是最佳选择。尼克解释道：“所有的广告都基于可靠的营销调研，因为调研可以揭示每个目标市场的媒体使用特征。这就是我坚持汽车研发中心调查必须包括媒体使用信息的原因。如果我们的初步营销计划中没有包括根据媒体使用调研而提出的广告建议，恐怕我们会受到上司的指责。委托你们开展调查时，没想到我们有可能同时开发所有五种车型，看来我的每个开发团队都需要你们为其特定车型提供媒体使用方面的调查结果。”

第二天，科里和西莱斯特开会讨论了如何对汽车研发中心项目进一步分析。科里说：“我记得我们收集了许多关于受访者媒体使用习惯的资料，其中包括最喜欢的电视节目类型、广播节目类型、杂志类型、当地报纸版面以及五种社交媒体营销媒介。尼克今天早上打电话来问我们能否在一周之内将结果给他，看来他和他的团队进展很快。尼克还告诉我，他们的广告部门对于不同的广告媒介习惯使用特定的人口统计因素。尼克说，对于广播，他们更愿意使用年龄因素；对于报纸和电视，他们更愿意使用受教育水平因素；对于杂志，他们则更愿意使用收入因素。社交媒体平台是新兴的媒介，如果能在这方面得到显著的分析结果，那就会锦上添花。”

西莱斯特回答说：“如果不出什么差错，我可以在周末之前得出结果，下周就可以报告。”科里最后说道：“太好了，周五早晨告诉我进展，因为我告诉尼克在周五给他打电话安排报告事宜。”

参考案例 12－2 中你通过差异分析发现的以下每种车型目标市场的独特人口统计特征，回答下列问题。

● 超级摩托车：1 座全电动摩托车。续驶里程为 300 英里，制造商建议零售价为 18 000～22 000 美元。

● 运动型小型车：2 座全电动运动型车。续驶里程为 170 英里，制造商建议零售价为 28 000～34 000 美元。

● 装载型小型车：2 座油电混合动力车。充满电后的续驶里程为 150 英里，加满油后的续驶里程为 100 英里，制造商建议零售价为 30 000～36 000 美元。

● 经济型混合动力车：4 座油电混合动力车。充满电后的续驶里程为 125 英里，加满油后的续驶里程为 150 英里，制造商建议零售价为 36 000～45 000 美元。

● 经济型汽油车：4 座经济型汽油车。耗油量为 50 英里 / 加仑，制造商建议零售价为 38 000～42 000 美元。

1. 参考本章 13.8 节所介绍的内容，使用每种车型目标市场的独特人口统计特征，确定是否存在统计上的显著关系。如果存在关系，针对广播、报纸、电视和杂志等广告媒介提出具体的建议。不要忘记使用该公司广告部门针对每种媒介的首选人口统计因素。

2. 各个目标市场的社交媒体使用特征如何？推出某种车型时，这个结果对面向该细分市场的广告信息投放有什么启示？

注释

第 14 章

回归分析

学习目标

在本章你将学习：

- 什么是一元线性回归分析，包括基本概念、术语、假设和方程等。
- 什么是多元回归分析，包括基本概念模型、术语、假设和计算方法等，以及如何利用 SPSS 进行多元回归分析。
- 多元回归的特殊应用，包括“虚拟”变量、标准化 β 系数以及使用多元回归作为筛选工具。
- 什么是逐步多元回归以及如何利用 SPSS 进行逐步多元回归。
- 关于使用多元回归分析的一些警告。
- 如何向客户报告多元回归分析的结果。

| 本章位置 |

1. 确定营销调研需求
2. 界定营销问题
3. 明确调研内容
4. 确定调研设计
5. 识别信息类型和来源
6. 确定获取数据的方法
7. 设计调查问卷
8. 确定抽样方案和样本容量
9. 收集数据
10. 分析数据
11. 撰写和展示调研报告

本章的主题是多元回归分析。毫无疑问，你明白营销调研的一个重要目标是提供尽可能深入的洞见。本章将要介绍的是一种非常复杂的分析方法。我们尽量缓慢并有条理地介绍多元回归分析。我们提醒你，即便你学会如何进行多元回归分析并解释其结果，也仅仅了解了这种复杂分析方法的皮毛。

14.1 一元线性回归分析

本章将专门讨论线性回归分析，这是营销调研人员经常使用的一种强大的技术。但是，回归分析是一种复杂的统计方法，存在诸多必要条件和细微差别。[1] 本章仅提供基本介绍，有许多关于回归分析的问题超出了本书的范围。

回归分析（regression analysis）是一种强大的分析技术，它利用直线公式，用一个或多个变量来预测另一个变量的水平。**一元回归**（bivariate regression）意味着只分析两个变量，调研人员有时称其为“简单回归”。我们首先复习直线公式并介绍回归分析的基本术语，然后介绍一些基本计算方法和一元回归的显著性。

作为回归分析的基础，直线关系是一种强大的关系分析工具。图 14－1 展示了直线关系，在学习通用直线公式的要素时，你需要参考此图。

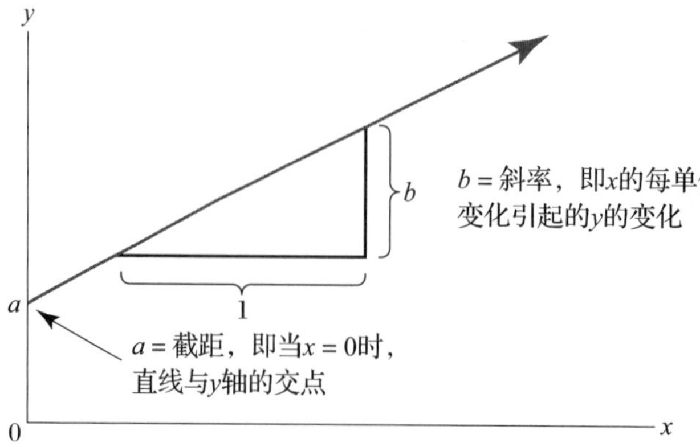

图 14－1 通用直线公式的图示

直线公式如下：

$$y = a + bx$$

式中，y 表示被预测变量；x 表示用来预测 y 的变量；a 表示**截距**（intercept），即当 $x = 0$ 时，直线与 y 轴的交点；b 表示**斜率**（slope），即 x 的每单位变化引起的 y 的变化。

如前文所述，直线关系是相关系数的基础：两个变量的散点图呈现的椭圆越窄，它们之间的相关性越强。回归分析与相关分析有直接关系，但它在很大程度上扩展了相关分析。

回归分析的基本概念

我们首先定义回归分析中使用的变量，并说明如何计算截距和斜率。然后，我们使用 SPSS 的输出结果来说明如何解释回归分析的显著性检验结果。

自变量和因变量　如前文所述，一元回归分析只涉及两个变量。当只使用两个变量时，其中一个称为因变量，另一个称为自变量。**因变量**（dependent variable）是被预测的变量，在回归直线公式中通常表示为 y。**自变量**（independent variable）是用来预测因变量的变量，在回归直线公式中通常表示为 x。必须指出的是，“因变量”和“自变量”是任意命名的，它们是回归分析的常用术语。严格来说，这两个变量之间只存在一种统计关系，可能并不存在因果关系或真正的依赖关系。

计算斜率和截距　要计算截距（a）和斜率（b），你必须使用一组不同水平的因变量的观察值与一组与其对应的不同水平的自变量的观察值，这与我们此前介绍的相关分析中的散点图是一样的。计算斜率（b）和截距（a）的公式相当复杂，此处我们就不做详细介绍了。

SPSS 或其他统计分析程序在回归分析中计算截距和斜率时，都基于最小二乘法。**最小二乘法**（least squares criterion）保证散点图上的各点与穿过这些点的直线之间的垂直距离之和最小。

最小二乘直线的概念如图 14－2A 所示，图中绘制了一条穿过散点图上各点的直线。注意，每个点都有一条垂直线段将其与该直线相连。基于最小二乘法绘制直线能够保证这些垂直线段之和最小。换句话说，如果利用回归方法计算并画出直线，各点与该直线的垂直距离（称为“残差”）之和将比其他任何一条直线都小。最小二乘法保证这条直线的残差平方和最小。对每个残差进行平方运算是为了避免正数与负数的抵消效应。

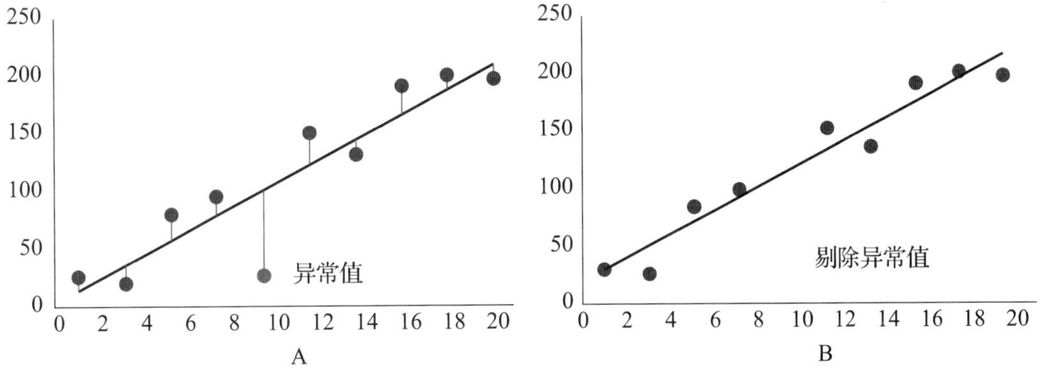

图 14－2　剔除异常值的效果

如何改善回归分析结果

当调研人员想要改善回归分析结果时，可以使用散点图来找出异常的数据点。**异常值**（outlier）[2]是指明显位于所分析的数据点的正常范围之外的数据点。正如某位作者指出的，异常值“非常突出，格外显眼”。[3]使用散点图来确定异常值时[4]，调研人员需要画出一个椭圆形来围住大多数的点。[5]在图14－2A中，如果你绘制一个这样的椭圆形，你会发现有一个数据点明显落在椭圆形之外，因此它是一个异常值。然后，你需要从数据中剔除异常值，并重新进行回归分析。注意，在图14－2B中，异常值已经被剔除，因此重新绘制的直线更加贴近剩余的数据点。通常，这种方法会改善回归分析结果。[6]

14.2 多元回归分析

我们不想花费太多时间介绍简单回归，虽然它是多元回归分析的基础，但营销调研人员很少使用这种方法，他们更喜欢使用多元回归分析。在学习多元回归分析的过程中你会发现，一元回归的所有概念都可以应用于多元回归分析，只不过多元回归处理的是多个自变量。[7]

基本概念模型

模型是指将多个概念及其关系联系在一起的一种构造。在设计调研方案时，营销经理和调研人员最好先在脑海中建立某种模型。一元回归方程就是将一个自变量与一个因变量联系在一起的模型。营销调研人员感兴趣的因变量通常包括销售额、潜在销售额、目标顾客的某种态度（如购买意愿或满意度）等。例如，如果戴尔公司开展一项调查，它可能需要有意购买戴尔计算机的消费者的信息，或者有意选择竞争品牌的消费者的信息，以了解这些消费者并进行劝阻。因此，因变量是消费者对戴尔计算机的购买意愿。如果麦斯威尔的管理人员想要开发一系列极品冰咖啡，他们就需要了解咖啡饮用者对极品冰咖啡的看法；也就是说，咖啡饮用者对购买、调制和饮用冰咖啡的态度将是因变量。

图14－3提供了一个适用于许多营销调研情形的通用概念模型，尤其适用于消费者行为调查。**通用概念模型**（general conceptual model）可以区分自变量与因变量，表明它们之间的基本关系。如图14－3所示，购买行为、购买意愿、偏好和满意度位于图的中间，意味着它们是因变量。周围的概念是可能的自变量。也就是说，任何一个自变量都可以用来预测任何一个因变量。例如，对雷克萨斯等昂贵汽车的购买意愿可能取决于收入水平、朋友的推荐（口碑）、对“雷克萨斯能够提升自身形象”的个人观点，或曾经驾乘雷克萨斯汽车的经历等。

实际上，消费者的偏好、意愿和行为潜在地受到很多因素的影响。如果你列出图14－3中每个概念的所有子概念，这一点将会非常明显。例如，可能存在很多人口统计变量；可能存在很多生活方式维度；一个人每天会接触多种广告媒介等。当然，在问题界定阶段，为了便于处理，调研人员和营销经理必须减少问卷中的自变量数目。也就是说，他们在头脑中建立起如图14－3所示的通用模型，但是会根据手头的问题来选择测量一些特定的变量。由于一元回归分析只能处理一对因变量与自变量，要想分析如图 14-3 所示的通用模型中多对因变量与自变量之间的关系，就需要进行多次一元回归分析。幸运的是，我们没有必要这么做，因为还有一种更好的工具，称为多元回归分析。我们将详细介绍这种方法。

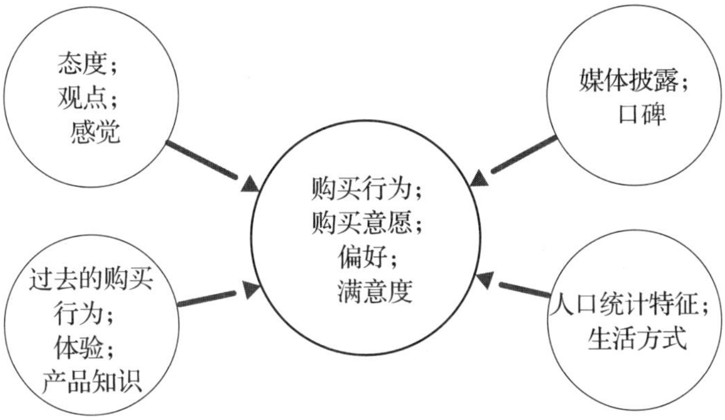

图 14-3 多元回归分析的通用概念模型

自主学习

汽车研发中心调查的通用概念模型

可以理解，汽车研发中心首席执行官尼克·托马斯希望每个人都会购买采用替代燃料技术的新型车。但是，由于驾驶人员的不同观念和倾向，情况并非如此。回归分析将帮助尼克发现哪些变量可以用来有效地预测消费者对汽车研发中心想要开发的各种新车型的购买意愿。那么，汽车研发中心调查数据集的通用概念模型应该是怎样的呢？

为了回答这个问题并绘制出如图 14-3 所示的通用概念模型，你必须考察这个 SPSS 数据集中的多个变量，或者列出该调查中的变量清单。案例 11-2 提供了一份便于使用的所有这些变量的清单。使用“偏好”变量作为因变量，并在图中展示出该调查中明显的自变量或预测变量的大致类型。这个通用概念模型对尼克·托马斯有什么用处？也就是说，如果回归结果是显著的，这将为制定营销策略带来哪些启示？

多元回归分析的介绍

多元回归分析（multiple regression analysis）是一元回归分析的拓展，即在回归方程中使用多个自变量。自变量的增加导致回归图中的维度（即轴）增加，进而使其更加复杂。也就是说，图形不再是二维（双变量）的，而是多维（多变量）的。虽然不可能绘制出超过三维的回归图，但它是可想象的，并且多元回归模型更现实，因为正如我们在讨论通用模型时所解释的，预测通常取决于多个因素，而不是一个。

多元回归的基本假设 在研究诺华公司的地区销售额与销售员人数的关系时，销售员人数是自变量，地区销售额是因变量。还可以在方程中加入第二个自变量，如广告费用。第二个自变量的加入将回归直线变成回归平面，因为图中存在三个维度：地区销售额（y）、销售员人数（x_1）和广告费用（x_2）。**回归平面**（regression plane）是指多元回归分析中因变量的形状。如果在回归分析中再加入其他自变量，则必须将每个自变量都想象成与其他坐标轴成直角的一条新的、独立的坐标轴。如前文所述，不可能画出超过三个成直角的坐标轴。实际上，这种多维图形是难以想象的，但是多元回归分析的假设需要采用这种构想。

多元回归分析在很大程度上与一元回归是相同的，只是要处理的自变量不止一个。有些术语存在细微差别；由于存在多个自变量，有些统计量也做了调整。但是，多元回归的大部分概念与一元回归都是类似的。在介绍多元回归时，我们将指出这些相似点。

多元回归方程的形式如下：

$$y = a + b_1x_1 + b_2x_2 + b_3x_3 + \cdots + b_mx_m$$

式中，y 表示因变量或被预测变量；x_i 表示自变量 i；a 表示截距；b_i 表示自变量 i 的斜率；m 表示方程中自变量的个数。

可见，其他自变量的加入只是在方程中增加了一些 b_ix_i 项而已。我们仍然保留了基本的 $y = a + bx$ 直线公式，只是在方程中加入了多个 x 变量，每个 x 变量都通过各自的斜率改变 y。以这种方式加入各个自变量可以保持多元回归分析的直线假设。这有时被称为**可加性**（additivity），因为这些新的自变量都被逐一添加到回归方程中。

让我们来看一个多元回归分析的结果，这样你可以更好地理解多元回归方程。在雷克萨斯的例子中，有一种可能的结果如下：

对雷克萨斯的购买意愿 = 2 + 1.0× 对雷克萨斯的态度（5 级量表）
− 0.5× 对现有车辆的态度（5 级量表）
+ 1.0× 收入水平（10 级量表）

注：$a = 2$；$b_1 = 1.0$；$b_2 = -0.5$；$b_3 = 1.0$。

这个多元回归方程说明，如果知道三个变量：对雷克萨斯的态度、对现有车辆的态度和使用 10 级量表测量的收入水平，你就可以预测消费者对雷克萨斯的购买意愿。此外，我们还可以了解每个变量对购买意愿的影响。下面我们来解释这个方程。首先，消费者的平均购买意愿为 2，即想要购买雷克萨斯的意愿较弱。其次，对雷克萨斯的态度以 5 级量表测量，态度每上升 1，购买意愿就上升 1。也就是说，持有强烈正面态度 5 的人的购买意愿要强于持有强烈负面态度 1 的人。再次，对现有车辆（例如，雷克萨斯的一个潜在购买者可能现在拥有一辆凯迪拉克或宝马）的态度每上升 1，购买意愿就下降 0.5。当然，我们假设这些潜在购买者现在拥有的不是雷克萨斯。最后，收入水平每上升 1，购买意愿就上升 1。

下面是一个数值示例，一个雷克萨斯潜在购买者对雷克萨斯的态度为 4，对现有车辆的态度为 3，收入水平为 5：

对雷克萨斯的购买意愿 = 2 + 1.0×4 − 0.5×3 + 1.0×5 = 9.5

注：截距 = 2；对雷克萨斯的态度（x_1）= 4；对现有车辆的态度（x_2）= 3；收入水平（x_3）= 5。

多元回归是一种非常强大的工具，因为它能告诉我们哪些因素与因变量有关，每个因素如何影响因变量（符号），以及每个因素对因变量的影响有多大（b_i 的值）。

多元回归可以用来考察自变量与因变量之间的线性关系强度。**多变量相关系数 R**（multiple R），也称为**决定系数**（coefficient of determination），是一个便于测量总体线性关系强度的指标。与一元回归分析一样，多元回归分析模型也假设变量之间存在直线（平面）关系。多变量相关系数 R 的取值范围是 0 ～ +1.0，它表示一组自变量对因变量的影响程度或“解释”程度。R 值越大，说明回归平面与散点拟合得越好；R 值越小，说明直线模型拟合得越不好。此外，与其他总体参数估计一样，多元回归结果也是对总体多元回归方程的估计，因此必须进行统计显著性检验。

多变量相关系数 R 就像是多元回归分析结果的一个先行指标。你很快就会了解，它是多元回归输出结果提供的首要信息之一。许多调研人员会在心里将 R 值转换为百分数。例如，R 为 0.75 意味着回归结果对因变量的解释程度是 75%。对调研人员来说，多元回归结果的解释能力越强，它就越好，作用就越大。

在演示如何利用 SPSS 进行多元回归分析之前，我们必须提醒你：**独立性假设**（independence assumption）规定自变量必须在统计上互相独立、互不相关。独立性假设至关重要，一旦违反了这个假设，多元回归结果就会出错。自变量之间存在的中等程度或较强的相关关系被称为**多重共线性**（multicollinearity），它的出现违反了多元回归分析结果的独立性假设。[8] 如果存在多重共线性，调研人员应该进行检验并将其剔除。

避免多重共线性的方法是使用大多数统计分析程序提供的预警统计量来发现这个问题。一个常用的统计量是**方差膨胀因子**（variance inflation factor，VIF）。VIF 是针对每个自变量计算出的一个数值，它的经验法则是：只要 VIF 小于 10，就无须担心该自变量存在多重共线性问题。如果多元回归方程中某个自变量的 VIF 大于 10，该自变量就应该被剔除，或者重新设定一组自变量。[9] 换言之，在查看多元回归的输出结果时，调研人员需要注意最终的多元回归方程中每个自变量的 VIF 值。如果 VIF 大于 10，调研人员就应该将这个自变量剔除，并重新运行多元回归。[10] 重复该过程，直到最终的多元回归方程中所有自变量都具有统计显著性，并且它们的 VIF 值都可接受。

虽然你尚未学习如何利用 SPSS 进行多元回归分析，但你已经充分了解到，这种分析可以为消费者行为研究提供有趣的洞见。调研洞察 14 - 1 展示了多元回归分析在社交媒体营销调研领域的应用。

调研洞察 14 - 1　数字营销调研

在线品牌社区中不同类型的用户生成内容是否真的起作用？

视频游戏行业的演进是有目共睹的：笨重、闪闪发光的弹球机不见了，取而代之的是拥有数百万关注者的虚拟在线品牌社区（online brand community，OBC）。在线品牌社区成员可以自由发布用户生成内容（user generated content，UGC），UGC 的性质千差万别。例如，用户可以发布正面或负面的评论，也可以发布屏幕截图、插图或视频内容。他们可以参与在线讨论，撰写博客，进行其他交流，分享游戏攻略，也可以进入在线工作室亲自开发或协助开发产品或服务的元素或功能。一个热门的视频游戏 OBC 是维尔福公司（Valve Corporation）开发的游戏平台 Steam，它是多个视频游戏的主机站点。一些调研人员利用一个名为 SteamSpy 的平台（www.steamspy.com）收集了 205 个不同在线视频游戏的 UGC 数据。在这项研究中，调研人员决定使用每个游戏（已在 Steam 上激活）的玩家人数作为因变量。玩家人数可以被视为每个游戏的成功或受欢迎程度的一个指标，尽管这项指标并不完美。

在考虑到多重共线性和其他多元回归假设和要求的同时，调研人员收集并分析了每个游戏或品牌在一段特定时间内的许多不同类型的 UGC 数据。研究结果显示，所有八个 UGC

自变量指标均在 0.01 的水平上具有统计显著性。表 14-1 显示了每个 β 系数的符号。

表 14-1　每个 UGC 自变量的 β 系数的符号

UGC 类型	影响
正面评论的数量	+
负面评论的数量	–
讨论的数量	–
屏幕截图的数量	+
插图的数量	+
视频的数量	–
游戏攻略的数量	+
进入在线工作室	–

这些结果表明，关于在线品牌社区中的用户生成内容，在线视频游戏成功（以玩家人数测量）的重要驱动因素包括：所发布的正面评论、屏幕截图、插图和游戏攻略的数量。导致玩家人数较少的 UGC 因素包括：负面评论、讨论和视频的数量，以及缺乏关注者对在线工作室的参与。一个在线视频游戏的品牌经理得到以下建议：鼓励关注者参与和发布正面的 UGC，劝阻关注者发布或参与负面 UGC。

■ 综合案例

汽车研发中心调查：如何利用 SPSS 进行多元回归分析并解释结果

利用 SPSS 进行多元回归分析，首先需要确定因变量和自变量。我们将对 4 座经济型汽油车的偏好作为因变量，拟建立一个适用于汽车研发中心的通用概念模型。根据基本的营销策略，我们知道人口统计特征经常用于目标营销，我们已得到居住城镇规模、年龄、收入、受教育水平和家庭人口数等数据。此外，态度也经常用于预测细分市场，我们可以使用对个人燃油使用和全球变暖的态度方面的一些变量。总而言之，我们确定的概念模型是：对 4 座经济型汽油车的偏好与家庭人口统计特征和对全球变暖及个人燃油使用的态度有关。你应该还记得，我们已经将汽车研发中心数据集中的人口统计变量（居住城镇规模、年龄、受教育水平和收入水平）用中点重新编码，以将其转换成比率变量。

运行多元回归分析的命令流程是“ANALYZE-REGRESSION-LINEAR”。“Desirability: Economy Gasoline-4 Seat Economy Gasoline”（偏好：经济型汽油车 – 4 座经济型汽油车）被选作因变量，其他变量被设定为自变量。图 14-4 显示了带有注释的 SPSS 点击流程。你应该注意如何选择因变量和自变量。此外，我们勾选了多重共线性诊断，这意味着输出结果中将报告 VIF 值。

图 14-5 中的计算机输出结果显示，表示自变量与因变量之间关系强度的多变量相关系数 R（模型概况表中的调整的 R^2）的值为 0.231，说明存在一定的线性关系。此外，结果显示方差分析的 F 值具有显著性，说明没有线性关系的原假设遭到了拒绝，因此在本例中有理由用线性关系来建立变量的模型。

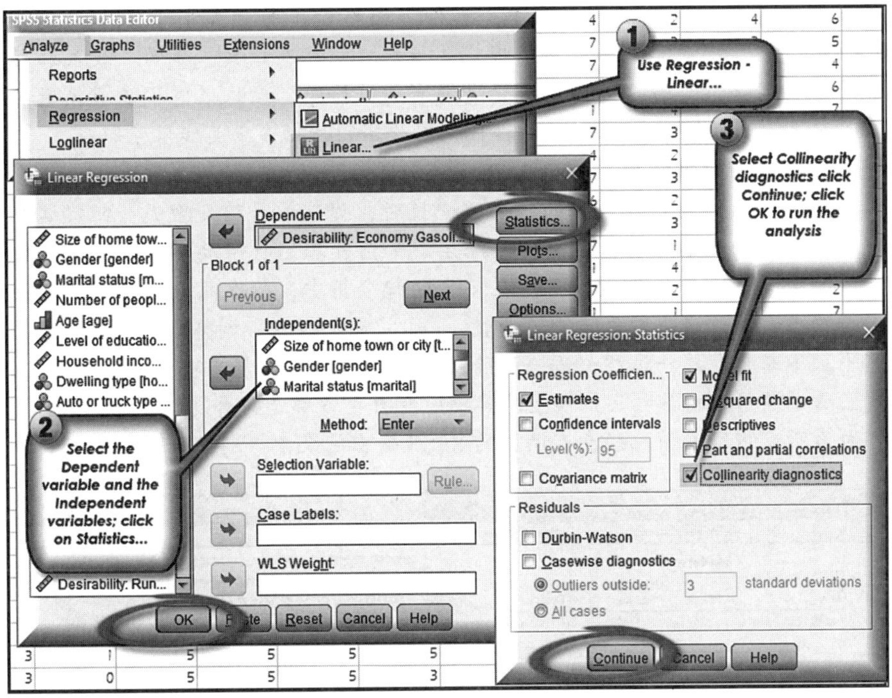

图 14－4　多元回归分析的 IBM SPSS 点击流程

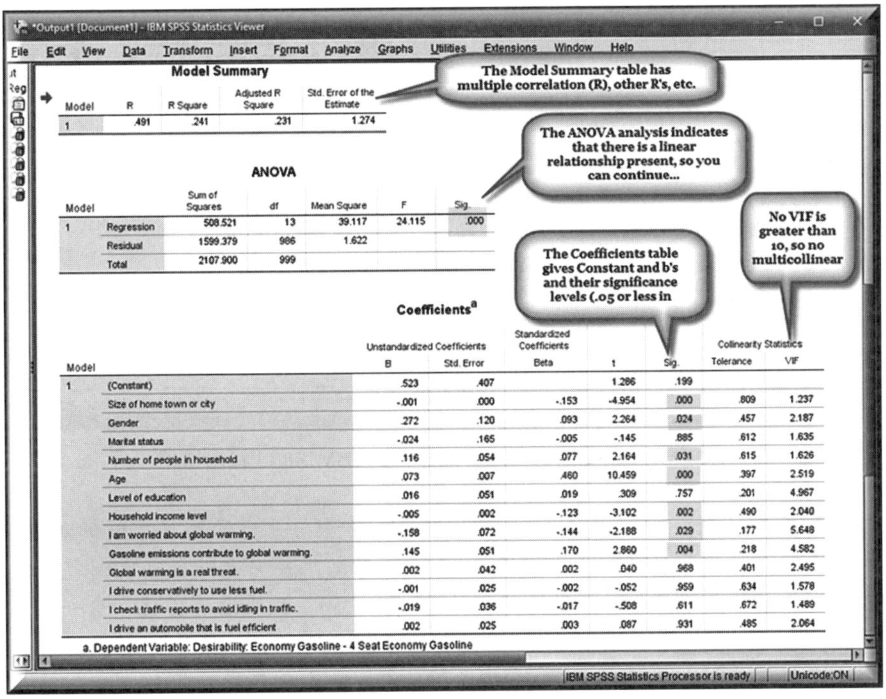

Model Summary

Model	R	R Square	Adjusted R Square	Std. Error of the Estimate
1	.491	.241	.231	1.274

ANOVA

Model		Sum of Squares	df	Mean Square	F	Sig.
1	Regression	508.521	13	39.117	24.115	.000
	Residual	1599.379	986	1.622		
	Total	2107.900	999			

Coefficients[a]

Model		Unstandardized Coefficients B	Std. Error	Standardized Coefficients Beta	t	Sig.	Collinearity Statistics Tolerance	VIF
1	(Constant)	.523	.407		1.286	.199		
	Size of home town or city	-.001	.000	-.153	-4.954	.000	.809	1.237
	Gender	.272	.120	.093	2.264	.024	.457	2.187
	Marital status	-.024	.165	-.005	-.145	.885	.612	1.635
	Number of people in household	.116	.054	.077	2.164	.031	.615	1.626
	Age	.073	.007	.460	10.459	.000	.397	2.519
	Level of education	.016	.051	.019	.309	.757	.201	4.967
	Household income level	-.005	.002	-.123	-3.102	.002	.490	2.040
	I am worried about global warming.	-.158	.072	-.144	-2.188	.029	.177	5.648
	Gasoline emissions contribute to global warming.	.145	.051	.170	2.860	.004	.218	4.582
	Global warming is a real threat.	.002	.042	.002	.040	.968	.401	2.495
	I drive conservatively to use less fuel.	-.001	.025	-.002	-.052	.959	.634	1.578
	I check traffic reports to avoid idling in traffic.	-.019	.036	-.017	-.508	.611	.672	1.489
	I drive an automobile that is fuel efficient	.002	.025	.003	.087	.931	.485	2.064

a. Dependent Variable: Desirability: Economy Gasoline - 4 Seat Economy Gasoline

图 14－5　多元回归分析的 IBM SPSS 输出结果

进行多元回归分析必须检验每个自变量的系数 b_i（β）的统计显著性。也就是说，你必须确定抽样误差是否影响了结果并导致了错误数值。需要对每个 b_i 进行单独的 t 检验，以检验其等于零（原假设）的显著性。在如图 14－5 所示的 SPSS 输出结果中，系数表的 “Sig.”

列中显示了每个系数的统计显著性水平；我们突出显示了等于或小于0.05的显著性水平(95%的置信水平)。很显然，居住城镇规模、性别、家庭人口数、年龄、收入和两个态度变量都具有统计显著性。但是，其他自变量没有通过检验，意味着它们的β系数必须当作零来处理。这里没有任何一个VIF值大于10，因此不用担心多重共线性问题。

调整回归以获得显著结果

在多元回归分析中发现显著性的结果不一致时，你应该如何处理呢？回答这个问题之前，你应该明白不一致的结果很常见，因此了解如何处理这种情况对于成功地进行多元回归分析至关重要。该问题的答案如下：在多元回归分析中，标准的做法是系统地逐一剔除那些不显著的自变量，这个过程称为“调整”。你需要重新运行调整后的模型，并再次检验显著性水平。不断重复这一过程，逐一剔除所有不显著的自变量，从而得到最简单的模型。图14-6显示了调整后的多元回归模型，其中所有自变量都是显著的。注意，VIF诊断没有被勾选，因为所有的VIF值已经在未调整的SPSS输出结果中得到了检验并可接受。

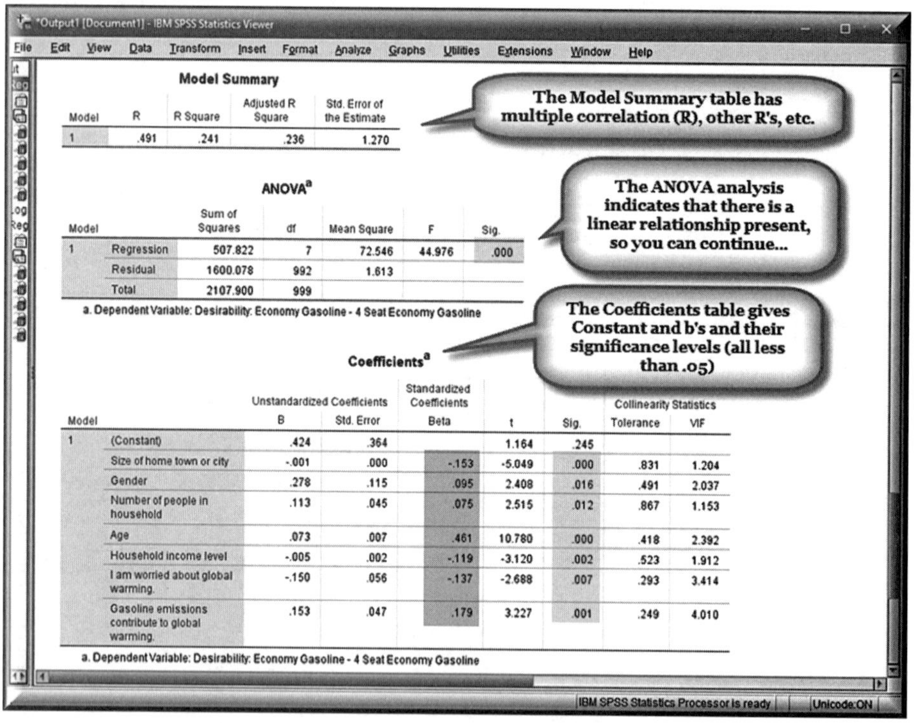

Model Summary

Model	R	R Square	Adjusted R Square	Std. Error of the Estimate
1	.491	.241	.236	1.270

ANOVA[a]

Model		Sum of Squares	df	Mean Square	F	Sig.
1	Regression	507.822	7	72.546	44.976	.000
	Residual	1600.078	992	1.613		
	Total	2107.900	999			

a. Dependent Variable: Desirability: Economy Gasoline - 4 Seat Economy Gasoline

Coefficients[a]

Model		Unstandardized Coefficients B	Std. Error	Standardized Coefficients Beta	t	Sig.	Collinearity Statistics Tolerance	VIF
1	(Constant)	.424	.364		1.164	.245		
	Size of home town or city	-.001	.000	-.153	-5.049	.000	.831	1.204
	Gender	.278	.115	.095	2.408	.016	.491	2.037
	Number of people in household	.113	.045	.075	2.515	.012	.867	1.153
	Age	.073	.007	.461	10.780	.000	.418	2.392
	Household income level	-.005	.002	-.119	-3.120	.002	.523	1.912
	I am worried about global warming.	-.150	.056	-.137	-2.688	.007	.293	3.414
	Gasoline emissions contribute to global warming.	.153	.047	.179	3.227	.001	.249	4.010

a. Dependent Variable: Desirability: Economy Gasoline - 4 Seat Economy Gasoline

图14-6 调整后的多元回归分析的IBM SPSS输出结果

通过这个调整过程，营销调研人员只需考虑因变量与更少的维度之间的关系。通常，不断剔除自变量有时会导致多变量相关系数R有所改变，我们建议在每次调整后认真检查这个数值。在本例中你可以看到，新的调整的R^2是0.236，几乎没有变化。这一系列调整还会使各β值和截距的值略有改变，因此每次还必须检查所有β的显著性水平。经过多次调整，在营销调研人员得到的最终回归方程中，所有自变量的系数以及自变量与因变量的线性关系都是显著的。这样，一个精简的预测模型就建好了。根据各β系数的符号，预测结果为：喜欢4座经济型汽油车的人通常居住在小城镇，家庭人口较多，年龄较大，收入较低，不太担心全球变暖，同意“汽车尾气排放导致全球变暖”的说法。性别也具有显著性，但它属于“虚拟”变量，我们稍后进行解释。

调研洞察 14－2 提供了多元回归的另一个示例，你可以从中了解如何利用调整过程将大量可能的自变量减少至个数较少的统计上显著的一组自变量。

调研洞察 14－2 实践应用

将多元回归分析应用于橄榄球场豪华套间的调查

对于许多大学（尤其是一级大学）的体育系来说，资助橄榄球队是一个具有挑战性的问题，因此它们采取了一些创收策略。其中一种策略涉及重点大学橄榄球场豪华套间的门票销售。一些聚焦于体育赛事的营销调研人员最近开展了一项研究，以确定豪华套间门票价格的驱动因素。[11] 针对近 50 所一级大学的橄榄球队，他们收集了 23 个可能的自变量的数据，并将每个橄榄球队的体育场豪华套间门票价格的中点作为因变量进行了多元回归分析。这些可能的自变量包括：球队所属联盟；入场券、其他赛事门票和停车费等包含在内的项目；私立 / 公立大学；体育场的已使用年限和翻修情况；套间的数量和容量；橄榄球队上一年的获胜率；当地县的人口；大学招生人数。调研人员仔细检验并剔除了多重共线性和其他数据问题。然后，他们运行了两次多元回归。第一次多元回归使用了所有可能的自变量，第二次多元回归则采用了调整过程，以确定那些在 0.05 水平上具有统计显著性的自变量。表 14－2 显示了两次多元回归的结果。

表 14－2　两次多元回归的结果

自变量	未调整的多元回归		调整后的多元回归	
	β	显著性水平	β	显著性水平
球队所属联盟				
大西洋海岸联盟	0.37	0.25	—*	—*
十大联盟	0.95	0.01	0.89	0.01
十二大联盟	0.92	0.01	0.82	0.01
东南联盟	0.76	0.02	0.70	0.01
太平洋十二大联盟	0.82	0.01	0.70	0.01
入场券包含在内	0.22	0.08	—	—
其他赛事门票包含在内	0.04	0.79	—	—
停车费包含在内	−0.23	0.26	—	—
食品和饮料包含在内	−0.03	0.81	—	—
私立 / 公立大学	−0.22	0.47	—	—
设施已使用年限	0.27	0.45	—	—
设施翻修情况	−0.04	0.52	—	—
套间数量	−0.06	0.60	—	—
套间容量	0.43	0.04	0.45	0.01
获胜率	0.44	0.04	0.40	0.01
县人口	−0.17	0.02	−0.13	0.03
县的人均收入	0.94	0.03	0.78	0.02

续表

自变量	未调整的多元回归		调整后的多元回归	
	β	显著性水平	β	显著性水平
大学篮球赛事	0.21	0.09	0.17	0.04
大学招生人数	–0.12	0.61	—	—
常数	0.66		2.55	

* 不显著的β值（显著性水平大于0.05）及其显著性水平未报告。

如表14－2所示，未调整的多元回归使用了最初的19个自变量，经系统调整的多元回归则确定了9个自变量（其中“大学篮球赛事”在调整后更为显著；在对不显著的自变量逐一进行系统调整后，这种情况时有发生）。

我们可以根据显著自变量的符号对调整后的多元回归结果进行解释。在以下情况下，豪华套间的门票价格往往较高：球队加入了十大联盟、十二大联盟、东南联盟或太平洋十二大联盟之一；套间容量较大；球队上一年的获胜率较高；县人口较少但人均收入较高；该州内一级大学篮球队较多。有趣的是，调整后的多元回归模型对豪华套间门票价格变化的解释程度达到了65%，非常高。

14.3 多元回归分析的特殊应用

在再次讨论图14－6所示的结果之前，我们需要首先介绍进行多元回归分析时应该记住的一些特殊应用和必须考虑的因素。其中包括使用虚拟自变量，使用标准化β系数来比较自变量的重要性，以及使用多元回归作为筛选工具。

使用虚拟自变量

虚拟自变量（dummy independent variable）是以0和1进行编码的名义自变量。以0和1进行编码是惯例，其实可以使用任何两个相邻的数字，如1和2。多元回归分析要求自变量和因变量至少都是等距变量。但是，营销调研人员想要使用的自变量有时不满足等距变量的要求。例如，调研人员想在多元回归分析中使用一个二分变量或两级变量作为自变量，这种情况很常见。常用的虚拟自变量包括性别（男性与女性）、购买行为（购买者与非购买者）、广告曝光度（记住的与未记住的）、购买历史（首次购买者与重复购买者）等。例如，以性别作为自变量时，调研人员可以用0代表男性，用1代表女性。在这种情况下，通常允许适度违反自变量必须是数值变量（等距变量或比率变量）这一要求，以得到在一定程度上可解释的结果。在汽车研发中心多元回归的例子中，我们使用了两个虚拟的人口统计变量：性别和婚姻状况。其他变量则属于数值变量（不要忘记，我们已使用中点对一些人口统计方面的比率变量重新编码）。如图14－6所示，性别具有显著性，其β系数的符号为正，由于虚拟编码0代表男性，1代表女性，因此女性比男性更喜欢4座经济型汽油车。

使用标准化β系数来比较自变量的重要性

无论使用自变量的目的是什么，通常营销调研人员感兴趣的是确定最终的多元回归结果中各个自变量的相对重要性。不同自变量的计量单位经常不一样，因此直接比较计算出的 β 值是不正确的。例如，直接比较家庭人口数与每月个人支出的 β 系数是不恰当的，因为计量单位不一样（人数与金额）。最常用的方法是将自变量标准化，即用自变量的每个值与其均值之差除以该自变量的标准差。这样获得的 β 系数称为**标准化 β 系数**（standardized beta coefficient）。换句话说，标准化就是将自变量的每个值转化为其距离均值的标准差倍数。实质上，这个过程将自变量的值转换成了均值为 0、标准差为 1.0 的一组数值。

标准化之后就可以直接比较所得的 β 值了。标准化 β 系数的绝对值越大，自变量预测因变量时的相对重要性就越大。SPSS 和其他大多数统计程序都能自动提供标准化 β 值。在图 14 - 6 中，我们突出显示了标准化 β 值，稍后将讨论如何解释这些值。

使用多元回归作为筛选工具

多元回归分析的最后一个重要用途是作为**筛选工具**（screening device）。也就是说，当通用概念模型中存在众多潜在自变量时，营销调研人员可以使用多元回归来挑选出那些对因变量很重要（统计上显著）的自变量。这么做的目的不是对因变量进行某种预测，而是寻找线索来帮助调研人员了解是哪些因素在影响这个特定的因变量。例如，要想寻找市场细分的基础，调研人员可以利用回归来挑选出哪些人口统计变量与所研究的消费者行为变量有关。如果真正的调查目的是识别出汽车购买者中将来有可能购买不同车型的细分市场，那么使用多元回归作为筛选工具来确定显著的细分因素通常可以达到这个目的。

解释多元回归分析结果

汽车研发中心的例子展示了如何使用多元回归分析确定人口统计和 / 或态度方面的显著自变量。也就是说，如何将多元回归分析用作筛选工具。我们可以通过查看标准化 β 值（突出显示在图 14 - 6 中）来解释所得到的结果。根据标准化 β 系数的绝对值和符号很容易解释结果。β 值为正意味着存在正向关系，因此喜欢 4 座经济型汽油车的人通常是女性（虚拟编码 0 代表男性，1 代表女性），家庭成员较多，年龄较大，并且认为汽车尾气排放会导致全球变暖。β 值为负意味着存在负向关系，因此喜欢 4 座经济型汽油车的人通常居住在规模较小的城镇，收入较低，并且不太担心全球变暖。因为年龄的 β 系数的绝对值最大（0.461），所以年龄是确定 4 座经济型汽油车的目标市场的最重要变量，对汽车尾气排放导致全球变暖的态度位居第二，居住城镇规模则排在第三位。考察这些标准化 β 系数的绝对值和符号时，你应该能够想象，如果汽车研发中心想要开发 4 座经济型汽油车，应该将哪类人构成的细分市场作为目标市场。你还可以理解这些消费者为什么喜欢汽油车：他们并不担心全球变暖。

自主学习

Segmentation Associates 公司

Segmentation Associates 是一家专门提供市场细分研究的营销调研公司。它掌握着庞大且详尽的面板数据库，包括消费者的人口统计特征、生活方式、资产所有权、价值观和大量其他信息。该公司以从海量数据中为客户分析出具有管理意义的结果而闻名。也就是说，Segmentation Associates 公司之所以声名远扬是因为它能够利用调查结果为客户找出重要的市场细分变量，以供其采取适当的营销策略。

去年，Segmentation Associates 公司为众多汽车制造商进行了多次市场细分研究。该公司同意提供其中一些研究结果。表 14－3 列出了一些细分变量、三类轿车购买者和一类卡车购买者。该公司对于每个细分变量都提供了多元回归结果。表格中的数值是这些细分变量的标准化 β 系数，它们全都具有统计显著性。符号“—”表示该回归系数不显著。

表 14－3　细分变量与四类汽车购买者的多元回归结果

细分变量	经济型车购买者	运动型车购买者	豪华型车购买者	紧凑型卡车购买者
人口统计特征				
年龄	−0.28	−0.15	+0.59	−0.35
受教育水平	−0.12	+0.38	—	+0.37
家庭人口数	+0.39	−0.35	—	—
收入	−0.15	+0.25	+0.68	−0.27
生活方式 / 价值观				
积极	—	+0.59	−0.39	+0.45
美式自豪感	+0.30	—	+0.24	+0.67
觅购便宜货的人	+0.45	−0.33	—	+0.38
保守	—	−0.38	+0.54	+0.42
世界主义者	−0.40	+0.68	—	−0.43
接受改变	−0.30	+0.65	—	−0.36
家庭观念	+0.69	—	+0.21	+0.43
有经济保障	−0.28	+0.21	+0.52	−0.37
乐观	—	+0.71	+0.37	−0.27

1. 这四组结果显示，Segmentation Associates 公司使用的基本概念模型是什么？
2. 哪些细分变量可以用于经济型车购买者？它们的作用如何？
3. 哪些细分变量可以用于运动型车购买者？它们的作用如何？
4. 哪些细分变量可以用于豪华型车购买者？它们的作用如何？

14.4　逐步多元回归

当调研人员使用多元回归作为筛选工具，即在概念模型中遇到许多自变量，需要通过多元回归进行检验时，逐次进行手工调整以减少自变量是一项很乏味的工作。幸运的是，有一种多元回归可以自动完成调整过程，这就是逐步多元回归。

逐步多元回归的方法有多种，下面我们简要说明。使用**逐步多元回归**（stepwise multiple regression），可以确定在统计上显著并且对因变量方差的解释能力最强的那个自变量，将其加入多元回归方程。然后确定在统计上显著并且对因变量的未解释方差的解释能力最强的自变量，将其加入方程。直到所有的显著自变量都被加入多元回归方程，这一过程才结束。[12] 换言之，根据调研人员在多元回归选项中选定的显著性水平，所有不显著的自变量都从最终的多元回归方程中剔除。最终的输出结果只包含在统计上显著的自变量。当调研人员面对众多自变量时，可以使用逐步回归来减少自变量，仅仅使用一组在统计上显著的自变量进行一次回归分析。在使用逐步多元回归时，无须反复调整和运行回归分析，因为 SPSS 会根据调研人员选择的逐步回归方法自动进行调整。

如何利用 SPSS 进行逐步多元回归

调研人员进行逐步多元回归的命令流程是"ANALYZE-REGRESSION-LINEAR"，这与多元回归是完全一样的。同样，需要在各自的窗口选择因变量和多个自变量。但是，利用 SPSS 进行逐步多元回归时，需要在"Method"的下拉菜单中选择"Backward"，得到的结果将与使用多元回归反复调整所得的结果一致。当然，在逐步多元回归的输出结果中，那些不显著的自变量的信息已从多元回归方程中剔除。此外，如果调研人员需要，SPSS 逐步多元回归还可以考虑 VIF 值，以避免多重共线性问题。

这种方法非常高深，因此我们没有展示逐步多元回归的截图。事实上，SPSS 提供了四种不同的逐步回归方法。我们并不建议你使用逐步多元回归，除非你已经熟练掌握多元回归方法，因为你可能会遇到很难理解甚至与直觉相反的结果。[13]

进行多元回归分析的步骤

我们已放慢讲解速度，以使你更好地理解多元回归分析各方面的内容。你应该意识到，除了简单的描述分析，其他的统计分析都涉及某种统计检验，而复杂的回归分析需要进行多种检验。营销调研人员可以按步骤进行这些检验，我们在表 14－4 中列出并描述了这些步骤，以总结如何进行多元回归分析。

表 14－4 利用 SPSS 进行多元回归分析的步骤

步骤	描述
第 1 步：选择因变量和自变量。	因变量（y）是被预测变量，自变量（x_i）用来预测 y。通常，x 和 y 都是数值变量（等距变量或比率变量），有时允许使用虚拟自变量。
第 2 步：确定总体中是否存在线性关系（使用 95% 的置信水平）。	在 SPSS 的最初输出结果中，ANOVA 表会报告计算所得的 F 值及其显著性水平。 a. 如果 Sig. 值等于或小于 0.05，那么总体中所选变量之间存在线性关系。继续第 3 步。 b. 如果 Sig. 值大于 0.05，那么总体中所选变量之间不存在线性关系。选择一组新的自变量并重新进行第 1 步，或者停止分析。
第 3 步：确定所选自变量是否具有统计显著性（使用 95% 的置信水平）。	查看每个自变量的 β 系数的显著性水平。 a. 如果 Sig. 值等于或小于 0.05，那么可以使用该自变量预测因变量（利用直线方程 $y=a+bx$）。 b. 如果 Sig. 值大于 0.05，那么不可以使用该自变量预测因变量。 c. 如果显著与不显著的 β 系数同时存在，你应该进行调整或者使用逐步多元回归分析（具体方法见正文）。
第 4 步：确定线性模型中的关系强度。	在 SPSS 输出结果的模型概况表中，R^2 代表相关系数的平方；调整的 R^2 小于 R^2，因为它考虑了样本容量和所估计参数的个数。使用线性方程预测因变量 y 时，调整的 R^2 测量的是 y 的"解释方差百分比"。
第 5 步：解释结果。	当输出结果只保留了具有统计显著性的自变量时，可以使用标准化 β 系数的绝对值和符号评估每个自变量的相对重要性以及自变量与因变量之间的关系方向。

14.5 关于多元回归分析的警告

在结束多元回归分析的介绍之前，关于如何解释回归，我们必须提出一些警告。首先，我们往往会从因果关系的角度来解释回归，认为自变量的变化导致了因变量的变化。事实上，在回归术语中，因变量也称为被预测变量，这似乎暗示着是自变量导致了因变量。这种思路是不正确的，回归分析这种统计工具只是假设两个变量之间存在线性关系。它源于相关分析，相关分析测量的是两个变量之间的线性关系，而非因果关系。因此，即使两个变量（如销售额与广告费用）在逻辑上相关，调研人员也不应该将回归分析结果解释为因果关系，因为其他自变量没有得到控制。

另外要注意的是，本章仅讲解了多元回归分析的基础知识，还有大量内容超出了本书的范围。本章只是初步介绍回归分析，教你如何利用 SPSS 进行简单的回归分析，找出 SPSS 输出结果中的重要信息，并解释结果。当你使用 SPSS 进行回归分析时，你会发现我们仅涉及这个问题的皮毛[14]，还有许多有关的选项、统计量和考虑因素未详细介绍。[15]事实上，有关回归分析的知识如此之多，有些教材甚至用整本书来进行讨论。我们的目的是让你了解基本概念，并帮助你解释统计分析程序输出结果中与这些概念有关的统计量。我们介绍多元回归分析仅仅是为了帮助你理解这种预测方法所涉及的基本概念、常见用法和解释。[16]

尽管简化了有关内容，对于你来说，即使是简单的回归分析也比较复杂且难以掌握。本章还向你介绍了许多回归方面的统计术语和概念。经验丰富的调研人员对这些概念及其应用非常熟悉，但是初次接触的学生会感到手足无措。为了减轻你的焦虑，我们在表 14-5 中列出了本章介绍的回归分析的所有概念，对每个概念进行了解释。当你学习或使用这些概念时，就无须从本章各处寻找了。

表 14-5 回归分析的基本概念

概念	解释
回归分析	使用直线关系 $y=a+bx$ 的分析方法
截距	常数 a，即直线关系中当 x 为 0 时 y 的值
斜率	b，即 x 的每单位变化引起的 y 的变化量
因变量	y，通过自变量 x 来预测的变量
自变量	x，在直线方程中用来预测 y 的变量
最小二乘法	确保使用特定数据计算出的回归方程最佳的一种统计方法
R^2	揭示直线模型与数据散点的拟合程度的数值，范围为 0 ～ 1.0，越大越好
多元回归分析	在回归方程中使用多个自变量 x 的一种强大的回归方法
可加性	允许在多元回归方程 $y=a+b_1x_1+b_2x_2+b_3x_3+\cdots+b_mx_m$ 中加入并使用多个自变量 x 的一种统计假设
独立性假设	使用多个自变量 x 时，任何两个 x 之间不能高度相关的统计要求
多重共线性	表示因违反独立性假设而造成回归结果错误的术语
方差膨胀因子（VIF）	一个统计数值，用以识别哪些自变量 x 造成了多重共线性并且应该从分析中剔除；任何一个 VIF 值等于或大于 10 的自变量都应该被剔除

续表

概念	解释
多变量相关系数 R	也称决定系数，是 0 ～ 1.0 之间的一个数值，表示多元回归中总体线性关系的强度，越大越好
调整	在多元回归中剔除在统计上不显著的自变量 x，重新运行回归，并且重复这一过程，直到所有剩下的自变量 x 都显著
β 系数和标准化 β 系数	通过多元回归确定的针对每个自变量 x 的斜率（b）；经标准化后，其取值范围为 0.00 ～ 0.99，可以直接进行比较以确定自变量预测 y 时的相对重要性
虚拟自变量	当一组自变量中存在名义变量时，使用 0、1 或类似二进制编码的自变量 x
逐步多元回归	一种特殊的多元回归，当自变量数目众多时，可以用来调整模型，仅保留少数显著的自变量，调研人员希望统计程序自动完成这个过程

14.6　向客户报告回归分析结果

使用回归进行筛选的目的是识别出与感兴趣的某个因变量之间有重要关系且有意义的变量。大多数客户感兴趣的因变量是销售额、购买行为、购买意愿、满意度、能够解释消费者对公司或品牌的看法或反应的其他变量。通常，调研人员会面对大量可能的因素，其任意组合都可能与因变量相关。使用回归作为筛选工具时，需要报告的内容包括：（1）因变量；（2）统计上显著的自变量；（3）β 系数的符号；（4）显著自变量的标准化 β 系数。表 14－6 显示了确定一家三明治店的目标市场特征所使用的回归分析的结果。

表 14－6　与光顾三明治店的次数相关的因素（逐步回归分析结果）

因变量 在过去 30 天内，你在这家三明治店用餐几次？	**样本容量为 288**	
自变量	**系数** *	**标准化系数**
人口统计因素		
性别 **	−3.02	−0.43
年龄	4.71	0.35
受教育水平	−7.28	−0.12
生活方式因素		
我通常会光顾价格实惠的餐馆 ***	0.32	0.35
我大多数时候在餐馆用餐	−0.21	−0.27
午餐时，我通常会购买当日特价菜品	−0.17	−0.20
截距	2.10	

* 95% 的置信水平。
** 虚拟自变量，编码 0 代表女性，1 代表男性。
*** 基于 7 级量表，其中 1 代表“强烈不同意”，7 代表“强烈同意”。

该表格有以下几点精妙之处。第一，报告了多元回归的方法（逐步多元回归）。第二，只报告了在统计上显著（95% 的置信水平）的自变量。第三，区分了自变量的类型（人口统计因素和生活方式因素）。第四，在每个自变量类型中，根据标准化 β 系数的绝对值降序排列了自变量。第五，需要适当解释自变量的编码时，以表格注释说明了测量尺度。尤其要注意的是，性别被用作虚拟自变量，必须让读者了解其编码，这样他们才能发现回归结果表明该三明治店的目标市场主要是女性。

综合学习

本练习要求你综合运用以下三章所介绍的概念和内容：

第 12 章　差异分析

第 13 章　关系分析

第 14 章　回归分析

阿尔法航空公司

在过去的十年中，许多航空公司面临严峻的形势。在供给方面，成本的上升速度略快于通货膨胀。大多数航空公司已经改用效率更高、载客量更大的飞机，这意味着机票价格总体上略有下降。同时，许多航空公司取消了对某些服务的捆绑定价（如开始单独对每件托运行李收费 15 美元），并推出了高级经济舱座位及一些其他设施和服务（如内置显示屏、无线互联网服务和餐饮体验等）。在需求方面，旅客的反应比较积极，常客的数量比以往有所增加。国内休闲航空旅行有所增加，国际旅行则显著增加。但是，由于许多商品和服务的成本上升，商务旅行有所减少。商务旅客减少了出行次数，消费者也减少了出游计划，或者选择更为经济的出游方式，如乘坐火车或自驾。

在旅游市场的当前形势下，作为一家大型国际航空公司，阿尔法航空公司（Alpha Airlines）与其他航空公司展开了竞争。航空公司之间的竞争非常激烈，航空旅客越来越精明，对设施的要求也越来越高。此外，由于旅客可以使用 Travelocity 和 Expedia 等网站在线搜索最优惠的机票，他们对特定航空公司的忠诚度也有所下降。然而，阿尔法航空公司的营销主管誓不放弃，他们设计了问卷，以收集一些基本数据，并评估消费者对其服务和价格改变可能做出的反应。下面是该问卷的缩减版本。

1. 你今年乘坐阿尔法航空公司的航班进行了大约多少次以下各种旅行？

a. 国内商务旅行________

b. 国内旅游________

c. 国际商务旅行________

d. 国际旅游________

2. 你是否……（可多选）

________参与了阿尔法航空公司的常客计划？

________是阿尔法航空公司贵宾俱乐部的成员（在某些机场可以享用私人候机区）？

________经常使用阿尔法航空公司的网站预订机票？

________通常乘坐阿尔法航空公司的商务舱（包括头等舱）？

3. 对于阿尔法航空公司计划提供的以下各项新的服务，请按 7 级说明你的偏好程度，其中 1 代表“根本不喜欢”，7 代表“非常喜欢”。

________你在某一年度的飞行里程达到 25 000 英里之后，阿尔法航空公司的常客计划将双倍记录你每次旅行的飞行里程。

________对于任何国际飞行，向与你随行的一个家庭成员提供 33% ～ 50% 的票价减让。

________如果你是阿尔法航空公司贵宾俱乐部的成员，则不收取托运行李的费用。

________如果你参与了阿尔法航空公司的常客计划，则在国际飞行时享有优先登机权。

________飞行中的免费无线互联网服务。

________在飞机座位上观看付费电影。

________美食套餐。

除了对这些问题的回答，问卷还收集了以下信息：性别、受教育水平（受教育年限）、年收入水平（以 10 000 美元为增量）、年龄、婚姻状况、过去三年里每年的大约飞行次数（任何航空公司）和一些生活方式因素。[17]（根据我的经验，航空公司越大，实际旅行成本越低；在选择航空公司之前，我通常会查看几个旅游网站或应用程序，以获得最优报价和航线；我支付的票价比飞行前和飞行途中我得到的服务更重要；我选择乘飞机出行，因为我的时间非常宝贵；我觉得飞行途中得到的服务很好；我觉得飞行前得到的服务很好，如行李处理和票务处理；通常，我只选择同一家航空公司。）

阿尔法航空公司在当月第一周通过飞机座位上的显示屏将自填式问卷发放给所有国内和国际航班的旅客，得到 20 000 余份完整的有效问卷。该公司的营销主管希望通过这次调查得到许多问题的答案。

对于以下每个问题，请你说明调查中应该分析的具体问题或变量，注意每个变量的测量等级。指出适当的统计分析类型，以及 SPSS 输出结果将如何显示是否存在统计上的显著结果。

1. 阿尔法航空公司以下各类旅客的目标市场特征是什么？也就是说，哪些人口统计特征和生活方式因素与阿尔法航空公司各类旅客的飞行里程相关？

a. 国内商务旅客

b. 国内游客

c. 国际商务旅客

d. 国际游客

2. 对阿尔法航空公司计划提供的七项新服务的偏好在以下各个方面是否存在差异？

a. 性别

b. 是否参与了阿尔法航空公司的常客计划

c. 是不是阿尔法航空公司贵宾俱乐部的成员（在某些机场可以享用私人候机区）

d. 是否经常使用阿尔法航空公司的网站预订机票

e. 通常乘坐的阿尔法航空公司的座位级别（商务舱与经济舱）

3. 过去三年里每年的大约飞行次数（任何航空公司）是否与以下各项特征之间存在关系？

a. 年龄

b. 收入水平

c. 受教育水平

d. 每个生活方式因素

4. 分析以下变量是否与（1）～（3）项存在关系：（1）是否参与了阿尔法航空公司的常客计划；（2）是不是阿尔法航空公司贵宾俱乐部的成员（在某些机场可以享用私人候机区）；（3）是否经常使用阿尔法航空公司的网站预订机票。

a. 性别

b. 婚姻状况

c. 通常乘坐的阿尔法航空公司的座位级别（商务舱与经济舱）

本章就业技能

通过学习本章内容，你已经掌握了：

批判性思维技能

- 理解什么是变量之间的线性关系。
- 找出并处理回归分析数据集中的异常值。
- 使用备选变量建立适用于多元回归分析的通用概念模型。
- 理解为什么不应该将回归分析结果解释为因果关系。

知识应用和分析技能

- 用语言和图示描述一元回归分析。
- 区分一元回归中的因变量与自变量，以及截距与斜率。
- 用语言和通用公式描述多元回归分析。
- 对于多元回归分析，解释以下各项：
  - 回归平面；
  - 决定系数；
  - 可加性、独立性假设、多重共线性和 VIF。

信息技术应用和计算技能

- 计算一元回归的截距和斜率。
- 利用 SPSS 按所推荐的步骤（包括调整）进行多元回归分析。
- 进行初级的逐步多元回归。

数据处理技能

- 说明用于回归分析的变量的测量等级要求。
- 解释多元回归结果，包括：
  - 虚拟自变量；
  - 标准化 β 系数；
  - 用作筛选工具。

沟通技能

- 报告回归分析结果。

小　结

营销调研人员可以使用回归分析考察关系并进行预测。这种方法的基本假设是变量之间存在线性关系。一元回归分析利用直线公式 $y = a + bx$，用自变量 x 来预测因变量 y。较大的 R^2 和统计上显著的斜率说明直线模型拟合得好。多元回归分析的基本概念模型需要使用多个自变量，并且必须确定哪些自变量是显著的。多元回归分析允许使用多个相互之间不存在高度相关关系的自变量（可加性）。多重共线性，即自变量之间高度相关的情况，则违反了这一必要条件。统计分析程序可以通过报告方差膨胀因子（VIF）警示这种情况，提醒调研人员剔除某些造成问题的自变量。

通过反复系统地剔除不显著的自变量——这一过程称为调整——调研人员最终会得到一组统计上显著的自变量以建立预测模型。因变量和自变量都应该是数值变量（等距变量或比率变量），不过允许使用几个虚拟自变量。虚拟自变量属于名义变量，通常针对两个类别（如男性与女性）进行编码。营销调研人员在进行调查时经常使用多元回归分析作为筛选工具，从大量可能的自变量中选出统计上显著的自变量。通过查看标准化β系数，很容易对多元回归分析结果进行解释，因为标准化β系数能够说明自变量的相对重要性和自变量与因变量之间的关系方向。

由于剔除不显著自变量的调整过程不仅乏味而且耗时，当面对大量的备选自变量（如多种人口统计特征、生活方式和购买者行为特征）时，经验丰富的调研人员会使用逐步多元回归分析。在进行逐步多元回归时，统计分析程序会逐个加入自变量，直到多元回归方程只包含统计上显著的自变量。

复习题与应用题

1. 对于以下每种情况，使用 *x-y* 坐标图建立一个合理的简单线性模型，并加以解释：
（1）汽油价格与自驾出游的行驶里程之间有什么关系？
（2）飓风警报级别（如 1 级、2 级等）与预计登陆区域内手电筒电池的购买行为之间有什么关系？
（3）旅客自携行李与航空公司对托运行李的收费之间有什么关系？
2. 两个变量之间的相关系数如下，请描述散点图和回归线的形状（在每种情况下，假设截距均为负）：（1）–0.89；（2）+0.48；（3）–0.10。
3. Circle K 便利店开展了一项有奖调查活动，邀请顾客填写登记卡。作为回报，他们有机会赢得去阿拉斯加旅游的大奖。顾客被要求填写年龄、受教育水平、性别、估计每周在 Circle K 的消费金额（美元）以及从 Circle K 到家的大概距离。如果进行多元回归分析，请指出以下各项：（1）自变量；（2）因变量；（3）虚拟自变量。
4. 解释多元回归独立性假设的含义。你如何检验数据的独立性？大多数统计分析程序会报告什么统计量？如何解释这个统计量？也就是说，它如何表明存在多重共线性？你如何消除多重共线性？
5. 什么是多元回归？“多元”的确切含义是什么？多元回归公式是什么？说明公式中不同的项，并解释其符号（正号或负号）。
6. 在多元回归分析中“加入”自变量时，应该查看 SPSS 输出结果中的哪个统计量来评估结果？说明你如何确定以下各项：
（1）由自变量解释的因变量的方差；
（2）每个自变量的统计显著性；
（3）每个自变量在预测因变量时的相对重要性。
7. 解释“调整”多元回归结果的含义。通过以下例子说明你对这个概念的理解。一家自行车制造商保留了 20 年来的以下数据：零售价格（美元）、合作广告支出（美元）、竞争对手的平均零售价格（美元）、该品牌零售地点的数量，以及环法自行车赛冠军是否使用了该品牌自行车（虚拟自变量，其编码为：0= 否，1= 是）。

最初的多元回归结果如下：

变量	显著性水平
平均零售价格（美元）	0.001
合作广告支出（美元）	0.202
竞争对手的平均零售价格（美元）	0.028
零售地点的数量	0.591
环法自行车赛冠军使用	0.032

使用 SPSS 中“加入”自变量的方法，为了得到显著的多元回归结果，你的“调整”步骤将是怎样的？解释你的理由。

8. 使用第 7 题中自行车的例子，如果使用逐步多元回归，你预期变量被剔除的先后次序是怎样的？对于这种方法的每个操作步骤，请给出解释。
9. 埃玛·格兰特（Emma Grant）同时使用优步和 Lyft，结果却不一样。她保留了最近出行的以下记录。利用 SPSS、Excel 或其他制图工具，将出行时长作为自变量，针对优步和 Lyft 分别绘制回归线。埃玛下次出行应选择哪家公司？

出行时长（分钟）	埃玛对优步的评分（5 星评分系统）	埃玛对 Lyft 的评分（5 星评分系统）
5	3.3	4.6
10	3.5	3.7
15	4.0	3.4
20	4.2	3.2
25	4.5	3.0

10. Maximum Amount 是一家专门为身材高大者生产大码时装的公司。该公司委托实施了一项调查，并对一些数据进行了回归分析。分析的目的是了解自尊（因变量）与上一年购买的 Maximum Amount 商品数量（自变量）之间的关系。自尊以 7 级量表测量，其中 1 代表“非常低”，7 代表“非常高”。以下是其中一些分析结果：皮尔逊积差相关系数 = +0.63；截距 = 3.5；斜率 = +0.2。所有统计检验的显著性水平都等于或小于 0.01。如何正确解释这些结果？
11. 韦恩·拉托特（Wayne LaTorte）是美国邮政服务公司（U.S. Postal Service）的安保工程师，对 UFO 着迷。他保留了过去 15 年里在亚利桑那州、加利福尼亚州和新墨西哥州的沙漠地带目睹 UFO 的记录，他认为地震与此相关。韦恩的一位同事建议他使用回归分析以确定这种关系。韦恩这样做了，结果发现“常数”（截距）为 30 次地震事件，斜率为 5 次地震事件 /UFO 目睹事件。之后，韦恩为 *UFO Observer* 撰写了一篇文章，声称地震在很大程度上是由 UFO 进入地球大气层时所释放的次声震动导致的。你如何评论韦恩的文章？

案例 14－1

L’Experience 餐厅调查的回归分析

（该案例的背景参见案例 11－1、案例 12－1 和案例 13－1。）

杰夫·迪安很高兴地得知开设 L’Experience 餐厅的梦想有望实现。根据在科里·罗杰斯的专业监督下进行的调研和克里斯汀·于的 SPSS 分析结果，杰夫充分了解到哪些特征受到顾客的喜爱、餐厅应在何处选址，以及应该使用哪种广告媒介进行宣传。不过为了开设 L’Experience 餐厅，杰夫还需要得到资金支持，他认为目前已掌握了全部所需信息。

周五上午，杰夫打电话对科里说：“L’Experience 餐厅的调研结果让我非常激动。我打算下周与银行经理会面，向他提出融资的事情。你能在那之前给我最终报告吗？”

科里沉默了一会儿说：“克里斯汀正在对数据进行最终处理，还要整理表格附在报告里。不过你还记得最后一个调研目标吗？我们还需要进行最后的分析并确定目标市场。克里斯汀刚刚在学校参加了几科考试，她一直在问周末有没有工作需要她来完成。我会把这个任务交给她。你周一上午 11 点过来怎么样？我们到时会告诉你结果，然后咱们带克里斯汀一起去吃午饭，作为对她牺牲周末休息时间的补偿。”

使用 L’Experience 餐厅的 SPSS 数据集进行适当的分析，并解释你得到的结果。

1. L’Experience 餐厅目标市场的人口统计特征是怎样的？

2. L’Experience 餐厅目标市场的餐厅消费行为具有什么特征？L’Experience 餐厅应如何据此进行目标营销？

3. 建立 L’Experience 餐厅特征的通用概念模型，因为这些特征可能与光顾该餐厅的意愿相关。使用多元回归分析对模型进行检验，并向杰夫解释你得到的结果。

案例 14-2 综合案例

汽车研发中心调查的市场细分分析

今天是周一，是你开始营销实习期的第一天。经过严格的申请和评审过程，包括由科里·罗杰斯和西莱斯特·布朗进行的两次面试，你终于被 CMG 调研公司录用了。上午九点，西莱斯特带你来到科里的办公室。科里说：“我们知道这是你在 CMG 实习的第一天，但是我们有大量的工作必须迅速完成，否则客户会不满意。几天前，在通知你已被选为今年的营销实习生时我说过，你对 SPSS 的掌握以及对回归分析和方差分析等高级统计分析方法的理解令我和西莱斯特印象颇深。我们现在就让你展示一下你的能力。”

科里接着说道：“我们已进入汽车研发中心调查的最后阶段。他们正在考虑投资数百万美元开发五种新车型。我们已经向他们提供了大量的分析结果，他们正在压缩新开发车型的数量。我想再为他们提供一组结果。具体地说，我想为他们确定每种可能车型的目标市场。也就是说，使用多元回归分析作为筛选工具，识别出显著的人口统计特征以及对全球变暖和驾驶习惯的态度特征，以明确地定义这些细分市场。”

西莱斯特说：“我可以给你一份 SPSS 数据集的副本。你可以使用 SPSS 的‘Variable View’或‘Utilities-Variables’命令查看调查的编码手册。”会议结束前，科里最后说：“我相信你一定会出色地完成任务。再过几个小时，我和西莱斯特就要去机场，我们会离开三天。你可以通过打电话、发短信或发电子邮件的方式与我们联系。咱们周四上午九点开会，到时候给我们看看你得到的结果。”

这是你作为 CMG 的营销实习生接到的第一项任务。该数据集已经使用居住城镇规模、受教育水平等变量取值范围的中点重新编码，因此这些变量现在属于数值变量，满足回归分析的要求。进行适当的分析，以识别出与五种车型的偏好显著相关的人口统计特征和/或态度因素。对每种车型，就下列内容进行总结：

1. 列出统计上显著的自变量（使用 95% 的置信水平）。

2. 解释每个统计上显著的自变量与相关车型偏好之间的关系方向。

3. 确定每个统计上显著的自变量的相对重要性。

4. 评估统计上显著的自变量在预测相关车型偏好时的强度。

注释

第15章

调研沟通

学习目标

在本章你将学习：

» 清晰有效沟通的特点。
» 什么是剽窃，为什么剽窃是个严重的问题，以及如何正确地析出文献。
» 沟通方法，包括视频、信息图表和沉浸式技术。
» 营销调研报告的一般属性。
» 如何定位受众。
» 营销调研报告的要素。
» 撰写有效营销调研报告的基本指南和原则。
» 如何使用视图，例如图形、表格等来准确地表达数据。
» 口头报告的基本原则。
» 数据可视化工具和仪表板的作用。
» 组织内传播调研结果的方法。

| 本章位置 |

1. 确定营销调研需求
2. 界定营销问题
3. 明确调研内容
4. 确定调研设计
5. 识别信息类型和来源
6. 确定获取数据的方法
7. 设计调查问卷
8. 确定抽样方案和样本容量
9. 收集数据
10. 分析数据
11. 撰写和展示调研报告

对于营销调研来说，调研结果的沟通是非常重要的。很简单，一个调研项目，从确定调研内容开始，到进行数据分析，无论调研过程实施得多么成功，如果调研结果不能为客户所用，这个项目就是失败的。所以，调研人员的工作最终取决于其激发客户将调研结果付诸实施的能力。

使用有效的沟通方法 创新的营销调研公司，如 Gongos 并没有使用传统的方法展示它的调研发现，而是根据项目的特点和客户的需求创造性地沟通研究发现。公司关心的是："受众怎样才能最容易地听到和理解这些信息？"

提供可操作、有数据支持的策略 那些只会列出一个又一个数据表格，而没有解释为什么这些数据很重要的调研人员，无法给管理者提供有价值的信息。管理领域要求调研人员不仅要收集和分析数据，还要充当可信赖的顾问角色。要使调研发现与客户的业务相关联，调研人员必须向客户证明，按照调研发现所实施的营销策略将对客户的业务产生积极的影响。[1] 在一项对营销调研专业人员进行的绿皮书调查中，关于"影响调研成功的因素"，回答频率最高的是"提供咨询建议"。在被调查者中，该要素的排名甚至在"严谨的分析"和"代表性样本"之前。[2]

在整个组织中传播调研结果 营销调研面临着越来越大的挑战，因此，要尽可能多地将信息传递给组织中多个部门的决策者。[3] 这意味着沟通方法必须满足不同受众的需求。信息必须以能够引起不同利益相关者关注的方式呈现。

对你来说，了解正在改变营销行业通信技术的新趋势、工具和方法是很重要的。与此同时，你应该知道如何在口头和书面沟通中清楚、准确地表达结果。

本章首先介绍了有效沟通营销调研发现的重要特征，然后描述了多种可用于沟通研究发现的方法，包括视频、信息图表和沉浸式技术。接下来，我们将重点介绍行业内普遍使用且表现极佳的沟通媒介以及传统的书面和口头报告。我们将讨论数据可视化工具和仪表板，以及它们在营销调研中的补充作用。最后，我们将重申在整个组织中传播营销洞察的重要性。

15.1 有效沟通的特征

本章将介绍多种沟通方法。无论采用何种方法，调研成果的有效沟通具有五个特征：

准确、清晰、可记、可行和引人注目。

准确

准确性是有效沟通调研发现的第一个特征，因为如果研究结果不是通过使用严格和公正的方法产生的，那么报告就是虚假的。这意味着营销调研所提供的任何信息，无论是一手信息，还是二手信息，都应该是科学研究的结果。这也意味着要正确使用本书所概述的统计方法。例如，所报告的任何组间差异都应该被证明是具有统计显著性的。报告的内容应尽可能消除先入为主的偏见，提出公正的结论。所报告的结论以及含义都应该有数据支持，并对证据进行清晰而有逻辑的阐述。最后，研究发现的报告还应概述本研究的局限性，这些将在本章后面详细解释。谦逊但准确的陈述优于表演式的陈述，更优于没有依据的声明。

清晰

应当使所有目标受众都很容易理解营销调研所报告的内容、研究结果及其意义。报告应该易于浏览，具有明显标志，如要有标题和副标题，用来引导读者找到感兴趣的主题。不应当使用专业术语。如果使用的技术语言并不能被各方理解，则应对其进行重新定义。表格、图形等应该被清楚地标示出来，并明确显示相对数据距离（稍后将进一步详细说明）。对拥有不同文化背景的受众而言，沟通应该是清晰的。如果研究发现需要跨国交流，可雇用熟练的翻译。

可记

如果客户收到调研结果却不使用，甚至不记得这些结果是什么，那么这个调研项目就等于白做。有效的沟通首先要引起受众注意，让受众记住所传递的信息，能够复述并使用。[4] 沟通必须避免信息过载，以传递深刻的见解与洞察。讲故事是建立持久记忆的有力工具。在营销调研中，**讲故事**（storytelling）包括对信息、情感和解释进行讲述，从而将研究发现带入现实世界。有很多方法可以用来讲故事，包括使用消费者档案、图片文章和视频剪辑。故事并不总能引人注目，但要将重要的发现呈现出来。

可行

如前所述，调研项目的最终结果应该用于指导营销行动。为了与最终用户相关，所沟通的研究结果应回答研究内容所提出的问题。研究人员不仅要描述研究结果，还要解释客户应该根据研究结果采取什么行动。营销调研方面的投入应该会给企业带来竞争优势。

引人注目

最后，吸引力总是很重要的。依据用于交流研究发现的媒介，注意力可能会放在设计、语言、颜色和一致性上。视频应该制作得很好，报告格式应该具有吸引力，信息图表应该包括引人注目的图片。无论使用何种方法，最终产品都应该吸引用户和提高项目的竞争性。

15.2 避免剽窃!

在介绍各种沟通方法之前，我们要强调引用资料来源的重要性。很简单，原则是避免剽窃！**剽窃**（plagiarism）是指将他人的成果当作你自己的成果来展示。注明资料来自他人不仅能够避免受到剽窃的质疑，好的引用还能够提高你的报告的可信度。所有的资料来源，包括在网上找到的信息，都应该被准确地引用。如果使用二手信息，需要记录其来源（提供足够的信息以便该来源可以找到）。如果你使用网上的图形、图像、照片或图标，首先要调查是否可以合法复制。如果合法，才可以完整或适当地引用。常识或容易验证的事实是不需要引用的，但如果是有疑问的知识或理论，就一定要标注来源。

学生常常低估剽窃的严重性。剽窃会让你丢掉工作。如今发现剽窃比过去要容易得多。要检查一份文档是否抄袭，将可疑的文本粘贴到一个在线搜索引擎中，看看是否有匹配的内容出现。此外，专门的软件如 Turnitin 可以用来检查剽窃。

你可以在互联网上找到关于严重剽窃的例子：学生失去了大学学位，顶级专业人士失去了工作，知名作家受到抨击等。

15.3　视频、信息图表和沉浸式技术

本章将通过传统营销书面和口头报告的例子介绍数据报告的最佳实践。但是，你还应该了解有效地展示调研结果的其他方法。呈现调研结果的最佳方法取决于受众是谁以及研究项目的性质。研究人员应该灵活地决定使用什么方法来沟通研究结果。只要记住，无论你使用什么技术，都是由你而不是你的工具来赋予数据意义。[5]

视频

许多营销调研公司和广告公司用视频来补充或替代书面和口头研究报告。视频可以有效地嵌入电子报告或口头报告。一种流行的技术是用消费者的“生活瞬间”片段来说明调查结果，以增强故事的说服力。通过观察法或民族志收集的视频片段可以用来说明研究中的关键结论。例如，当匹兹堡广告公司 MARC USA 发布了一份重新定位有线电视网络的研究报告时，通过一段汇总了目标受众意见的视频来阐述其研究结果。[6]当英国石油公司进行市场细分研究时，调研报告补充了一个 8 分钟的视频，每个细分市场都精选了一个人的镜头。[7]真实的人带着情感说话能够有力支持关键信息。

书面报告和口头报告也可以被纪录片风格的视频取代。[8]营销研究纪录片结合声音、文字和图形来呈现调研结果。纪录片风格的视频在与定性研究相结合时尤其有效，因为它们可以穿插访谈、民族志研究或其他定性研究的片段来说明关键的结论。与口头报告相反，视频允许创作者完全控制信息的时间和流向。视频也可以很容易地在公司内部传播。此外，它们可能比一份书面报告更容易观看和理解，根据《福布斯》（*Forbes*）的数据，超过半数（59%）的高管声称他们宁愿看视频，也不愿阅读文章或帖子。[9]与口头报告相比，视频有一个明显的缺点，那就是在观看过程中，调研人员通常不会亲自在场来解释内容和回答问题。

信息图表

信息图表（infographic）是一种可视化的报告，这种设计可使受众快速且容易地理解

关键的研究结果。信息图表通过表格、图形、照片、图标和其他视觉形式来展示研究发现，并通过书面解释来简化其基本含义。信息图表可以是实体的形式，比如宣传册或简讯风格的文档，也可以完全是电子的。

大多数人熟悉的一种信息图表是天气报告。要说明信息图表的能力，可以考虑在线观看五天的天气报告。这些报告允许浏览者通过使用容易识别的图标，如太阳或雨滴，显示高温和低温的数字，以及描述天气预报的少量文字，立即看到某地的天气预报。这是一张效果极佳的信息图表!

信息图表通常使用图标搭配简短的标签或解释来提供情境，以便查看者快速理解数据显示的内容。在信息图形学中，**图标**（icon）是一种小图像，它在视觉上代表了一个物体、一个想法或一个行动，并在某种程度上为受众保留了意义。图标的例子包括品牌的标志、表情符号等。你在哪里可以得到用于显示营销调研结果的图标？一些调研公司有内部设计人员，他们可以制作图标，也可以协助制作信息图表。或者，一些设计师有自己的经营业务，会以一定的价格定制设计图标。图标也可以在网上找到，但在使用之前必须先调查其合法性。有版权的图标没有付费不能使用。有的图标在使用时标注出处即可（但是注意引用图标有时会给信息图表带来混乱）。非商业图标可以用于教育目的，但不能用来向客户演示。有些（但不是很多）在线图标是完全免费的，没有任何限制。同样，在使用在线图标之前一定要检查许可要求。这一规则也适用于在网上找到的照片和其他图像。PowerPoint有内置的图标，可以用于信息图表。

在诸如www.teradata.com和www.dailyinfographic.com这样的网站上可以找到优秀的信息图表示例。设计良好的信息图表可以总结甚至取代冗长的书面报告。创建一个简短而有效的、避免“图表垃圾”的文档需要技巧和时间。[10] 在营销领域，不仅需要具备营销调研基础知识的员工，还需要具备图形和设计技能以创造具有吸引力和信息丰富的视觉表现形式的员工。[11] 在线节目，如Piktochart和Infogram提供了创建信息图表的模板和图标。基本的程序通常是免费的，附加功能的价格则不断上涨。调研洞察15-1提供了一个简短的教程，你可以使用PowerPoint设计自己的信息图表。

调研洞察15-1 实践应用

如何使用PowerPoint创建信息图表

许多开发信息图表的工具都可以在网上以不同的价格买到。由于PowerPoint的可用性和广泛使用，本教程将重点介绍如何使用PowerPoint 365创建信息图表。用PowerPoint制作一个吸引人的信息图表并不难。本教程旨在帮助你入门。

1. 选择大小。选择设计—幻灯片大小—自定义幻灯片的大小。然后你可以为信息图表选择任何你想要的尺寸。如果你打算打印信息图表，可以把它的大小设为“8.5×11”或A4纸。对于发布时比标准纸张长一些的在线信息图表，你可以选择“6.5×20”作为开始。在设计信息图表时，可以调整大小以适应内容。

2. 选择背景颜色。选择设计—格式背景。将出现“格式背景”窗格。你可以决定你想要的填充类型和颜色。在例子中，我们选择了一个浅蓝色的实线填充。

3. 添加一个标题。选择“插入文本”框。这将为你提供一个光标，用于在信息图表中输入你想要的标题。你可以选择标题的字体、大小和颜色。在例子中，我们用 40 号的黑色 Calibri 字体输入标题“美国家庭饲养的宠物”。

4. 添加照片。选择“插入图片”，然后选择为此目的而下载的图片。确信你有权使用该照片。在我们的例子中使用的一只猫和一只狗的照片来自 www.pexels.com 网站，可“免费用于教育和商业用途”，“无须署名”。

5. 为计划呈现的第一部分信息添加标题。我们的第一个标题是“DOGS AND CATS ARE BY FAR THE MOST POPULAR PETS”（狗和猫是目前最受欢迎的宠物）。

6. 添加图标来表示数据。我们使用 PowerPoint 的内置图标，选择插入图标。选择图标后，可以将它们放在模板中想要的位置，调整它们的大小并更改它们的颜色。我们选了一只猫、一只狗和一个鱼缸，把它们的颜色分别设成红、绿、蓝。和照片一样，要确保你有权使用你在网上找到的任何图标。

7. 用大号的数字来突出你认为最重要的数据。插入文本框并输入数字。

8. 图 15－1 显示了到目前为止示例信息图表的外观。现在继续添加文本、图标、照片和统计数据，以创建一个清晰、简洁的视图中最重要的信息。

9. 添加引用。一定要在信息图表的结尾留出空间来注明引用的来源。

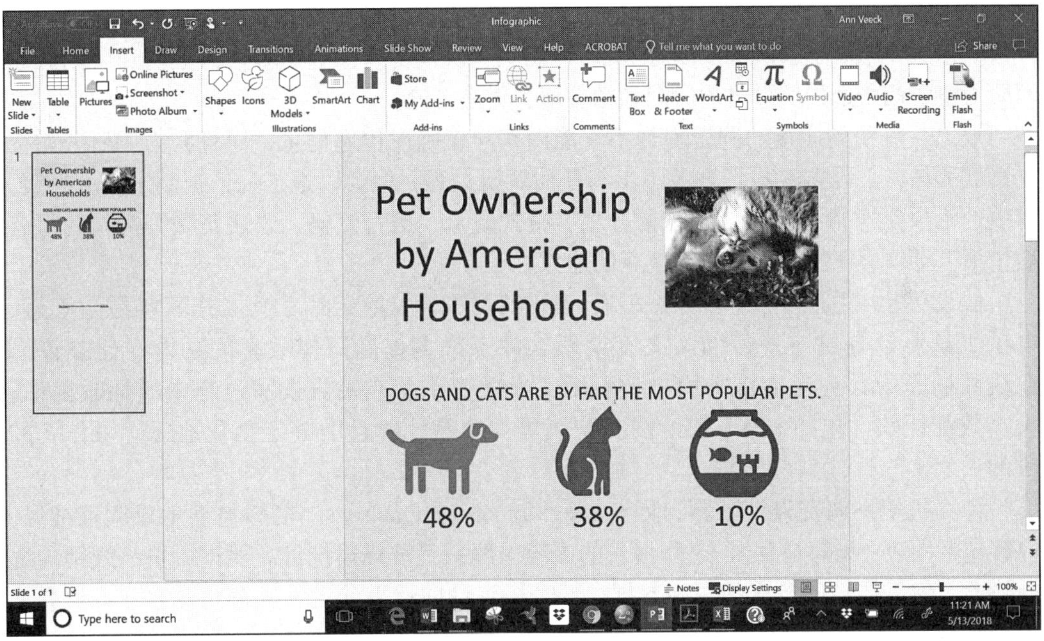

图 15－1　如何使用 PowerPoint 创建信息图表

资料来源：Springer, J. (2017). *The 2017-2018 APPA National Pet Owners Survey Debut*. Retrieved from http://americanpetproducts.org/Uploads/MemServices/GPE2017_NPOS_Seminar.pdf.

沉浸式技术

Gongos 为一家医疗保健公司进行了一项研究，医疗保健公司希望更全面地了解其拉丁裔客户。为了报告研究发现，Gongos 在公司办公室里举办了一个互动的多媒体的展览，以鼓励所有员工加深对拉美裔消费者的了解。展览包括真人大小的信息图像面板，一台活动的平板电脑，一个模拟的医生办公室，视频推荐与评价，一个三维“沉浸墙”，一个供用户分享见解的站点，以及其他功能。员工也被允许访问一个在线平台，其中包括许多材料以及一些额外的信息，因此用户也可以继续学习或刷新他们的知识。[12] Gongos 所使用的沉浸式技术说明了营销调研公司是如何根据客户的信息需求开发独特的方法来沟通调研发现的。

15.4 传统的营销调研报告

现在我们将把重点放在传统的营销调研报告上，作为介绍行业最佳实践的一种方法来展示结果。**营销调研报告**（marketing research report）是发布调研所获信息的文件。信息提供方将研究成果、重要建议、研究结论以及其他重要信息通过调研报告的形式传递给客户，客户则以调研报告的内容为依据制定决策。

营销调研报告是营销调研团队工作的结晶，也许是客户唯一能看到的项目部分。如果报告写作欠佳、语言晦涩、用词草率或者表现方式不当，客户可能认为该项调研的质量（包括其分析和信息）差，可信度低。如果调研报告结构混乱，口头展示充满错误，客户可能永远不会得到期望的结论。如果不能将调研报告的内容与客户有效沟通，则调研团队为整个调研过程所付出的时间和精力就会付诸东流。

反之，一份高质量的调研报告不仅能向客户正确地传递信息，而且会为调研公司树立良好的信誉。许多客户管理者不参与任何调研过程，但会以报告为依据制定商业决策。有效的汇报是非常必要的，而结构合理、格式规范、语言流畅、语法正确等都是撰写高质量报告必须遵守的原则和应当注意的地方。

假设你已经写了一篇（或者几篇）学期论文，你会发现写报告并不容易。不过，电子工具可以提供一些帮助。文字处理软件有许多提高写作效率的功能。比如许多在线数据库中具有标准格式的自动引用大大减少了花在报告撰写过程中的耗时工作。大多数统计软件包如 SPSS 使绘图、制表更加容易，并且能够定制化地适应写作者的目的。

计算机辅助调查设计工具，如 SurveyMonkey 或 Qualtrics，能够自动生成调查结果，内容包括图表（见第 7 章）。这些报告的内容一般只呈现描述统计。要进行更高级别的统计检验，你需要访问调查的原始数据。计算机辅助问卷设计工具通常允许你下载具有某些统计数据分析软件格式的调查结果，如 Excel 或 SPSS。尽管这种功能需要你支付较高的服务价格，但可以长期使用。你的大学可能会为学生提供免费的电子调查设计工具的专业版本。

15.5 了解你的受众

营销调研报告是根据具体的客户和调研目的定制的，所以你必须考虑调研过程的所有阶段，包括计划撰写调研报告。在开始撰写报告之前，你必须回答以下问题：

- 项目的管理问题和调研内容是什么？调研中如何体现这些信息？
- 哪些信息需要你来沟通？
- 谁是受众？
- 如果有多个受众，谁是你的主要受众？谁是你的次要受众？
- 你的受众想知道什么？
- 你的受众需要知道什么？
- 是否需要考虑文化差异？
- 何种受众偏见或成见可能为你的信息传递设置障碍？
- 你可以使用什么策略来克服这些消极态度？
- 受众人口统计特征和生活方式不同会影响他们对你的研究的态度吗？
- 受众的利益、价值观和关注点是什么？

当你准备最终的报告时，换位思考往往是很有帮助的。假设你是报告的受众而不是撰写者，这将帮助你从报告的受众视角来理解报告，增加成功沟通的可能性。这是你从受众的角度来看基本（也非常关键）问题的机会："我能从这份报告中得到什么？"一旦你要回答这些问题，就需要组织自己的报告。

15.6 营销调研报告的要素

调研报告可用章、节或目来组织篇章结构。如果委托调研的企业已经有了具体的编写大纲，你就应当遵守。即使该企业没有具体的标准，你在准备报告时也应考虑某些要素。这些要素可分为三个部分：文前页、正文和文后页。表 15－1 列出了这三部分及其包含的内容。

表 15－1 营销调研报告的基本要素

A. 文前页	B. 正文	C. 文后页
1. 封面	1. 引言	1. 附录
2. 授权书	2. 调研内容	2. 尾注
3. 转交函 / 转交备忘录	3. 调研方法	
4. 目录	4. 调研结果	
5. 图表目录	5. 局限性	
6. 摘要 / 执行摘要	6. 结论或结论与建议	

文前页

文前页（front matter）由位于报告第一页之前的所有内容组成，包括封面、授权书（可选）、转交函 / 转交备忘录、目录、图表目录和摘要 / 执行摘要。

封面 **封面**（title page）（见图 15－2）包括四类主要的信息：（1）报告标题；（2）报告提供给哪个组织或个人；（3）负责报告撰写的组织或个人；（4）报告提交日期。如果个人的名字出现在封面上，会按字母顺序或者其他商定的顺序排列，每个人应给予一个指定的或描述性的称号。

HOGER CHOCOLATIERS 公司新产品事业部： **关于礼品巧克力新包装的购物者反应的** **营销调研报告** **提供给 CEO 奥拉 · 霍格先生** **提供者** **CMG 营销调研公司副总裁乔纳森 · 于** **2018 年 7 月**

图 15－2　封面

报告的标题应尽可能多地展示信息。它应包括报告的目的和内容，如“Dewey, Cheatam and Howe 律师事务所分支机构需求分析”或“引入新的 M&M’s/Mars 低脂糖果棒广告文案”。标题应该居中且使用大写字母。封面的其他项目也应居中且使用大写或小写字母。封面在第一页以“i”来表示页码，但是不显现页码（见图 15－2）。在下一页显示页码“ii”。

一些专家建议，在对调研结果进行介绍时，应将标题精简为一个简短的、容易理解的词组。[13] 例如，将“对 Dean and Allen 会计师事务所分支机构的需求分析”改为简单的“对 Dean and Allen 分支机构的需求”。我们在本章稍后部分为你提供一些额外的准备口头演示的帮助。

授权书　**授权书**（letter of authorization）是营销调研公司实施项目的证明，它并非要件。授权书包括将要实施的调研的授权人的名字和职位，还可能包括该项调研的性质、完成日期、付款条件，以及对客户或用户所提出的特殊条件的总体描述。如果你在转交函中提及了授权情况，就没有必要在报告中包括授权书。不过，如果你的读者不知道授权情况，附上这个文件是很有帮助的。

转交函　**转交函**（letter of transmittal）用于在不同组织间传递文件。**转交备忘录**（memo of transmittal）用于在组织内部传递文件。在转交函 / 转交备忘录中需要用一两句话描述调研的总体性质，明确谁是该报告的发表者。转交函 / 转交备忘录的主要目的是让读者关注报告，为报告建立一个正面的形象。转交函在撰写者和接收者之间建立起和谐的关系。如果出现问题，转交函将向接收者提供一个可以联络的人。

转交函 / 转交备忘录的写作文法应该是个性化的且略微非正式的。一般转交函 / 转交备忘录中的常规要素有：简短的报告性质证明、授权进行调研的情况回顾（如果不包括授权书的话）、对调研结果的评论、进一步调研的建议以及进一步研究的兴趣。在结尾处，要对获得此项调研业务以及他人的协助表示感谢，并为后续行动提出建议。也可以在转交函 / 转交备忘录中提出一些未获得数据支持的个人观点。图 15－3 展示了一份转交函 /

转交备忘录。

CMG 营销调研公司
圣路易斯广场 1100 号
圣路易斯，密苏里州

7 月 14 日，2016 年

奥拉·霍格先生
Hoger Chocolatiers 礼品巧克力事业部
Cocoa，美国 00000

亲爱的奥拉·霍格先生：

基于您 2016 年 4 月 25 日委托 CMG 调研公司实施 Hoger Chocolatiers 调研项目的授权书，我们向您提交这个项目的调研报告。报告名称为“关于礼品巧克力新包装的购物者反应的营销调研报告”。

报告详细描述了获得调研发现所使用的方法。这些调研方法都在之前提供给您的调研计划书中有所提及。我们相信报告完成了在调研之初我们确定的调研内容，您可以将这些信息用于制定 Hoger Chocolatiers 的重要决策。

我的同事和我与您的这次合作非常愉快。在您方便的时候，我们会为您准备报告的口头展示。如有问题请联系我，我的电话是（877）492-2891。

此致
诚挚问候

乔纳森·于

图 15－3 转交函

目录 **目录**（table of contents）帮助读者确定调研报告中信息的位置。目录（见图 15－4）列出了报告的所有章节；每个标题应与文中标题完全一致，并显示标题所在的页码。如果有一节的长度超过一页，列出它的开始页码。副标题位于标题的下方。除封面外，目录中的所有项目都需要与其页码一起列出。文前页以小写罗马数字 i、ii、iii 等编号。从报告正文的引言部分开始使用阿拉伯数字 1、2、3 标注页码。

图表目录 如果报告中有表格和图形，需要在**图表目录**（list of illustrations）中列出其页码。所有的表格和图形都应该包含在图表目录中，以方便读者找到以图表形式展现的信息。**表格**（table）由排列成行或列的文字和数字组成；**图形**（figure）包括曲线图、地图、图片等。由于表格和图形是独立编号的，因此在图表目录中可以表示为图 1 和表 1。每个图形或表格有一个名称，称为图题或表题，按照它们在报告中出现的顺序排列。

摘要 / 执行摘要 你的报告可能有很多读者。其中一些人需要知道报告的细节，如支持报告结论和建议的数据。一些人不需要很多细节，但可能需要阅读结论和建议。还有一些没有什么特殊需要但想知道一般情况的人可能只阅读执行摘要。因此，**摘要 / 执行摘要**（abstract/executive summary）是调研报告的“概要”。它为繁忙的 CEO 或者深度读者提供一个预览。摘要提供了最有用的概括信息，包括结论和建议。撰写摘要或执行摘要应非常仔细并尽可能简明地传递信息。摘要可采用单倍行距，内容包括调研主题、调研范围、调研方法、结论和建议。

正文

正文（body）是调研报告的主要部分。它包括调研报告的引言、调研方法、调研结果、

目录

图15-4 目录

局限性以及结论与建议。不要为调研报告中可能出现重复而感到不安，因为很少有人会阅读调研报告的全部内容。多数人只会阅读执行摘要、结论与建议。因此，正式调研报告的内容是可以重复的。例如，你可以在执行摘要中明确调研的内容，在研究阶段以及结论部分再次重申。此外，不要担心你使用相同的术语来介绍表或图。在许多冗长的报告中，重复实际上有助于增进读者的理解。

正文第一页要有标题，标题要位于页面的顶端居中。第一页的页码不显示。其他页要连续编号。

引言 营销调研报告的**引言**（introduction）将引导读者阅读报告的内容。它应包括企业出现问题的背景、对营销问题的具体阐述、对研究过程的简单概括，还应包括调研报告的目的和具体的调研内容。

调研内容（research objective）可以用单独的章节描述，也可以写在引言部分。调研内容应按照调研问题的陈述顺序排列，因为调研问题与调研内容密切相关。具体的调研内容为撰写调研报告的结果部分提供了良好的内容框架。

调研方法 **调研方法**（method）部分应尽可能详细地介绍你是如何实施调研的，谁是你的调研对象，用什么工具或方法来获得调研内容。大多数情况下，调研方法部分不需要写得太多。然而，你要向读者提供一些必要的信息，以帮助读者了解数据的收集过程和调研结果的分析过程。调研方法的阐述应当非常详细，以便他人出于可靠性的考虑重复数据收集过程。也就是说，应当清楚而详细地描述调研方法，其他调研人员据此可以进行类似的调研。在某些情况下，委托调研的客户希望调研人员不仅描述调研过程中使用的方法，而且说明为什么不选择其他方法。例如，在调研信息用于诉讼且存在异议的情况下，客户可能会要求调研人员对所选择的调研方法给出合理的解释，对为什么没有选择其他调研方法也要有详尽的描述。

方法或方法论 你会注意到，调研报告中对调研过程和使用工具的描述属于调研方法部分。然而在有些情况下，你会看到用方法论来描述这一部分的内容。我们推荐使用"方法"这个词。为什么呢？因为这两个词有不同的含义。即使很多人将它们互换使用，也不意味着这种用法是正确的。**方法论**（methodology）是指确定恰当的方法来进行研究的科学。方法论是对一个研究领域或一个知识领域中研究方法本身及原则的系统分析。[14]因此，"对消费者调查的方法论有异议"（即对调研中使用的调研方法提出异议）或者"现代营销调研的方法论"（即在营销调研领域中使用的调研原则和调研方法）等说法都是恰当的。[15]可见，方法论和方法在概念上有重要的区别。方法是指科学研究的工具（在营销调研项目中使用的工具会在调研报告中有关方法的部分详细阐述）。方法论是指决定如何使用和解释该方法的原则。例如营销调研方法论规定，如果我们希望用样本代表总体，就必须使用概率抽样。调研人员应在调研报告中的调研方法部分描述如何使用概率抽样，以便解决这一具体的研究问题。使用概率抽样是方法而不是方法论。

调研结果 **结果**（result）部分是调研报告中最重要的部分。一些调研人员更喜欢使用"发现"（finding）一词。这部分应以合乎逻辑的方式围绕调研内容来展现你的调研结果。结果应以叙述的方式展示，伴有表格、图形以及其他对结果的解释有支持与加强作用的视图。表格和图形都是支持性的材料，不应该被滥用。每个表格和图形都应包括序号和名称，并在陈述中提及。

你在撰写调研报告之前需要列出调研结果的大纲。调研问卷对构建结果很有帮助，因为调研问卷的问句往往是根据逻辑顺序或具体目的分组排列的。另一种构建调研结果的方法是单独打印所有表格和图形，并按照逻辑顺序排列。一旦恰当地列出调研结果，你就可以写一些描述性的句子，界定问题（如果需要），对调研发现进行评价（往往指的是表格和图形），然后写出过渡句，进入下一个话题。

局限性 不要试图隐藏调研问题或弄虚作假，没有哪项调研是无可挑剔的。对调研的各个方面都要坚持公开透明、实事求是的原则。如果你避免讨论研究的局限性，你个人的诚信和你的调研就会令人怀疑。不准确、不诚实地报告调研结果有违调研协会关于营销调研标准的准则。[16]建议指出调研的局限性及其对调研结果的影响。

你也可以基于调研的局限性阐述进一步展开研究的机会。调研报告的**局限性**（limitation）通常体现在时间、资金、样本和人员等方面，但并不仅局限于此。考虑下面的例子："读者应该注意到本次调研是以美国东南部的一所中型公立大学的毕业生为基础。

由于预算限制，调研样本只限于这所大学和美国的这一地区。在将这一调研结果推广到总体时务必谨慎。”

结论与建议 可以将结论与建议一起列入一个章节或分别列在不同的章节中，这取决于你必须报告的材料数量。在任何情况下，你应该注意结论和建议是不同的。**结论**（conclusion）是在调研结果的基础上得到的结论和做出的决策。例如，如果数据说明了五个车型偏好的顺序，结论可能会是“车型 C 有最高的偏好”。

建议（recommendation）是在结论的基础上对接下来的工作提出的建设性意见。例如，“公司应当生产并在市场上推出车型 C”。调研人员及调研委托人应在进行调研前确定调研报告是否包括建议。明确认识调研人员的角色可以使调研过程更顺畅，并有助于避免冲突。如前所述，营销调研行业的一个新兴趋势是期望调研人员对客户起到咨询作用。正如前面提到的，越来越多的人希望调研人员了解客户的业务，提供具有战略价值的建议。

文后页

文后页（end matter）包括**附录**（appendices），其中包含读者可以进一步阅读的一些参考资料，如参考文献、注释等。任何对读者至关重要的信息都应该包含在报告中。附录内容是“最好知道”的信息，而不是“需要知道”的信息。因此，调研报告的正文中不应包括这些信息，可将这些信息放在调研报告的最后，提供给想要或需要额外信息的读者。表格、图形、附加信息、技术术语、数据收集表格以及电脑输出结果都可能会出现在附录中。（如果它们对读者是至关重要的，也可能包括在报告中。）每个附录都应同时标示一个字母和一个标题，这些内容都应该出现在目录中。

参考文献页或尾注（如果适用）应出现在附录之前。**参考文献**（reference list）包含为调研报告收集的所有信息的来源。参考文献应当完整，以便读者需要时可以检索信息。调研报告中的**尾注**（endnote）是在文档的后面对调研报告的补充或者对一些观点的注释。

15.7 报告撰写的指导原则

除了了解调研报告的各个部分，我们还要考虑调研报告的各个部分的形式、格式和文法。

标题和二级标题

在一份长篇调研报告中，读者需要线索或路标来指导阅读。标题和二级标题具有这一功能。**标题**（heading）表明了每一节的主题。所有标题下的信息应该与标题相关联。**二级标题**（subheading）将信息分成几部分。一个新标题应引出主题的变化。选择适合你的沟通目的的标题类型——字、词组、句子、问题，并在整个调研报告中使用相同的格式。如果你在某部分中使用了二级标题，它必须与其他部分的二级标题相一致，并在格式上保持一致。

报告的撰写始于对报告篇章结构的设计。这项工作可能要花一些时间，但非常值得。合理配置的标题与二级标题会使报告结构合理，也会大大提高报告的可读性。你会发现，任何一本关于沟通的书都会告诉你用标准格式来组织标题。例如，一级标题要居中且大写，二级标题要左对齐，等等。一些文字处理程序如微软的 Word 包含这些标准格式。学习如何使用一级标题和二级标题，你的写作技巧一定会得到提高。确保报告的所有部分的格式都保持一致，特别是很多人参与报告撰写的时候。

视图

视图（visual）包括表格、图形、示意图、流程图、曲线图和其他图形。恰当地使用视图可以非常精确地展示原本很难理解的信息。表格以行和列的形式系统地展现连续的数据或文字。图形将数字转换成视觉形式，读者更容易理解数据之间的关系和数据表现的趋势。图形的种类有曲线图、饼状图和条形图。

视图应当简洁明了地展示内容。但即使图形能够自我解释，视图中的重点内容也应使用文字在报告中进行解释。你可以用"……如图 1 所示"这样的描述来提及图的位置。每个视图都要标出序号。如果可能的话，视图应就近放在首次提及的段落下面。如果没有足够的空间，可以继续撰写文字并将视图放在下一页。视图也可以放在附录中。关于如何使用 SPSS 准备视图，将在本章后面部分介绍。

文法

正确的语法和句子结构是撰写报告最基本的要求。句子结构应当便于读者阅读与理解，也要遵循语法规则。读者会假定你所传递的知识是基于语法规则的。

合理的段落结构是高质量报告的基础。段落要有中心思想，通常使用**主题句**（topic sentence）来阐述这个中心思想。例如，"要评价居民是否再次光顾高档饭店，应当向被调查者询问其光顾高档饭店的可能性"。其次，**段落内容**（body of the paragraph）会通过更多的信息、分析或例子来展开主题句的主要想法。例如，沿用上面的主题句的例子，我们可以这样写："将关于高档饭店的描述读给被调查者听，接下来的描述是……然后请被调查者采用 5 级量表来表示他们光顾高档饭店的可能性，其中 5 表示非常可能，1 表示非常不可能。具体的量表如下……"

段落应当用一个句子作结尾，表明这个主题已经结束，下一个主题就要开始。例如，"在下面两个段落中，我们要讨论量表中被调查者如何回答光顾的可能性"。注意最后一个句子是**过渡句**（transitional sentence），它的作用是告诉读者报告接下来会转向哪方面内容。这会帮助读者更好地理解内容。

控制段落长度可以改善沟通效果。一般来说，段落应该简短。商业沟通专家相信大多数段落应当在 100 字左右。[17] 在一个段落里有一个主题句，再加上 3 ～ 4 个句子就足够长了。一个段落中绝对不能有多个主题，复杂的主题应当分成几个段落。

改进报告写作文法的其他指南包括：

- 使用适合受众的语言。
- 使用强有力的动词（如用"建议"一词，而不是"做出建议"）。
- 使用主动语态。
- 删除多余词语。
- 避免不必要的时态变化。
- 主语和谓语要尽量在一起。

总的来说，要仔细编辑和校对调研报告。多次校对一份报告以确保它没有错误，然后请其他人阅读报告并为你指出问题。通常专业人士会重写几次报告，直到他们确信自己写得很清楚，然后让公司里的其他人来检查报告并记下问题。

15.8 使用视图：表格和图形

数据的视图能帮助你有效地进行数据展示。一个成功的视图最为关键的是能明确而简洁地传递报告的信息。视图的选择应与数据展示的目的匹配。常见的视图包括以下几种[18]：

- 表格：能够提供精确的数值。
- 图形：说明项目之间的关系。
    - 饼状图：将总体的一部分与总体进行比较。
    - 条形图和曲线图：比较项目在一定时间内的变化或显示项目的相关性。
- 流程图：引入一个主题并说明它们之间的关系（当一个事件或主题的时间顺序很重要时，可以使用这种图形）。
- 地图：确定地理位置。
- 照片：表达真实合法的内容，因为照片并不是报告撰写者“绘制”的（它描绘的是真实的内容）。
- 图画：关注视觉的细节。

下面是对一些视图的讨论。

表格

表格（table）能够让读者进行数据的比较。有效的表格应遵循如下原则：

- 不要让电脑显示不精确的数字。限制你的小数位数（使用 12% 或 12.2%，而不是 12.223%）。
- 将你希望读者比较的项目放在同一列，而不是同一行。
- 如果有很多行，以阴影交替的形式或每五项后留出双倍行距的形式帮助读者更清晰地阅读项目。
- 对相关的列和行求合计。

实践中，调研人员通常只报告表中的前两个得分（或表底部的后两项得分）。前两个得分称为**头两项得分**（top-two box score）。[19] 例如，报告中并不说明全部表格，而只是展示“非常可能”和“有些可能”的分数。头两项得分是指 5 级量表或 7 级量表中头两项（如“同意”和“非常同意”）的百分比之和。客户通常需要头两项得分、第一项得分，有时需要最后两项得分，诸如 SPSS 等软件会提供这些信息。他们发现这些数据相对于平均得分更容易理解与解释。

饼状图

当你想说明相对大小或某一部分与其他部分的比例时，饼状图是非常有用的。例如，当你想向读者展示不同的消费者偏好不同的广播节目的比例时，饼状图是极佳的工具。**饼状图**（pie chart）将一个圆划分为几部分，每一部分代表了其占该图形总面积的百分比。

现在的数据分析软件能够轻松快速地绘制出饼状图。比如，SPSS 软件允许你随心所欲地创建饼状图。

大多数专家认为，饼状图应该有分块数量上限（4 ～ 8 个）。如果你的数据中有许多小的部分，考虑将最小的部分或最不重要的部分合并成“其他”或“杂项”。如果标签放在图内难以看清，应置于图外。

条形图

条形图（bar chart）因为容易理解而经常用于调研报告的数据分析。条形图在报告反应程度、显示大小或反映群体之间的比较情况时非常有用。条形图在展示数值随时间的变化而变化时也非常有用。几种类型的条形图都非常有用。条形图类型的选择取决于要传递给读者什么样的信息。

曲线图

曲线图（line graph）如果设计正确便很容易理解。可以使用 SPSS 软件中的绘图选项绘制曲线图。你会发现曲线图中有几个选项。

流程图

流程图（flow diagram）引入一系列的主题并说明主题之间的关系。流程图在描述主题的顺序与关系时特别有用，例如，可以明确地显示第 1 步、第 2 步等。

产生适当的视觉效果

营销调研人员应该始终提供能准确展示数据的视图，避免误导信息。有时候，曲解信息是有意的（比如当客户要求研究人员曲解数据以促进他的“宠物项目”时），也可能是无意的。在后一种情况下，那些准备视图的人如此熟悉所呈现的材料，以至于他们错误地认为图形信息对所有观看它的人来说都是显而易见的。

为了确保你已经准确、客观地准备了视觉素材，你应该做到以下几点：

- 对所有标签、数字和可视形状反复检查。错误的或误导性的视图使你的报告和工作失去可信度。
- 确保量表的所有部分都展示出来。截断的图形（在坐标轴上的缩放值有间断）只有在受众熟悉数据的情况下才可以接受。

15.9 口头展示

客户可能要求你用口头报告的方式来展示研究结论和建议。**口头展示**（oral presentation）的目的是简明扼要地呈现信息，并提供提问和讨论问题的机会。口头展示可能通过与客户的一个简单会议来实施，也可能面对许多人正式地进行。

为了保证口头展示准备充分，请按照下列步骤进行：

1. 识别和分析你的受众。在调研过程开始时你列出的问题和本章开篇提出的问题相同。
2. 确定受众对展示的期望。展示是正式的还是非正式的？你的受众是否期待使用视图？
3. 确定受众需要听到的重点。

4. 最好在卡片上或软件的备注中提前勾画你的重点，以便在展示中参考。

5. 确保你的报告有一个连贯的结构，包括一个信息丰富的引言来解释为什么你将要说的很重要。

6. 简明扼要地陈述你的观点。书面报告将作为进一步阅读的参考。

7. 对汇报要点按优先顺序排列，并分配好时间，仔细计划展示研究发现所需要的时间。

8. 确保你的视觉资料生动且表达了展示的重点。

9. 计划一个前后一致的结尾，以给人留下深刻的印象。

10. 提前做一些展示练习。言谈举止自然大方。你准备得越充分，就越不紧张，自我感觉就越好。

11. 在展示前检查与测试一下房间和多媒体设备。

12. 提前到达场地。

13. 主动、积极和自信。你是权威，你比任何人都了解所要展示的主题。

14. 声音洪亮，吐字清楚，目视受众，姿态端正。保持与受众的眼神交流。

15. 当团队的其他成员发言时，你要配合且投入。

16. 着装得体。

15.10 数据可视化工具和仪表板

在这里讨论数据可视化工具和仪表板是合适的，因为它们与其他营销调研技术在沟通调研发现方面起到互补作用。数据可视化工具，如 Tableau 和微软的 BI Power，是越来越受欢迎的探索和显示数据的平台。**数据可视化**（data visualization）或“数据 viz”以图片或图形来显示信息。数据可视化软件允许公司的用户实时访问数据，并探索数据和创建自己的图形。

数据可视化工具支持创建“仪表板”，这是在整个组织中传播信息的一种有用方法。**仪表板**（dashboard）提供数字接口，使用户可以快速、轻松地查看以简化方式显示的信息。仪表板对于跟踪和显示当前关键绩效指标（参见第 2 章），例如市场份额和销售收入特别有用。

数据可视化工具十分流行，因为它们能够帮助对数据进行持续监控。用户可以检查全部结果或进行分组分析，甚至可以检查个体受访者的结果。由于报告可以通过电子方式分发和共享，不同的用户可以访问报告并对其所在单位或部门的重要信息进行分析。具体来说，数据可视化工具的主要优势如下：

- 支持多种形式的大型内部和外部数据集的集成（见第 4 章）。
- 允许数据轻松更新，以便调研人员能够访问当前数据。
- 允许用户通过点击—拖动的方式快速创建可视化的数据，如柱状图、线形图、文字云、地图和其他类型的图形和数字。
- 提供与数据的交互性，这样用户就可以在不同的尺度上探究数据。
- 支持创建交互式仪表板。

数据可视化工具也有一些缺点：

- 成本可能很高，小公司难以承受。
- 对于不擅长做数据分析的用户来说，会有一条陡峭的学习曲线。
- 经常需要信息技术专家的支持来格式化和集成大型数据集。

当调研人员需要就大型数据集沟通相关研究发现时，数据可视化工具可替代静态的幻灯片演示或作为补充。仪表板可以投射，允许调研人员使用一个动态的计算机界面来显示数据。这种方法的一个优点是，不像开发静态幻灯片那样耗时，还可避免在复制数据时可能产生的错误。此外，演示中使用的数据总是最新的，不需要更新幻灯片。当演示中有人提问时（例如，“低收入的消费者如何回答这个问题?”或“哪些零售商对这些促销活动的反应最好?”），研究者能够当场查询并显示结果。

但是请注意，数据可视化工具对于探索正在收集的数据类型最有用，比如仓库数据或零售数据。数据可视化工具对于设计获得一手数据的定量和定性研究以应对一个公司遇到的问题或机会没有帮助。还要注意应用本书所介绍的统计原理进行数据探索，以避免出现错误的结论。[20] 换句话说，数据可视化工具和仪表板不能取代那些从事复杂营销调研的专业的营销调研人员所做的工作，如研究内容的确定、研究发现的清晰解释。总之，为了获得最佳的研究发现，公司可以将仪表板和静态营销调研报告相结合，发挥各自的优势。

15.11 公司内部传播调研发现

公司中的不同个体——从分析人员到高层管理人员——对信息有不同的需求。无论采用什么样的方法去展示研究发现，如果从调研项目中获得的真知灼见没有传播到整个公司的所有基本运营单位，成为企业“命脉”的一部分，那么从营销调研中得到的研究发现对公司经营业务的影响就会很小，甚至没有影响。[21]

通过使用仪表板等工具定期报告关键绩效指标（KPI），是让员工知情的一种重要方法。但传播营销调研所获得的信息——比如关键消费者细分群体的特征，或者对竞争对手新品牌的反应——可能会更加棘手。传统的书面调研报告和口头调研报告只可能接触到特定的受众。

营销调研人员的任务是采用一些方法将所获得的信息进行整合打包，与企业的所有部门共享。与冗长的报告相比，早期引入的方法——视频、信息图表和沉浸式技术——更有可能与广大受众分享。在传播调研结果时，一些公司通常会制作一到两页的信息图表来配合较长的书面报告。[22] 这些信息图表应该在公司内部共享，或者分享给公司的外部合作伙伴，以确保通过调研获得的真知灼见能够发挥效用。

InSites Consulting 的管理合伙人汤姆·德鲁克（Tom De Ruyck）提倡“洞察的记忆化”，即将对消费者行为和情绪的洞察通过公司的“关键大使”进行传播。例如，InSites 使用多种方法来增进联合利华研发部门 1 000 名员工对消费者的了解，包括实施几周的消费者习惯和态度小测验。[23] 在另一个例子中，Northstar Research 调研公司设计并分发带有客户形象的杯垫，以增进路虎汽车制造商所有部门对消费者特征的认知。[24] 研究的最新进展可以通过定期的时事通讯或推特等社交媒体工具持续地传递给管理者。无论采用何种方法，重要的是让研究结果在整个公司内得到传播。

本章就业技能

通过学习本章内容，你已经掌握了：

沟通技能

- 列出有效沟通调研结果的最重要特征。
- 了解展示调研结果的多种方法。
- 以书面和口头形式传递营销调研结果。
- 根据受众调整沟通方式。

信息技术应用和计算技能

- 用 PowerPoint 设计信息图表。
- 使用 SPSS 创建表格和图形。
- 阐明数据可视化工具和仪表板的优缺点。

职业伦理和社会责任

- 理解遵守版权法的重要性。
- 定义剽窃和恰当引用参考资料。

小　结

科学技术改变了我们所做的许多事情，同时也影响着报告的撰写与展示。营销调研研究发现的沟通有三个重要准则：（1）使用有效的沟通方法；（2）提供可操作的、有数据支持的策略；（3）在整个组织中传播调研结果。

营销调研有效沟通的五个特点是：（1）准确——方法的运用要严谨、完整；（2）清晰——所有的目标受众都应该容易理解调研结果；（3）可记——研究发现应该以一种能够被记住、复述和使用的方式进行交流；（4）可行——研究成果应导致组织变革；（5）引人注目——沟通的材料应该是吸引人的，尽可能没有错误。

剽窃是指将他人的成果作为自己的成果使用。剽窃在现实世界中是一个很严肃的问题，有些人会为此而失去工作。恰当地引用所参考的资料不仅可以避免剽窃，而且可以提高报告的水平与质量。此外，应避免侵犯版权，包括受版权保护的网络资料。

沟通方式的选择取决于受众和研究项目的性质。一些调研公司强调讲故事的技巧，将数据带入生活。许多营销调研公司和广告公司使用视频来展示“即时”片段。纪录片风格的视频可以替代或补充书面和口头报告。信息图表用于生成可以快速理解的关键研究发现。通过沉浸式技术，创建物理空间，为客户提供对研究成果多感官、互动的理解。

营销调研报告是将事实信息转换成研究结果的书面文件，包括关键的建议、结论和其他对于客户十分重要的信息，客户根据报告的内容来制定决策。客户的决策也许与调研报告的沟通息息相关。这是因为，无论调研项目本身的设计和执行多么仔细，如果该调研报告没有将信息充分地传递给客户，一切都毫无意义。

准备和撰写调研报告可能是一项非常费时的工作，技术进步使报告的撰写更有效率。有些工具可以自动为报告中使用的信息源提供引用。一些统计软件包（如 SPSS）具有允许用户轻松准备表格和视图（如柱状图和饼状图）的功能。技术将继续改进报告的编写、演示文稿的准备和报告的传播。

营销调研报告应根据受众进行调整。调研报告的结构通常由文前页、正文、文后页几个部分构成。每个部分都根据具体目的而分成不同的子部分。

结论是根据研究结果得出的，建议是根据结论对如何实施提出的建设性意见。越来越多的人期望调研人员为报告增加战略价值。

撰写营销调研报告的准则包括正确使用一级标题和二级标题，以向读者提供阅读线索和路标。正确使用视图，如表格与图形。在写作上应注意使用段落主题句、过渡句和短的段落。还要注意使用术语、动词和主动语态，保持时态一致，重视校对。

要注意确保所有面向读者的展示都是清楚而客观的。一些视图可能歪曲数据而让读者产生歧义。调研人员在撰写调研报告时必须坚持伦理原则。报告要使用表格、图形以及各种类型的图示进行展示。SPSS 软件包括创建表格和图形的方法。我们一步步地描述了如何使用 SPSS 软件进行专业表格和图形的制作。

在某些情况下，营销调研人员需要以口头展示的形式向客户汇报调研项目的研究发现。口头展示的指导原则包括了解听众和他们的期望以及需要展示的关键点，正确地准备视图，多多练习，展示前检查与测试设备，保持积极的态度。

数据可视化工具，如 Tableau 和微软的 BI Power，是越来越受欢迎的探索和显示数据的平台。数据可视化工具支持创建仪表板，它提供数字接口，允许用户快速、轻松地查看以简化方式呈现的信息。仪表板对于跟踪和显示当前关键绩效指标（KPI）特别有用。数据可视化工具和仪表板可以补充营销调研，提供见解。

无论使用何种方法来呈现调研结果，如果从项目中获得的真知灼见没有传播到公司的所有主要运营单位，那么调研结果对公司的业务运营产生的影响就会很小或没有影响。营销研究人员的任务是整合他们的调研结果，使组织的所有部门能够共享。

复习题与应用题

1. 讨论在营销调研过程的最后阶段，营销调研报告传播与沟通阶段相对于其他阶段的重要性。
2. 营销调研有效沟通的五个特征是什么？
3. 营销调研报告中的哪些内容需要标出来源？
4. 如何使用视频来提高沟通营销调研发现的效果？
5. 信息图表在传播调研洞察方面的优势是什么？
6. 从 www.statista.com 或 www.dailyinfographic.com 这样的网站上选择一张你认为能有效传递信息的在线信息图表。解释为什么你认为信息图表是有效的。
7. 营销调研报告的组成部分有哪些？
8. 转交函的目的是什么？列举在转交函中应该包含的三个要素。这些文件应该使用什么类型的写作文法？
9. 你应当使用方法还是方法论去描述调研如何实施？为什么？
10. 结果、结论和建议的区别是什么？
11. 什么情况下你会在调研报告中声明局限性？影响调研局限性的因素有哪些？
12. 调研报告文后页的主要目的是什么？
13. 什么情况下你应该使用二级标题？
14. 段落的结尾句叫什么？它是用来做什么的？
15. 报告撰写中好的写作文法的组成要素是什么？
16. 表格的关键特点是什么？
17. 列出三种视图及其用途。视图如何增强营销调研报告的效果？

18. 用什么样的视图来显示四家工厂每季的销售总额？
19. 你应该采取什么措施来避免通过视图误导信息？
20. 上网收集一些营销调研报告的例子。阅读这些报告。这些报告在章节方面有什么共同点？仔细看一下报告的各部分。引言部分强调了哪些主题？方法部分强调了哪些主题？在结论部分，作者是如何组织信息的？
21. 在口头报告调研成果之前，应该采取哪三个步骤？口头报告能提供书面报告所缺少的什么内容？
22. 数据可视化工具（如 Tableau）的优缺点是什么？
23. 数据可视化工具 / 仪表板和营销调研报告如何提供互补的知识？
24. 哪三种方法可以用来在整个企业中传播调研成果？

案例 15－1

汽车研发中心：报告撰写

科里·罗杰斯在准备撰写汽车研发中心调研的最终报告的草稿。汽车研发中心的尼克·托马斯告诉科里，ZEN Motors 有自己的营销调研部门，这个部门的调研人员希望尽快看到报告。科里知道这些调研人员对于调研技术很感兴趣，如样本容量和抽样误差的确定。科里同尼克就报告的结论与建议部分做过坦诚的讨论。尼克告诉他：“科里，我想知道这些数据说明什么？基于这些数据得到的结论是什么？根据决策制定过程的进展，我要向公司高管汇报调研结果，公司要根据调研结果制定决策。我们不得不排除许多限制因素以制定最后的决策。”

作为久经沙场的调研经理，科里非常熟悉营销调研过程中的这些步骤。对每个步骤的了解都有助于撰写营销调研报告中的“研究方法”部分。例如，科里知道他应当强调报告中使用的信息类型与来源；他也应当关注调研设计，解释他为什么使用这种设计而不使用其他设计。抽样计划和样本容量也应当包含在研究方法部分中。科里写出一份包括全部内容的写作提纲，并根据一级标题和二级标题来组织最终的调研报告。

科里提醒自己，“我还要恰当地注明报告中所使用资料的出处”。他最担心这个部分。撰写报告时，科里不太关注参考文献的细节，但科里知道使用合适的参考文献格式很重要。

1. 根据案例，科里在开始撰写报告之前应当重点考虑哪些信息？给出科里应当考虑的具体内容。

2. 科里在报告中应当考虑结论与建议这个部分吗？为什么？

3. 科里可以使用什么工具帮助他正确地引用调研报告中使用的二手资料？

案例 15－2 综合案例

汽车研发中心：制作 PPT 展示

CMG 调研公司的科里·罗杰斯完成了汽车研发中心的调研报告。他决定使用 PPT 来展示他的调研结果。他用微软 Word 写下了演讲题目：“汽车研发中心：针对车型偏好和细分市场特征的营销调研”。接着，他写了几点希望在演讲介绍部分强调的内容，如调研内容和调研方法（包括抽样计划和样本容量）。科里写完相关内容后便把注意力转向了如何展示调研发现。

科里认为应该用样本描述（通常叫作“样本特征”）来作为展示的开始。他注意到有关性别和婚姻状况问题的回答只有两个选项（男性或女性，已婚或未婚），因此他决定只口头展示每种回答的比例。对于其他几个分类变量，他认为最好使用频数分布表来展示。他准备用 SPSS 绘制频率分布表，并用 SPSS 对几个关键数据进行分析。

1. 使用文字编辑软件，写出几个你认为可以在口头展示中恰当地向客户说明的陈述。

2. 使用复制、粘贴功能把你在问题 1 中准备的陈述导入 PPT。尝试使用不同的文字颜色、大小和样式。

3. 对于每一个陈述，使用 SPSS 绘制频数分布表。使用 TABLELOOKS，选出一个你喜欢的输出格式并将它导入 PPT。

4. 用 SPSS 制作关于“我担心全球变暖”这一问句的答案的条形图。尝试在 SPSS 中使用不同的条形图选项。选择一个条形图并通过复制、粘贴方式将其导入 PPT。尝试在 PPT 页面上进行编辑。

注释

Pearson

尊敬的老师：

您好！

为了确保您及时有效地申请培生整体教学资源，请您务必完整填写如下表格，加盖学院的公章后以电子扫描件等形式发我们，我们将会在2~3个工作日内为您处理。

请填写所需教辅的信息：

采用教材				□ 中文版 □ 英文版 □ 双语版
作　者			出版社	
版　次			ISBN	
课程时间	始于　年　月　日		学生人数	
	止于　年　月　日		学生年级	□ 专科 □ 本科1/2年级 □ 研究生 □ 本科3/4年级

请填写您的个人信息：

学　校			
院系/专业			
姓　名		职　称	□ 助教 □ 讲师 □ 副教授 □ 教授
通信地址/邮编			
手　机		电　话	
传　真			
official email（必填） （eg：×××@ruc. edu. cn）		email （eg：×××@163. com）	
是否愿意接受我们定期的新书讯息通知：	□ 是 □ 否		

系/院主任：__________（签字）

（系 / 院办公室章）

____年____月____日

资源介绍：

——教材、常规教辅资源（PPT、教师手册、题库等）：请访问 www. pearsonhighered. com/educator。（免费）

——MyLabs/Mastering 系列在线平台：适合老师和学生共同使用；访问需要 Access Code。（付费）

地址：北京市东城区北三环东路36号环球贸易中心D座1208室（100013）

Please send this form to：copub. hed@pearson. com

Website：www. pearson. com

中国人民大学出版社　管理分社

教师教学服务说明

中国人民大学出版社管理分社以出版工商管理和公共管理类精品图书为宗旨。为更好地服务一线教师，我们着力建设了一批数字化、立体化的网络教学资源。教师可以通过以下方式获得免费下载教学资源的权限：

★ 在中国人民大学出版社网站 www.crup.com.cn 进行注册，注册后进入“会员中心”，在左侧点击“我的教师认证”，填写相关信息，提交后等待审核。我们将在一个工作日内为您开通相关资源的下载权限。

★ 如您急需教学资源或需要其他帮助，请加入教师 QQ 群或在工作时间与我们联络。

中国人民大学出版社　管理分社

教师 QQ 群： 648333426(工商管理)　114970332(财会)　648117133(公共管理)
教师群仅限教师加入，入群请备注(学校+姓名)

联系电话： 010-62515735，62515987，62515782，82501048，62514760

电子邮箱： glcbfs@crup.com.cn

通讯地址： 北京市海淀区中关村大街甲 59 号文化大厦 1501 室（100872）

管理书社　　人大社财会　　公共管理与政治学悦读坊